心曲没有终止符

非正常离世作家非常档案

何丽娜 ◎ 编著

北方文艺出版社

图书在版编目（CIP）数据

心曲没有终止符：非正常离世作家非常档案 / 何丽娜编著. -- 哈尔滨：北方文艺出版社，2011.12
ISBN 978-7-5317-2766-8

Ⅰ.①心… Ⅱ.①何… Ⅲ.①作家－人物研究－世界 Ⅳ.①K815.6

中国版本图书馆 CIP 数据核字（2011）第 246033 号

心曲没有终止符：非正常离世作家非常档案

编　　著	何丽娜
责任编辑	李玉鹏
封面设计	荆尚创品牌设计·小戚
出版发行	北方文艺出版社
地　　址	哈尔滨市道里区经纬街 26 号
网　　址	http://www.bfwy.com
邮　　编	150010
电子信箱	bfwy@bfwy.com
经　　销	新华书店
印　　刷	哈尔滨市石桥印务有限公司
开　　本	720×1020　1/16
印　　张	29
字　　数	400 千
版　　次	2012 年 2 月第 1 版
印　　次	2012 年 2 月第 1 次印刷
定　　价	38.00 元
书　　号	ISBN 978-7-5317-2766-8

目　录

高启（中国·明）

（1）传略　（2）"自知清彻原无愧"——高启之死　（4）婚恋　（4）书画　（4）评誉　（5）诗交　（7）作品精选——《牧牛词》、《养蚕词》、《过二乔宅》、《客中忆二女》、《长门怨》、《将进酒》、《忆秦娥·感叹》、《摸鱼儿·自适》、《念奴娇·自述》、《书博鸡者事（传奇）》

李贽（中国·明）

（13）传略　（18）"七十老翁何所求"——李贽之死　（20）遗言　（20）魂归　（21）评论　（23）家事　（23）性情　（24）自述　（24）名言　（25）作品精选——文选：《童心说》；诗选：《独坐》、《系中八绝·老病初苏》、《石潭即事其四》、《读书乐》

陈子龙（中国·明）

（30）传略　（31）投水殉节——陈子龙之死　（34）魂归　（34）评誉　（35）自律　（36）自信　（36）情事　（38）作品精选——文赋：《〈幽兰草〉词序》（节选）、《王介人诗余序》（节选）、《君子疾没世而名不称焉》；诗选：《杜鹃行》、《诉衷情·春游》

金圣叹（中国·明末清初）

（41）传略　（42）"圣叹只留书种在"——金圣叹之死　（44）评誉　（45）才情　（45）任诞　（45）睿智　（46）名节　（46）戏谑　（47）任情　（48）妙联　（48）书法　（49）作品精选——《不亦快

哉（三十三则）》、《读批〈水浒传〉》

王国维（中国·清末民初）
（58）传略 （59）不尽的思索——王国维投湖之谜 （61）遗书 （62）追怀 （63）成就 （64）评誉 （65）家世 （65）性情 （66）妙论 （67）作品精选——词选：《点绛唇》、《采桑子》、《卜算子·水仙》、《好事近》、《人月圆·梅》；文选：《人间嗜好之研究》

陈三立（中国·清末民初）
（73）传略 （76）绝食殉节——爱国诗人陈三立之死 （77）趣事 （78）义举 （79）书法 （79）作品精选——《城北道上》、《十一月十四夜发南昌月江舟行（选一）》、《遣兴》、《书感》、《人日》、《莫愁湖看雨》、《次和答蒿叟三首次韵庸庵同年寄怀》、《园居看微雪》、《夜舟泊吴城》、《晓抵九江作》

陈天华（中国·清末）
（82）传略 （84）自杀殉国——陈天华之死 （85）魂归 （85）壮举 （86）趣事 （86）作品精选——《绝命书》、《狮子吼》（楔子）

徐志摩（中国·民国）
（94）传略 （97）或可避免的意外——徐志摩之死 （98）魂归 （99）挽联 （100）追怀 （100）婚恋 （102）趣闻 （103）妙语 （104）作品精选——诗选：《再别康桥》、《偶然》；文选：《我所知道的康桥》

朱湘（中国·民国）
（114）传略 （115）"葬我在荷花池内"——朱湘之死 （116）个性 （116）尊严 （117）趣评 （118）评价 （118）作品精选——诗选：

《采莲曲》、《葬我》、《摇篮歌》、《残灰》；文选：《梦苇的死》

老舍（中国·现当代）
（128）传略　（130）太平湖上最后的身影——老舍之死　（131）笔名　（132）自述　（132）荣誉　（133）故居　（134）名言　（135）作品精选——《北京的春节》（散文）、《老字号》（小说）

徐迟（中国·现当代）
（143）传略　（144）八十岁以后的孤独——徐迟之死　（145）轰动　（146）追怀　（150）作品精选——《哥德巴赫猜想》（节选）

海子（中国·当代）
（157）传略　（158）"这是唯一的，最后的，抒情"——海子之死　（160）成就　（160）魂归　（161）追怀　（162）名句　（164）作品精选——诗选：《面朝大海，春暖花开》、《祖国（或以梦为马）》、《思念前生》、《春天，十个海子》；文选：《木船》（神秘小说）

顾城（中国·当代）
（172）传略　（173）最为人非议的自杀——顾城之死　（174）心域　（175）厌愤　（175）印象　（176）遗书　（179）作品精选——诗选：《远和近》、《一代人》、《我是一个任性的孩子》；文选：《东冢歌声》（写真）

戈麦（中国·当代）
（190）传略　（191）"我将成为众尸之中最年轻的一个"——戈麦之死　（192）遗书　（193）追怀　（195）作品精选——《浮云》、《界限》、《如果种子不死》、《大风》、《沧海》、《大海》、《当我老了》、《金缕玉衣》、《关于死亡的札记》

三毛（中国·当代）

（206）传略　（207）告别滚滚红尘——三毛之死　（210）嗜好　（211）自述　（211）名言　（213）作品精选——《芳邻》

欧内斯特·米勒尔·海明威（美国）

（220）传略　（223）"人可以被毁灭，但绝不能被打败"——海明威自杀之谜　（224）轶事　（225）情事　（225）评誉　（226）名言　（227）作品精选——《三天大风》

杰克·伦敦（美国）

（239）传略　（241）"当生活变得又痛苦又让人厌倦时，死亡就会前来哄你睡去"——杰克·伦敦之死　（242）轶事　（242）历险　（243）壮行　（244）名言　（245）作品精选——《生火》

安妮·塞克斯顿（美国）

（260）传略　（261）"凭借写诗照看了那'活的'部分"——安妮·塞克斯顿之死　（264）悲情　（264）谶兆　（266）作品精选——《向往死亡》、《你，马丁医生》、《流产》、《绝望》、《我生命的房间》、《音乐游到我的身边》

西尔维娅·普拉斯（美国）

（275）传略　（276）"死是一种艺术"——西尔维娅·普拉斯之死　（278）遗画　（279）婚恋　（282）作品精选——诗歌《拉札勒斯女士》；小说《绿石头》

亚历山大·谢尔盖耶维奇·普希金（俄罗斯）

（290）传略　（292）"他给世界留下了自己的桂冠"——普希金之死　（295）墓志铭　（295）塑像　（296）评誉　（296）绘画　（297）名

言 （298）作品精选——《致大海》、《自由颂》

马雅可夫斯基（俄罗斯·苏联）

（305）传略 （306）"我只是一个想去寻死的忧愁的孩子"——马雅可夫斯基之死 （307）遗书 （308）雕像 （308）名言 （309）作品精选——戏剧《臭虫》；诗歌《穿裤子的云》、《致俄罗斯》

茨维塔耶娃（俄罗斯·苏联）

（320）传略 （322）"陷入绝境"——茨维塔耶娃之死 （323）评誉 （323）情述 （324）书简 （329）作品精选——《我把这些诗行呈献给》、《疯狂——也就是理智》、《没有人能够拿走任何东西》、《哪里来的这般温柔》、《我的日子》

谢尔盖·亚历山德罗维奇·叶赛宁（苏联）

（335）传略 （336）"对待自己的生命如同对待一个童话"——叶赛宁之死 （336）评誉 （337）遗书 （338）恋情 （339）殉情 （339）作品精选——《失去的东西永不复归》、《白桦》、《狗之歌》、《星星》、《风没有白白地吹》

法捷耶夫（苏联）

（345）传略 （346）"生活失去了意义"——法捷耶夫之死 （347）魂归 （347）作品精选——《毁灭·2·庄稼人与矿工》

芥川龙之介（日本）

（358）传略 （360）在"漠然的不安"中结束自己——芥川龙之介之死 （361）遗书 （365）妙语 （366）作品精选——《杜子春》

川端康成（日本）

（377）传略 （379）"无言的死，就是无限的活"——川端康成之死 （381）荣誉 （381）心怀 （382）名言 （382）作品精选——《蔷薇之幽灵》

太宰治（日本）

（391）传略 （393）"不要绝望、在此告辞"——太宰治自杀之谜 （395）遗书 （398）攻伐 （398）相轻 （399）语录 （400）作品精选——《蟋蟀》

三岛由纪夫（日本）

（411）传略 （414）惨烈的辞世方式——三岛由纪夫之死 （415）写真 （416）名言 （417）作品精选——《潮骚》（第九节）

弗吉尼亚·伍尔芙（英国）

（425）传略 （426）"遨游在以自我为中心的世界里"——伍尔芙的自杀 （428）趣事 （428）爱情 （430）作品精选——《墙上的斑点》

斯蒂芬·茨威格（奥地利）

（438）传略 （440）精神故乡的毁灭——茨威格的离世 （441）名言 （445）作品精选——《日内瓦湖畔的插曲》

高启（中国·明）

高启

传略 高启，字季迪，长洲人。博学工诗。张士诚据吴，启依外家，居吴淞江之青丘。洪武初，被荐，偕同县谢徽召修《元史》，授翰林院国史编修官，复命教授诸王。三年秋，帝御阙楼，启、徽俱入对，擢启户部右侍郎，徽吏部郎中。启自陈年少不敢当重任，徽亦固辞，乃见许。已，并赐白金放还。

启尝赋诗，有所讽刺，帝嗛之未发也。及归，居青丘，授书自给。知府魏观为移其家郡中，旦夕延见，甚欢。观以改修府治，获谴。帝见启所作上梁文，因发怒，腰斩于市，年三十有九。

明初，吴下多诗人，启与杨基、张羽、徐贲称四杰，以配唐王、杨、卢、骆云。

——《明史》

高启（1336—1374），元末明初文学家。字季迪，号青丘子，晚号槎轩，长洲（今江苏苏州）人。高启出身富家，童年时父母双亡，生性警敏，读书过目成诵，久而不忘，尤精历史，嗜好诗歌，与张羽、徐贲、宋克等人常在一起切磋诗文，号称"北郭十友"；与宋濂、刘基并称为明初诗文三大家；同时，与杨基、张羽、徐贲被誉为"吴中四杰"，当时论者把他们比作"初唐四杰"。他也是明初十才子之一。

元朝末年，天下大乱，张士诚据吴称王；淮南行省参知政事饶介守吴中，礼贤下士，闻高启才名，多次派人邀请，延为上宾，招为幕僚。座上都是巨儒硕卿，时高启年仅16岁，他厌恶官场，23岁那年借故离开，携家归依岳父周仲达，隐居于吴淞江畔的青丘，故自号青丘子，曾作有《青丘子歌》。

明洪武元年（1368），高启应召入朝，授翰林院编修，以其才学，受朱元璋赏识，复命教授诸王，纂修《元史》。

高启为人孤高耿介，思想以儒家为本，兼受释、道影响。他厌倦朝政，不羡功名利禄，因此，洪武三年（1370）秋，朱元璋拟委任他为户部右侍郎，他固辞不受，被赐金放还，但朱元璋怀疑他作诗讽刺自己，对他产生忌恨。高启返青丘后，以教书治田自给。

苏州知府魏观修复府治旧基，高启为此撰写了《上梁文》；因府治旧基原为张士诚宫址，有人诬告魏观有反心，魏被诛，高启也受株连，被处以腰斩而亡。

高启著作，诗歌数量较多，初编有5集，2000余首；后自编为《缶鸣集》，存937首。景泰元年（1450）徐庸搜集遗篇，编为《高太史大全集》18卷，今通行《四部丛刊》中，《高太史大全集》即据此影印。高启的词编为《扣舷集》，文编为《凫藻集》，另刊于世；《凤台集序》保存在《珊瑚木难》中，是现存唯一评论高启在金陵的诗歌论文。

"自知清彻原无愧"——高启之死

把高启送上刑场的是一篇《郡治上梁文》。古代平常人家盖房子上大梁时，都要摆上猪头祭神，点上爆竹驱鬼，大户人家的建筑，则要请当地名士作一篇上梁文。时任苏州知府的魏观,便请当时隐居在此地的高启来为他新建的府宅作上梁文。这本是一件平常的事情,却犯了朱元璋的忌讳。其一,魏观修建的知府治所恰好在张士诚宫殿遗址,而张士诚正是朱元璋当年的死对头;其二,高启写得那篇《上梁文》上,有"龙蟠虎踞"的字眼,犯了朱元璋大忌。按照朱元璋的逻辑,"龙蟠虎踞"之地当为帝王所居,而高启把知府宅所并且是旧敌张士诚住过的地方也称"龙蟠虎踞",岂非大逆不道,"有异图"?真是欲加其罪,何患无辞!那么,朱元璋为什么会抓住高启的"小辫子",非要置其于死地呢?据《明史·高启本传》透露:"启尝赋诗,有所讽刺,帝之未发也。"高启曾写过一首《题宫女图》的诗:"女奴扶醉踏苍苔,明月西园侍宴回。小犬隔花空吠影,夜深宫禁有谁来?"这本是一首针对元顺帝宫闱隐私的闲散之作,但朱元璋认为高启是在借古讽今挖苦自己,"有所讽刺",所以记恨在心。洪武三年(1370),明太祖朱元璋授予户部侍郎之职,高启坚决推辞,退隐青丘。朱元璋对于他的不合作,颇为不满。就是说,《上梁文》中的敏感字眼,只是高启被杀的导火线,而真正的祸根其实早就已经埋下了。

高启学生吕勉回忆高启和王彝被执送南京时,"众汹惧丧魄,先生独不乱。临行在途吟哦不绝。有'枫桥北望草斑斑,十去行人九不还','自知清彻原无愧,盍请长江鉴此心'之句。"

据有关史料记载,高启被行刑时,是朱元璋亲自去监斩的,这在历史上是不多见的。

朱元璋大概是要亲眼看着这位不合作、多次用诗文来讽刺自己的文人是怎样一点一点死去的。历代"屠夫皇帝"的凶残程度,莫过于此。高启被腰斩后,并没有立即死去,他伏在地上用半截身子的力量,用手蘸着自己的鲜血,一连写了三个鲜红而又刺眼的"惨"字。高启事件是明初文人不依附朝廷必须付出的代价,可以说是朱元璋杀鸡儆猴的牺牲品。

高启,这位当时年仅三十九岁、极有声望的诗人被腰斩处死,不是一个一般意义的刑事案件,更是一个政治事件,这是朱元璋向那些不愿顺从、不向新朝妥协的士人发出的明确、冰冷的高压警告。正是高启被腰斩这一惨剧,才切实加速了明初士风的转变和明代文人心态的巨大变化。

婚恋　高启居在还未正式娶周仲达之女时,一次,周仲达生病高启前去探望,"仲达拿出《芦雁图》,让高启题诗,于是高启运笔成赋,曰:'西风吹折荻花枝,好鸟飞来羽翼垂。沙阔水寒鱼不见,满身风露立多时。'仲达看了笑道:"是子欲偶之意亟矣!"于是选取吉日把女儿嫁给了他。(参见《元和唯亭志》)

书画

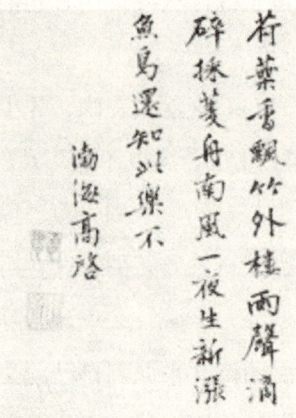

评誉　鉴于高启在诗歌方面做出的巨大贡献,不仅后人尊称他为"明初诗人之冠",而且历代诗评家也都对他给予了极高的评价。

"大清第一才子"纪晓岚在《四库全书总目提要》中赞誉高启"天才高逸,实据明一代诗人之上,其于诗,拟汉魏似汉魏,拟六朝似六朝,拟唐似唐，拟宋似宋，凡古人之所长无不兼之。振元末纤秾缛丽之习而返之于正，启实有力"。

清代诗人、史学家、学者赵翼（1727—1814）在《瓯北诗话》中论高启：

诗至南宋末年，纤薄已极，故元、胡两代诗人，又转而学唐，此亦风气循环往复，自然之势也。元末明初，杨铁崖最为巨擘。然险怪仿昌谷，妖丽仿温、李，以之自成一家则可，究非康庄大道。当时王常宗已以"文妖"目之，未可为后生取法也。唯高青丘才气超迈，音节响亮，宗派唐人，而自出新意，一涉笔即有博大昌明气象，亦关有明一代文运。论者推为开国诗人第一，信不虚也。李志光作《高太史传》，谓其诗"上窥建安，下逮开元，至大历以后，则藐之"。此亦非确论。今平心阅之：五古、五律，则脱胎于汉、魏、六朝及初、盛唐；七古、七律，则参以中唐；七绝并及晚唐。要其英爽绝人，故学唐而不为唐所囿。后来学唐者：李、何辈袭其面貌，仿其声调，而神理索然，则优孟衣冠矣；锺、谭等又从一字一句，标举冷僻，以为得味外味，则幽独君之鬼语矣。独青丘如天半朱霞，映照下界，至今犹光景常新，则其天分不可及也。

诗交

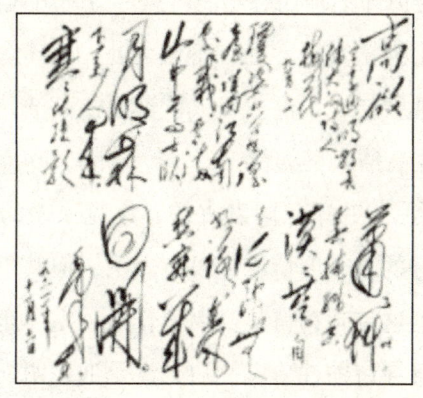

高启《梅花》诗句（毛泽东手书）

1961年11月6日上午，正在酝酿创作《卜算子·咏梅》的毛泽东三次致信秘书田家英，请他查找一首咏梅诗，上午6时的信写道："田家英同志：请找宋人林逋（和靖）的诗文集给我为盼，如能在本日下午找到，则更好。"

　　8时半他又写信说："田家英同志：有一首七言律诗，其中两句是：雪满山中高士卧，月明林下美人来，是咏梅的，请找出全诗八句给我，能于今日下午交来则最好。何时何人写的，记不起来，似是林逋的，但查林集没有，请你再查一下。"

　　随即，他又追加一信，说："家英同志：又记起来，是否清人高士奇的。前四句是：琼枝只合在瑶台，谁向江南处处栽。雪里山中高士卧，月明林下美人来。下四句忘了。请问一下文史馆老先生，便知。"

　　一日三催，这在毛泽东留下的书信中极为鲜见，可见毛泽东对此诗的喜欢程度。后来终于查知，这首诗是明代高启《梅花九首》中的第一首，全诗是：琼姿只合在瑶台，谁向江南处处栽。雪满山中高士卧，月明林下美人来。寒依疏影萧萧竹，春掩残香漠漠苔。自去何郎无好咏，东风愁寂几回开。

　　高启是元末明初的著名诗人，"吴中四杰"之一，前人称其《梅花九首》"飘逸绝群，句锻字炼"。这九首梅花诗，首首读来都有孤独高傲而无凄凉抑郁、怜梅惜梅却不神伤心碎的特点。历朝历代诗人咏梅之作众多，相比之下，高启写梅独摄其魂，确有不俗之处。毛泽东所喜爱的第一首，以瑶台仙姿赞其超凡脱俗，以高士美人歌其孤傲高洁，以疏影残香怜其淡泊自爱，突出了梅花高洁坚贞的精神。

　　早在1957年1月，毛泽东同袁水拍、臧克家谈话时曾说："我过去以为明朝的诗没有好的，《明诗综》没有看头，但其中有李攀龙、高启等人的好诗。"在查到这首咏梅诗是高启所作后，毛泽东大为赞赏，不仅重新书录了全诗，而且在诗前注："高启，字季迪，明朝最伟大的诗人，梅花九首之一"，在"伟大"下面，他还重重画了一道横线以示强调。可见他对高启的梅花诗之喜爱。

作品精选

牧 牛 词

尔牛角弯环，我牛尾秃速，共拈短笛与长鞭，南陇东冈去相逐。
日斜草远牛行迟，牛劳牛饥唯我知；牛上唱歌牛下坐，夜归还向牛边卧。
长年牧牛百不忧，但恐输租卖我牛。

养 蚕 词

东家西家罢来往，晴日深窗风雨响。三眠蚕起食叶多，陌头桑树空枝柯。
新妇守箔女执筐，头发不梳一月忙。三姑祭后今年好，满簇如云茧成早。
檐前缲车急作丝，又是夏税相催时。

过二乔宅

孙郎武略周郎智，相逢便结君臣义。奇姿联璧烦江东，都与乔家做佳婿。
乔公虽在流离中，门楣喜溢双乘龙。大乔婷婷小乔媚，秋水并蒂开芙蓉。
二乔虽嫁犹知节，日共诗书自怡悦。不学分香歌舞儿，铜台夜泣西陵月。

客中忆二女

每忆门前两候归，客中长夜梦魂飞。
料应此际犹依母，灯下看缝寄我衣。

长门怨

憎宠一时心，尘生旧屋金。
苔滋销履迹，花远度銮音。
暮雀重门迥，秋萤别殿阴。
君明犹不察，妒极是情深。

将进酒

君不见陈孟公，一生爱酒称豪雄。
君不见扬子云，三世执戟徒工文。
得失如今两何有，劝君相逢且相寿。
试看六印尽垂腰，何似一卮长在手。
莫惜黄金醉青春，几人不饮身亦贫。
酒中有趣世不识，但好富贵亡其真。
便须吐车茵，莫畏丞相嗔。
桃花满溪口，笑杀醒游人。
丝绳玉缸酿初熟，摇荡春光若波绿。
前无御史可尽欢，倒著锦袍舞鸀鹒。
爱妾已去曲池平，此时欲饮焉能倾。
地下应无酒垆处，何苦寂寞孤平生。
一杯一曲，我歌君续。明月自来，不须秉烛。
五岳既远，三山亦空。欲求神仙，在杯酒中。

忆秦娥·感叹

功名骤，时人笑我真迂缪，真迂缪；不能进取，几年落后，一场翻覆难收救。

布衣唯我还如旧,还如旧,思量前事,是天成就。

摸鱼儿·自适

近年稍谙时事,傍人休笑头缩。
赌棋几局输赢注,正似世情翻覆。
思算熟。向前去,不如退后无羞辱。
三般检束。莫恃微才,莫夸高论,莫趁闲追逐。
虽都道,富贵人之所欲。天曾付几多福。
倘来入手还须做,底用看人眉目。
聊自足。见放着、有田可种,有书堪读。村醪且漉。
这后段行藏,从天发付,何须问龟卜。

念奴娇·自述

策勋万里,笑书生骨相有谁曾许。壮志平生还自负,羞比纷纷儿女。
酒发雄谈,剑增奇气,诗吐惊人语。风云无便,未容黄鹄轻举。
何事匹马尘埃,东西南北,十载犹羁旅。只恐陈登容易笑,负却故园鸡黍。
笛里关山,樽前日月,回首空凝伫。吾今未老,不须清泪如雨。

书博鸡者事【传奇】

博鸡者,袁人,素无赖,不事产业,日抱鸡呼少年博市中。任气好斗,诸为里侠者皆下之。

元至正间,袁有守多惠政,民甚爱之。部使者臧,新贵,将按郡至袁。

守自负年德，易之，闻其至，笑曰："臧氏之子也。"或以告臧。臧怒，欲中守法。会袁有豪民尝受守杖，知使者意嗛守，即诬守纳己赇。使者遂逮守，胁服，夺其官。袁人大愤，然未有以报也。

一日，博鸡者遨于市。众知有为，因让之曰："若素民勇，徒能凌藉贫孱者耳！彼豪民恃其资，诬去贤使君，袁人失父母；若诚丈夫，不能为使君一奋臂耶？"博鸡者曰："诺。"即入闾左，呼子弟素健者，得数十人，遮豪民于道。豪民方华衣乘马，从群奴而驰。博鸡者直前捽下，提殴之。奴惊，各亡去。乃褫豪民衣自衣，复自策其马，麾众拥豪民马前，反接，徇诸市。使自呼曰："为民诬太守者视此！"一步一呼，不呼则杖，其背尽创。豪民子闻难，鸠宗族童奴百许人，欲要篡以归。博鸡者逆谓曰："若欲死而父，即前斗。否则阖门善俟。吾行市毕，即归若父，无恙也。"豪民子惧，遂杖杀其父，不敢动，稍敛众以去。袁人相聚从观，欢动一城。郡录事骇之，驰白府。府佐快其所为，阴纵之不问。日暮，至豪民第门，捽使跪，数之曰："若为民不自谨，冒使君，杖汝，法也；敢用是为怨望，又投间蔑污使君，使罢。汝罪宜死，今姑贷汝。后不善自改，且复妄言，我当焚汝庐、戕汝家矣！"豪民气尽，以额叩地，谢不敢。乃释之。

博鸡者因告众曰："是足以报使君未耶？"众曰："若所为诚快，然使君冤未白，犹无益也。"博鸡者曰："然。"即连楮为巨幅，广二丈，大书一"屈"字，以两竿夹揭之，走诉行御史台。台臣弗为理。乃与其徒日张"屈"字游金陵市中。台臣惭，追受其牒，为复守官而黜臧使者。方是时，博鸡者以义闻东南。

高子曰：余在史馆，闻翰林天台陶先生言博鸡者之事。观袁守虽得民，然自喜轻上，其祸非外至也。臧使者枉用三尺，以仇一言之憾，固贼戾之士哉！第为上者不能察，使匹夫攘袂群起，以伸其愤，识者固知元政紊弛，而变兴自下之渐矣。

【译文】

博鸡者是袁州人,一向游手好闲,不从事劳动生产,每天抱着鸡召唤一帮年轻人,在街市上斗鸡赌输赢。他任性放纵,喜欢与人争斗。许多乡里的侠义好汉,都对他很服从、退让。

元代至正年间,袁州有一位州长官颇多仁爱、宽厚的政绩,百姓很喜欢他。当时上级官署派下的使者姓臧,是一个新得势的权贵,将要巡察各州郡到袁州来。太守依仗着自己年资高有德望,看不起这位新贵,听说他到了,笑着说:"这是臧家的小子啊。"有人把这话告诉了姓臧的。臧大怒,想用法律来中伤陷害太守。正巧袁州有一个土豪,曾经受过太守的杖刑,他得知姓臧的使者心里怀恨太守,就诬陷太守接受过自己的贿赂。使者于是逮捕了太守,威逼其认罪,革掉了太守的官职。袁州人非常愤慨,但是没有什么办法来对付他。

一天,博鸡者在街市上游荡。大家知道他有能力有作为,因而责备他说:"你向来以勇敢出名,但只能欺压贫弱的人罢了。那些土豪依仗他们的钱财,诬陷贤能的使君,使他罢了官,袁州人失去了父母官。你果真是男子汉大丈夫的话,就不能为使君出一把力吗?"博鸡者说:"好。"就到贫民聚居的地方,招来一批向来勇健的小兄弟,共有几十个人,在路上拦住那个土豪。土豪正穿着一身华丽的衣服,骑着马,后面跟随了一群奴仆,奔驰而来。博鸡者一直向前把他揪下马,又提起来殴打。奴仆们惊恐万分,各自逃去。博鸡者于是剥下土豪的衣服,自己穿着,又自己鞭打着土豪的马,指挥众子弟簇拥着土豪在马的前面,把他的双手反绑着,游街示众。命令土豪自己大声叫道:"作老百姓的要诬陷太守,就看看我的样子!"走一步叫一声,不叫就用杖打,打得土豪的背上全部是伤。土豪的儿子听说有此祸殃,就聚集了同宗本家的奴仆一百人左右,想拦路夺回他的父亲。博鸡者迎面走上去说:"如果想要你父亲死,那就上前来斗。否则还是关起门来在家里好好地等着。我游街结束,就归还你的父亲,不会有危险的。"土豪的儿子害怕博鸡者会因此用棍杖打死他的父亲,不敢动手,匆匆约束招拢了奴仆们而离去。袁州的百姓相互追随着聚集在一起观看，欢呼声震动了整个袁州城。郡中掌管民事的官吏非常惊惧，骑马奔告州府衙门。府里的副官对博鸡者的所作所为感到痛快，暗中放任他而不过问。天黑，博鸡者和游街队伍来到土豪家门口，揪着他命他跪下，列数他的罪状说："你做老百姓，不能自己检点，冒犯了使君，用杖打你，这是刑法的规定。你竟敢因此而怨恨在心，又趁机诬陷使君，使他罢了官。你的罪行当死，现在暂且饶恕你。今后如果不好好改过自新，并且再胡言乱语，我就要烧掉你的房屋，杀掉你的全家！"土豪气焰完全没有了，用额头碰地，承认自己有罪，表示再不敢了。这才放了他。

博鸡者于是告诉大家说："这样是否足够报答使君了呢？"大家说："你所作所为确实令人痛快，但是使君的冤枉没有申雪，还是没有用的。"博鸡者说："对。"立即用纸连成一个巨幅，宽有二丈，大写了一个"屈"字，用两根竹竿夹举起来，奔走到行御史台去诉讼，行御史台的官吏不受理。于是便和他的一帮小兄弟，每天张着这个"屈"字游行于金陵城中。行御史台的官吏感到惭愧，接受了他们的状纸，为他们恢复了太守的官职而罢免了姓臧的使者。当时，博鸡者由于他的侠义行为而闻名于东南一方。

高启说：我在史馆，听翰林官天台人陶先生说起博鸡者的事。看来袁州太守虽然能得民心，但是沾沾自喜，轻视上级，他的遭祸不是外来的原因造成的。姓臧的使者，滥用法律权力，用来报复一句话的怨恨，本来就是一个凶残的人！但做上级的人不能察明下情，致使百姓挽起袖子，一起奋起，发泄自己的愤慨。有见识的人本就知道元代的政治混乱松弛，因而变乱的兴起已经从下面慢慢形成了。

李贽（中国·明）

李贽

传略　　李贽在《明史》无传，仅于《明史·卷221·列传第109·耿定向》中被简短地提及。文曰：

"（耿定向）尝招晋江李贽于黄安，后渐恶之，贽亦屡短定向。士大夫好禅者往往从贽游。贽小有才，机辨，定向不能胜也。贽为姚安知府，一旦自去其发，冠服坐堂皇，上官勒令解任。居黄安，日引士人讲学，杂以妇女，专崇释氏，卑侮孔、孟。后北游通州，为给事中张问达所劾，逮死狱中。"

李贽于嘉靖六年（1527）农历十月廿六出生于福建泉州市南门外。原名叫林载贽，因家族泉州清源瀛洲林李同宗两姓分派的缘故，效曾祖父从本姓改为李姓，嘉靖三十五年为避穆宗载垕（同"厚"）讳，取名贽。李贽一生曾用过的名号众多，还有笃吾、百泉居士、宏父、思斋、龙湖叟、秃翁等。李贽最先入闽的祖先林闾林睦斋于元朝末期因避战乱由河南入闽。二世祖林驽林东湖是一位航海家商人，经常往还于刺桐港和波斯湾之间。因迎娶波斯女性，故而家族中出现伊斯兰教信仰者，也即是中国男人迎娶中东女子为妻。到李贽的父亲林白斋时，家庭的信仰已经摆脱了曾祖母信仰的影响。

李贽虽然出家做过和尚，但是佛教并非其唯一信仰，根源上说，李贽的信仰是三教并存，以儒教为本。

李贽自幼倔强难化，"不信道，不信仙、释，故见道人则恶，见僧则恶，见道学先生则尤恶。"12岁开始作文，反对孔子把种田人看成"小人"。关于李贽青少年时候的治学情况，有如下记述："余自幼治易，复改治礼，以礼经少决科之利也。至年十四，又改治尚书，竟以尚书窃禄。然好易，岁取易读之。"（李氏文集卷——易因小序）

嘉靖三十年，26岁中福建乡试举人。嘉靖三十五年（1556）授河南共城教谕。三十九年，擢南京国子监博士，数月后，父白斋公病故于泉州，回乡守制。时值倭寇攻城，他带领弟侄辈日夜登城击柝巡守，与全城父老兵民同仇敌忾。嘉靖四十二年任北京国子监博士。"三年服阕，尽室入京……居京邸十阅月不得缺，囊垂尽，乃假馆授徒。馆复十余月乃得缺。称国子先生如旧官。"

隆庆四年（1570），调任南京刑部员外郎，至万历五年（1577）止，共七年。在南都任职的七年中，相识耿定向、耿定理、焦竑等。后来耿定向的假道学面貌露出时，李贽与之互相辩难。而李贽与耿定向的弟弟定理以及定向的学生焦竑则一直为莫逆的朋友。在南都时，李贽见过王守仁的弟子王畿以及泰州学派的罗汝芳。李贽对王、罗二人都很崇敬。这一时期的重要关键是李贽师事泰州学派的学者王襞。王襞是王艮的儿子，幼闻庭训，王艮在淮南讲学，王襞长时期在左右，对"乐学"之说，发挥尤多。

万历五年（1577），出任云南姚安知府，在公余之暇，仍从事于讲学。他居官的准绳是"一切持简易，任自然，务以德化"，而且"自治清苦，为政举大体"。他还在府衙的楹柱上写了两副对联。其一是："从故乡而来，两地疮痍同满目；当兵事之后，万家疾苦总关心。"其二是："听政有余闲，不妨鼙运陶斋，花栽潘县；做官无别物，只此一庭明水，两袖清风。"

当时云南边境少数民族很多，上官严刻，他说："边方杂夷、法难尽执，日过一日，与军与夷共享太平足矣"。在姚安居官三年以后，他厌恶簿书的生活，袁中道记他"久之，厌圭组，遂入鸡足山，阅龙藏，不出。御史刘维奇其节，疏令致仕以归"。

李贽的二十多年的宦游生活，使他深感受人管束之苦。他解官以后，并不回乡，于万历九年（1581）春，应湖北黄安（今红安）耿定理之邀，携妻子女儿到耿家乡黄安天台书院讲学论道，住耿定理家中充当门客兼教师，自称："我老矣，得一二胜友，终日晤言，以遣余日，即为至快，何必故乡也？"万历十二年耿定理死后，因之前与耿定理做大官的哥哥耿定向不能相容，不可能再在耿家住下去了。于万历十二年（1584）十月，从黄安移居麻城，因无馆住宿而返。第二年三月才将妻女送回福建，自己子身居麻城龙潭湖芝佛院，龙潭距城三十里，一般人不易走到。他从此安静地读书著作，与一二相知者讲学。李贽移居麻城近二十年，完成《初潭集》、《焚书》等著作。收入《童心说》、《赞刘谐》、《何心隐论》及与道学家耿定向反复论辩而撰写《答耿中丞》、《答耿司寇》等书答、杂述、读史短文和诗共6卷。揭露道学家们的伪善面目，反对以孔子的是非观为是非标准，批判的锋芒直指宋代大理学家周敦颐、程颢、张载、朱熹。李贽倡导绝假还真、真情实感的"童心说"。李贽在麻城还多次讲学，抨击时政，针砭时弊，听任各界男女前往听讲，并受到热烈的欢迎。

万历十六年（1588）夏天又剃头以示和鄙俗断绝，虽身入空门，却不受戒、不参加僧众的唪经祈祷。这对传统思想造成了强烈的冲击，被当地的保守势力视为"异端"、"邪说"，群起围攻，要把他驱逐出境。李贽旗帜鲜明宣称自己的著作是"离经叛道之作"，表示："我可杀不可去，头可断而身不可辱"，毫不畏缩。

万历二十一年（1593）李贽认识了在当时文学上反对复古主义的公安三袁兄弟袁宗道、袁宏道、袁中道。次年，袁宏道（字中郎）又来麻城访李贽，二人并同至武昌。袁宗道对李贽极为推崇："翁明年正七十，学道诸友，共举一帛为贺。盖翁年岁愈久，造诣转玄，此可贺者一。多在世一日，多为世作一日津梁，此可贺〔者〕二。"（白苏斋类集卷一六——李宏甫）

万历二十五年（1597），李贽应巡抚梅国桢之请往山西大同，著《孙子参同》，修订《藏书》。梅国桢是麻城人，也是与李贽甚相契合的友人之一。

万历二十六年（1598）李贽七十二岁，春天仍在北京，次年春天与同在北京的焦竑共往南京，并将自己的零星著作汇成《老人行》，并再度研究《易》，撰写《易因》，最后编订其巨著《藏书》。《藏书》共68卷，系纪传体史论，论述战国至元亡时历史人物约800人，对历史人物作出了不与传统见解苟合的评价，旨在反对儒学。如他赞扬秦始皇是"千古一帝"，武则天是"政由己出，明察善断"的"圣后"。

万历二十八年（1600），在山东济宁编成《阳明先生道学抄》、《阳明先生年谱》。万历二十五年（1597）至二十八年（1600），到山西、通州、济宁、南京游历。在济宁、南京曾两次与利玛窦见面，讨论教义。二十八年回到麻城。同年冬天，湖广佥事冯应京以"维护风化"为名，指使歹徒烧毁龙湖芝佛院，又毁坏他预为藏骨的墓塔。李贽被迫避寓麻城东北商城县黄檗山中。二十九年，罢官御史马经纶闻讯将李贽接到通州，住莲花寺。

万历三十年（1602）二月，遗言身后白布盖尸，土坑埋葬，似从回教葬仪。同年礼部给事中张问达秉承首辅沈一贯的旨意上奏神宗，攻讦李贽。最终以"敢倡乱道，惑世诬民"的罪名在通州逮捕李贽，并焚毁他的著作。李贽入狱后，"明日，大金吾置讯。侍者掖而入，卧于阶上。金吾曰：'若何以妄著书？'公曰：'罪人著书甚多，具在，于圣教有益无损！'大金吾笑其倔强，狱意无所置词，大略止回籍耳。"听说朝廷要押解他回福建原籍，他感慨地说："我年七十有六，死以归为？"又说："衰病老朽，死得甚奇，真得死所矣。如何不死？"三月十五日，呼侍者剃发，夺其剃刀割喉，气不绝者两日，三月十六日（公历5月7日）子时气绝，享年76岁。东厂锦衣卫写给皇帝的报告，称李贽"不食而死"。死后，由马经纶收葬于北京通州北门外马寺庄迎福寺侧。

李贽一生著述颇丰，主要有：《李氏藏书》《藏书》六十八卷。《李氏续藏书》《续藏书》二十七卷。《史纲评要》三十六卷。《李氏焚书》《焚书》六卷。《李氏续焚书》《续焚书》五卷。《初谭集》《初潭集》十二卷、三十卷。《卓吾老子三教妙述》（又称《言善篇》）四集。《李卓吾遗书》十二种二十三卷（包括《道古录》二卷、《心经提纲》一卷、《观音问》一卷、《老子解》一卷、《庄子解》二卷、《孔子参同》三卷、《墨子批选》二卷、《因果录》三卷、《净土诀》一卷、《暗然录最》四卷、《三教品》一卷、《永庆答问》一卷）。《李氏文集》十八卷。《李氏丛书》《易因》二卷。《李氏六书》六卷（包括《历朝藏书》一卷、《皇明藏书》一卷、《焚书书答》一卷、《焚书杂述》一卷、《丛书汇》一卷、《说书》一卷）。《阳明先生道学钞》八卷。《龙溪王先生文录钞》九卷。《枕中十书》六卷（包括《精骑录》、《筼窗笔记》、《贤奕贤》、《文字禅》、《异史》、《博识》、《尊重口》、《养生醍醐》、《理谈》、《吟坛千秋诀》）。《批评忠义水浒传》100卷、100回（另《批判忠义水浒传全传》121回）。《批点西厢真本》二卷、《批评红拂记》二册、《批评幽闺记》二卷、《批评洗纱记》二卷，《评选三异人集》二十四卷（包括《方正学文集》十一卷、《传状》一卷、《于节暗奏疏》四卷、《文集》一卷、《诗集》一卷、《文集》一卷、《自著年谱》一卷、《传状》一卷）。《读升庵集》二十卷、《世说新语补》二十卷、《四书评》《坡仙集》十六卷、《九正易因》二卷、《李氏说书》八卷、《姑妄编》七卷、《李温陵集》二十卷、《禅谈》一卷、《龙湖闲话》一卷、《文字禅》四卷、《左德机缘》三卷、《李氏因果录》三卷、《业报案》二卷。

他曾评点过的《水浒传》、《西厢记》、《浣纱记》等，仍是至今流行的版本。

著名文章：《童心说》、《答以女人学道为见短书》等。

"七十老翁何所求"——李贽之死 万历三十年（1602）

闰二月乙卯这一天，在大官僚沈一贯指使和都察院左都御史温纯伙同下，著名的东林党人、都察院礼科给事中张问达给万历皇帝上了一道专门弹劾李贽的奏疏。在奏疏中，张问达使用了大量耸人听闻的谣言和污蔑不实之词，必欲将李贽置于死地而后快。奏疏原文如下：

> "李贽壮岁为官，晚年削发，近又刻《藏书》、《焚书》、《卓吾大德》等书，流行海内，惑乱人心。以吕不韦、李园为智谋，以李斯为才力，以冯道为吏隐，以卓文君为善择佳偶，以秦始皇为千古一帝，以孔子之是非为不足据。狂诞悖戾，不可不毁。
>
> 尤可恨者，寄居麻城，肆行不简，与无良辈游庵院挟妓女，白昼同浴，勾引士人妻女、入魔讲法，至有携衾枕而宿者，一境如狂。又作《观音问》一书，所谓观音者，皆士人妻女也。后生小子，喜其猖狂放肆，相率煽惑。至于明劫人财，强搂人妇，同于禽兽而不之恤。
>
> 近来缙绅大夫，亦有诵咒念佛，奉僧膜拜，手持数珠，以为律戒，室悬妙像，以为归依，不知遵孔子家法，而溺意于禅教沙门者，往往出矣。
>
> 近闻贽且移至通州，通州距都下四十里，倘一入都门，招致盘惑，又为麻城之续。望敕礼部，檄行通州地方官，将李贽解发原籍治罪。仍檄行两畿及各布政司将贽刊行诸书，并搜简其家未刻者，尽行烧毁，毋令贻祸后生，世道幸甚。"

这份具有煽动力的上疏，前面列举李贽言论都有事实根据。至于"尤可恨者"一句以下，则是张问达使用"罗织"方法，把一些单独看来不成其为罪状的过失贯穿一气，使人觉得头头是道。万历皇帝对于"挟妓"之类的行为未置可否，但对于李贽离经叛道的思想言论则是绝对不能容忍的。

因此，他决定以"敢倡乱道"的罪名将李贽逮捕治罪：

"李贽敢倡乱道，惑世诬民，便令厂卫五城严拿治罪。其书籍已刻未刻，令所在官司，尽搜烧毁，不许存留。如有党徒，曲庇私藏，该科道及各有司，访奏治罪。"

皇帝的军队立即出动，奔赴北通州（今北京通县），从马经纶家中将卧病在床的李贽带走，关进监狱。

马经纶即上《与当道书》为李贽辩解，但无效。

对李贽的审讯是严格按照万历皇帝的意图进行的，只要他交待其"敢倡乱道"的思想言论问题。李贽对此作了简短的申辩："罪人著书多有，具在，于圣教有益无损。"

从各种有关的文字记载来看，李贽在监狱里没有受到太多折磨，照样地读书写字。

奉旨审问李贽的大金吾笑这个老头子太倔强，不复再审，建议皇帝不必判处重刑，只需要递解回籍了事。根据成例，这种处罚实际上就是假释，犯人应当终身受到地方官的监视。但不知何故，万历皇帝对此迟迟不作批复。而李贽在此之前好几年就为自己选择了"荣死诏狱"的最后归宿。

李贽晚年不归故乡，长期寓居在外。其妻黄氏死时，嘱婿只作单圹，以示不归。入狱后，李贽听说朝廷要押解他回原籍福建，感慨地说："我年七十有六，死耳，何以归为？"又说："衰病老朽，死得甚奇，真得死所矣。如何不死？"

三月十五，李贽在狱中留偈："志士不忘在沟壑，烈士不忘丧其元。我今不死更何待？愿早一命归黄泉。"呼侍者剃发，遂夺剃刀自割其喉，血流遍地，尚未断气，气不绝者两日。

侍者看到李贽鲜血淋漓，还和他作了一次简单的对话。问："和尚痛否？"李贽已不能出声，以指沾血在侍者掌心写字作了回答："不痛。"侍者又问："和尚何自割？"李贽又用手指写了王维的一句诗以解释他的死因："七十老翁何所求！"

三月十六日（公历5月7日）夜子时，李贽气绝，年76岁。东厂锦衣卫写给皇帝的报告，则称李贽"不食而死"。

遗言 倘一旦死，急择城外高阜，向南开作一坑，长一丈，阔五尺，深至六尺即止。既如是深，如是阔，如是长矣，然复就中复掘二尺五寸深土，长不过六尺有半，阔不过二尺五寸，以安予魄……未入坑时，且阁我魄于板上，用余在身衣服即止，不可换新衣等，使我体魄不安……即安了体魄，上加二三十根椽子横阁其上……使可望而知其为卓吾子之魄也。周围栽以树木，墓前立一石碑，题曰："李卓吾先生之墓。"

魂归 李贽逝后，马经纶不避嫌疑，为李贽治丧，遵照李贽生前遗嘱，将其遗体安葬在通州北门外马寺庄迎福寺侧（今西海子公园），汪本钶撰写碑记，焦竑题书墓碑"李卓吾先生墓"。碑阴《李卓吾碑记》和《吊李卓吾先生墓二首》则是好友詹轸光于万历四十年（1612）所撰，诗中有云："燕赵古来多慷慨"、"侠骨不防燕市死"，表达对李贽的崇敬和深切悼念。

万历三十八年（1610），李贽的学生汪可受，以及梅掌科、苏侍御捐资为李树碑，汪并作墓碑记。1954年，中央卫生部在该处建医院，通州市人民政府迁墓于通州城北牛作坊（原名大悲林村），安葬尸骨，重建碑楼，墓作为重点文物加以保护。

评论

褒

李廷机《祭李卓吾文》:"心胸廓八肱,识见洞千古。孑然置一身于太虚中,不染一尘,不碍一物,清净无欲,先生有焉。盖吾乡士大夫未有如先生者,即海内如先生者亦少矣。"

池方显《谒李卓吾墓》:"半生交宇内,缘乃在玄州。闽楚竟难得,佛儒俱不留。世人同喜怒,大道任恩仇。我亦寻知己,依依今未休。"

汪本钶《续藏书》序:"先生一生无书不读,无有怀而不吐。其无不读也,若饥渴之于饮食,不至于饫足不已;其无不吐也,若茹物噎不下,不尽至于呕出亦不已。以故一点撺自足天下万世之是非,而一欬唾实关天下万世之名教,不但如嬉笑怒骂尽成文章已也。盖言语真切至到,文辞惊天动地,能令聋者聪,瞆者明,梦者觉,醒者醒,病者起,死者活,躁者静,聒者结,肠冰者热,心炎者冷,柴栅其中者自拔,倔强不降者亦无不意顙而心折焉。"

袁中道《李温陵传》:"……骨坚金石,气薄云天;言有触而必吐,意无往而不伸。排拓胜己,跌宕王公,孔文举调魏武若稚子,嵇叔夜视锺会如奴隶。鸟巢可复,不改其凤味,鸾翮可铩,不驯其龙性,斯所由焚芝锄蕙,衔刀若卢者也。嗟乎!才太高,气太豪……"

冯元仲《吊李卓吾先生墓诗》:"手辟洪蒙破混茫,浪翻古今是非场。通身是胆通身识,死后名多道益彰。"

吴虞《李卓吾别传》:"张问达、王雅量能焚毁卓吾之书于一时,诬陷卓吾之身于一日……卓吾书盛行,咳唾间非卓吾不欢,几案间非卓吾不适,朝廷虽焚毁之,而士大夫则相与重锓,且流传于日本。"

贬

顾宪成《束高景逸书》："李卓吾大抵是人之非，非人之是，又以成败为是非而已。学术到此，真是涂炭，唯有仰屋窃叹而已！如何如何！"

《四库全书目录提要》："赞非圣无法，敢为异论。虽以妖言逮治，惧而自到，而焦竑等盛相推重，颇荣众听，遂使乡塾陋儒，翕然尊信，至今为人心风俗之害。故其人可诛，其书可毁，而仍存其目，以明正其名教之罪人，诬民之邪说。"

《四库全书总目·别史类存目》："赞书皆狂悖乖谬，非圣无法，惟此书抨击孔子，另立褒贬，凡千古相传之善恶，无不颠倒易位，尤以罪不容诛者。其书可毁，其名亦不足以污简牍，特以赞大言欺世，至今乡曲陋儒，震其虚名，如置之不论恐贻害人心，故特存其目，以深曝其罪。"

姚瓒《近事丛残》：（李贽）"好为惊世骇俗之论、务反宋儒道学之说。……儒释从之者几千万人。其学以解脱直截为宗，少年高旷豪举之士，多乐慕之。后学如狂，不但儒教溃防，即释宗绳检，亦多所清弃。"

沈铁《李卓吾传》："载赞再往白门（南京），而焦竑以翰林家居，寻访旧盟，南都士更靡然向之。登坛说法，倾动大江南北。北通州马经纶以御史谪籍，延载赞抵舍，焚香执弟子礼、而燕冀人士望风礼拜尤盛。"

其 他

李敖在《李敖快意恩仇录》里写道："人物中我偏好'性格巨星'式，像东方朔、像李贽、像金圣叹、像汪中、像狄阿杰尼斯、像伏尔泰、像斯威夫特、像萧伯纳、像巴顿将军，我喜欢他们的锋利和那股表现锋利的激情。"

黄仁宇在《万历十五年》的最后一章专论李贽说："李贽的悲观不仅属于个人，也属于他所生活的时代。传统的政治已经凝固，类似宗教改革或者文艺复兴的新生命无法在这样的环境中孕育。社会环境把个人理智上的自由压缩在极小的限度之内,人的廉洁和诚信,也只能长为灌木,不能形成丛林。"

家事　　李贽的六世祖林努是泉州巨商,以贸易往来于波斯湾,娶"色目女"(可能是印度欧罗巴种女人)。在其后相当的时间内,李贽的祖先仍然以混血家庭和伊斯兰教的信仰者往来。一直到曾祖父一代,家庭中的国际色彩才归于消失。

李贽与妻子黄氏先后有四男三女,但仅存一女,故黄氏常因"蒸尝之事不能遣诸怀"。但李贽对此却无所谓。李贽《初潭集·夫妇篇》认为:"有好女子便立家,何必男儿?""人亦何必不女,人之父亦何必以女女之乎?若但好名,将安用之?"袁中道《李温陵传》也说李贽"虽无子,不置妾婢"。

李贽的族人在泉州为李贽立了个继子李四官,但关系一般。与李贽关系比较密切,且在李贽家庭生活中充当重要角色的,倒是他唯一的女婿庄纯甫。

性情　　李贽不喜俗客,客人未先知照而来,就令他远坐;但对意气相投的客人相接甚欢。在龙潭湖,与他过从甚密,读书论学的好友,有南京焦竑、山西刘东星、北京马经纶、安徽新安汪本钶、黄梅汪可爱、公安袁宗道、袁宏道、袁中道、麻城周思久、周思敬、梅国桢、僧无念、丘坦之、杨定见,还有周柳塘、邱长孺、周友山、道一等。尤其是麻城几位好友,长期在一起"闭门下键,日以读书为事"。"公安三袁"兄弟三人到龙湖,竟一住三个月。听他讲学的还有士子、樵夫、丈夫、女子。

李贽住在龙潭湖十年,过着亦僧亦儒的生活。每日闭门读书著述,淡泊简束。他虽然身入空门,却没有受戒,也不参加僧众的唪经祈祷。他喜爱清洁成癖，衣服一尘不染，经常扫地，以至"数人缚帚不给"。在很多方面，李贽仍保持着官僚学者的生活方式。例如，即使是短距离的外出，他仍然乘轿；对于书本不愿亲自阅读，而让助手朗诵以省目力。

自述

李贽自称"不信道，不信仙释，故见道人则恶，见僧则恶，见道学先生则尤恶。"

在《自赞》一文中，他毫不掩饰自己的个性：

其性褊急，其色矜高，其词鄙俗，其心狂痴，其行率易，其交寡而面见亲热。其与人也，好求其过，前不悦其所长；其恶人也，既绝其人，又终身欲害其人。志在温饱，而自谓伯夷、叔齐；质本齐人，而自谓饱道饫德。分明一介不与，而以有莘借口；分明豪毛不拔，而谓杨朱贼仁。动与物迕，口与心违。其人如此，乡人皆恶之矣。昔子贡问夫子曰："乡人皆恶之何如？"子曰："未可也。"若居士，其可乎哉！

名言

1. 夫童心者，真心也。若以童心为不可，是以真心为不可也。夫童心者，绝假纯真，最初一念之本心也。若夫失却童心，便失却真心；失却真心，便失却真人。人而非真，全不复有初矣。

2. 余窃谓欲论见之长短者当如此，不可止以妇人止见为见短也。故谓人有男女则可，谓见有男女且可乎？

3. 设使女人其身而男子其见，乐闻正论而知俗语之不足听，乐学出世而知浮世不足恋，则恐当世男子视之，皆当羞愧流汗，不敢出声矣。

4. 穿衣吃饭即是人伦物理；除却穿衣吃饭，无伦物也。

5. 动人以言者，其感不深；动人以行者，其应必速。

6. 能下人，故其心虚；其心虚，故所取广；所取广，故其人愈高。

7. 物不经锻炼，终难成器；人不得切琢，终不成人。

作品精选

文选

童 心 说

　　龙洞山人叙《西厢》，末语云："知者勿谓我尚有童心可也。"夫童心者，真心也。若以童心为不可，是以真心为不可也。夫童心者，绝假纯真，最初一念之本心也。若失却童心，便失却真心；失却真心，便失却真人。人而非真，全不复有初矣。童子者，人之初也；童心者，心之初也。夫心之初，曷可失也？然童心胡然而遽失也。盖方其始也，有闻见从耳目而入，而以为主于其内而童心失。其长也，有道理从闻见而入，而以为主于其内而童心失。其久也，道理闻见日以益多，则所知所觉日以益广，于是焉又知美名之可好也，而务欲以扬之而童心失。知不美之名之可丑也，而务欲以掩之而童心失。夫道理闻见，皆自多读书识义理而来也。古之圣人，曷尝不读书哉。然纵不读书，童心固自在也；纵多读书，亦以护此童心而使之勿失焉耳，非若学者反以多读书识义理而反障之也。夫学者既以多读书识义理障其童心矣，圣人又何用多著书立言以障学人为耶？童心既障，于是发而为言语，则言语不由衷；见而为政事，则政事无根柢；著而为文辞，则文辞不能达。非内含于章美也，非笃实生辉光也，欲求一句有德之言，卒不可得，所以者何？以童心既障，而以从外入者闻见道理为之心也。

　　夫既以闻见道理为心矣，则所言者皆闻见道理之言，非童心自出之言也，言虽工，于我何与？岂非以假人言假言，而事假事、文假文乎！盖其人既假，则无所不假矣。由是而以假言与假人言，则假人喜；以假事与假人道，则假人喜；以假文与假人谈，则假人喜。无所不假，则无所不喜。满场是假，矮人何辩也。然则虽有天下之至文，其湮灭于假人而不尽见于后世者，又岂少哉！何也？天下之至文，未有不出于童心焉者也。苟童心常存，则道理不行，闻见不立，无时不文，无人不文，无一样创制体格文字而非文者。诗何必古《选》，文何必先秦，降而为六朝，变而为近体，又变而为传奇，变而为院本，为杂剧，为《西厢曲》，为《水浒传》，为今之举子业，皆古今至文，不可得而时势先后论也·故吾因是而有感于童心者之自文也，更说什么六经，更说什么《语》、《孟》乎！

夫六经、《语》、《孟》，非其史官过为褒崇之词，则其臣子极为赞美之语，又不然，则其迂阔门徒、懵懂弟子，记忆师说，有头无尾，得后遗前，随其所见，笔之于书。后学不察，便谓出自圣人之口也，决定目之为经矣，孰知其大半非圣人之言乎？纵出自圣人，要亦有为而发，不过因病发药，随时处方，以救此一等懵懂弟子，迂阔门徒云耳。医药假病，方难定执，是岂可遽以为万世之至论乎？然则六经、《语》、《孟》，乃道学之口实，假人之渊薮也，断断乎其不可以语于童心之言明矣。呜呼！吾又安得真正大圣人童心未曾失者而与之一言文哉！

【译文】

龙洞山农在为《西厢记》写的序文末尾说："有识之士不以为我还有童心的话，就知足了。"童心，实质上是真心，如果认为不该有童心，就是以为不该有真心。所谓童心，其实是人在最初未受外界任何干扰时一颗毫无造作，绝对真诚的本心。如果失掉童心，便是失掉真心；失去真心，也就失去了做一个真人的资格。而人一旦不以真诚为本，就永远丧失了本来应该具备的完整的人格。

儿童，起人生的开始；童心，是心灵的本源。心灵的本源怎么可以遗失呢！那么，童心为什么会贸然失落呢？在人的启蒙时期，通过耳闻目睹会获得大量的感性知识，长大之后，又学到更多的理性知识，而这些后天得来的感性的闻见和理性的道理一经入主人的心灵之后，童心也就失落了。久而久之，做得的道理、闻见日益增多，所能感知、觉察的范围也日益扩大，从而又明白美名是好的，就千方百计地去发扬光大；知道恶名是丑的，便挖空心思地来遮盖掩饰，这样一来，童心也就不复存在了。人的闻见、道理，都是通过多读书，多明理才获得的。可是，古代的圣贤又何尝不是读书识理的人呢！关键在于，圣人们不读书时，童心自然存而不失，纵使多读书，他们也能守护童心，不使失落。绝不像那班书生，反会因为比旁人多读书识理而雍塞了自己的童心。既然书生会因为多读书识现而雍蔽童心，那么圣人又何必要热衷于著书立说以至于迷人心窍呢？童心一旦雍塞，说出话来，也是言不由衷；参与政事，也没有真诚的出发点；写成文章，也就无法明白畅达。其实，一个人如果不是胸怀美质而溢于言表，具有真才实学而自然流露的话，那么从他嘴里连一句有道德修养的真话也听不到。为什么呢？就是因为童心已失，而后天得到的闻见道理却入主心灵的缘故。

既然以闻见道理为本心，那么说的话就成了闻见道理的翻版，而不是出自童心的由衷之言。哪怕他说得天花乱坠，跟我又有什么相干。这难道不是以假人说假话，办假事，写假文章吗？因为人一旦以虚假为本，一举一动也就无不虚假了，由此去对假人说假话，正是投其所好；跟假人讲假事，肯定信以为真；给假人谈假文章，必然赞赏备至。这可真是无处不假，便无所不喜呀！满天下全是虚假，俗人哪里还分辨得出真伪。即使是天下的绝妙文章，因被假人忽视埋没而后人无从得知的，不知有多少。原因何在？因为天下的好文章，没有不是发自童心的。如果童心常在，那些所谓的闻见、道理就会失去立足之地，那么，任何时代，任何人，任何体裁都可以写出极好的作品来。诗歌，何必一定推崇《文选》；散文，何必非得看重先秦。古诗演变成六朝诗外，近体格体，古文也发展为唐朝传奇，金代院本，元人杂剧，《西厢记》，《水浒传》，还有当今应科举的八股文，凡是讲求圣人之道者都是古今杰出的文章，绝不能以时代先后为标准，厚古薄今。所以，我对那些发自定心的文章体会最深，实在用不着言必称六经，言必称《论语》、《孟子》。

六经、《论语》、《孟子》，不是史官的溢美之词，就是臣下的阿谀之言，不然的话，也是那班糊涂弟子们，追忆老师的言语，或有头无尾，或有尾无头,或是据自己听到的只言片语,写下来汇集成书。后代书生,不明此理,就以为全是圣人的精辟理论,而奉若经典。又哪里晓得,这其间多半根本不是圣人的精论呢!即使真有圣人讲的,也是有的放矢,不过就一时一事,随机应答,以点拨那些不开窍的弟子罢了。对症下药,不拘一格,怎么可以当成万古不变的真理呢!显而易见,六经、《论语》、《孟子》早已被拿来用做道学家唬人的工具,伪君子藏身的挡箭牌了,绝对没法和发自童心的由衷之言同日而语的。呜呼!我又到哪里去寻找童心未泯的真圣人,与他一起探讨作文之本呢?

诗选

独 坐

有客开青眼,无人问落花。
暖风熏细草,凉月照晴沙。
客久翻疑梦,朋来不忆家。
琴书犹未整,独坐送晚霞.

系中八绝·老病初苏

名山大壑登临遍,独此垣中未入门。
病间始知身在系,几回白日几黄昏。

石潭即事其四

若为追欢悦世人,空劳皮骨损精神。
年来寂寞从人谩,只有疏狂一老身。

读 书 乐

　　天生龙湖，以待卓吾；天生卓吾，乃在龙湖；龙湖卓吾，其乐何如？四时读书，不知其余。读书伊何？会我者多。一与心会，自笑自歌；歌吟不已，继以呼呵，恸哭呼呵，涕洒滂沱。歌匪无因，书中有人；我观其人，实获我心。哭匪无因，空潭无人；未见其人，实劳我心。弃之莫读，束之高屋。怡性养神，辍歌送哭。何必读书，然后为乐？乍闻此言，若悯不谷。束书不观，吾何以欢？怡性养神，正在此间，世界何窄，方册何宽！千圣万贤，与公何冤！有身无家，有首无发；死者中身，朽者足骨。此独不朽，原与偕殁；倚啸丛中，其声振鹄。歌哭相从，其乐无穷！雨阴可惜，曷敢从容。

陈子龙（中国·明）

陈子龙

传略　陈子龙（1608—1647），字卧子，松江华亭人。生有异才，工举子业，兼治诗赋古文，取法魏、晋，骈体尤精妙。崇祯十年进士。选绍兴推官。东阳诸生许都者，副使达道孙也。家富，任侠好施，阴以兵法部勒宾客子弟，思得一当。子龙尝荐诸上官，不用，东阳令以私憾之。适义乌奸人假中贵名招兵事发，都葬母山中，会者万人。或告监司王雄曰："都反矣。"雄遽遣使收捕，都遂反。旬日间聚众数万，连陷东阳、义乌、浦江，遂逼郡城，既而引去。巡抚董象恒坐事逮，代者未至，巡按御史左光先以抚标兵，命子龙为监军讨之，稍有俘获。而游击蒋若来破其犯郡之兵，都乃率余卒三千保南砦。雄欲抚贼，语子龙曰："贼聚粮据险，官军不能仰攻，非旷日不克。我兵万人，止五日粮，奈何？"子龙曰："都，旧识也，请往察之。"乃单骑入都营，责数其罪，谕令归降，待以不死。遂挟都见雄。复挟都走山中，散遣其众，而以二百人降。光先与东阳令善，竟斩都等六十余人于江浒。子龙争，不能得。以定乱功，擢兵科给事中。命甫下而京师陷，乃事福王于南京。其年六月，言防江之策莫过水师，海舟议不可缓，请专委兵部主事何刚训练，从之。太仆少卿马绍愉奉使陛见，语及陈新甲主款事。王曰："如此，新甲当恤。"廷臣无应者，独少詹事陈盟曰可。因命予恤，且追罪尝劾新甲者。廷臣惩刘孔昭殿上相争事，不敢言。子龙与同官李清交章力谏，事获已。未几未几，列上防守要策，请召还故尚书郑三俊，都御史易应昌、房可壮、孙晋，并可之。又言："中使四出搜巷。凡有女之家，黄纸贴额，持之而去，闾井骚然。明旨未经有司，中使私自搜采，甚非法纪。"乃命禁讹传诳惑者。子龙又言："中兴之主，莫不身先士卒，故能光复旧物。今入国门再旬矣，人情泄沓，无异升平。清歌漏舟之中，痛饮焚屋之内，臣不知其所终。其始皆起于姑息一二武臣，以至凡百政令皆因循遵养，臣甚为之寒心也。"亦不听。明年二月乞终养去。子龙与同邑夏允彝皆负重名，允彝死，子龙念祖母年九十，不忍割，遁为僧。寻以受鲁王部院职衔，结太湖兵，欲举事。事露被获，乘间投水死。

——《明史》列传

陈子龙（1608—1647），明末官员、文学家。初名介，字卧子、懋中、人中，号大樽、海士、轶符等。南直隶松江华亭（今上海松江）人。崇祯十年进士，曾任绍兴推官，论功擢兵科给事中，命甫下而明亡。清兵陷南京，他和太湖民众武装组织联络，开展抗清活动，事败后被捕，投水殉国。他是明末重要作家，诗歌成就较高，诗风或悲壮苍凉，充满民族气节；或典雅华丽；或合二种风格于一体。擅长七律、七言歌行、七绝，被公认为"明诗殿军"。陈子龙亦工词，为婉约词名家、云间词派盟主，被后代众多著名词评家誉为"明代第一词人"。主要作品有《安雅堂稿》、《陈忠裕公全集》、《江蓠槛》和《湘真阁存稿》等。

投水殉节——陈子龙之死

崇祯十七年，李自成攻破北京，崇祯帝自缢身亡，明朝灭亡。紧接着吴三桂引清军入关，李自成溃败。陈子龙正准备北上时，听到崇祯死讯。不久后，福王朱由崧在南京监国，不久后称帝，即史上之弘光政权。陈子龙在黄道周的推荐下，以崇祯时授的兵科给事中职务在弘光朝廷任职。兵科给事中虽然只是七品，但是可以直议国防要务，陈子龙在朝50多天，上书30多次，提出大量有价值的建议，但是弘光帝沉溺酒色，无心复国，只求偏安。陈子龙对朝政失望至极，同时由于自己的直言触犯了马士英、阮大铖等人，受到排挤，因此借故辞职回乡。次年清军在汉奸将领协助下，迅速南下。弘光朝覆灭，福王丧命。

辞职后，陈子龙避地泖滨。有旧友陈洪范时已降清，派人招抚他和夏允彝，夏允彝抗辞答之，陈子龙则避而不见。又有故明参将洪恩炳，与陈子龙"素执弟子礼"，亦降清，自称"安抚使"路过松江求见，陈子龙亦拒之门外，矢志坚持抗清立场。闰六月，江南各郡"竞起兵为恢复计"，组织义军，掀起轰轰烈烈的抗清运动。松江府籍的故明官员也同样在城内募兵抗清。这时，陈子龙与徐孚远及陈湖义士集众千余人驻扎陈湖，伺机起兵。夏允彝致书联络吴淞副总兵吴志葵、参将鲁之玙率水师三千自吴淞入泖湖，总兵官黄蜚率船千艘、水师二万人由无锡到此会合。是月初十日，陈子龙设明太祖像誓师起义，原明两广总督沈犹龙称总督兵部尚书，陈子龙称监军左给事中，军号"振武"。陈子龙所集义兵，虽有千余之众，但"饷无所办"，且多泖滨渔人，不知纪律，未尝作战，甚不堪用，与吴志葵水师进攻苏州失败。黄蜚不听陈子龙的劝阻，将二万水师移营黄浦江，因沿途水道狭隘，不利旋转，单行数十里，首尾不相应，仅支撑两月，亦被清军击败。八月三日，松江城陷，沈犹龙等皆阵亡。陈子龙在城西遇清兵，得逃脱，携家走昆山。夏允彝投水死。继而，陈子龙避难青浦县金泽，最后隐姓埋名入嘉善县陶庄水月庵，托为禅僧，取名信衷，字瓢粟，号颍川明逸。在此，他与庵僧衍门同研佛学，并自撰《年谱》。

弘光元年六月，鲁王朱以海监国于绍兴。闰六月，唐王朱聿键称号于福州。鲁王命陈子龙为兵部尚书，节制七省军漕；唐王授其兵部左侍郎、左都御史。

五月，陈子龙监临吴易义师。陈子龙见其"轻敌，幕客皆轻薄之士，诸将唯事剽掠而已，师众不整"，"军纪日弛"，遂与之断绝关系。至秋天，吴易被清军杀害，义军失败。此时陈子龙因为匡复大业不成，经常沉忧咤叹，至废寝兴。及闻浙东、福州失守，"志不欲生，孤筇单幞，混迹缁流"。泣然曰："茫茫天地将安之乎，唯有营葬大母归死先垄耳。"即于七月遣家归里，十一月，殡葬祖母于广富林。并作长书《报夏考公书》焚夏允彝墓前，"述己所以未死之故，期不负夏公"。南明昭宗永历二年（1647）初，在广富林家居时，念生平知友如夏允彝辈一时零落殆尽，周立勋之死亦已数年，而丧未举，慨然曰："我死，谁为了此事者。"遂捐地葬之。三月，会葬夏允彝，陈子龙赋诗《会葬夏瑗公》二章，又作《寒食》、《清明》二词，此系其绝笔。

提督吴胜兆，辽东人，跟着清军来到江南。1647年4月，吴胜兆因受排挤，密谋策划反正，他的部下戴之儁是陈子龙的旧识，积极支持吴胜兆起兵，私访陈子龙，一再请求陈子龙写信联络南明舟山守将黄斌卿率舟师为外应。

据陈子龙学生王沄后来记载，陈子龙认为：黄等"虚声寡信，事必不济"，没有答应戴的要求，并说："海舶往来，不乏信使，你等好自为之，我决不阻拦。"戴即离去，"自是不复相闻矣"。

但是，据陈子龙生前友人宋征舆记载，陈子龙当时慨然应允，亲手写信联系黄斌卿，积极参与起义。

两种说法中，以宋的说法更为可靠，因为王沄续写陈子龙年谱时，为不给陈子龙遗孀和后代招来麻烦，所以故意在描述中否认陈子龙参与起义。而宋征舆回忆时未曾考虑这一点，因此直言不讳。

十六日，吴胜兆未举兵而事泄被捕，入狱穷治。清军污蔑陈子龙与吴"共谋"，遣兵捕之。陈子龙逃往苏州，易姓李，改字大樽。当时清军江宁将军巴山、都御史陈锦和江宁巡抚土国宝阴谋乘吴胜兆事，"尽除三吴知名之士"，而以陈子龙为首。五月初，他们派出士兵五百，在苏松一带大肆搜捕达五六日之久，最后陈子龙在吴县被捕。巴山等人对他进行审讯，他"植立不屈，神色不变"。陈锦问他为何官？曰："我崇祯朝兵科给事中也。"又问："何不剃发？"曰："吾唯留此发，以见先帝于地下也。"又问，陈子龙凛然挺立，拒不回答。乃执之舟中，令卒守之。五月十三日，陈子龙被押往南京，在途中经松江境内跨塘桥时，他乘守者不备，突然投水以死，捞起时已经气绝，清军还残暴地将其凌迟斩首，弃尸水中。时年四十岁。次日，陈子龙门生王沄、轿夫吴酉等在毛竹港找到他的遗体，具棺埋葬。

魂归　陈子龙墓位于松江区佘山镇广富林村。1988年修竣陈子龙墓，墓地为花岗石平台，墓碑为清乾隆五十一年（1786）之原物。墓前有石柱方亭，名沅江亭。有陈子龙画像碑，刻有传略。墓门额为李一氓书。

陈子龙墓

评誉　陈子龙诗歌虽受"前后七子"影响，但是能够摆脱"诗必盛唐"之窠臼，兼学齐梁丽藻、初唐四杰音韵和盛唐格调，对晚唐诗歌之秾丽特征也有一定吸收，这些要素配合其过人才气，使其诗歌与"前后七子"大不相同，因此乾隆年间著名诗人和诗歌评论家赵翼全面否决"前后七子"却对陈子龙诗歌予以相当高的评价，认为陈子龙的诗论"意理粗疏处，尚未免英雄欺人"，却不得不承认他"沉雄瑰丽，实未易才"。

清代康熙年间著名诗人、词人朱彝尊在编选《明诗综》，高度评价陈子龙在恢复诗歌大雅传统的功绩："王李教衰，公安之派浸广，竟陵之焰顿兴，一时好异者，诪张为幻。关中文太清倡坚伪离奇之言，致删改《三百篇》之章句；山阴王季重寄谑浪笑傲之体，不免绿衣苍鹘之仪容。如帝释既远，修罗药叉,交起搏战,日轮就暝,鹏子鹗母,四野群飞。卧子张以太阴之弓,射以枉矢,腰鼓百面,破尽苍蝇蟋蟀之声,其功不可没也。"

对于陈子龙在诗歌方面正本清源的作用,钱瞻百也有类似评价:"大樽(陈子龙)当诗学榛芜之余,力辟正始,一时宗尚,遂使群才蔚起,与弘、正比隆,摧廓振兴之功,斯为极矣。"

缪天自持类似观点:"剥极而反,否极而复,先征于声音之道,卧子当楚人众咻之余,力追正始,允矣人豪。"

龚蘅圃则针对那些将陈子龙与前后七子一并批评者提出见解:"若诗当公安、竟陵之后,雅音渐亡,曼声并作,大樽力返于正,翦其榛芜荆棘,驱其狐狸貒貉,廓清之功,讵可借口七子流派,并攒讥及焉?"

康熙年间诗坛领袖王士禛(与朱彝尊并称"南朱北王")更是对陈子龙的诗歌推崇备至,在《香祖笔记》中评价其诗:"沉雄瑰丽,近代作者未见其比,殆冠古之才。一时瑜亮,独有梅村(吴伟业)耳。"陈子龙在结合齐梁与三唐风格方面的努力深刻影响了同时代的大诗人吴伟业。吴伟业初学宋枚,以杜甫诗歌质朴一面为宗,后在陈子龙影响下,全面吸收齐梁与初唐四杰之诗风,结合白居易等人之叙事诗风格,融入传奇小说笔法,终成自具面目之"梅村体",对清代诗歌造成深远影响。

清同治年间诗人朱彭年赋诗评价吴伟业:"妙年词赋黄门亚,复社云间孰继声?一自鼎湖龙去后,兴亡凄绝庾兰成"。此诗认为吴伟业诗继承了明末云间诗派陈子龙之风格。

自律 陈子龙二十多岁时,一次,和吴伟业、彭宾、继善一起游秦淮,一连三日,纵酒高歌。到第四天,彭宾、继善二人又来约伟业等人,只见陈子龙正在刻烛做赋(古代人在蜡烛上刻上"刻度"来计时)。二人笑着对陈子龙说:"卧子得陇望蜀耶?何必自苦!"陈子龙慨然答道:"二位认为岁月可待、来日方长吗?我每读终军、贾谊二传,辄绕床夜走,抚髀太息。吾辈年方隆盛，不于此时有所记述，岂能待乔松之寿，垂金石之名哉！"彭宾、志衍、伟业等人听后惭愧不已，齐声道："谨受卧子之教！"。

自信　吴乔（1611—1695）在《围炉诗话》中记载：陈子龙高足张宸回忆："卧子为绍兴推官时，巡按某问以明朝文人孰为大家。对曰：'弇州各体俱备。'又问以后为谁，答曰：'某甲'。"陈子龙认为过去的明朝文人中王世贞为大家，而现在则是自己，对自己诗文的信心和自负可见一斑。

情事　对陈子龙与柳如是的关系，《柳如是别传》记载如下："陈杨两人之关系，其同在苏州及松江者，最早约自崇祯五年壬申起，最迟至崇祯八年乙亥秋深止，约可分为三时期。第一期自崇祯五年至崇祯七年冬。此期卧子与河东君情感虽甚挚，似尚未达到成熟程度。第二期为崇祯八年春季并首夏一部分之时，此期两人实已同居。第三期自崇祯八年首夏河东君不与卧子同居后，仍寓松江之时，至是年秋深离去松江，移居盛泽止。盖陈杨两人在此时期内，虽不同居，关系依旧密切。凡卧子在崇祯八年首夏后，秋深前，所作诸篇，皆是与河东君同在松江往还训和之作。若在此年秋深以后所作，可别视为一时期。虽皆眷恋旧情，丝连藕断，但今不复计入此三期之内也。"

陈子龙与柳如是一度相恋之关系，清代虽已有人谈及，但经陈寅恪先生《柳如是别传》抉微更进而彰显。据《柳如是别传》考证，崇祯八年春夏之季，陈与柳曾短暂同居，两人感情相当深挚。然而终不得谐连理，一是由于陈妻张孺人不能相容，柳亦不愿为妾；二是由于陈当时经济状况不能满足柳之要求。如此分析，入情入理，但只道出了他们最终分手的外因。陈、柳情缘华而无实，究其内因有二：一是陈受日趋保守的士风影响，没有勇气违礼而动；二是陈对待女性的态度相当传统，与柳追求平等自由的观念相左。

而钱谦益在娶了柳之后，对她又爱又敬，更重要的是，他能给柳充分的自由。柳嫁为人妇后，还常身穿儒服，出闺接待宾客，钱谦益因此称赏她为"柳儒士"。换做陈，只怕不能容许自己的妻妾有如此行为。事实证明，柳确实是位值得敬重的女性。身为南明弘光朝廷礼部尚书的钱谦益，在清军南下时带头迎降，柳当时却欲跳水殉节。柳这样独立不屈的人格、刚烈节义的行为，不仅远胜于贪生怕死的钱谦益，而且不输于矢志报国的陈子龙。陈有一首《江城子·病起春尽》词：

一帘病枕五更钟。晓云空，卷残红。无情春色，去矣几时逢。
添我千行清泪也，留不住，苦匆匆。
楚宫吴苑草茸茸。恋芳丛，绕游蜂。料得来年，相见画屏中。
人自伤心花自笑，凭燕子，舞东风。

陈寅恪先生断定，此词为崇祯八年夏初柳离开之时，陈相思成病而作。实则此词是顺治四年陈与云间词人酬唱时所作。此时柳早归钱谦益，而陈子龙不久就因抗清被捕殉节，两人情事，早如"无情春色，去矣几时逢"了。只是从陈设色浓艳的诗歌中，尤其是吟咏私情密约的词作中，仍可感受到年轻时的感情经历对其创作的影响。且与柳分手之后，陈还曾为她的《戊寅草》作序，与钱谦益也仍有交往，不愧为谦谦君子。

作品精选

文赋

《〈幽兰草〉词序》（节选）

词者，乐府之衰变，而歌曲之将启也。然就其本制，厥有盛衰。晚唐语多俊巧，而意鲜深至，比之于诗，犹齐梁对偶之开律也。自金陵二主以至靖康，代有作者。或秾纤晚婉丽，极哀艳之情；或流畅澹逸，穷盼倩之趣。然皆境由情生，辞随意启，天机偶发，元音自成，繁促之中，尚存高浑，斯为最盛也。南渡以还，此声遂渺，寄慨者亢率而近于伧武，谐俗者鄙浅而入於优伶，以视周、李诸君，即有"彼都人士"之叹。元滥填辞，兹无论已。明兴以来，才人辈出，文宗两汉，诗俪开元，独斯小道，有惭宋辙。其最著者，为青田、新都、娄江，然诚意音体俱合，实无惊心动魄之处。用修以学问为巧辩，如明眸玉屑，纤眉积黛，只为累耳。元美取径似酌苏、柳间，然如凤凰桥下语，未免时堕吴歌。此非才之不逮也。巨手鸿笔，既不经意，荒才荡色，时窃滥觞。且南北九宫既盛，而绮袖红牙不复按度。其用既少，作者自希，宜其鲜工也。

《王介人诗余序》（节选）

宋人不知诗而强作诗。其为诗也，言理而不言情，故终宋之世无诗焉。然宋人亦不可免于有情也，故凡其欢愉愁怨之致，动于中而不能抑者，类发于诗余。故其所造独工，非后世可及。盖以沉至之思而出之必浅近，使读之者骤遇如在耳目之表，久诵而得沉永之趣，则用意难也。以孅利之词，而制之实工练，使篇无累句，句无累字，圆润明密，言如贯珠，则铸词难也。其为体也纤弱，所谓明珠翠羽，尚嫌其重，何况龙鸾？必有鲜妍之姿，而不藉粉泽，则设色难也。其为境也婉媚，虽以警露取妍，实贵含蓄，有余不尽，时在低回唱叹之际，则命篇难也。唯宋人专力事之，篇什既多，触景皆会，天机所启，若出自然。虽高谈大雅，而亦觉其不可废。何则？物有独至，小道可观也。

君子疾没世而名不称焉

无后世之名，圣人之所忧也。

夫一时之名，不必有也，后世之名，不可无也。故君子不求名，而又不得不疾乎此。

夫子若曰：好名者，人之恒情也。故下士求名，人亦不得以为躁，但我恨其急一时之名，而非千秋万世之名耳。若君子则知所以审处于此矣。

以为一时之名，自我为之，而其权在人，苟我之聪明才力，注乎名则有名，而皆倚人以为重，盛与衰我不得而知之，而此名而名者也；千秋万世之名，自人为之，而其权在我，苟我之聪明才力，注乎名未必有名，而常修己以自立，高与下我将得而定之，此名而实者也。

名而名者，无之在于未没世之前，君子岂可以徒疾乎？

名而实者，无之在于既没世之后，君子岂得而不疾乎？

人之生也有爱有憎，故有幸而有名者，有不幸而无名者，至于身没之后，与其人不相接，则不可曰爱憎之所为也，而寂寂者竟如斯，则将何以自异于里巷之子耶？人之生也有失势有得势，故有幸而无名者，又有不幸而有名者，至于身没之后，与其时不相及，则又有非得势失势之可论矣，而泯泯者遂如斯，则又何以自别于草木之俦耶？

人之贵乎荣名者，贵其有益生之乐也；君子之贵荣名者，贵其有不死之业也。死而无闻，则其死可悲矣；死而可悲，则其生更可悲矣。是以君子抗节砺行，唯恐不及耳。人之以为没世之名者，是我身后之计也；君子以为没世之名者，是我大生之事也。死而无闻，则其死不及忧矣；死不及忧，则其生大可悲矣。是以君子趋事赴功，唯日不足耳。

人但见君子之为人也，誉之而不喜，毁之而不惧，以为君子之忘名也如此，而不知有所甚不忘也；不大言以欺人，不奇行以骇俗，以为君子之远名也如此，而不知有所甚不远也。

盖有大于此者而已，有久于此者而已。若夫营营于旦夕之间，是求速尽者也，好名者岂如是乎？

诗选

杜鹃行

巫山窈窕青云端，葛藟蔓蔓春风寒。幽泉潺湲叩哀玉，碧花飞落红锦湍。鹍鶋腾烟鸟啄木，江妃婵媛倚修竹。荫松籍草香杜蘅，浩歌长啸伤春目。杜宇一声裂石纹，仰天啼血染白云。荣柯芳树多变色，百鸟哀噪求其群。莫将万事穷神理，雀蛤鸠鹰递悲喜。当日金堂玉几人，羽毛摧剥空山里。鱼凫鳖令几岁年，卧龙跃马俱茫然。唯应携手阳台女，楚壁淋漓一问天。

诉衷情·春游

小桃枝下试罗裳，蝶粉斗遗香。玉轮碾平芳草，半面恼红妆。风乍暖，日初长，袅垂杨。一双无燕，万点飞花，满地斜阳。

金圣叹（中国·明末清初）

传略　金圣叹（1608—1661），本名叫张采，字若采，一说姓张，名喟。因过继给亲戚，改姓金。明末清初人，明亡后改名人瑞，字圣叹。苏州吴县人。清初文学家、文学批评家，主要成就在于文学批评，对《水浒传》、《西厢记》、《左传》等书都有评点。

金圣叹

金圣叹幼年生活优裕，后父母早逝，家道中落。他为人狂放不羁，能文善诗，因岁试作文怪诞而被黜革，后应科试，改称金人瑞，考第一，但绝意仕进，以读书著述为乐。评注不少古典，是古今一大奇才。

金圣叹为人洒脱而不受世俗礼法拘束，高傲特立，傲视一切。喜欢饮酒，善于评论书籍文章，对书籍文章的评论都是以前的人没有说过的。当时有凭讲授学问而闻名的人，他总是站出来批驳这些人。他在所住的地方贯华堂设置很庄严的座位，招收学生讲授经书。他所讲授的经书名叫《圣自觉三昧》，讲稿总是自己带着自己看，从不公开给别人看。每次到讲堂开设讲座，声音洪亮，环顾四周时神采卓异，所有经史子集、笺疏训诂，和那些佛家、道家两教的经典及阐释经典的杂书，以及稗官野史、九彝八蛮所记载的内容，没有不被他评论的。议论纵横捭阖，中心贯通始终，讲得极其透彻。座位下面听讲的僧俗侣众诸色人等崇拜到了极点，感叹说从没有听过这样的见解。金圣叹就拍着巴掌自我赞许，即使以前讲学的人听说了，皱眉叹息，他也不予理睬。

明清易代后，金圣叹断绝了做官进取的念头，改名叫人瑞，起字圣叹。除了和亲人朋友谈笑之外，只是独自端坐贯华堂中，把读书著述作为追求。有人问"圣叹"二字是什么意思，他说"《论语》有两次'喟然叹曰'，在颜渊来说是惊叹圣人孔子，在孔子来说是赞叹弟子曾点。我大概是曾点一类的人吧！"

传说金圣叹在解读杜甫的诗时，他自己说有人在他的梦中传话说："各种诗都可以评论，只是不能评论《古诗十九首》。"他于是把这个梦作为戒律。后来因为醉酒不受拘束地谈《青青河畔草》一章，不久，就遭遇悲惨的灾祸。面对行刑时感叹道："砍头是最痛苦的事，没想到我在无意中竟受到了这种痛苦。"

金圣叹博览群籍，好谈《易》，亦好讲佛，常以佛诠释儒、道，论文喜附会禅理。评点古书甚多。称《庄子》、《离骚》、《史记》、《杜诗》、《水浒》、《西厢》为"六才子书"，拟逐一批注，但仅完成后两种，《杜诗解》未成而罹难。金圣叹还节评《国语》、《国策》、《左传》等书。其评点注重思想内容的阐发，往往借题发挥，议论政事，其社会观、人生观灼然可见。他提出了较为系统的小说、戏曲创作理论，其文学理论及批评业绩为我国文学理论批评发展史作出了特殊贡献。金圣叹有诗集《沉吟楼诗选》。墓葬在苏州吴中区五峰山下，为江苏省文物保护单位。

"圣叹只留书种在"——金圣叹之死

明末清初，江苏吴县曾发生一起骇人听闻的"文字狱"案，牵连人员达一百二十一人，将江南才子金圣叹也扯了进去，秋后全部上了刑场。

公元1661年，吴县发生"哭庙"一案，事由一位小县官引起。顺治十七年（1660），金圣叹所在吴县来了一个新县官任维初，这个县官既强权又贪婪，据载，在他管辖范围内欠税的老百姓，常会遭到他的重刑惩罚，甚至因此丢掉性命，早已是民怨沸腾。不仅如此，他还贪污公款，监守自盗，卖掉仓米3000石。时文记载说，"三尺童子皆忿恨不平"。次年，顺治帝死讯传到苏州，坊间传说留有遗诏，令后人严惩贪官。吴县秀才们马上聚集起来，为民请命，由金圣叹执笔揭帖和《哭庙文》，金圣叹等百余秀才同往孔庙举行"哭灵"大典，击鼓鸣钟，对着"先圣"，痛诉地方官吏的凶残贪暴，并借机将揭帖递交苏州巡府朱国治，得到了当地民众的热烈支持。这就是著名的"哭庙案"。岂知朱任二人早已暗中勾结，合伙设下陷阱，以秀才煽动大批市民围困官府，诽谤朝廷的罪名上报朝廷，朝廷非常震惊，马上下旨："广捕，严惩！"地方官府于是出动大批士兵，前来孔庙抓人，逮捕了多人，其中就有金圣叹。

东西南北海天疏，万里来寻圣叹书。
圣叹只留书种在，累君青眼看何如？

这是圣叹临终所留下的三首绝命诗中的一首。在狱中他还留下了这样一封家书："字付大儿看：盐菜与黄豆同吃，大有胡桃滋味。此法一传，吾无遗恨矣。"

顺治十八年（1661）七月十三日，在江宁三山街刑场上，金圣叹泰然自若，向监斩官索酒畅饮，饮罢大笑，说："割头，痛事也；饮酒，快事也；割头而先饮酒，痛快痛快！"

据说，金圣叹在行刑前还有一联"绝命联"，乃是"半夜二更半中秋八月中"。几年前金圣叹想批佛经，方丈出上联"半夜二更半"，如金圣叹对不出，就不能批。金圣叹苦思数年而不得下联。刑场上，他看见儿子痛哭，劝慰道："别哭了，告诉我今天是什么日子？"儿子哽咽着说："八月十五日，中秋。"听到"中秋"二字，金圣叹突然仰天大笑，高兴地说：

"有了！有了！……中秋八月中。"并让儿子马上去报国寺告诉老方丈，他对出了下联。

当儿子赶回来时已是行刑在即，儿子更是悲痛万分，金圣叹安慰儿子说："不要哭了，我们对个对联吧，上联是'莲子心中苦'。"儿子跪在地上肝胆欲裂，哪还会有心思想对联。金圣叹稍思索一下说："起来吧，别哭了，我替你对下联。下联可对'梨儿腹内酸'。"旁听者无不唏嘘，上联的"莲"与"怜"谐音，意为看到儿子悲戚之状深感可怜；下联的"梨"与"离"谐音，意为与儿子永别心中酸楚万分。

那年雪早，行刑前下起雪来，金圣叹高声吟了一首诗："天悲悼我地亦忧，万里河山带白头。明日太阳来吊唁，家家户户泪长流。"吟罢，金圣叹人头落地。那头滚出数丈，从耳内抛出两个纸团，监斩官将纸团打开一看，一纸团上写的是"好"字，另一纸团写的是"痛"字。两个字既是他对人民深重灾难的呼号，也是为自己不幸的哀叹。

金圣叹为民请命而获罪，老百姓对他的死深为哀痛，对他临刑前的情景的一再渲染，即体现了百姓对他的思念，当时苏州还有民谣唱道："天呀天，圣叹杀头真是冤。"

金圣叹等人的骸骨虽有亲友收敛，但为了避免朝廷稽查，并不敢归葬故里。金圣叹的尸骨暂由弟子沈永启寄放在沈家的家庙，风波平息后，才埋葬于吴县五峰山下。后人有诗纪念他："才高俗人讥，行僻世士嗤。果以罹奇祸，遥闻涕交颐。"对他寄予了深切的同情与哀思。

评誉　明末清初名剧评家李渔《闲情偶记·格局第二》说，"读金圣叹所评《西厢记》，能令千古才人心死。……自有《西厢》以迄于今，四百余载，推《西厢》为填词第一者，不知几千万人，而能历指其所以为第一之故者，独出一金圣叹……圣叹之评《西厢》，可谓晰毛辨发，穷幽晰微，无复有遗议于其间矣。"

王应奎评说金圣叹:"颖敏绝世,而用心虚明,魔来附之。……下笔益机辨澜翻、常有神助。"

郑振铎说:三百年来"《水浒》与金圣叹批评的七十回本,几乎结成了一个名词"。

胡适说:金圣叹是"十七世纪的一个大怪杰"。

才情　《水浒》原来不是名著,写的很乱:武松庙里杀和尚时血溅佛像如来,后来被报应,被人砍断一只胳膊,成了单臂武松;孙二娘开黑店卖人肉包子兼批发;李逵杀人取乐等,所以金圣叹将此书拦腰斩断,重新改编一次,使此书成为中国四大文学名著之一。

任诞　金圣叹向来和王斫山交情最深,王斫山本来也是侠义的人,一天他拿千金给金圣叹,说:"先生拿这些钱去放贷生息,以后本金归还我,利息就给你补贴生活,行吗?"金圣叹答应了,可是刚刚过一个月,那些钱已经被他挥霍一空了。于是就对斫山说:"这些东西在先生家,只是增添您守财奴的恶名罢了,我已经替您花掉了。"王斫山笑了笑,没有计较。

睿智　一年中秋赏月,金圣叹偶得上联,可是苦思半夜未有下联。次日他把这上联写在壁上,每天沉思,终不能对。直至大年三十除夕夜团年守岁,其妻叹曰:"今夜是最后一天,到明日又是一年的开头了。"金圣叹一听,突然跳起来说:"下联有对了!"随即在壁上续写出了下联:

　　天上月圆,人间月半,月月月圆逢月半;
　　今夜年尾,明朝年头,年年年尾接年头。

名节　　金圣叹的舅父钱谦益，老奸巨猾，玩世不恭，原是明崇祯手下礼部尚书，后李自成进京，他投靠了南明奸相马士英。清兵南下，眼看南明快要覆灭，他又摇身一变，屈膝投降，当上清朝的礼部侍郎。这天，钱侍郎生日做寿，金圣叹母命难违，前往祝寿。酒席宴上，来客一个个摇头晃脑，弹冠相庆。独有金圣叹板着脸，不卑不亢，沉默不语。酒过三巡，一个打秋风的宾客过来拍马屁了。他说："钱大人，令甥金相公乃江南才子，今日盛会，正好置酒论文，让我等开开眼界。"一时间赞声四起，金圣叹倒也不推辞，站起来淡淡一笑："盛情难却，只好献丑了。就提一对联吧！"只见金圣叹手握斗笔，饱蘸浓墨，写道："一个文官小花脸；"众人一见，大惊失色，钱侍郎正在捋须的手一颤抖，不觉拔掉了几根胡子。心想，这小子也太狂妄了！这七个字可以乱写？只见金圣叹不慌不忙又写了四个大字："三朝元老……"众宾客一见，脸上露出笑容。钱侍郎怕金圣叹又来什么邪劲，便走上前冲他伸大拇指："人瑞，真人才也！"谁知金圣叹却冷冷一笑，毫不迟疑，"刷刷刷"写完，把笔一掷，拂袖而去。众人一看，只见金圣叹写下的是十四个字："一个文官小花脸；三朝元老大奸臣。"钱谦益两眼翻白，手脚冰凉，连一句话也说不出来。

戏谑　　金圣叹一生狂妄不羁，视功名如粪土。年轻时有一次参加乡试，那届的考题为"西子来矣"，题意要求以越国的西施出使吴国的史实，给予评说。金圣叹面对试题，迅速答道：开东城也西子不来，开南城也西子不来；开西城也西子来矣，吾乃喜见此美人矣……结果考官一看，批道：美人来矣，可惜你一个秀才丢矣！于是，金圣叹名落孙山。

此后又一次乡试，考题是"孟子将见王"。金圣叹在答卷的四角写了四个"吁"字，主考官不明白什么意思，金圣叹解释说："文章之中提到孟子的地方难以计数。在这个考题之前已经写过四十多个孟子了，所以'孟子'二字没有必要再写了。至于说见王，那见梁惠王、梁襄王、齐宣王，都是见王,所以也不必写了。题目五个字中,只有'将'字可以写一些。"他又说,"没有看过演戏吗?王上朝的时候,总是先有四个内侍,站在左右发'呀'声。我的试卷实际上讲的就是'将'字的意思。"主考官听罢,哭笑不得,只得以取消其考试资格了事。

任情　　一次,朝廷派人考生员,临时从《孟子》中信手拈来一句"如此则安之动心否乎"做作文题,让许多生员丈二和尚摸不着头脑。死要面子的生员们岂敢交白卷,只好东扯葫芦西扯瓢,满纸胡言。金圣叹也在被考之列,也是无从下笔,却又不愿意胡扯八道露了短。他灵机一动,在白花花的纸上写道:"空山穷谷之中,黄金万两;白露兼葭之外,有美一人。试问:夫子动心否乎?曰:动!动!动……"他一连写了39个"动"字,字体又大,正好将白卷填满。

考官见了,说道:"岂有此理,莫名其妙!"金圣叹一本正经地说:"孟子说,吾四十不动心;孔夫子也说,四十而不惑。这就是说,人在四十岁以前还是很容易'动心'的,很容易被'迷惑'的,孔孟亦莫例外——四十岁以前的孔孟见到黄金万两、绝色佳人,难道不心里痒痒?即便心里痒痒也是正常的。所以我一连写了39个'动'字,一个'动'字代表一年,正好在四十岁以前。如果我写了40个'动'字,就有辱孔孟之道了。"原来他是借圣人之言大开玩笑。考官哭笑不得,只好大声训斥一通完事。

金圣叹每次科场失意,总会笑谓人曰:"今日可还我自由身矣。"当客人问及"自由身"三字的出处时,他也总会引经据典一番,像什么"酒边多见自由身"、"忙闲皆是自由身"、"世间难得自由身"、"无荣无辱自由身"等等,不一而足,其任情适意之态如在眼前。

妙联

台榭如富贵,时至则有;
草木知名节,久而后成。

——金圣叹题书斋

雨入花心,自成甘苦;
水归器内,各现方圆。

——金圣叹自题

流水今日;
明月前身。

——金圣叹题佛经

千古绝吟太白诗;
大江东去学士词。

——金圣叹题书房

真读书人天下少;
不如意事古今多。

——金圣叹感题时势

书法

金圣叹书法

作品精选

不亦快哉（三十三则）

其一：夏七月，赤日停天，亦无风，亦无云；前后庭赫然如洪炉，无一鸟敢来飞。汗出遍身，纵横成渠。置饭于前，不可得吃。呼簟欲卧地上，则地湿如膏，苍蝇又来缘颈附鼻，驱之不去。正莫可如何，忽然大黑车轴，疾澍澎湃之声，如数百万金鼓。檐溜浩于瀑布。身汗顿收，地燥如扫，苍蝇尽去，饭便得吃。不亦快哉！

其二：十年别友，抵暮忽至。开门一揖毕，不及问其船来陆来，并不及命其坐床坐榻，便自疾趋入内，卑辞叩内子："君岂有斗酒如东坡妇乎？"内子欣然拔金簪相付。计之可作三日供也。不亦快哉！

其三：空斋独坐，正思夜来床头鼠耗可恼，不知其戛戛者是损我何器，嗤嗤者是裂我何书。中心回惑，其理莫措，忽见一狻猫，注目摇尾，似有所睹。敛声屏息，少复待之，则疾趋如风，唧然一声。而此物竟去矣。不亦快哉！

其四：于书斋前，拔去垂丝海棠紫荆等树，多种芭蕉一二十本。不亦快哉！

其五：春夜与诸豪士快饮，至半醉，住本难住，进则难进。旁一解意童子，忽送大纸炮可十余枚，便自起身出席，取火放之。硫磺之香，自鼻入脑，通身怡然。不亦快哉！

其六：街行见两措大执争一理，既皆目裂颈赤，如不戴天，而又高拱手，低曲腰，满口仍用者也之乎等字。其语刺刺，势将连年不休。忽有壮夫掉臂行来，振威从中一喝而解。不亦快哉！

其七：子弟背诵书烂熟，如瓶中泻水。不亦快哉！

其八：饭后无事，入市闲行，见有小物，戏复买之，买亦已成矣，所差者甚少，而市儿苦争，必不相饶。便掏袖下一件，其轻重与前直相上下者，掷而与之。市儿忽改笑容，拱手连称不敢。不亦快哉！

其九：饭后无事，翻倒敝箧。则见新旧逋欠文契不下数十百通，其人或存或亡，总之无有还理。背人取火拉杂烧净，仰看高天，萧然无云。不亦快哉！

其十：夏月科头赤足，自持凉繖遮日，看壮夫唱吴歌，踏桔槔。水一时滾涌而上，譬如翻银滚雪。不亦快哉！

其十一：朝眠初觉，似闻家人叹息之声，言某人夜来已死。急呼而讯之，正是一城中第一绝有心计人。不亦快哉！

其十二：夏月早起，看人于松棚下，锯大竹作筒用。不亦快哉！

其十三：重阴匝月，如醉如病，朝眠不起。忽闻众鸟毕作弄晴之声，急引手搴帷，推窗视之，日光晶荧，林木如洗。不亦快哉！

其十四：夜来似闻某人素心，明日试往看之。入其门，窥其闺，见所谓某人，方据案面南看一文书。顾客入来，默然一揖，便拉袖命坐曰："君既来，可亦试看此书。"相与欢笑，日影尽去。既已自饥；徐问客曰："君亦饥耶。"不亦快哉！

其十五：本不欲造屋，偶得闲钱，试造一屋。自此日为始，需木，需石，需瓦，需砖，需灰，需钉，无晨无夕，不来聒于两耳。乃至罗雀掘鼠，无非为屋校计，而又都不得屋住，既已安之如命矣。忽然一日屋竟落成，刷墙扫地；糊窗挂画。一切匠作出门毕去，同人乃来分榻列坐。不亦快哉！

其十六：冬夜饮酒，转复寒甚，推窗试看，雪大如手，已积三四寸矣。不亦快哉！

其十七：夏日于朱红盘中，自拔快刀，切绿沉西瓜。不亦快哉！

其十八：久欲为比邱，苦不得公然吃肉。若许为比邱，又得公然吃肉，则夏月以热汤快刀，净割头发。不亦快哉！

其十九：箧中无意忽检得故人手迹。不亦快哉！

其二十：存得三四癞疮于私处，时呼热汤关门澡之。不亦快哉！

其廿一：寒士来借银，谓不可启齿，于是唯唯亦说他事。我窥其苦意，拉向无人处，问所需多少。急趋入内，如数给与，然而问其必当速归料理是事耶，为尚得少留共饮酒耶。不亦快哉！

其廿二：坐小船，遇利风，苦不得张帆，一快其心。忽逢舳舸，疾行如风。试伸挽钩，聊复挽之。不意挽之便著，因取缆缆向其尾，口中高吟老杜"青惜峰峦，共知橘柚"之句；极大笑乐。不亦快哉！

其廿三：久欲觅别居与友人共住，而苦无善地。忽一人传来云有屋不多，可十余间，而门临大河，嘉树葱然。便与此人共吃饭毕，试走看之，都未知屋如何。入门先见空地一片，大可六七亩许，异日瓜菜不足复虑。不亦快哉！

其廿四：久客得归，望见郭门，两岸童妇，皆作故乡之声。不亦快哉！

其廿五：佳磁既损，必无完理。反覆多看，徒乱人意。因宣付厨人作杂器充用，永不更令到眼。不亦快哉！

其廿六：身非圣人，安能无过。夜来不觉私作一事，早起怦怦，实不自安。忽然想到佛家有布萨之法，不自覆藏，便成忏悔，因明对生熟众客，快然自陈其失。不亦快哉！

其廿七：看人作擘窠大书，不亦快哉！

其廿八：推纸窗放蜂出去，不亦快哉！

其廿九：作县官，每日打鼓退堂时，不亦快哉！

其三十：看人风筝断，不亦快哉！

其卅一：看野烧，不亦快哉！

其卅二：还债毕，不亦快哉！

其卅三：读虬髯客传，不亦快哉！

读批《水浒传》

大凡读书，先要晓得作书之人是何心胸。如《史记》须是太史公一肚皮宿怨发挥出来，所以他于《游侠》、《货殖传》特地着精神。乃至其余诸记传中，凡遇挥金杀人之事，他便啧啧赏叹不置。一部《史记》，只是"缓急人所时有"六个字，是他一生著书旨意。《水浒传》却不然。施耐庵本无一肚皮宿怨要发挥出来，只是饱暖无事，又值心闲，不免伸纸弄笔，寻个题目，写出自家许多锦心绣口，故其是非皆不谬于圣人。后来人不知，却是《水浒》上加"忠义"字，遂并比于史分发愤著书一例，正是使不得。

《水浒传》有大段正经处，只是把宋江深恶痛绝，使人见之，真有犬彘不食之恨。从来人却是不晓得。

《水浒传》独恶宋江，亦是奸厥渠魁之意，其余便饶恕了。

或问：施耐庵寻题目写出自家锦心绣口，题目尽有，何苦定要写此一事？

答曰：只是贪他三十六个人，便有三十六样出身，三十六样面孔，三十六样性格，中间便结撰得来。

题目是作书第一件事。只要题目好，便书也作得好。

或问：题目如《西游》、《三国》，如何？答曰：这个都不好。《三国》人物事本说话太多了，笔下拖不动，楚不转，分明如官府传话奴才，只是把小人声口替得这句出来，其实何曾自敢添减一字。《西游》又太无脚地了，只是逐段捏捏撮撮，譬如大年夜放烟火，一阵一阵过，中间全没贯串，便使人读之，处处可住。

《水浒传》方法，都从《史记》出来，却有许多胜似《史记》处。若《史记》妙处，《水浒》已是件件有。

凡人读一部书，须要把眼光放得长。如《水浒传》七十回，只用一目俱下，便知其二千余纸，只是一篇文字。中间许多事体，便是文字起承转合之法，若是拖长看去，却都不见。

《水浒传》不是轻易下笔，只看宋江出名，直在第十七回，便知他胸中已算过百十来遍。若使轻易下笔，必要第一回就写宋江，文字便一直帐，无擒放。

某尝道《水浒》胜似《史记》，人都不肯信，殊不知某却不是乱说。

其实《史记》是以文运事,《水浒》是因文生事。以文运事,是先有事生成如此如此,却要算计出一篇文字来,虽是史公高才,也毕竟是吃苦事。因文生事即不然,只是顺着笔性去,削高补低都由我。

作《水浒传》者,真是识力过人。某看他一部书,要写一百单八个强盗,却为头推出一个孝子来做门面,一也;三十六员无罣,七十二座地煞,却倒是三座地煞先做强盗,显见逆天而行,二也;盗魁是宋江了,却偏不许他便出头,另又幻一晁盖盖住在上,三也;天罡地煞,都置第二,不使出现,四也;临了收到"天下太平"四字作结,五也。

三个"石碣"字,是一部《水浒传》大段落。

《水浒传》不说鬼神怪异之事,是他气力过人处。《西游记》每到弄不来时,便是南海观音救了。

《水浒传》并无"之乎者也"等字,一样人,便还他一样说话,真是绝奇本事。

《水浒传》一个人出来,分明便是一篇列传。至于中间事迹,又逐段逐段自成文字,亦有两三卷成一篇者,亦有五六句成一篇者。

别一部书,看过一遍即休。独有《水浒传》,只是看不厌,无非为他把一百八个人性格,都写出来。

《水浒传》写一百八个人性格,真是一百八样。若别一部书,任他写一千个人,也只是一样;便只写得两个人,也只是一样。

《水浒传》章有章法,句有句法,字有字法。人家子弟稍识字,便当教令反复细看,看得《水浒传》出时,他书便如破竹。

江州城劫法场一篇,奇绝了;后面却又有大名府劫法场一篇,一发奇绝。

潘金莲偷汉一篇,奇绝了;后面却又有潘巧云偷汉一篇,一发奇绝。景阳冈打虎一篇,奇绝了;后面却又有沂水县杀虎一篇,一发奇绝。真正其才如海。

劫法场,偷汉,打虎,都是极难题目,直是没有下笔处,他偏不怕,定要写出两篇。

《宣和遗事》具载三十六人姓名，可见三十六人是实有。只是七十回中许多事迹，须知都是作书人凭空造谎出来。如今却因读此七十回，反把三十六个人物都认得了，任凭提起一个，都似旧时熟识，文字有气力如此。

一百八人中，定考武松上上。时迁、宋江是一流人，定考下下。

鲁达自然是上上人物，写得心地厚实，体格阔大。论粗卤处，他也有些粗卤；论精细处，他亦甚是精细。然不知何故，看来便有不及武松处。想鲁达已是人中绝顶，若武松直是天神，有大段及不得处。

《水浒传》只是写人粗卤处，便有许多写法。如鲁达粗卤是性急，史进粗卤是少年任气，李逵粗卤是蛮，武松粗卤是豪杰不受羁靮，阮小七粗卤是悲愤无说处，焦挺粗卤是气质不好。

李逵是上上人物，写得真是一片天真烂漫到底。看他意思，便是山泊中一百七人，无一个入得他眼。《孟子》"富贵不能淫，贫贱不能移，威武不能屈"，正是他好批语。

看来作文，全要胸中先有缘故。若有缘故时，便随手所触，都成妙笔；若无缘故时，直是无动手处，便作得来，也是嚼蜡。

只如写李逵，岂不段段都是妙绝文字，却不知正为段段都在宋江事后，故便妙不可言。盖作者只是痛恨宋江奸诈，故处处紧接出一段李逵朴诚来，做个形击。

其意思自在显宋江之恶，却不料反成李逵之妙也。此譬如刺枪，本要杀人，反使出一身家数。

近世不知何人，不晓此意，却节出李逵事来，另作一册，题曰"寿张文集"，可谓咬人屎撅，不是好狗。

写李逵色色绝倒，真是化工肖物之笔。他都不必具论；只如逵还有兄李达，便定然排行第二也，他却偏要一生自叫李大，直等急切中移名换姓时，反称作李二，谓之乖觉。试想他肚里，是何等没分晓。

任是真正大豪杰好汉子，也还有时将银子买得他心肯。独有李逵，便银子也买他不得，须要等他自肯，真又是一样人。

林冲自然是上上人物，写得只是太狠。看他算得到，熬得住，把得牢，做得彻，都使人怕。这般人在世上，定做得事业来，然琢削元气也不少。

吴用定然是上上人物，他奸猾便与宋江一般，只是比宋江，却心地端正。宋江是纯用术数去笼络人，吴用便明明白白驱策群力，有军师之体。

吴用与宋江差处，只是吴用却肯明白说自家是智多星，宋江定要说自家志诚质朴。

宋江只道自家笼罩吴用，吴用却又实实笼罩宋江。两个人心里各各自知，外面又各各只做不知，写得真是好看煞人。

花荣自然是上上人物，写得恁地文秀。

阮小七是上上人物，写得另是一样气色。一百八人中，真要算做第一个快人，心快口快，使人对之，龌龊都销尽。

杨志、关胜是上上人物。杨志写来是旧家子弟，关胜写来全是云长变相。

秦明、索超是上中人物。

史进只算上中人物，为他后半写得不好。

呼延灼却是出力写得来的，然只是上中人物。

卢俊义、柴进只是上中人物。卢俊义传，也算极力将英雄员外写出来了，然终不免带些呆气。譬如画骆驼，虽是庞然大物，却到底看来觉道不俊。柴进无他长，只有好客一节。

朱仝与雷横，是朱仝写得好。然两人都是上中人物。

杨雄与石秀，是石秀写得好。然石秀便是中上人物，杨雄竟是中下人物。

公孙胜便是中上人物，备员而已。

李应只是中上人物，然也是体面上定得来，写处全不见得。

阮小二、阮小五、张横、张顺，都是中上人物。燕青是中上人物，刘唐是中上人物，徐宁、董平是中上人物。

戴宗是中下人物，除却神行，一件不足取。

吾最恨人家子弟，凡遇读书，都不理会文字，只记得若干事迹，便算读过一部书了。虽《国策》、《史记》都作事迹搬过去，何况《水浒传》。

《水浒传》有许多文法，非他书所曾有，略点几则于后：有倒插法。谓将后边要紧字，蓦地先插放前边。如五台山下铁匠间壁父子客店，又大相国寺岳庙间壁菜园，又武大娘子要同王干娘去看虎，又李逵去买枣糕，收得汤隆等是也。

有夹叙法。谓急切里两个人一齐说话，须不是一个说完了，又一个说，必要一笔夹写出来。如瓦官寺崔道成说"师兄息怒，听小僧说"，鲁智深说"你说你说"等是也。

有草蛇灰线法。如景阳冈勤叙许多"哨棒"字，紫石街连写若干"帘子"字等是也。骤看之，有如无物，及至细寻，其中便有一条线索，拽之通体俱动。

有大落墨法。如吴用说三阮，杨志北京斗武，王婆说风情，武松打虎，还道村捉宋江，二打祝家庄等是也。

有绵针泥刺法。如花荣要宋江开枷，宋江不肯；又晁盖番番要下山，宋江番番劝住，至最后一次便不劝是也。笔墨外，便有利刃直戳进来。

有背面铺粉法。如要衬宋江奸诈，不觉写作李逵真率；要衬石秀尖利，不觉写作杨雄糊涂是也。

有弄引法。谓有一段大文字，不好突然便起，且先作一段小文字在前引之。如索超前，先写周谨；十分光前，先说五事等是也。《庄子》云："始终青萍之末，盛于土囊之口。"《礼》云："鲁人有事于泰山，必先有事于配林。"

有獭尾法。谓一段大文字后，不好寂然便住，更作余波演漾之。如梁中书东郭演武归去后，如县时文彬升堂；武松打虎下冈来，遇着两个猎户；血溅鸳鸯楼后，写城壕边月色等是也。

有正犯法。如武松打虎后，又写李逵杀虎，又写二解争虎；潘金莲偷汉后，又写潘巧云偷汉；江州城劫法场后，又写大名府劫法场；何涛捕盗后，又写黄安捕盗；林冲起解后，又写卢俊义起解；朱仝、雷横放晁盖后，又写朱仝、雷横放宋江等。正是要故意把题目犯了，却有本事出落得无一点一尽相借，以为快乐是也。真是浑身都是方法。

有略犯法。如林冲买刀与杨志卖刀，唐牛儿与郓哥，郑屠肉铺与蒋门神快活林，瓦官寺试禅杖与蜈蚣岭试戒刀等是也。

有极不省法。如要写宋江犯罪，却先写招文袋金子，却又先写阎婆惜和张三有事，却又先写宋江讨阎婆惜，却又先写宋江舍棺材等。凡有若干文字，都非正文是也。

有极省法。如武松迎入阳谷县，恰遇武大也搬来，正好撞着；又如宋江琵琶亭吃鱼汤后，连日破腹等是也。

有欲合故纵法。如白龙庙前，李俊、二张、二童、二穆等救船已到，却写李逵重要杀入城去；还有村玄女庙中，赵能、赵得都已出去，却有树根绊跌，士兵叫喊等，令人到临了又加倍吃吓是也。

有横云断山法。如两打祝家庄后，忽插出解珍、解宝争虎越狱事；又正打大名城时，忽插出截江鬼、抽裹鳅谋财倾命事等是也。只为文字太长了，便恐累赘，故从半腰间暂时闪出，以间隔之。

有鸾胶续弦法。如燕青往梁山泊报信，路遇杨雄、石秀，彼此须互不相识。且由梁山泊到大名府，彼此既同取小径，又岂有止一小径之理？看他将顺手借如意子打鹊求卦，先斗出巧来，然后用一拳打倒石秀，逗出姓名来等是也。都是刻苦算得出来。

旧时《水浒传》，子弟读了，便晓得许多闲事。此本虽是点阅得粗略，子弟读了，便晓得许多文法；不唯晓得《水浒传》中有许多文法，他便将《国策》、《史记》等书，中间但有若干文法，也都看得出来。旧时子弟读《国策》、《史记》等书，都只看了闲事，煞是好笑。

《水浒传》到底只是小说，子弟极要看，及至看了时，却凭空使他胸中添了若干文法。

人家子弟只是胸中有了这些文法，他便《国策》、《史记》等书都肯不释手看，《水浒传》有功于子弟不少。

旧时《水浒传》，贩夫皂隶都看；此本虽不曾增减一字，却是与小人没分之书，必要真正有锦绣心肠者，方解说道好。

王国维（中国·清末民初）

王国维

传略 王国维（1877—1927），浙江海宁人，字伯隅，又字静安，号观堂。国学大师，历史学家，语言文字学家，文学家。

王国维世代清寒，幼年为中秀才苦读。早年屡应乡试不中，遂于戊戌风气变化之际弃绝科举。

1898年，二十二岁的王国维进上海《时务报》馆充书记校对。利用公余，他到罗振玉办的"东文学社"研习外交与西方近代科学，结识主持人罗振玉，并在罗振玉资助下于1901年赴日本留学。

1902年王国维因病从日本归国。后在罗振玉推荐下执教于南通、江苏师范学校，讲授哲学、心理学、伦理学等，复埋头文学研究，开始其"独学"阶段。1906年随罗振玉入京，任清政府学部总务司行走、图书馆编译、名词馆协韵等。其间，著有《人间词话》等名著。

1911年辛亥革命后，王国维携3种生平著述，随儿女亲家罗振玉逃居日本京都，从此以前清遗民的身份处世。其时，在学术上穷究于甲骨文、金文、汉简等方面。1916年，应上海著名犹太富商哈同之聘，返沪任仓圣明智大学教授，并继续从事甲骨文、考古学研究。1922年受聘北京大学国学门通讯导师。翌年，由蒙古贵族、大学士升允举荐，与罗振玉、杨宗羲、袁励准等应召任清逊帝溥仪"南书房行走"，食五品禄。

1924年，冯玉祥发动"北京政变"，驱逐溥仪出宫。王国维引为奇耻大辱，愤而与罗振玉等前清遗老相约投金水河殉清，因阻于家人而未果。

1925年，王国维受聘任清华研究院导师，教授古史新证、尚书、说文等，与梁启超、陈寅恪、赵元任、李济（一说吴宓）被称为"五星聚奎"的清华五大导师，桃李门生、私淑弟子遍充几代中国史学界。

1927年6月，国民革命军北伐逼近北京之时，王国维留下"经此世变，义无再辱"的遗书，投颐和园昆明湖自尽。在其50岁人生学术鼎盛之际，为国学史留下了最具悲剧色彩的"谜案"。

王国维著述甚丰，有《海宁王静安先生遗书》、《红楼梦评论》、《宋元戏曲考》、《人间词话》、《观堂集林》、《古史新证》、《曲录》、《殷周制度论》、《流沙坠简》等62种。

不尽的思索——王国维投湖之谜

关于王国维的死，赵万里《王静安先生年谱》有如下记载："五月初二日夜，阅试卷毕，草遗书怀之。是夜熟眠如常。翌晨（即1927年6月2日）盥洗饮食，赴研究院视事亦如常。忽于友人处假银饼五枚，独行出校门，雇车至颐和园。步行至排云轩西鱼藻轩前，临流独立，尽纸烟一支，园丁曾见之，忽闻有落水声，争往援起，不及两分钟已气绝矣，时正巳正也。"

王国维死后，家人在他遗物中发现了他死前一日所写的遗书。遗书开头"五十之年，只欠一死。经此世变，义无再辱"十六字，成为70多年来其自沉之因久说纷纭，又难以确论的"谜面"。

对王国维死因，其亲属自始至终讳莫如深。而后世臆测大致又分几种：

"殉清"说

王国维为清朝遗老,更对逊帝溥仪向有国士知遇之感——王国维以秀才身份,被溥仪破大清"南书房行走"须翰林院甲科出身的旧制,召其直入"南书房"——有此思想基础和遗老心态,逢"覆巢"之将再,以自杀而"完节"似乎也是情理之中。所以梁启超以伯夷、叔齐不食周粟而比之,当时的清华校长曹云祥和罗振玉、吴宓等均持此说。鲁迅在《谈所谓"大内档案"》一文中,称王"在水里将遗老生活结束",可见也为此论。

"逼债"说

当年溥仪在其《我的前半生》中说:内务府大臣绍英委托王代售宫内字画,事被罗振玉知悉,罗以代卖为名将画取走,并以售画所得抵王国维欠他债务,致使王无法向绍英交待,遂愧而觅死。当时报纸还传,王曾与罗合作做生意亏本,欠罗巨债。罗在女婿(王长子潜明)死后,与王已生隙,罗令女居己家为夫守节,逼王每年供其生活费 2000 元。王国维一介书生,债务在身,羞愤交集,便萌生短见。此说经郭沫若先生笔播,几成定论。但从王遗书对后事的安排看和事后其他一些证据表明,王国维生前并无重债足以致其自尽。

"惊惧"说

1927 年春,北伐军进逼北方,而冯、阎两军易帜,京师震动。有人认为,王国维自杀是怕自己这个前清遗老落入北伐军手中,蒙受耻辱;又王视脑后辫子为生命,当时传言北伐军入城后将尽诛留有发辫者,所以与其被辱,莫若自我了断。但这种说当时即多有人鄙而不取,以为不合王国维立身处世方式。

"谏阻"说

认为王国维投湖与屈原投江相类,是以"尸谏"劝阻溥仪听从罗振玉等人主意,有东渡日本避难打算,并认为王、罗两人最后决裂的原因也缘于此因。

"文化殉节"说

与王国维同为清华导师,且精神相通、过从甚密的陈寅恪先是以"殉清"论王之死,后又认为:"凡一种文化值衰落之时,为此文化所化之人必感苦痛,其表现此文化之程量愈宏,则其所受之苦痛亦愈甚;迨既达极深之度,殆非出于自杀无以求一己之心安而义尽也。""盖今日之赤县神州值数千年未有之巨劫奇变,劫尽变穷,则此文化精神所凝聚之人安得不与之共命而同尽,此观堂先生所以不得不死,遂为天下后世所极哀而深惜者也。"陈寅恪的诠释在同类者中立即得到共鸣,并在文化界产生重要影响。

对于王国维之死,"文化殉节"说影响最大,但似乎应不足以诠释王国维,他在学术鼎盛之年以这样一种方式给自己的文化生命画上了句号,留经后人的是无尽的思索。

遗书

五十之年,只欠一死,经此世变,义无再辱。我死后,当草草棺殓,即行藁葬于清华茔地。汝等不能南归,亦可暂于城内居住。汝兄亦不必奔葬,固道路不通,渠又不曾出门故也。书籍可托陈、吴二先生处理,家人自有人料理,必不至不能南归。我虽无财产分文遗汝等,然苟谨慎勤俭,亦必不至饿死也。

五月初二日父字

王国维遗书被发现是在其逝后的第二天(6月3日)下午4时。当时"天气渐热,阴云四布,雷声频作",学生们齐候遗体旁已3个小时,检查官才到。遗书发现于内衣袋中,外有封,上书"送西院十八号王贞明先生收",王贞明为王国维三子,是当时在京最年长的儿子。函封今已不知何往,只有遗书保留下来,并被裱入一个四开对折纸版内。另有两个相同纸版,一个裱有罗振玉（王的朋友兼姻亲）的题款：海宁王忠悫公遗墨，后公完大节后逾月 / 上虞罗振玉署，并钤"罗印振玉"方章；另一为白折。

当初罗振玉闻知王国维死讯后，曾向清末帝溥仪送上伪造的王国维遗折，赚来"忠悫公"的谥封。可能罗振玉上"遗折"时不知还有遗书，因为曾有记载说，后来又发现了亲笔遗书，"一时传为笑谈"。

追怀　　1928年6月3日，王国维逝世一周年忌日，清华立《海宁王静安先生纪念碑》，碑文由陈寅恪撰，林志钧书丹，马衡篆额，梁思成设计。碑铭云：

> 海宁王先生自沉后二年，清华研究院同人咸怀思不能自已。其弟子受先生之陶冶煦育者有年，尤思有以永其念。佥曰：宜铭之贞珉，以昭示于无竟，因以刻石之词命寅恪。数辞不获已，谨举先生之志事，以普告失下后世。其词曰：士之读书治学，盖将以脱心志于俗谛之桎梏，真理因得以发扬。思想而不自由，毋宁死耳。斯古今仁圣所同殉之精义，夫岂庸鄙之敢望。先生以一死见其独立自由之意志，非所论于一人之恩怨，一姓之兴亡。呜呼！树兹石于讲舍，系哀思而不忘。表哲人之奇节，诉真宰之茫茫。来世不可知者也，先生之著述，或有时而不章；先生之学说，或有时而可商。惟此独立之精神，自由之思想，历千万祀，与天壤而同久，共三光而永光。

陈寅恪书王国维挽联：

> 十七年家国久魂消，犹余剩水残山，留于累臣供一死。
> 五千卷牙签新手触，待检玄文奇字，谬承遗命倍伤神。

王国维自沉一周年时，吴宓写了八首《落花诗》，诗前有序：

> 古今人所为落花诗，盖皆感伤身世。其所怀抱之理想，爱好之事物，以时衰俗变，悉为潮流卷荡以去，不可复观。乃假春残花落，致其依恋之情。近读王静安先生临殁书扇诗，由是兴感，遂以成咏，亦自道其志也。

吴宓还写了《六月二日作落花诗成复赋此律时为王静安先生投身昆明湖一周年之期》，以寄哀思：

> 心事落花寄，谁能识此情。非关思绮靡，终是意凄清。叹凤嗟尼父，投湘吊屈平。滔滔流世运，凄断杜鹃声。

1929年，吴宓又写了《王静安先生逝世二周年》诗：

> 悼公咏落花，倏忽一年事。大化常迁流，夏去春又至。长眠得所乐，世渐忘公志。新会人中杰，袖手随公去。哀时泪纷纷，地下可相值……

成就　王国维与梁启超、陈寅恪和赵元任号称清华国学研究院的"四大导师"。中国新学术的开拓者，连接中西美学的大家，在文学、美学、史学、哲学、古文字、考古学等领域成就卓著。王国维与罗雪堂、董彦堂、郭鼎堂并称为"甲骨学四堂"。他精通英文、德文、日文，使他在研究宋元戏曲史时独树一帜，成为用西方文学原理批评中国旧文学的第一人。

作为中国近代著名学者，王国维从事文史哲学数十载，是近代中国最早运用西方哲学、美学、文学观点和方法剖析评论中国古典文学的开风气者,又是中国史学史上将历史学与考古学相结合的开创者,确立了较系统的近代标准和方法。

这位集史学家、文学家、美学家、考古学家、词学家、金石学家和翻译理论家于一身的学者,生平著述62种,批校的古籍逾200种。(收入其《遗书》的有42种,以《观堂集林》最为著名。)被誉为"中国近三百年来学术的结束人,最近八十年来学术的开创者"。

评誉

"不独为中国所有而为全世界之所有之学人。"

——梁启超

"留给我们的是他知识的产物,那好像一座巍巍的楼阁,在几千年的旧学城垒上,灿然放出了一段异样的光辉。"

——郭沫若

"中国近代之世界学者,惟王国维及陈(陈垣)先生两人。"

——伯希和

"南方史学勤苦而太信古,北方史学能疑古而学问太简陋……能够融南北之长而去其短者,首推王国维与陈垣。"

——胡适

"中国有一部《流沙坠简》,印了将有十年了。要谈国学,那才可以算一种研究国学的书。开首有一篇长序,是王国维先生做的,要谈国学,他才可以算一个研究国学的人物。"

——鲁迅

"惟此独立之精神,自由之思想,历千万祀,与天壤而同久,共三光而永光。"

——陈寅恪

"王国维寥寥几万字的《人间词话》和《红楼梦评论》比朱光潜洋洋百万字的体系建树在美学史上更有地位。"

——王攸欣

家世 王氏家族的先世祖籍开封。《宋史》有王氏先世王圭、王光祖传,远祖王圭、王光祖、王禀、王荀四世,均以战功显赫,其中王圭、王禀及王荀死于国难,尤以王禀于靖康元年,在太原抵抗金兵,守城御敌而殉国,是一位勋绩卓著的抗金民族英雄。王禀之孙王沆随宋高宗南渡,袭安化王爵,赐第盐官,遂定居于此,已有八百余年的历史。到王国维的父亲王乃誉,已是宋安化郡王三十二世裔孙。海宁旧有安化王祠,始于明弘治年间,嘉靖壬子年毁于火,后又重建,移之邑治之东,今旧祠已不存。王氏家族因抗金名将王禀及袭封前爵、赐第盐官的王沆,在海宁受到当地人民的长期敬仰。王国维对此也深感自豪,撰有《补家谱忠壮公传》。

王国维娶莫氏,生潜明、高明、贞明。莫氏故世,继室潘氏,生子纪明、慈明、登明,生女东明、松明、通明(早殇)。长子王潜明于1926年早逝。1949年以后,3子女留在了大陆,2子2女去了台湾。现在世的有台湾的长女王东明、成都的五子王慈明。而二子王仲闻最为知名,从事诗词校注,但被诬陷为特务,最后服药自尽。

性情 在学生们的想象中,能写出像《人间词话》那样才气横溢、词句清丽的王国维,必定是位仪表堂堂、风度翩翩的大学者。当王国维步入教室时，大家不禁大吃一惊，原来这位国学大师竟是个小老头。他头戴瓜皮帽，帽子下面拖着一条小辫子，身穿长棉袍，腰间还系着一条蓝带子。看他这身打扮，活脱脱像清朝时的乡村私塾教师。但学生们都很敬佩他，这主要是因为他学问渊博，还有他那纯真的气质，比起一些表面趋时而思想保守的人来，却显得天真可爱。

王国维性格淡泊，不喜欢与人交游，在清华除了讲书授课以外，一般不主动跟学生谈话。从来都是上完课就走，回到自己的西院住所，钻进自己的书房研究学术。但是如果有学生登门拜访或致函，不管是求教或是辩论，从来都是一律接待，不分老幼尊卑，而且是知无不言，言无不尽。甚至有当时东南大学的学生特意赴京求教，就住在王先生家里。在他看来，学术为天下之公器，不应有门户之见，所以不管是不是自己的门下弟子，他都有问必答。在他执教清华的两年中不知道有多少学子领受了他的恩泽。

在讲课之时，王国维遇到某些问题常以"这个问题我不懂"一语带过。语言学家王力当年曾师从王国维，起初不理解为什么先生常说"我不懂"，后来悟出，这正是先生治学严谨的表现。

妙论

生活之本质

生活之本质何？"欲"而已矣。欲之为性无厌，而其原生于不足。不足之状态，苦痛是也。既偿一欲，则此欲以终。然欲之被偿者一，而不偿者什百。一欲既终，他欲随之。故究竟之慰藉，终不可得也。即使吾人之欲悉偿，而更无所欲之对象，倦厌之情即起而乘之。于是吾人自己之生活，若负之而不胜其重。故人生者，如钟表之摆，实往复于苦痛与倦厌之间者也，夫倦厌固可视为苦痛之一种。

永远之正义

呜呼,宇宙——生活之欲而已!而此生活之欲之罪过,即以生活之苦痛罚之,此即宇宙之永远之正义也。自犯罪,自加罚,自忏悔,自解脱。美术之务,在描写人生之苦痛与其解脱之道,而使吾侪冯生之徒,于此桎梏之世界中,离此生活之欲之争斗,而得其暂时之平和,此一切美术之目的也。

注:王国维所谓之"美术",包含一切之创作,诗歌、小说、戏剧等。

三种境界

古今之成大事业、大学问者,必经过三种之境界:"昨夜西风凋碧树。独上高楼,望尽天涯路。"此第一境也。"衣带渐宽终不悔,为伊消得人憔悴。"此第二境也。"众里寻他千百度,蓦然回首,那人却在灯火阑珊处。"此第三境也。此等语皆非大词人不能道。然遽以此意解释诸词,恐为晏欧诸公所不许也。

作品精选

词选

点 绛 唇

屏却相思,近来知道都无益。不成抛掷,梦里终相觅。
醒后楼台,与梦俱明灭。西窗白,纷纷凉月,一院丁香雪。

厚地高天，侧身颇觉平生左，小斋如舸，自许回旋可。
聊复浮尘，得此须臾我。乾坤大，霜林独坐，红叶纷纷堕。
高峡流云，人随飞鸟穿云去。数峰著雨。相对青无语。
岭上金光，岭下苍烟迮。人间曙。疏林平楚。历历来时路。
暗里追凉，扁舟径掠垂杨过。湿萤火大。一一风前堕。
坐觉西南，紫电排云破。严城锁。高歌无和。万舫沉沉卧。
波逐流云，棹歌袅袅凌波去。数声和橹。远入蒹葭浦。
落日中流，几点闲鸥鹭。低飞处。菰蒲无数。瑟瑟风前语。

采桑子

高城鼓动兰釭灺，睡也还醒。醉也还醒。忽听孤鸿三两声。
人生只似风前絮，欢也零星。悲也零星。都作连江点点萍。

卜算子·水仙

罗袜悄无尘，金屋浑难贮。月底溪边一晌看，便恐凌波去。
独自惜幽芳，不敢矜迟暮。却笑孤山万树梅，狼藉花如许。

好事近

夜起倚危楼，楼角玉绳低亚。唯有月明霜冷，浸万家鸳瓦。
人间何苦又悲秋，正是伤春罢。却向春风亭畔，数梧桐叶下。
愁展翠罗衾，半是余温半泪。不辨坠欢新恨，是人间滋味。
几年相守郁金堂，草草浑闲事。独向西风林下，望红尘一骑。

人月圆·梅

天公应自嫌寥落,随意著幽花。月中霜里,数枝临水,水底横斜。萧然四顾,疏林远渚,寂寞天涯。一声鹤唳,殷勤唤起,大地清华。

文选

人间嗜好之研究

活动之不能以须臾息者,其为人心也。夫人心本以活动为生活者也。心得其活动之地,则感一种之快乐,反是则感一种之苦痛。此种苦痛,非积极的苦痛,而消极的苦痛也。易言以明之,即空虚的苦痛也。空虚的苦痛,比积极地苦痛尤为人所难堪。何则?积极的苦痛,犹为心之活动之一种,故亦含快乐之原质,而空虚的苦痛,则并此原质而无之故也。人与其无生,不也如恶生;与其不活动也,不如恶活动。此生理学及心理学上之二大原理,不可巫也。人欲医此苦痛,于是用种种之方法,在西人名之曰"To kill time",而在我中国,则名之曰"消遣"。其用语之确当,均无以易,一切嗜好由此起也。

然人心之活动亦伙矣。食色之欲,所以保持个人及其种姓之生活者,实存于人心之根柢,而时时要求满足。然满足此欲,固非易易也,于是或劳心,或劳力,戚戚睊睊,以求其生活之道。如此者吾人谓之曰"工作"。工作之为一种积极的苦痛,吾人之所经验也。且人固不能终日从事于工作,岁有闲月,月有闲日,日有闲时,殊如生活之道不苦者。其工作愈简,其闲暇愈多,此时虽乏积极的苦痛,然以空虚之消极的苦痛代之,故苟足以供其心活动者,虽无益于生活之事业,亦鹜而趋之。如此者,吾人谓之曰"嗜好"。虽嗜好之卑劣高尚万有不齐,然其所以慰空虚之苦痛而与人心之活动者,其揆一也。

嗜好之为物，本所以医空虚的苦痛者。故皆与生活无直接之关系，然若谓其与生活之欲无关系，则其不然者也。人类之于生活，即竞争而得胜矣，于是此根本之欲复变为势力之欲，而务使其物质上与精神上之生活超于他人之生活之上。此势力之欲，即谓之生活之欲之苗裔，无不可也。人之一生，唯由此二欲以策其知力及体力，而使之活动。其直接为生活故而活动时，曰"工作"，或其势力有余，而唯为活动故而活动时，谓之曰"嗜好"。故嗜好之为物，虽非表直接之势力，亦必为势力之小影，或足以遂其势力之欲者，始足以动人心，而医其空虚的苦痛。不然，欲其嗜之也难矣。今吾人当进而研究种种之嗜好，且示其与生活及势力之欲之关系焉。

嗜好中之烟酒者，其令人心休息之方面多，而活动之方面少。易言以明之，此二者之效，宁在医积极之苦痛，而不在医消极之苦痛。又此二者，于心理上之结果外，兼有生理上之结果，而吾人对此二者之经验亦甚少，故不具论。今先论博弈。夫人生者，竞争之生活也。苟吾人竞争之势力无所施于生活之实际，或实际上既竞争而胜矣，则其剩余之势力仍不能不求发泄之地。博弈之事，正在抽象上表出竞争之世界，而使吾人于此满足其势力之欲者也。且博弈以但表普遍的抽象的竞争，而不表所竞争者为某物（故为金钱而赌博者不在此例）。故吾人竞争之本能，遂于此以无嫌疑、无忌惮之态度而发表之，于是得窥人类极端之利己主义。至实际之人生中，人类之竞争虽无异于博弈，然能如是之磊磊落落者鲜矣。且博与弈之性质，亦自有辨。此二者虽皆世界竞争之小影，而博又为运命之小影。人以执着于生活故，故其知力常明于无望之福，而暗于无望之祸。而于赌博中，此无望之福随时有可能性，在以博之胜负，人力与命运二者决之，而弈之胜负，则全由人力决之故也。又但就人力言，赌博者悟性上之竞争，而弈者理性上之竞争也。长于悟性者，其嗜博也甚于弈，长于理性者，其嗜弈也甚于博。嗜博者之性格，机警也，脆弱也，依赖也。嗜弈者之性格，谨慎也，坚忍也，独立也。譬之治生，前者如朱公居陶，居与时逐；后者如任氏之折节为俭，尽力田蓄，亦致千金。人亦各随其性性之所近，而欲于竞争之中，发见其势力之优胜之快乐耳。吾人对博弈之嗜好，殆非此无以解释之也。

若夫宫室、车马、衣服之嗜好，其适用之部分属于生活之欲，而其装饰之部分则属于势力之欲。驰骋、田猎、跳舞之嗜好，亦此势力之欲之所发表也。常人之对书画、古物也亦然。彼之爱书籍，非必爱其所含之真理也；爱书画古玩，非必爱其形式之优美古雅也。以多相炫，以精相炫，以物之稀而难得也相炫。读书者亦然，以博相炫。一言以蔽之，炫其势力之胜于他人而已矣。常人对戏剧之嗜好，亦由势力之欲出。先以喜剧（即滑稽剧）言之。夫能笑人者，必其势力强于被笑者也，故笑者实吾人之势力之发表。然人于实际生活中，虽遇可笑之事然非其人非我所素狎者，或其位置远在吾人之下者，则不敢笑。独于滑稽剧中，以其非事实故，不独使人能笑，而且使人敢笑，此即对喜剧之快乐所存也。悲剧亦然。霍雷士曰："人生者，自观之者言之，则为一喜剧，自感之者言之，则为一悲剧也。"自吾人思之，则人生之运命固无以异于悲剧，然当人演此悲剧时，亦俯首杜口，或故示整暇，汶汶而过耳。欲如悲剧中之主人公，且演且歌以诉其胸中之苦痛者，又谁听之，而谁怜之乎！夫悲剧中之人物之无势力之可言，固不待论。然敢鸣其苦痛者与不敢鸣其痛苦者之间，其势力之大小必有辨矣。夫人生中固无独语之事，而戏曲则以许独语故，故人生中久压抑之势力独于其中筐倾而簏倒之，故虽不解美术上之趣味者，亦于此中得一种势力之快乐。普通之人之对戏曲之嗜好，亦非此不足以解释之矣。

若夫最高尚之嗜好，如文学、美术，亦不外势力之欲之发表。希尔列尔即谓儿童游戏存于用剩余之势力矣，文学美术亦不过成人之精神的游戏。故其渊源之存于剩余之势力，无可疑也。且吾人之内界之思想感情，平时不能语诸人或不能以庄语表之者，于文学中以无人与我有一定关系故，故得倾倒而出之。易言以明之。吾人之势力所不能于实际表出者，得以游戏表出之是也。若夫真正之大诗人，则又以人类之感情为其一己之感情。彼其势力充实，不可以已，遂不以发表自己之感情为满足，更进而欲发表人类全体之感情。彼之著作，实为人类全体之喉舌，而读者于此得闻其悲欢啼笑之声，遂觉自己之势力亦为之发扬而不能自已。故自文学言之，创作与赏鉴之二方面亦皆以此势力之欲为其根柢也。文学既然，他美术何独不然？岂独美术而已，而哲学与科学亦然。柏庚有言曰："知识即势力也。"则一切知识之欲，虽谓之即势力之欲，亦无不可。彼等以其势力卓越于常人故，故不满足于现在之势力，而欲得永远之势力。虽其所用以得势力之手段不同，然其势力固无以异。夫然，始足以活动人心而医其空虚之苦痛。以人之心之根柢实为一生活之欲，若势力之欲苟不足以遂其生活或势力之欲者，决不能使之活动。以是观之，则一切嗜好虽有高卑优劣之差，固无非势力之欲所为也。

然余之为此论，固非使文学美术之价值下齐于博弈也。不过自心理学言之，则数者之根柢皆存于势力之欲，而其作用皆在使人心活动，一疗其空虚之苦痛。以此所论者，乃事实之问题，而非价值之问题故也。若欲抑制卑劣之嗜好，不可不易之以高尚之嗜好，不然，则必有溃决之一日。此又从人心活动之原理出，有教育之责，乃欲教育自己者，不可不知所注意焉。

一九零七年

陈三立（中国·清末民初）

陈三立

传略 陈三立（1859—1937），字伯严，号散原，江西义宁（今修水县义宁镇桃里竹椴）人，近代同光体诗派重要代表人物。晚清维新派名臣陈宝箴之子，与谭嗣同、徐仁铸、陶菊存并称"维新四公子"，国学大师、历史学家陈寅恪之父，被誉为中国最后一位传统诗人。

陈三立年少博学，才识通敏，洒脱而不受世俗礼法约束。光绪八年（1882）入乡试，因恶时文，自以散文体作答，主考陈宝琛赏识其才，破例录为举人。光绪十二年中进士，授吏部主事，在京与一些有维新思想之士游学论事，慷慨激昂，志望革新，并参加文廷式等所组织的强学会。甲午战争后，李鸿章赴日签订《马关条约》，三立闻讯激愤异常，曾电张之洞："吁请诛合肥以谢天下"。

光绪二十一年（1895），其父宝箴任湖南巡抚，推行新政，三立往侍父侧，襄与擘划。在罗致人才、革新教育方面效力尤多。戊戌政变时，三立以"招引奸邪"之罪被革职不用。后随父返江西，居西山"青庐"。光绪二十六年（1900），三立移居南京，未几丧父。家国之痛，三立更无心于仕途，于金陵青溪畔构屋十楹，号"散原精舍"。常与友人以诗、古文辞相遣，自谓"凭栏一片风云气，来做神州袖手人"。

三立早年虽有"吏部诗名满海内"之誉，但《散原精舍诗集》所收乃自此始。此后虽不问政，为社会兴利仍极热忱。光绪二十九年（1903）办家学一所，又赞助柳治征创办思益小学。让出住宅作课堂，延聘外国教师，开设英语及数、理、化新课目；注重德、智、体、美全面发展；还废除"八股文"和跪拜礼节，禁止死背课文及体罚学生，创新式学校的先例。三十一年（1905）初，曾与李有芬创办江西铁路公司，并拟倡修南浔铁路，惜因事未果。光绪三十二年（1906），湖南工商界追念陈宝箴父子推行新政，振兴实业，奏请为宝箴塑铜像，为三立授官职，被断然拒绝。三十二年夏，义宁州大荒，铜鼓双坑饥民往宜丰天宝买粮，富商何大毛诬称"匪徒抢劫"，并说"宁州遍地是匪"，挑起斗殴，杀死双坑饥民57人，双坑人控诉不得上达，求助陈三立，陈主持正义，具陈上疏，终获刑部详察，严惩主犯及当地知县，冤案大白。三十三年，袁世凯行君主立宪，委三立任参政议员，未肯就。

民国十三年（1924）4月，印度著名诗人泰戈尔来华，慕其名，由徐志摩陪同至西湖相访，泰戈尔以印度诗坛代表的身份，赠给陈三立一部自己的诗集，并希望陈三立也同样以中国诗坛的身份，回赠他一部诗集。陈三立接受书赠后，表示谢意，谦逊地说："您是世界闻名的大诗人，是足以代表贵国家诗坛。而我呢，不敢以中国诗人代表自居。"后两人比肩合影，传为中印文化交流史上的佳话。

民国十五年（1926），陈三立由杭州到上海寄寓三载。民国十八年（1929）11月，由次子陈隆恪夫妇陪同，乘轮溯江而上，终于登上庐山，卜居于牯岭新宅"松门（一说松林）别墅"，赋诗倾诉："乡梦醒鸣鞭，始觉身如鸟"，打算"息影松林径，洗梦涧瀑流"。年近八十的他，遍览山南山北的风景名胜，写下了许多寄情咏物的诗篇，名为《匡庐山居诗》，石印成册，以赠亲友。山居期间，蒋介石曾到牯岭避暑，很想见见他，特派专人登门联系。他不愿与当政者交往，对来人说："我已经是一个不闻世事的世外之人，即使我们会晤了，也没有什么可谈的，我看还是不必来见吧。"民国十九年（1930），陈三立倡议重修《庐山志》，委托吴宗慈专主。为了使志书更为完善一些，他还特别约请了著名学者李四光、胡先引等撰写有关条目。另外，在具体的编修过程中，陈三立特别强调了修撰体例的问题，强调志例应尊重科学，志文因时代不同，允许文体有别，做到"旧从其旧，新从其新"。

民国二十一年（1932），"一二·八事变"中日军侵占上海闸北，陈三立居牯岭，日夕不宁，于邮局订阅航空沪报，每日阅读。据说，当时的他曾于一晚做梦时喊出"杀日本人"之类的话语。忧国之心可见一斑（当年，国民党政府邀他参加"国难会议"，陈三立未去）。民国二十二年（1933），曾经的好友郑孝胥投靠日本，辅佐溥仪建立伪满政权，陈三立痛骂郑"背叛中华，自图功利"。在再版《散原精舍诗》时，愤然删去郑序，与之断交。

民国二十三年（1934），陈三立离开庐山寓居北平。

民国二十六年（1937），卢沟桥事变，他表示："我决不逃难！"闻有人议论中国必败，他怒斥："呸！中国人岂狗彘耶？岂贴耳俯首，任人宰割？"当年，北平、天津相继沦陷。日军欲招致陈三立，百般游说，皆不应许。侦探日伺其门，陈三立怒，呼佣拿扫帚将其逐出。从此五日不食，忧愤而死，享年85岁。

为纪念陈三立，民国三十四年（1945）江西省政府决定：将设在修水境内的赣西北临时中学改为省立散原中学（今修水一中）。民国三十七年（1948）陈三立墓被迁葬杭州牌坊山。1956年被列为国家二级保护单位。

陈三立生前曾刊行《散原精舍诗》及其《续集》、《别集》，世后有《散原精舍文集》17卷出版。陈三立是晚清同光体赣派的代表。为诗初学韩愈，后师山谷，好用僻字拗句，流于艰涩，自成"生涩奥衍"一派。梁启超在《饮冰室诗话》中评曰："其诗不用新异之语，而境界自与时流异，醇深俊微，吾谓于唐宋人集中，罕见其比。"

绝食殉节——爱国诗人陈三立之死

受到父亲影响，年轻时的陈三立就对西方列强入侵、清政府内忧外患有着清醒的认识。年少博才的陈三立才识通敏，"倜傥有大志"，洒脱而不受世俗礼法约束。光绪八年（1882），陈三立参加三年一届的乡试，因深恶"八股文"，应试时，不按考场规定文体（八股文），而以自己平素擅长的散文体答卷。其卷在初选时曾遭摒弃，后被主考官陈宝琛发现，大加赞赏，从落第卷中抽出选拔为举人。光绪十二年，陈三立赴京会试，中进士，授吏部主事。但当时吏部弄权，积重难返，已到不可救药的地步。陈三立虽有经世大志，但难有施展。1898年李鸿章赴日签订丧权辱国的《马关条约》，三立闻讯，激愤异常，致电张之洞，"吁请诛合肥（李鸿章，安徽合肥人），以谢天下"。当然，深谙官场之道的张之洞并没有理会陈三立的吁请。

"国家之痛"是陈三立诗歌的主题。对列强入侵的愤怒、对昏聩清廷的无奈失望、对父亲的深沉思念、对战乱中流离失所的人民的同情，从陈三立的笔端流出。

八国联军入侵给中国人民带来了深重的灾难，陈三立集中有多首诗涉及，《十月十四日夜饮秦淮酒楼，闻陈梅生侍御、袁叔舆户部述出都遇乱事，感赋》是其中的代表作：

狼嗥豕突哭千门，溅血车茵处处村。敢幸生还携客共，不辞烂漫听歌喧。九州人物灯前泪，一舸风波劫外魂。霜月阑干照头白，天涯为念旧恩存。

1901年，清政府与列强签订了丧权辱国的"辛丑条约"。这年底，满腔激愤的诗人乘舟由南昌至九江，夜不能寐，写下了他的名作《晓抵九江作》：

藏舟夜半负之去，摇兀江湖便可怜。合眼风涛移枕上，抚膺家国逼灯前。鼾声临榻添雷吼，曙色孤篷漏日妍。咫尺琵琶亭畔客，起看啼鸦万峰颠。

二十世纪初的中国，战乱频仍，苦难深重。尽管已不问政治，但陈三立仍然时刻关心着祖国的命运。1933 年，陈三立的好友、同光体另一位代表人物郑孝胥投靠日本，辅佐溥仪建立伪满政权，三立痛骂郑"背叛中华，自图功利"。在再版《散原精舍诗》时，愤然删去郑序，与之断交。

近人吴宗慈《陈三立传略》记载了这样一件事情："民国二十一年壬申（1932），日寇侵占上海闸北，沪战遂作。先生居牯岭，日夕不宁，于邮局定阅航空沪报，每日望报至，至则读，读竟则愀然若有深忧。一夕忽梦中狂呼杀日本人，全家惊醒，于是宿疾大作。其爱国热情类如此。"1934 年，三立离开庐山寓居北平，目睹西山八大处遭八国联军破坏，连叹"国耻"！

1937 年 7 月 7 日，卢沟桥事变发生，北平沦陷。这时，居住在北平的陈三立已经 85 岁了，他表示："我决不逃难！"日军占领北平后，陈三立终日忧愤，病重，拒不服药，绝食五天后辞世。

据记载，日军占领北平后，"欲招致先生，游说百端皆不许，说者环伺其门，先生怒，呼佣妇操帚逐之。"又云："寝疾时，辄以战讯为问。有谓中国非日本敌，必被征服者，先生愤然斥之曰：'中国人岂狗彘不若，将终贴然任人屠割耶？'背不与语。"

陈三立没有看到抗战胜利的那一天。他留下了一位忧国忧民的诗人对祖国深沉的爱，留下了忧愤交加的悲怀和创巨痛深的家国身世。

趣事　　一天，陈三立出门回家，雇了一辆人力车代步，事先也没有讲论价钱，等到家门口付车费时，他从口袋中摸索到两个铜子儿，便拿出来给了人家。这不合常价，车夫自然嫌少，便"断断以争"。老陈便又去翻衣袋，结果找出一枚银元，加付给了车夫。可车夫还是"喧呶不已"。

这下老陈生气了,说:"给铜元你争,给你银元还是争,怎么这样讨厌!"说罢便昂然走进家门,不再搭理人家。这时听见他们争吵声的家人赶快出来,问车夫怎么回事。车夫说:"开始你家主人给我区区两个铜子儿,怎能偿我的劳力?后又付给一块银元,可我那能找得开?所以和他理论。"家人明白,主人是根本不知道大致的车脚之价,加付一银元也不要人家找的;而这个车夫又是憨厚耿直之人,以为收一块银元太多了,也是常例所未有的事情,所以为找不开钱同样着急。家人于是问车夫:"你想要多少钱?"车夫回答:"至少四毛钱。"家人便如数付了,取回了那块大银币。车夫离去,一家人相与大笑,唯独老陈不知笑的什么,自己"执卷呻唔",埋头读起书来。

义举　在陈三立相识的人中,有个以清朝遗老自居的李瑞清(字梅庵,或以"梅翁"称之),他在患疮疾僵卧不能行动的困境下,仍是连民国政府的间接资助也坚却不受,只靠卖字鬻画的收入维持残生。因为他一贯持节自好,故有"清道人"之称。当时在他所居的上海,以"遗老"自命的人还有不少,但他们中有些是口是心非的主儿,标榜"持节不染",而"临财则又往往变易面目",竟还以"不拘小节"自解。此辈对李瑞清的做法颇为嫉恨,意思当然是:你老儿真真这么清高,岂不反衬得吾侪鄙污失节?于是乎,就想法变招地报复于他。正好当时李瑞清的寡嫂想攘夺其出卖字画之资而未能如愿,便对小叔子秽言蜚语。这下想报复梅翁的遗老们更有了造谣的素材,乃广为宣传,并相互庆幸地说:"这下可以叫这个'清道人'无地自容矣!"可以想见,他们大肆传扬的,无非是梅翁因对寡嫂有非分之图而被斥骂之类带绯闻色彩的东西。

在中伤梅翁这件事情上,有一个人显得尤其卑劣,惹得陈三立大为气不忿了,说:"若辈心术如此,尚可自鸣高洁耶?若不敛迹,我必当大庭广众,痛揭其钩心斗角之诡术!"机会果然来了。这天,"遗老"一班人聚合宴会,陈三立当着众人的面突然对那人大声呵斥:"我要代清道人打你的耳光!"有个叫沈曾植(字子培)的同道也起而助威。这下使得参与传谣诬人者惊羞交加,相与逃席而去。经此一场,无聊之辈们不得不有所"敛迹",谣传也从此绝迹,陈三立还了"清道人"一个清白。

书法

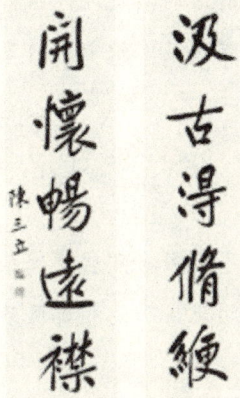

陈三立书法

作品精选

城北道上

晶砾新驰道,晴霆叠马蹄。屋阴衔柳浪,裙色润瓜畦。
诣客能相避,偷闲亦自迷。归栖枝上鹊,为我尽情啼。

十一月十四夜发南昌月江舟行(选一)

露气如微虫,波势如卧牛。明月如茧素,裹我江上舟。

遣 兴

而我于今转脱然，埋愁无地诉无天。昏昏一梦更何事，落落相看有数贤。
懒访溪山开画轴，偶耽醉饱放歌船。诗声尚与吟虫答，老子痴顽亦可怜。

书 感

八骏西游问劫灰，关河中断有余哀。更闻谢敌诛晁错，尽觉求贤始郭隗。
补衮经纶留草昧，干霄芽蘖满蒿莱。飘零旧日巢堂燕，犹盼花时啄蕊回。

人 日

寻常节物已心惊，渐乱春愁不可名。煮茗焚香数人日，断笳哀角满江城。
江湖意绪兼衰病，墙壁公卿问死生。倦触屏风梦乡国，逢迎千里鹧鸪声。

莫愁湖看雨

休蹄浮磬野，湿鬓落髹椽。半暝湖吹雨，一痕山卧烟。乱愁鸿雁底，旧句虎狼边。对茗魂相语，棋坪换岁年。

次和答蒿叟三首次韵庸庵同年寄怀

难忘赌酒联吟处，花近楼中月下筵。老味各私真率会，余生犹恋太平年。
只今魂气依残唾，不隔烽烟落九天。俛问圣湖安着我，水痕掠笔屋为船。

园居看微雪

初岁仍微雪,园亭意飒然。高枝喋鹊语,欹石活蜗涎。
冻压千街静,愁明万象前。飘窗接梅蕊,零乱不成妍。

夜舟泊吴城

夜气冥冥白,柳丝窈窈青。孤篷寒上月,微浪隐移星。
灯火喧渔港,沧桑换独腥。犹怀中兴略,听角望湖亭。

晓抵九江作

藏舟夜半负之去,摇兀江湖便可怜。合眼风涛移枕上,抚膺家国逼灯前。
鼾声临榻添雷吼,曙色孤篷漏日妍。咫尺琵琶亭畔客,起看啼鸦万峰颠。

陈天华（中国·清末）

传略　陈天华（1875—1905），原名显宿，湖南新化人。清末资产阶级革命派出色的宣传家。字星台，亦字过庭，别号思黄。

母早逝，父为塾师，幼从父识读，因家境贫寒，乃营小卖以补济，然坚持好学不辍。常向人借阅史籍之类书籍，尤喜读传奇小说，亦爱民间说唱弹词。

光绪二十一年（1895），陈天华随父迁居县城，仍以提篮叫卖为生。后经族人周济，入资江书院读书，刻苦博览二十四史。

陈天华

二十四年，考入新化实学堂，深受维新思想影响，倡办不缠足会，成为变法运动的拥护者。光绪二十六年春，考入省城岳麓书院，成绩名列前茅。其时，茬湘某令识其才，欲以女妻之，陈效法汉时霍去病"匈奴未灭，无以家为"，乃婉言谢绝，说："国不安，吾不娶"（其直至以身报国终身未娶）。次年转入求实书院。光绪二十九年（1903）初，入省城师范馆。是年春，获官费留学日本东京弘文学院师范科。不久，逢沙俄企图侵占东北三省，引发拒俄运动，祖国正处主权沦丧境况，陈破手血书寄示湖南各学堂。湖南巡抚赵尔巽亦为感动,亲临各学堂宣读,并刊登于官报,还饬令各府、州、县开设武备讲习所,使湖南全省拒俄运动士气更加高涨。陈天华在日本积极参与组织拒俄义勇队和军国民教育会。还"日作书报以警世"。同年,先后撰写《猛回头》和《警世钟》两书,以血泪之声,深刻揭露帝国主义列强侵略中国和清廷卖国投降的种种罪行,风行于世,影响甚大。次年初,回到长沙,参与组织华兴会,与黄兴等密谋准备长沙起义,事泄未成,又被迫流亡日本,入东京法政大学。此时,陈结识孙中山。光绪三十一年七月,中国同盟会在日本东京成立,陈天华为重要发起人之一,在书记部工作,任会章起草员,又任同盟会机关报《民报》编辑,发表《最近政见之评决》、《中国革命史论》,《狮子吼》等政论和作品,引起强烈反响。

1905年12月4日,陈天华在东京参加了抗议日本政府《取缔清、韩留学生规则》的斗争,11日写绝命书,决心以死来激励国人"共讲爱国"。12日,在东京大森海湾投海自尽,以死报国,时年三十岁。

次年,其灵柩经黄兴、禹之谟倡议筹办运回长沙,各界不顾官方阻挠,决定公葬于岳麓山。5月29日举行葬仪,长沙全城各校师生纷纷参加,送葬队伍达数万人,绵延十余里,凄凄哀歌,湘江为之悲鸣,麓山为之低垂。送葬队伍由朱张渡、小西门两处渡河,"适值夏日,学生皆着白色制服,自长沙城中望之,全山为之缟素"。军警站立一旁,亦为之感动,不加干涉。

陈天华的文章,旨在揭露帝国主义侵略,痛斥清朝政府是"洋人朝廷"。认为"革命者救世救人之圣药也",力主拿起武器,号召"手执钢刀九十九,杀尽仇人方罢手"。在《猛回头》、《警世钟》里,大声疾呼"改条约,复政权,完全独立;雪国耻,驱外族,复我冠裳";高呼"万众直前,杀那洋鬼子,杀那投降洋鬼子的二毛子","推翻'洋人的朝廷'清政府","建立民主共和国"。其遗著编为《陈天华集》。

自杀殉国——陈天华之死

1905年7月，孙中山到日本，主张联合各革命团体，组织中国同盟会，陈天华积极赞成。8月，中国同盟会成立，他任秘书，并被推为会章起草人之一。《二十世纪之支那》改为同盟会的机关报《民报》后，他在《民报》上先后发表不少文章和政治小说《狮子吼》。同年11月，日本文部省颁布歧视并限制中国留学生的《清国留学生取缔规则》，留日学生发动了抵制这个规则的强大运动。为了激励人心，陈天华在12月7日留下《绝命书》万余字，次日投海自杀。

陈天华的死，在当时就引起了很大的轰动。1906年春天，当陈天华的灵柩运回上海后，中国公学为他和另一位投黄浦江自尽的同盟会员姚宏业举行了一次公葬的会议，到会千余人，会上宣读了姚宏业的遗书和陈天华的绝命辞，大家痛哭流涕，会议决定将陈姚灵柩一起送回家乡湖南，举行公葬。

促使陈天华之死的，是以下一系列事件。

当时的中国，是一个被列强瓜分、凌辱、被排除在世界主流话语权之外的三流国家，清朝政府为了挽回国衰民穷的颓势，派出了大量青年留学美国、欧洲和日本学习先进技术，其中以留学日本最多。对清朝政府的未来，美国当时驻上海领事馆领事曾指出有两条路：一条是改革，美国可以为之培养出一大批审时度势的改革家；另一条是革命，日本正在为颠覆清朝培养暴力革命家。

正是为了扑灭在日本留学生中越来越高涨的暴力推翻清朝政府的革命火焰，1905年11月2日，清朝政府勾结日本政府文部省发表了一个严格管束中国留学生的规则——《清国留学生取缔规则》。这个规则有很多内容，主要有三条，第一是中国留学生一定要在清朝政府驻日公使和日本学堂登记，留学生的活动、到哪里去都得要登记；第二通信要登记，给国内给朋友写信都必须登记；第三不准住到别的地方去，只能住在留学生学校的宿舍。

这个规则一出台，就引起了广大留日学生的抗议，但是在该如何具体应对这场斗争的方式上，留学生们出现了严重分歧。一派以秋瑾和宋教仁为代表，主张全体同学罢学回国；一派以汪兆铭和胡汉民为代表，主张忍辱负重留在日本继续求学，两派发生了激烈争吵，甚至到了水火不相容的地步，以致最后留日学生总会的干事们不想承担责任，纷纷辞职不干了。

这种情况让日本报纸很是幸灾乐祸，描述中国留学生是"乌合之众"，1905年12月7号的《朝日新闻》甚至干脆说中国留学生是"放纵卑劣"的一群，挖苦中国人缺乏团结力，而陈天华就是在看了这张报纸后的当夜，连夜手书了一封被后世人称为"绝命辞"的信，第二天就赴海而死。

魂归 陈天华姚宏业合墓位于湖南长沙岳麓山麓山寺左后方。1906年6月公葬于此，墓地面积66平方米。立碑四通，中间两通分别刻"陈烈士天华之墓"，"姚烈士宏业之墓"，左右附碑分别刻"中华民国元年"，"六月湖南公刻"。

陈天华墓

有拜台、石凳、栏杆等设施，四周环以花岗岩石围。墓地有登山石径导入。1983年公布为湖南省重点文物保护单位。

壮举 陈天华在日本留学时，听到沙俄军队侵占满洲，腐败无能的清政府又要同沙俄私订丧权辱国条约的消息后，悲愤欲绝，立即在留学生中召开拒俄大会，组织拒俄义勇军，准备回国参战。

回到宿舍后，他咬破自己手指，以血指书写救国血书，在血书里陈述亡国的悲惨,当亡国奴的辛酸,鼓舞同胞起来战斗……他一连写了几十张,终因流血过多而晕倒,可嘴里还在不停地喊:"救国!救国!"

别人把他救醒后,他坚持把血书一份一份装入信封,从万里迢迢的日本寄回国内。读到的人无不感动。

趣事　　陈天华在资江书院读书时,他的亲戚托他买本《唐诗三百首》带回,那时的交通工具只有船。从新化县城到家,估计是一天一晚的时间,他就坐在船上,没多久就看完了。到家时,不知怎么回事,那本书竟不见了。亲戚很遗憾,陈天华笑着说,没什么,我给你抄出来。于是找来纸笔,凭着记忆,硬是一首一首地背下并抄出来。让大家很是惊异。

陈天华参加革命后,有一次和汪精卫在上海霞飞路游玩。汪精卫也是个记忆力超群的人,于是两人决定打赌,看谁的记忆力好。打赌的方式很简单,就是比记商铺的招牌。霞飞路是一条繁华的街道,大大小小的商铺不计其数。比赛的结果是汪精卫输了,输在把两块招牌记反了位置。

作品精选

绝 命 书

呜呼我同胞!其亦知今日之中国乎?今日之中国,主权失矣,利权去矣,无在而不是悲观,未见有乐观者存。其有一线之希望者,则在于近来留学者日多,风气渐开也。使由是而日进不已,人皆以爱国为念,刻苦学习,以救祖国,由十年二十年之后,未始不可转危为安。

乃进观吾同学者,有为之士固多,有可疵可指之处亦不少。以东瀛为终南捷径,其目的在于求利禄,而不在于居责任。其尤不肖者,则学问未事,私德先坏。其被举于彼国报章者，不可缕数。近该国文部省有"清国留学生取缔规则"之颁，其剥我自由，侵我主权，固不待言。鄙人闻之，恐事体愈致重大，颇不赞成。

然既已如此矣，则宜全体一致，始终贯彻，万不可互相参差，贻日人以口实。幸而各校同心，八千余人，不谋而合。此诚出于鄙人预想之外，且惊且惧。惊者何？惊吾人果有此团体也。惧者何？惧不能持久也。然而日本各报纸，则诋为乌合之众，或嘲或讽，不可言喻。如《朝日新闻》等，则直诋为"放纵卑劣"，其轻我不遗余地矣。夫使此四字加诸我而未当也，斯亦不足与之计较。若或有万一之似焉，则真不可磨之玷也。

近来每遇一问题发生，则群起哗之曰："此中国存亡问题也。"顾问题有何存亡之分？我不自亡，人孰能亡我者！惟留学生而皆放纵卑劣，则中国真亡矣。岂特亡国而已，二十世纪之后，有放纵卑劣之人种，能存于世乎？鄙人心痛此言，欲我同胞时时勿忘此语，力除此四字，而做此四字之反面："坚忍奉公，力学爱国。"恐同胞之不见听而或忘之，故以身投东海，为诸君之纪念。

诸君而如念及鄙人也，则毋忘鄙人今日所言。但慎毋误会其意，谓鄙人为取缔规则问题而死，而更有意外之举动。须知鄙人原重自修，不重尤人。鄙人死后，取缔规则问题可了则了，切勿固执。惟须亟讲善后之策，力求振作之方；雪日本报章所言，举行救国之实。则鄙人虽死之日，犹生之年矣。

诸君更勿为鄙人惜也。鄙人志行薄弱，不能大有所作为。将来自处，惟有两途：其一则作书报以警世；其二则遇有可死之机会则死之。夫空谈救国，人多厌闻，能言如鄙人者，不知凡几！以生而多言，或不如死而少言之有效乎！

至于待至事无可为，始从容就死，其于鄙人诚得矣，其于事何补耶？今朝鲜非无死者，而朝鲜终亡。中国去亡之期，极少须有十年。与其死于十年之后，曷若于今日死之，使诸君有所警动。去绝非行，共讲爱国，更卧薪尝胆，刻苦求学，徐以养成实力，丕兴国家，则中国或可以不亡。此鄙人今日之希望也。然而必如鄙人之无才无学无气者而后可，使稍胜于鄙人者，则万不可学鄙人也。与鄙人相亲厚之友朋，勿以鄙人之故而悲痛失其故常，亦勿为舆论所动而易其素志。鄙人以救国为前提，苟可以达吉普车之目的者，其行事不必鄙人合也。

《狮子吼》（楔子）

看官：小子是一个最不喜欢读书的。须知道小子不喜欢读书的缘故，那诗书上每每讲些兴亡事件，小子自幼生就一种痴情，好替古人担忧。讲到兴亡上，便有数日的不舒快，因为把一切书都谢绝了。终日只出外逛耍，陶写性情。又只见飞的、走的、潜的、植的，无非是"弱肉强食"四字。忽而有，忽而灭，所接于耳，所触于目的，无一不是伤心惨目的事，又每每痛哭而返。因此不读书，也不出游，冥心独坐，万念皆灰，如是者半年。有一日，小使拿了一封信函，自外面走进来，递在小子手里，小子比时把那一封信拆开，不是别人所写，即是小子一个至好契友写来的。那时小子一喜不小，忙将信纸展在桌上。据称"前两月入山樵采，有一座石屏，拔地独立，高有数丈，忽然石破天惊，飞出一铁函来。小弟比时吓死在地，醒后拾起，牢不可破，用斧头劈开，乃是一卷残书，字已不大明显。拿归家中，用了好几日的功，才分辨出来，知是混沌人种的历史，混沌最后一个人所做。虽不能细细译出，大略却可知道。今将稿本寄呈，乞赐斧裁，以便行世。庶使世人知以前原有混沌一族，未始非考古家之一助也"云云。

小子把那寄来的书，细心一看，说距今四千五百年之前，有一混沌国，周围有了七万里，人口四万万。他们的祖先，也曾轰轰烈烈做过来，四旁各国都称他是天朝。只有一件大大的不好处：自古传下些什么忠君邪说，不问本族外族，只要屁股坐了金椅，遂尊他是皇帝。本族之中有想恢复的，他遂自己杀起自己来，全不要外族费力。所以这一偌大的文明种族，被那旁边的小小野蛮种族侵制。也非一朝一次。最末之一朝，就是混沌国东北方，一种野蛮人，人口只有五百万，倒杀了混沌人十分之九，占领混沌国二百多年。末年又来了什么蚕食国、鲸吞国、狐媚国，都比这种野蛮又强得远，便把混沌国一块一块的割送他们。混沌人也不知不觉，随他送情。谁知这些国狠毒无比，或用强硬手段，杀人如麻。或用软和手段，全不杀人，只将混沌人的生计，一概夺尽。混沌人不能婚娶，遂渐渐的死亡尽了。兼之各国自己的教育是很好的，惟对待混沌人全不施点教育，由半文半野降为全野蛮，由全野蛮降为无知觉的下等动物。各国间开起战来，把混沌人来挡枪炮，有工程做又把他们来当牛马。不上三百年，这种人遂全归乌有了。全书共有一百余页，读了一遍，又触动了小子以前的毛病，不觉得悲从中来。想道：这混沌国不知在今哪一块，何以当日的事迹和今日的情形一一吻合也？稀奇得很！想了一回，援笔于后写了几句：

恨事有何尽？悠悠成古今。
优存劣败理，仔细去推寻。

又吟了数次，精神已倦，遂在椅上睡去了。忽见盟友华人梦，慌忙走进来说道："俄罗斯重占东三省，英国乘机派了长江总督，兵舰三十只，已入吴淞口，不日就抵江宁。"余一惊不小，华人梦走出大门，只见街上异常慌张，忽有数人翎顶军衣，手持高脚牌，上写"两江总督部堂牌示：大英督宪不日下车，此系奉谕旨允准，且只管理通商事宜，并非有碍大清主权。凡尔军民，切勿妄造谣言，致取咎戾。切切特示！"又有人说："南汇、江阴等地，已经起事，省城已派大兵去平定了。"小子向华人梦说道："事已至此，只得向南汇、江阴走一遭，与我亲爱的同胞们同死在一处，免得在这里同着他们当奴才。"人梦也以为然，两人便骑了马，跑到江阴。只见洋兵和官兵共在一块，无数万的男女都被赶下江去。有一小队的义勇，尚在那方厮杀。我们正想上前帮助，义勇队已大败特败，四处奔散。一队马兵冲过来，华人梦已不知去向了。只有小子一人，跌在深沟之内，得保性命。及闻人声渐远,才敢爬上来。乃是一个深山,虎狼无数。小子比时魂飞天外,恰要走时,已被他们望见,飞奔前来。起头小子还想用空手拦挡,不料已被抓倒在地,右臂上已被咬了一口,痛入骨髓,不觉长号一声。

原来此山有一只大狮,睡了多年,因此虎狼横行;被我这一号,遂号醒来了,翻身起来也大吼一声。那些虎狼,不要命的走了。山风忽起,那狮子追风逐电似的追那些虎狼去了。小子正吓的了不得,忽又听见半空之中一派音乐,云端坐着一神人,穿着上古衣冠,两旁侍者无数。小子素来不信那小说上仙佛之事,到此也就将信将疑,不觉倒身下拜。只见那位神人言道:"吾乃汉人始祖,轩辕黄帝是也。吾子孙不幸为逆胡所制,今逆胡之数已终光复之日期不远汝命本当死于野兽之口今特赐汝还阳,重睹光复盛事。"言罢把拂(即拂尘)一挥,便不见了。转眼又不是山中,乃是一个极大的都会,街广十丈,都是白石砌成,洁净无尘。屋宇皆是七层,十二分的华美。街上的电车汽车,往来如织。半空中修着铁桥,人在上面行走,火车底下又穿着地洞,也有火车行走。正是讲不尽富贵繁华,说不尽奇丽巧妙。心中想道:这是什么地方?恐怕伦敦、巴黎也没有这样。随又到一个大会场,只见旗子上大书"光复五十年纪念会"。那会场足足有了七八里,一个大门,高耸云表,匾额上写"日月光华"四字,用珍珠嵌就,又有一副对联:

相待何年修种族战史

不图今日见汉官威仪

门前两根铁旗杆,扯两面大国旗,黄缎为地,中绣一只大狮,足有二丈长,一丈六尺宽。其余各国的国旗,悬挂四面。进了大门,那熙来攘往的人民,和那高大可喜的房屋,真是天上有人间无了!左厢当中,有一座大戏台,共分三层。处处雕琢玲珑,金碧辉耀,眼都开不得了。台上的电灯,约有数百盏,又用瓦斯装成一个横匾,一副对联。匾上写的是"我武维扬",

对联云：

扫三百年狼穴扬九万里狮旗知费几许男儿血购来到今日才称快快
翻二十纪舞台光五千秋种界全从一部黄帝魂演出愿同胞各自思思

乐声忽动，帘幕揭开，无数的优伶，正在那里演戏：（小生军服佩刀上）

【临江仙】十万貔貅驰骋地，那堪立马幽燕！羯奴何处且流连？毡庐迷落照，狼穴锁残烟！收拾金瓯还汉胤，重瞻舜日尧天，国旗三色最庄严，乱随明月影，翻入白云边。

【鹧鸪天】铁骑纵横遍大千，当时慷慨气如船，十年龙战玄黄色，一旦鹏抟寥廓天。思往事，感流年，大江东去水滔滔，风云扫尽英雄在，休向重洋叹逝川。

小生，新中国之少年是也。门承通德，家不中赀。六尺微躯，一腔热血。愤胡儿之涸迹，伤汉族之陵夷。百计号呼，唤醒群梦，十年茹苦，造就新邦，重开汤武之天，净洗犬羊之窟。其时薄海内外，同宣独立，都解自由。增四千年历史光荣，震九万里环球观听。内修武备，外慎邦交，挫匈奴不道之师，杜回纥无厌之请，金汤永奠，锋镝潜消。到于今文明进步，几驾欧美而上之。回想当年，好不愉快！（笑指介）你看辽东千里，明月依然。那满政府二百年之威风，五百年之异类，都归何处去也？今日万国平和，闲暇无事，待我将当年勋迹，表表出来，以告天下后世之为黄帝子孙者。正是：

英勇心事循环理，留与他年做样看。（唱）

【仙品点绛唇】锦绣中原，沧桑几变，肠千转，回首当年，天际浮云掩。

【混江龙】笑处堂燕雀纷纷，颓厦闹寒暄，昨夜西山雨妒，今朝南海春妍。放着他血海冤仇三百载，鬼混了汉家疆宇十余传。鱼游沸釜慢胡缠，龙潜沧海终神变。看一旦风云起陆，波浪掀天。

想当年俺一班同志对付那满洲政府的手段啊！（唱）

【油葫芦】十万横磨如电闪，一霎入幽燕，挟秋霜，挥落日，扫浮烟。烽火断神州，血浪黄河远。毳幕走狐群，落叶西风卷。一个是千年老大无双国，一个是万里驰驱第一鞭。算不了鹬蚌相持，渔父漫垂涎。

当时欧亚各国，见我辈革命军起，也有好几国想出来干涉，（笑介）哈哈！入虎穴，得虎子，正我辈之素志，区区干涉，其奈我何！（唱）

【四门泥】是英雄自有英雄面，怕甚么代越庖俎，还他个一矢双穿。人生一世几华年！男儿六尺谁轻贱！精金百炼，磨砺时贤，将军三箭，恢复利权。便封豕长蛇，也不过再起群龙战！

自古道能战而后能守，能守而后能和。当此竞争时代，万无舍著竞争而能立国之理。（呼介）同胞呀！同胞呀！请看我辈处此，究竟如何？（唱）

【寄生草】从今后，外交策，誓完我独立权！休教碧眼胡儿，污了庐山面，任他花县游蜂恋，还他钱血神龙变。我定要到一声霹雳走春霆，他虚掷了十年肝脑如秋扇。

你看今日三色国旗，雄飞海外，好不光耀，所谓"有志者事竟成"，古人诚不我欺也！（惊呼介）哎呀！前事不忘，后事之师。同胞同胞！还要大家猛省则个！（唱）

【沉醉东风】你看昔日啊，黑沉沉鬼泣神潜！你看今日啊，碧澄澄璧合珠联！如此河山几变迁，而今天地恁旋转。剩多少新愁旧恨，都付与梨园菊部，点缀庄严。水晶帘卷，听声声激越，忱深思远。（作唤醒介）

同胞啊！来日方长，竞争未已。俺想二十世纪以后之舞台，必有一种不可思议之活剧发现于世。那时候，再愿我黄帝子孙一齐登场，轰轰烈烈，现万丈光芒于世界，这才算不负俺今日之苦心了。（唱）

【尾声】英勇如许寻常见，须解道忧乐关怀判后先。伫看多少风云留与男儿演。（下）

只觉音韵悠扬，饶有别致，非同尘世之词曲。又走到右厢看看，只见挂着"共和国图书馆"的牌子，那里面的书册不知有几十万册，多是生平所没见过的。有一巨册金字标题"共和国年鉴"，内称：全国大小学堂三十余万所，男女学生六千余万。陆军常备军二百万，预备兵及后备兵八百万。海军将校士卒，共一十二万，军舰总共七百余只，又有水中潜航艇及空中战艇数十只。铁路三十万里，电车铁路十万里。邮政局四万余所。轮船帆船二千万吨。各项税银每年二十八万万圆，岁出亦相等。

又一大册，用黄绢包裹，表面画一狮子张口大吼之状，题曰"光复纪事本末"，共分前后两编，总计约有三十万言。前编是言光复的事，后编是言收复国权完全独立的事。稍为翻阅，书中的大旨，已知道大半。只恨卷帙太大，一时不能看完，而又不忍舍。恰好此书有正副二册，便将副册私藏身中，匆匆出馆。那知背后忽有一人追赶出来，大呼："速拿此偷书贼，送警察局！"前面已有警吏二人，把小子一把扭住。小子惊吓欲死，大叫"吾命休矣"！醒来原来是南柯一梦。急向身边去摸，那书依然尚在。仔细读了几遍，觉得有些味道。趁着闲时，便把此书用白话演出，中间情节，只字不敢妄参。原书是篇中分章，章中分节，全是正史体裁。今既改为演义，便变做章回体，以符小说定制。因原书封面上画的是狮子，所以取名《狮子吼》。欲知书中内容如何，待下面分叙。

徐志摩（中国·民国）

传略　徐志摩（1897—1931），名章垿，笔名南湖、云中鹤等。浙江海宁人。现代诗人、散文家。

1897年1月15日，徐志摩出生于浙江省海宁县硖石镇，按族谱排列取名徐章垿，字槱森，志摩是在1918年去美国留学时他父亲给另取的名字。说是小时候，有一个名叫志恢的和尚，替他摩过头，并预言"此人将来必成大器"，其父望子成龙心切，即替他更此名。

徐志摩

1910年，徐志摩入杭州府中学堂，开始接受"新学"。1916年入北京大学法科。1918年按照其父的愿望，赴美国学习银行学。1919年他在海外得知五四运动爆发的消息，"曾经'感情激发不能自已'过"，"国内青年的爱国运动在我胸中激起同样的爱国热"（1928年5月3日日记）。是时，他热心于政治经济与自然科学，并接触过社会主义的各种学说。

1921年春，徐志摩入伦敦剑桥大学当特别生。剑桥大学两年的英国资产阶级教育，给予他很深的影响，并由此形成了他的世界观与政治理想。

在英国 19 世纪浪漫主义诗歌及其他西洋文学的熏陶下，他违背其父让他当银行家的期望，从 1921 年开始创作新诗，"诗情真有些像是山洪暴发，不分方向的乱冲"（《猛虎集》序），1922 年 10 月回国。12 月起，在《学灯》（上海《时事新报》副刊）、《小说月报》和《晨报·副刊》上大量发表诗文；参加由回国的英美留学生及其他人组成的"聚餐会"。随后，在"聚餐会"基础上由他提名成立"新月社"。同时，他也加入了文学研究会。1924 年，又与胡适、陈西滢等创办《现代评论》周刊，并任北京大学教授。这时的他，不满军阀混乱、生灵涂炭的社会现实，向往和追求英美式的资产阶级共和国的政治理想。在"三一八"惨案后，他写下《梅雪争春》，用"冷翻翻的飞雪"中瓣瓣"梅萼"的"残落"，象征段祺瑞政府对爱国青年血腥屠杀的暴行。在散文诗《婴儿》中，他用"在她生产的床上受罪"的产妇来象征处于苦难中的中华民族，用"美丽的婴儿"象征他所盼望的资产阶级民主制的"新政治"。

1925 年 3 月至 7 月，历游苏、德、意、法诸国。他看到苏联战后的困难状况，产生了对苏联革命的恐惧。同年，第一本诗集《志摩的诗》出版。1925 年 10 月至 1926 年 10 月，主编《晨报·副刊》。这期间，他写了诗集《翡冷翠的一夜》和散文集《巴黎的鳞爪》《自剖》《落叶》中的大部分作品。1926 年 4 月至 6 月，在《晨报·副刊》上主编 11 期《诗镌》，与闻一多、朱湘等人开展新诗格律化运动，对新诗的艺术发展产生过很大影响。在主编《晨报·副刊》期间，徐志摩还与余上沅等办了《晨报副刊·剧刊》，组织了关于"苏俄仇友问题"、"党化教育问题"等讨论。他明确表示"我是一个不可教训的个人主义者"，他认为"列宁，他的伟大，……是不容否认的"，"但我却不希望他的主义传布。我怕他"（《落叶·列宁忌日——谈革命》），道出了一个民主个人主义者在工农革命运动高潮中的不安。

1927 年，国民党独裁统治的建立，使他由对资产阶级民主制度"单纯信仰"的追求而"流入怀疑的颓废"（《猛虎集》序）。此后他写的诗，多是颓唐失望的叹息。同年春，与胡适、邵洵美等筹办新月书店。9 月，第二本诗集《翡冷翠的一夜》出版。秋后，任上海光华大学、东吴大学教授。稍后，又任上海大夏大学、南京中央大学教授，并兼任中华书局编辑。1928年3月，《新月》月刊创刊，他一度担任该刊主编。在他执笔的代发刊词《新月的态度》中，认为无产阶级文学运动造成了文艺的"荒歉"和"混乱"，提倡所谓"健康与尊严"的原则。在诗《秋虫》里否定包括革命理论在内的一切"主义"；又在诗《西窗》里攻击革命文学倡导者，因此受到了革命文艺阵营的严肃批判。1928年8月，诗集《志摩的诗》删订再版。9月至11月，他再度历游英国、美国、日本和印度。1930年任中英文化基金委员会委员，被选为英国诗社社员，并在1931年3月成立的笔会中国分会中被推选为理事。1930年冬，他辞去在南方的教职，抱着"另辟生活"的愿望，到北京大学与北京女子大学任教。1931年1月，与陈梦家、方玮德创办《诗刊》季刊。8月，第三本诗集《猛虎集》出版。

1931年左右，徐志摩的思想始有转机。山东"济南惨案"发生后，他表示对于日本帝国主义的暴行，"有血性的谁能忍耐"。1930年底翻译了反对法西斯主义的英国独幕剧《墨梭林尼的中饭》。1931年9月，发表同情中国左翼作家联盟烈士的小说《珰女士》，并在"左联"刊物《北斗》上发表诗作。这对于当时国民党"官办文艺"是个很大的震动。1931年11月19日，徐志摩因飞机失事遇难。第四本诗集《云游》后由陈梦家编辑出版。

徐志摩的主要作品除诗集外，还有散文集《落叶》、《巴黎的鳞爪》、《自剖》、《秋》，小说散文集《轮盘》，戏剧《卞昆冈》（与陆小曼合写），日记《爱眉小札》、《志摩日记》，译著《曼殊斐尔小说集》等。徐志摩的诗字句清新、韵律谐和、比喻新奇、想象丰富、意境优美、神思飘逸、富于变化，并追求艺术形式的整饬、华美，具有鲜明的艺术个性，为新月派的代表诗人。他的散文也自成一格，取得了不亚于诗歌的成就，其中《自剖》、《想飞》、《我所知道的康桥》、《翡冷翠山居闲话》等都是传世的名篇。

或可避免的意外——徐志摩之死

1931年11月上旬，陆小曼接连十几次电报催徐志摩南返。11日，他从北平南下，13日到了上海。一见面，夫妇之间就大吵一架。徐志摩本来不想把关系弄僵。他只好探访故旧以消气解愁，但还是无济于事。于是徐志摩决定离开上海。

18日，他乘早车到了南京，住朋友何竞武家。晚9时半，他到张歆海家，在那里，他还遇见了杨杏佛。徐志摩与张歆海的夫人韩湘眉讨论人生与恋爱这个问题。狂谈之间，主人注意到徐志摩穿了一条又短又小、腰间破着一个窟窿的西装裤子，他还像螺旋似的转来转去，寻一根久已遗失的腰带，引得大家大笑。他自我解嘲地说，那是临行仓促中不管好歹抓来穿上的。说笑之间，韩湘眉似乎有所感地说："Suppose Something Happens Tomorrow（明天可能要出事），明天可能要出事，志摩！"徐志摩顽皮地笑着说："你怕我死么？""志摩！正经话，总是当心点的好。司机是中国人，还是外国人？""不知道！没有关系，I always want to fly（我总是要飞的），我以为天气晴朗，宜于飞行。""你这次乘飞机，小曼说什么没有？""小曼说，我若坐飞机死了，她作Merry Widow（风流寡妇）。"这时，杨杏佛接嘴说："All widow are merry（凡是寡妇皆风流）。"说罢，大家都笑起来。他们谈朋友，谈徐志摩此后的北平生活，还谈一把乱麻似的国事，不觉已是深夜。临行时，杨杏佛在前，徐志摩在后，他转过头来，极温柔的，像长兄似的，轻吻了韩湘眉的左颊。

当晚，他回到何竞武家住宿，那里，离飞机场近。他是要免费搭乘中国航空公司的邮政班机飞返北平。他的免费机票是在中国航空公司财务组任主任的朋友保君健赠送的。

19日，有雾。想到林徽因当天晚上在北平协和小礼堂为外国使节演讲中国建筑艺术，要急着赶到，徐志摩还是毫不迟疑地起飞了。

一切似乎都有先兆，在离开北平回到上海家中的前夜，也就是11月11日晚，徐志摩与友人林徽因一同参加了一个欢迎外国朋友的茶会。其间他并未向林透露他将要南飞的信息。据说飞机接连改了三次起飞时间，志摩说再改下去他就不走了。可与林分开不久，他又匆匆赶到了林家。当时林徽因、梁思成夫妇因有约会刚刚出门，佣人请他进屋，徐在梁家坐了一会儿，喝了一壶茶才走。林徽因很晚方归，见了徐写在桌上的字条："定明天六时飞行，此去存亡不卜……"林看了忙给徐打电话，徐却在电话里调侃说："你放心，很稳当的，我还要留着生命看更伟大的事迹呢，哪能便死？！"

1931年11月19日早八时，徐志摩搭乘中国航空公司"济南号"邮政飞机由南京北上，当飞机抵达济南南部党家庄一带时，忽然大雾弥漫，难辨航向。机师为寻觅准确航线，只得降低飞行高度，不料飞机撞上白马山（又称开山），当即坠入山谷，机身起火，机上人员——两位机师与徐志摩全部遇难。

魂归　　徐志摩的墓地在历史上一共经过3次变迁：

第一次：徐志摩的墓地原来在东山玛瑙谷万石窝，由胡适之题写"诗人徐志摩之墓"碑文。早年间胡适题词的这块徐志摩墓地，在动乱中荡然无存。

第二次：徐志摩老父徐申如对于胡适先生题字的墓碑感觉过于简短，又请到徐志摩生前红颜知己，被称为闺秀派才女的凌叔华，请她为徐志摩再题一块碑文。凌叔华欣然应允，她所题碑文取自曹雪芹"冷月葬花魂"的寓意，转化为"冷月照诗魂"。此块墓碑也在动乱中丧失。

第三次：徐志摩的墓地，因动乱坟陵早已损毁，故乡百姓为了表示纪念，由政府拨款把徐志摩的墓地迁葬到西山北麓白水泉边。徐志摩的外亲、著名建筑学家、同济大学陈从周教授设计并撰迁墓记。西山墓地古典雅致，白石铺地，青石为阶，半圆的墓台恰似一弯新月，有诗坛"新月派"的寓意。墓碑沧桑厚朴，海宁籍书法大家、曾任西泠印社社长的张宗祥先生根据胡适之原文补题碑文。墓碑两侧各有一方白石做就的书形雕塑，刻着徐志摩

《再别康桥》等名诗名句。

2008年7月2日，剑桥大学国王学院的后园立了一块白色大理石的石碑，"轻轻的我走了，正如我轻轻的来"，"我挥一挥衣袖，不带走一片云彩"，《再别康桥》中这两句著名的诗句，被镌刻在这块白色大理石碑上。

英国剑桥大学为徐志摩立纯中文诗碑

徐志摩是在国王学院的后园创作这首诗的，而且诗中"河畔的金柳"被认为抒写的正是国王学院康桥边上的柳树。石碑就立在不远处。几乎所有的中国知识分子都知晓此诗，并被它深深感动。这块诗碑将成为中国和剑桥大学，尤其是和国王学院之间联系的纽带。

挽联　在1931年的徐志摩的葬礼上，许多与徐志摩有关的人士撰写了情真意切的挽联。

徐志摩原配夫人张幼仪撰写的挽联为：

万里快鹏飞，独憾翳云遽失路；
一朝惊鹤化，我怜弱息去招魂。

与徐志摩正式结婚并共同生活了五年之久的陆小曼撰写的挽联为：

多少前尘成往事，五载哀欢，匆匆永诀，无道复奚论，欲死本能因母老；
万千别恨向谁言，一身愁病，渺渺离魂，人间应不久，遗文编就答君心。

蔡元培撰写的挽联为：

谈话是诗，举动是诗，毕生行迳都是诗，诗的意味渗透了，随遇自有乐土；

乘船可死，驱车可死，斗室生卧也可死，死于飞机偶然者，不必视为畏途。

追怀　徐志摩是徐家的长孙独子，沈钧儒是徐志摩的表叔，金庸是徐志摩的姑表弟，琼瑶是徐志摩的表外甥女。

离乡50年，金庸对表兄徐志摩难以忘怀。80年代，他获悉家乡父老为徐志摩修建新墓，十分高兴，多次致信表达感激之情。1991年，他又致信浙江嘉兴市领导，表明心愿："吾当返乡会友，拜谒徐志摩之墓地，凭吊表兄，以表多年之思念。"

1992年，金庸回到老家海宁，探访石镇菜市弄32号表兄徐志摩的故居。这一故居是徐志摩与陆小曼结婚时的新房，金庸说他小时候曾来过。路还是那条路，门还是这个门，金庸在自己亲笔题的"诗人徐志摩故居"前驻足整整一分多钟，才迈出脚步走进正厅。从地上的每一块砖头、屋里的每一件摆设中，他极力搜寻着儿时的记忆，温习着曾经的温馨场面。看着橱窗里表哥与陆小曼的书信，还有梁启超在证婚词中对表兄"用情不专"的评语，他笑了。看到面容姣好的林徽因的照片，他赶紧向同行的人介绍："这是林徽因。"

临走时，金庸欣然提笔，为表兄的故居题词：七十年后再访舅氏旧居。

婚恋　**与张幼仪**　1915年，由政界风云人物张君劢为自己的妹妹张幼仪提亲，徐志摩把从未谋面的新娘娶进了门。张幼仪端庄善良，具有中国传统的妇女美德，尊重丈夫，孝敬公婆，贤淑稳重，善操持家务。婚后生了两个儿子，能相夫教子。然而，1922年，徐志摩在张幼仪生完第二个儿子正虚弱的时候，递上了离婚协议书。

与林徽因 林徽因在游历欧洲时，结识了当时正在英国游学的徐志摩。这时的徐志摩已是一个两岁孩子的父亲。他被林徽因出众的才华与美丽所吸引，苦苦地追求林徽因，并不惜与发妻张幼仪离婚。但林徽因经过理智的思索，和父亲一起提前回国了，而且是与志摩不辞而别……徐志摩写给林徽因的那首有名的诗——《偶然》是他对林徽因感情的最好自白。

与陆小曼 徐志摩留学后回到北京，与朋友王赓（一个军官）相聚，与王的妻子陆小曼相识相爱。并在陆小曼与王赓离婚后与之成婚。徐志摩与陆小曼在刚结婚的前段日子里，虽然徐父徐母对陆小曼依然心有不满，但是两人也过得浪漫、惬意。只是到了后期，由于患病，由于徐的父亲的拒绝接纳，由于鸦片的侵蚀等诸多原因，陆小曼变得越发娇慵、懒惰、贪玩，浑没了当初恋爱时的激情，似乎不再是一个有灵性的女人。她每天过午才起床，下午作画、写信、会客。晚上大半是跳舞、打牌听戏。徐志摩为了使妻子心喜，就一味迁就她。虽然在口头上常常婉转地告诫陆小曼，但效果不大。后来，徐志摩的父亲徐申如出于对陆小曼极度不满，在经济上与他们夫妇一刀两断。徐志摩不能再从父亲处拿钱，因此，他不得不同时在光华大学、东吴大学、大夏大学三所学校讲课，课余还赶写诗文，以赚取稿费。1929年，徐志摩辞了东吴大学、大夏大学的教职，继续在光华大学执教，1930年秋起又在南京中央大学教书，并兼任中华书局编辑、中英文化基金会委员。上海南京两地来回跑，1930年秋，即陆小曼29岁那年，徐志摩索性辞去了上海和南京的职务，应胡适之邀，任北京大学教授，兼北京女子师范大学教授，以挣家用，仅1931年的上半年，徐志摩就在上海、北京两地来回奔波了8次。当时，人均的年薪为五块大洋，而徐志摩一年即可挣到几百大洋，但是即便如此，仍然满足不了家庭的花销。

在《眉轩琐语》里，徐志摩曾说，得到了陆小曼，使他从苦恼的人生中挣出了头,比做一品官,发百万财,乃至身后上天堂,都来得宝贵。然而,这幸福是极其短暂的。现实的婚后生活,距离徐志摩爱情生活的理想实在太遥远了。

趣闻

梁启超在为徐志摩及陆小曼证婚时所说的证婚词

梁启超:"我来是为了讲几句不中听的话,好让社会上知道这样的恶例不足取法,更不值得鼓励——徐志摩,你这个人性情浮躁,以至于学无所成,做学问不成,做人更是失败,你离婚再娶就是用情不专的证明!陆小曼,你和徐志摩都是过来人,我希望从今以后你能恪遵妇道,检讨自己的个性和行为,离婚再婚都是你们性格的过失所造成的,希望你们不要一错再错自误误人,不要以自私自利作为行事的准则,不要以荒唐和享乐作为人生追求的目的,不要再把婚姻当做是儿戏,以为高兴可以结婚,不高兴可以离婚,让父母汗颜、让朋友不齿、让社会看笑话、让(被打断)……"

徐志摩:"恩师,请为学生和高堂留点面子!"

(梁启超想到背后还有双方的父母,才收住火气)

梁启超:"总之,我希望这是你们两个人这一辈子最后一次结婚!这就是我对你们的祝贺!——我说完了!"

徐悲鸿画"无爪猫"揶揄徐志摩

徐悲鸿喜欢以画马言志,猫则大半是画来酬答友人的。1930年4月,徐悲鸿画展在上海举行,徐志摩因故未能参加。不久徐志摩发表散文《猫》,写到"我的猫,她是美丽与健壮的化身"。徐悲鸿遂画《猫》赠予徐志摩。

画中题跋首句"志摩多所恋爱，今乃及猫"，字面上指的是物事，言外揶揄之意，朋友间都能一笑而解。徐悲鸿的幽默还体现在他画的是一只"无爪猫"，这也和"两徐"文艺论战有关。徐悲鸿倡导写实主义，此处他以猫比喻西方绘画，"去其爪"就是指需要改良，他通过这幅画再次强调了自己的绘画观。

妙语 人类最伟大的使命，是制造翅膀；最大的成功是飞！理想的极度，想象的止境，从人到神！诗是翅膀上出世的；哲理是在空中盘旋的。飞：超脱一切、笼盖一切、扫荡一切、吞吐一切。

我们不幸是文明人，入世深似一天，离自然远似一天。离开了泥土的花草，离开了水的鱼，能快活吗？能生存吗？从大自然，我们取得我们的生命；从大自然，我们应分取得我们继续的滋养。

但有人，比如我自己，就有爱落叶的癖好。他们初下来时颜色有很鲜艳的，但时候久了，颜色也变，除非你保存得好。所以我的话，那就是我的思想，也是与落叶一样的无用，至多有时有几痕生命的颜色就是了。

我是一只没笼头的野马，我从来不曾站定过。我人是在这社会里活着，我却不是这社会里的一个，像是有离魂病似的，我这躯壳的动静是一件事，我那梦魂的去处又是一件事。

所以不曾经历过精神或心灵的大变的人们，只是在生命的户外徘徊，也许偶尔猜想到几分墙内的动静，但总是浮的浅的，不切实的，甚至完全是隔膜的。

人格是一个不可错误的实在，荒歉是一件大事，但我们是饿惯了的，只认鸠形与鹄面是人生本来的面目，永远忘却了真健康的颜色与彩泽。标准的降低是一种可耻的堕落；我们只是踞坐在井底的青蛙。

作品精选

诗选

再别康桥

轻轻的我走了,
正如我轻轻的来;
我轻轻的招手,
作别西天的云彩。
那河畔的金柳,
是夕阳中的新娘;
波光里的艳影,
在我的心头荡漾。
软泥上的青荇,
油油的在水底招摇;
在康河的柔波里,
我甘心做一条水草!
那榆阴下的一潭,
不是清泉,是天上虹;
揉碎在浮藻间,
沉淀着彩虹似的梦。
寻梦?撑一支长篙,
向青草更青处漫溯;
满载一船星辉,
在星辉斑斓里放歌。
但我不能放歌,

悄悄是别离的笙箫;
夏虫也为我沉默,
沉默是今晚的康桥!
悄悄的我走了,
正如我悄悄的来;
我挥一挥衣袖,
不带走一片云彩。

偶 然

我是天空里的一片云,
偶尔投影在你的波心——
你不必讶异,
更无须欢喜——
在转瞬间消灭了踪影。
你我相逢在黑夜的海上,
你有你的,我有我的,方向;
你记得也好,
最好你忘掉,
在这交会时互放的光亮!

文选

我所知道的康桥

一

我这一生的周折,大都寻得出感情的线索。不论别的,单说求学。我到英国是为要从卢梭。卢梭来中国时，我已经在美国。他那不确的死耗传到的时候，我真的出眼泪不够，还做悼诗来了。他没有死，我自然高兴。我摆脱了哥伦比亚大博士衔的引诱，买船漂过大西洋，想跟这位二十世纪的福禄泰尔认真念一点书去。谁知一到英国才知道事情变样了：一为他在战时主张和平，二为他离婚，卢梭叫康桥给除名了，他原来是 Trinity College 的 fellow，这一来他的 fellow ship 也给取消了。他回英国后就在伦敦住下，夫妻两人卖文章过日子。因此我也不曾遂我从学的始愿。我在伦敦政治经济学院里混了半年，正感着闷想换路走的时候，我认识了狄更生先生。狄更生（Goldsworthy Lowes Dickinson）是一个有名的作者，他的《一个中国人通信》（Letters form John Chinaman）与《一个现代聚餐谈话》（A Modern Symposium）两本小册子早得了我的景仰。我第一次会着他是在伦敦国际联盟协会席上，那天林宗孟先生演说，他做主席；第二次是宗孟寓里吃茶，有他。以后我常到他家里去。他看出我的烦闷，劝我到康桥去，他自己是王家学院（Kings College）的 fellow。我就写信去问两个学院，回信都说学额早满了，随后还是狄更生先生替我去在他的学院里说好了，给我一个特别生的资格，随意选科听讲。从此黑方巾、黑披袍的风光也被我占着了。初起我在离康桥六英里的乡下叫沙士顿地方租了几间小屋住下，同居的有我从前的夫人张幼仪女士与郭虞裳君。每天一早我坐街车（有时自行车）上学到晚回家。这样的生活过了一个春，但我在康桥还只是个陌生人谁都不认识，康桥的生活，可以说完全不曾尝着，我知道的只是一个图书馆，几个课室，和三两个吃便宜饭的茶食铺子。狄更生常在伦敦或是大陆上，所以也不常见他。那年的秋季我一个人回到康桥，整整有一学年，那时我才有机会接近真正的康桥生活，同时，我也慢慢的"发现"了康桥。我不曾知道过更大的愉快。

二

"单独"是一个耐寻味的现象。我有时想它是任何发现的第一个条件。

你要发见你的朋友的"真",你得有与他单独的机会。你要发见你自己的真,你得给你自己一个单独的机会。你要发见一个地方(地方一样有灵性),你也得有单独玩的机会。我们这一辈子,认真说,能认识几个人?能认识几个地方?我们都是太匆忙,太没有单独的机会。说实话,我连我的本乡都没有什么了解。康桥我要算是有相当交情的,再次许只有新认识的翡冷翠了。啊,那些清晨,那些黄昏,我一个人发痴似的在康桥!绝对的单独。

但一个人要写他最心爱的对象,不论是人是地,是多么使他为难的一个工作?你怕,你怕描坏了它,你怕说过分了恼了它,你怕说太谨慎了辜负了它。我现在想写康侨,也正是这样的心理,我不曾写,我就知道这回是写不好的——况且又是临时逼出来的事情。但我却不能不写,上期预告已经出去了。我想勉强分两节写:一是我所知道的康桥的天然景色;一是我所知道的康桥的学生生活。我今晚只能极简的写些,等以后有兴会时再补。

三

康桥的灵性全在一条河上;康河,我敢说是全世界最秀丽的一条水。河的名字是葛兰大(Granta),也有叫康河(River Cam)的,许有上下流的区别,我不甚清楚。河身多的是曲折,上游是有名的拜伦潭——"Byron's Pool"——当年拜伦常在那里玩的;有一个老村子叫格兰骞斯德,有一个果子园,你可以躺在累累的桃李树荫下吃茶,花果会掉入你的茶杯,小雀子会到你桌上来啄食,那真是别有一番天地。这是上游;下游是从骞斯德顿下去,河面展开,那是春夏间竞舟的场所。上下河分界处有一个坝筑,水流急得很,在星光下听水声,听近村晚钟声,听河畔倦牛刍草声,是我康桥经验中最神秘的一种:大自然的优美、宁静,调谐在这星光与波光的默契中不期然的淹入了你的性灵。

但康河的精华是在它的中权,著名的"Backs"这两岸是几个最蜚声的学院的建筑。从上面下来是 Pembroke, St. Katharine's, King's, Clare,

Trinity, St. John's。最令人留连的一节是克莱亚与王家学院的毗连处，克莱亚的秀丽紧邻着王家教堂（King's Chapel）的宏伟。别的地方尽有更美更庄严的建筑，例如巴黎赛因河的罗浮宫一带，威尼斯的利阿尔多大桥的两岸，翡冷翠维基乌大桥的周遭；但康桥的"Backs"自有它的特长，这不容易用一二个状词来概括，它那脱尽尘埃气的一种清澈秀逸的意境可说是超出了画图而化生了音乐的神味。再没有比这一群建筑更调谐更匀称的了！论画，可比的许只有柯罗（Corot）的田野；论音乐，可比的许只有萧班（Chopin）的夜曲。就这，也不能给你依稀的印象，它给你的美感简直是神灵性的一种。

假如你站在王家学院桥边的那棵大椈树荫下眺望，右侧面，隔着一大方浅草坪，是我们的校友居（Fellows Building），那年代并不早，但它的妩媚也是不可掩的，它那苍白的石壁上春夏间满缀着艳色的蔷薇在和风中摇颤，更移左是那教堂，森林似的尖阁不可浼的永远直指着天空；更左是克莱亚，啊！那不可信的玲珑的方庭，谁说这不是圣克莱亚（St. Clare）的化身，哪一块石上不闪耀着她当年圣洁的精神？在克莱亚后背隐约可辨的是康桥最潢贵最骄纵的三一学院（Trinity），它那临河的图书楼上坐镇着拜伦神采惊人的雕像。

但这时你的注意早已叫克莱亚的三环洞桥魔术似的摄住。你见过西湖白堤上的西泠断桥不是？（可怜它们早已叫代表近代丑恶精神的汽车公司给铲平了，现在它们跟着苍凉的雷峰永远辞别了人间。）你忘不了那桥上斑驳的苍苔，木栅的古色，与那桥拱下泄露的湖光与山色不是？克莱亚并没有那样体面的衬托，它也不比庐山栖贤寺旁的观音桥，上瞰五老的奇峰，下临深潭与飞瀑；它只是怯伶伶的一座三环洞的小桥，它那桥洞间也只掩映着细纹的波鄰与婆娑的树影，它那桥上栉比的小穿兰与兰节顶上双双的白石球，也只是村姑子头上不夸张的香草与野花一类的装饰；但你凝神的看着，更凝神的看着，你再反省你的心境，看还有一丝屑的俗念沾滞不？只要你审美的本能不曾汩灭时，这是你的机会实现纯粹美感的神奇！

但你还得选你赏鉴的时辰。英国的天时与气候是走极端的。冬天是荒谬的坏,逢着连绵的雾盲天你一定不迟疑的甘愿进地狱本身去试试;春天(英国是几乎没有夏天的)是更荒谬的可爱,尤其是它那四五月间最渐缓最艳丽的黄昏,那才真是寸寸黄金。在康河边上过一个黄昏是一服灵魂的补剂。啊!我那时蜜甜的单独,那时蜜甜的闲暇。一晚又一晚的,只见我出神似的倚在桥阑上向西天凝望:

看一回凝静的桥影,

数一数螺细的波纹:

我倚暖了石阑的青苔,

青苔凉透了我的心坎;……

还有几句更笨重的怎能仿佛那游丝似轻妙的情景:

难忘七月的黄昏,远树凝寂,

像墨泼的山形,衬出轻柔暝色

密稠稠,七分鹅黄,三分橘绿,

那妙意只可去秋梦边缘捕捉;……

四

这河身的两岸都是四季常青最葱翠的草坪。从校友居的楼上望去,对岸草场上,不论早晚,永远有十数匹黄牛与白马,胫蹄没在恣蔓的草丛中,从容的在咬嚼,星星的黄花在风中动荡,应和着它们尾鬃的扫拂。桥的两端有斜倚的垂柳与槐荫护住。水是澈底的清澄,深不足四尺,匀匀的长着长条的水草。这岸边的草坪又是我的爱宠,在清朝,在傍晚,我常去这天然的织锦上坐地,有时读书,有时看水;有时仰卧着看天空的行云,有时反仆着搂抱大地的温软。

但河上的风流还不止两岸的秀丽。你得买船去玩。船不止一种:有普通的双桨划船,有轻快的薄皮舟(canoe),有最别致的长形撑篙船(punt)。最末的一种是别处不常有的:约莫有二丈长,三尺宽,你站直在船梢上用长竿撑着走的。这撑是一种技术。我手脚太蠢，始终不曾学会。你初起手尝试时，容易把船身横住在河中，东颠西撞的狼狈。英国人是不轻易开口笑人的，但是小心他们不出声的皱眉！也不知有多少次河中本来优闲的秩序叫我这莽撞的外行给捣乱了。我真的始终不曾学会；每回我不服输跑去租船再试的时候，有一个白胡子的船家往往带讥讽的对我说："先生，这撑船费劲，天热累人，还是拿个薄皮舟溜溜吧！"我哪里肯听话，长篙子一点就把船撑了开去，结果还是把河身一段段的腰斩了去。

你站在桥上去看人家撑，那多不费劲，多美！尤其在礼拜天有几个专家的女郎，穿一身缟素衣服，裙裾在风前悠悠的飘着，戴一顶宽边的薄纱帽，帽影在水草间颤动，你看她们出桥洞时的姿态，捻起一根竟像没有分量的长竿，只轻轻的，不经心的往波心里一点，身子微微的一蹲，这船身便波的转出了桥影，翠条鱼似的向前滑了去。她们那敏捷，那闲暇，那轻盈，真是值得歌咏的。

在初夏阳光渐暖时你去买一支小船，划去桥边荫下躺着念你的书或是做你的梦，槐花香在水面上飘浮，鱼群的唼喋声在你的耳边挑逗。或是在初秋的黄昏，近着新月的寒光，望上流僻静处远去。爱热闹的少年们携着他们的女友，在船沿上支着双双的东洋彩纸灯，带着话匣子，船心里用软垫铺着，也开向无人迹处去享他们的野福——谁不爱听那水底翻的音乐在静定的河上描写梦意与春光！

住惯城市的人不易知道季候的变迁。看见叶子掉知道是秋，看见叶子绿知道是春；天冷了装炉子，天热了拆炉子；脱下棉袍，换上夹袍，脱下夹袍，穿上单袍：不过如此罢了。天上星斗的消息，地下泥土里的消息，空中风吹的消息，都不关我们的事。忙着哪，这样那样事情多着，谁耐烦管星星的移转，花草的消长，风云的变幻？同时我们抱怨我们的生活、苦痛、烦闷、拘束、枯燥，谁肯承认做人是快乐？谁不多少间咒诅人生？

但不满意的生活大都是由于自取的。我是一个生命的信仰者，我信生活决不是我们大多数人仅仅从自身经验推得的那样暗惨。我们的病根是在

"忘本"。人是自然的产儿,就比枝头的花与鸟是自然的产儿;但我们不幸是文明人,入世深似一天,离自然远似一天。离开了泥土的花草,离开了水的鱼,能快活吗?能生存吗?从大自然,我们取得我们的生命;从大自然,我们应分取得我们继续的资养。哪一株婆婆的大木没有盘错的根柢深入在无尽藏的地里?我们是永远不能独立的。有幸福是永远不离母亲抚育的孩子,有健康是永远接近自然的人们。不必一定与鹿豕游,不必一定回"洞府"去;为医治我们当前生活的枯窘,只要"不完全遗忘自然"一张轻淡的药方我们的病象就有缓和的希望。在青草里打几个滚,到海水里洗几次浴,到高处去看几次朝霞与晚照——你肩背上的负担就会轻松了去的。

这是极肤浅的道理,当然。但我要没有过过康桥的日子,我就不会有这样的自信。我这一辈子就只那一春,说也真可怜,算是不曾虚度。就只那一春,我的生活是自然的,是真愉快的!(虽则碰巧那也是我最感受人生痛苦的时期)。我那时有的是闲暇,有的是自由,有的是绝对单独的机会。说也奇怪,竟像是第一次,我辨认了星月的光明,草的青,花的香,流水的殷勤。我能忘记那初春的睥睨吗?曾经有多少个清晨我独自冒着冷去薄霜铺地的林子里闲步——为听鸟语,为盼朝阳,为寻泥土里渐次苏醒的花草,为体会最微细最神妙的春信。啊,那是新来的画眉在那边啭不尽的青枝上试它的新声!啊,这是第一朵小雪球花挣出了半冻的地面!啊,这不是新来的潮润沾上了寂寞的柳条?

静极了,这朝来水溶溶的大道,只远处牛奶车的铃声,点缀这周遭的沉默。顺着这大道走去,走到尽头,再转入林子里的小径,往烟雾浓密处走去,头顶是交枝的榆荫,透露着漠楞楞的曙色;再往前走去,走尽这林子,当前是平坦的原野,望见了村舍,初青的麦田,更远三两个馒形的小山掩住了一条通道。天边是雾茫茫的,尖尖的黑影是近村的教寺。听,那晓钟和缓的清音。这一带是此邦中部的平原,地形像是海里的轻波,默沉沉的起伏;山岭是望不见的,有的是常青的草原与沃腴的田壤。登那土阜上望去,康桥只是一带茂林,拥戴着几处婷婷的尖阁。妩媚的康河也望不见踪迹,你只能循着那锦带似的林木想象那一流清浅。村舍与树林是这地盘上的棋子，有村舍处有佳荫，有佳荫处有村舍。这早起是看炊烟的时辰：朝雾渐渐的升起，揭开了这灰苍苍的天幕（最好是微霞后的光景），远近的炊烟，成丝的、成缕的、成卷的、轻快的、迟重的、浓灰的、淡青的、惨白的，在静定的朝气里渐渐的上腾，渐渐的不见，仿佛是朝来人们的祈祷，参差的翳入了天听。朝阳是难得见的，这初春的天气。但它来时是起早人莫大的愉快。顷刻间这田野添深了颜色，一层轻纱似的金粉糁上了这草，这树，这通道，这庄舍。顷刻间这周遭弥漫了清晨富丽的温柔。顷刻间你的心怀也分润了白天诞生的光荣。"春"！这胜利的晴空仿佛在你的耳边私语。"春！"你那快活的灵魂也仿佛在那里回响。

伺候着河上的风光，这春来一天有一天的消息。关心石上的苔痕，关心败草里的花鲜，关心这水流的缓急，关心水草的滋长，关心天上的云霞，关心新来的鸟语。怯伶伶的小雪球是探春信的小使。铃兰与香草是欢喜的初声。窈窕的莲馨，玲珑的石水仙，爱热闹的克罗克斯，耐辛苦的蒲公英与雏菊——这时候春光已是缦烂在人间，更不须殷勤问讯。

瑰丽的春放。这是你野游的时期。可爱的路政，这里不比中国，哪一处不是坦荡荡的大道？徒步是一个愉快，但骑自转车是一个更大的愉快，在康桥骑车是普遍的技术；妇人、稚子、老翁，一致享受这双轮舞的快乐。（在康桥听说自转车是不怕人偷的，就为人人都自己有车，没人要偷）。任你选一个方向，任你上一条通道，顺着这带草味的和风，放轮远去，保管你这半天的逍遥是你性灵的补剂。这道上有的是清荫与美草，随地都可以供你休憩。你如爱花，这里多的是锦绣似的草原。你如爱鸟，这里多的是巧啭的鸣禽。你如爱儿童，这乡间到处是可亲的稚子。你如爱人情，这里多的是不嫌远客的乡人，你到处可以"挂单"借宿，有酪浆与嫩薯供你饱餐，有夺目的果鲜恣你尝新。你如爱酒，这乡间每"望"都为你储有上好的新酿，黑啤如太浓，苹果酒、姜酒都是供你解渴润肺的。……带一卷书，走十里路，选一块清静地，看天，听鸟，读书，倦了时，和身在草绵绵处寻梦去——

你能想象更适情更适性的消遣吗？

　　陆放翁有一联诗句："传呼快马迎新月，却上轻舆趁晚凉"，这是做地方官的风流。我在康桥时虽没马骑，没轿子坐，却也有我的风流：我常常在夕阳西晒时骑了车迎着天边扁大的日头直追。日头是追不到的，我没有夸父的荒诞，但晚景的温存却被我这样偷尝了不少。有三两幅画图似的经验至今还是栩栩的留着。只说看夕阳，我们平常只知道登山或是临海，但实际只须辽阔的天际，平地上的晚霞有时也是一样的神奇。有一次我赶到一个地方，手把着一家村庄的篱笆，隔着一大田的麦浪，看西天的变幻。有一次是正冲着一条宽广的大道，过来一大群羊，放草归来的，偌大的太阳在它们后背放射着万缕的金辉，天上却是乌青青的，只剩这不可逼视的威光中的一条大路，一群生物，我心头顿时感着神异性的压迫，我真的跪下了，对着这冉冉渐翳的金光。再有一次是更不可忘的奇景，那是临着一大片望不到头的草原，满开着艳红的罂粟，在青草里亭亭像是万盏的金灯，阳光从褐色云斜着过来，幻成一种异样紫色，透明似的不可逼视，刹那间在我迷眩了的视觉中，这草田变成了……不说也罢，说来你们也是不信的！

　　一别二年多了，康桥，谁知我这思乡的隐忧？也不想别的，我只要那晚钟撼动的黄昏，没遮拦的田野，独自斜倚在软草里，看第一个大星在天边出现！

朱湘（中国·民国）

朱湘照

传略 朱湘（1904—1933），现代诗人，字子沅，安徽太湖县人，出生于湖南省沅陵县，当时父亲在湖南沅陵做官。自幼天资聪颖，6岁开始读书，7岁学作文，11岁入小学，13岁就读于南京第四师范附属小学。1919年入南京工业学校预科学习一年，受《新青年》的影响，开始赞同新文化运动。1920年入清华大学，参加清华文学社活动。1922年开始在《小说月报》上发表新诗，并加入文学研究会。此后专心于诗歌创作和翻译。1927年9月赴美国留学，先后在威斯康星州劳伦斯大学、芝加哥大学、俄亥俄大学学习英国文学等课程。那里的民族歧视激发了他的民族自尊心和爱国热情；他幻想回国后开"作者书店"，使一班文人可以"更丰富更快乐的创作"。为家庭生活计，他学业未完，便于1929年8月回国，应聘到安庆安徽大学任英国文学系主任。1932年夏天去职，漂泊辗转于北平、上海、长沙等地，以写诗卖文为生。终因生活窘困，愤懑失望，于1933年12月5日晨在上海开往南京的船上投江自杀。据目击者说，他自杀前还朗诵过德国诗人海涅的诗。

朱湘的作品主要有：诗集《夏天》（1925）、《草莽集》（1927）、《石门集》（1934）、《永言集》（1936）等。译作《路曼尼亚民歌一斑》（1924）、《英国近代小说集》（1929）、《番石榴集》（1936）。

"葬我在荷花池内"——朱湘之死

1933年12月4日，朱湘由上海乘"吉和轮"赴南京。次日清晨，当船过李白捞月的采石矶时，纵身投江自尽……据说，他在最后的时刻一边饮酒，一边吟诗。随身携带的两本书，一本是海涅的诗集，另一本是他自己的诗作。

几乎无人知道诗人自杀的真正原因。梁实秋猜测是因性格怪僻，闻一多则感叹"谁知道他若继续活着只比死去更痛苦呢？"不管怎样，这个被鲁迅誉为"中国济慈"的诗人，死前早已没有才子的风貌，只剩下流浪汉的潦倒——那张三等舱的船票，是亲戚接济的；那瓶酒，是妻子打工所得。

早在10年前，朱湘还和杨世恩等4名清华学生，因在新文学运动中脱颖而出并称为"清华四子"。作为其中的佼佼者，年仅18岁的朱湘在《晨报》、《小说月报》等知名刊物发表作品若干。看起来，少年诗人的前途该是多么远大。然而，他好像故意跟光明、美好这样的字眼作对似的。在清华专攻文学而肆意跷课，抵制斋务处的早餐点名制度，终于因记三次大过被开除。在美国读书时因有人说了句"中国人像猴子"，又愤而退学，什么学位也没拿到。在安徽大学任教，由于校方将自己主持的"英文文学系"更名为"英文学系"，便发誓再也不教书了。

清华、"海归"、教授……若干耀眼的光环，只因诗人的一时任性而纷纷远去。就连"中国济慈"的雅号，也被诗人鄙夷为诗坛的崇洋之风，再三表示"我只是东方的一只小鸟"，"只想闻泰岳嵩间的白鹤"。

"一个人为什么要把自己的幸福一下子捣得粉碎？为什么要脱离安适的环境，走上饥饿寒冷而又耻辱的道路？"同时代的女作家苏雪林曾发出这样的疑问。对此,朱湘自己的解释是"向失望宣战"。只是,宣战的结果是输得一塌糊涂。从安徽大学离职后,向来清高的朱湘竟毫无生计,四处流浪。时人回忆,这位曾经穿着笔挺西服、神情傲慢的大学教授,一度住在黑暗狭小的码头饭店里,低声下气地问人借钱。而他一个未满周岁的儿子,因为没有奶吃,哭了7天后活活饿死。自从他辞职后,被世俗诬为"神经病"。此时,夫妻也闹起了离婚。诗人跳江自杀后,他的妻子刘霓君"只好靠缝纫和刺绣来维持生活"。

个性 朱湘是一个性格独特、对艺术充满执著的诗人,他在清华六年学生生活并不顺利,曾因记满三次大过而受到勒令退学的处分,1926年复学后又读了一年才毕业。但这并不意味着朱湘的学习成绩不好,他"中英文永远是超等上等,一切客观的道德藩篱如嫖赌烟酒向来没有犯越过,只因喜读文学书籍时常跷课以至只差半年即可游美的时候被学校开除掉了。"他在给清华文学社的顾一樵的信中说,他离校的原因是"向失望宣战。这种失望是多方面的",但他又对清华园无限留恋:"清华又有许多令我不舍之处。这种两面为难的心情是最难堪的了。反不如清华一点令人留恋的地方也无倒好些。"他之不满意清华在于:"人生是奋斗的,而清华只有钻分数;人生是变换的,而清华只有单调;人生是热辣辣的,而清华只是隔靴搔痒。"严格的校园生活,对一个浪漫主义的诗人来说,不免感到拘囿;但清华的自然人文环境,毕竟给过他熏染和陶冶,使他后来的创作道路走得更为扎实。

尊严 朱湘也许并无意去中伤别人,然而,他却时时在意自己的尊严。这强烈的自尊支持了他崇高的爱国节操。1927年朱湘在美留学,只因教授读一篇有把中国人比作猴子内容的文章而愤然离开劳伦斯大学。后来转入芝加哥大学。然而在 1929 年春，朱湘却又因教授怀疑他借书未还，加之一美女不愿与其同桌而再次愤然离去。他丝毫不能容忍任何人对他的大不敬。他喻外国为"死牢"，强烈地维护着个人的尊严和祖国的尊严。

1929 年 9 月，朱湘提前三年回国，被荐到安徽大学任英文系主任，月薪三百元。按说，也荣华富贵了，也被重用了，该心满意足了，该安于现状了，然而朱湘却又因校方把"英文文学系"改为"英文学系"而又一次愤然离去。并且大骂，教师出卖智力，小工子出卖力气，妓女出卖肉体，其实都是一回事：出卖自己！这说法尽管专横，但对于当时之现实，并不过分。

趣评　　朱湘对当时风靡诗坛的新文化巨匠的品评颇有内行人的独到之处。

朱湘评论郭沫若的诗时，赞扬了他浪漫的想象与磅礴的气势，并认为郭诗在"在形式上、音节上，都极其完美"，但又毫不客气的指出郭沫若有时"对于艺术是很忽略的，诚然免不了'粗'字之讥"。有时候，"一诗集只四行可读"。

朱湘评论胡适的《尝试集》更是仅用"内容粗浅，艺术幼稚"这八个大字将胡诗一概否定。

朱湘论闻一多的诗，则认为闻一多的不足之处在于用韵不讲究，用字方面太文太累太晦太怪。

朱湘评论当时的诗坛情圣徐志摩时则带有浓烈的个人情感。由于徐志摩没有在其主编的诗刊《诗镌》中将朱湘的作品《采莲曲》发在第一篇，朱湘就对徐志摩破口大骂，说"瞧，徐志摩的那副尖嘴，就不像是写诗的人。"朱湘的这句话不免让绝大多数人体味到人身攻击的味道。但是，朱湘在《评徐君志摩的诗》一文中，对徐志摩诗歌的评价还是较为客观的。他认为徐志摩不愧是写爱情诗的天才，至于哲理诗就因欠缺理性精神而差强人意。

评价　　朱湘死后被鲁迅称之为中国的济慈。罗念生说:"英国的济慈是不死的,中国的济慈也是不死的。"

余伟文认为,朱湘自杀"完全是受社会的逼迫","正是现代社会不能尊重文人的表现"。

何家槐认为,混乱的社会"使他没有生活下去的勇气,使他不得不用自杀来解决内心的苦闷"。

柳无忌认为,不为写文章,"也许子沉不会这样悲伤的绝命"。

梁实秋认为,"朱先生的脾气似乎太孤高了一点,太怪僻了一点,所以和社会不能调谐"。

作品精选

诗选

采 莲 曲

小船啊轻飘,
杨柳呀风里颠摇,
荷叶呀翠盖,
荷花呀人样妖娆。
日落,微波,
金线闪动过小河,
左行,右撑,
莲舟上扬起歌声。

菡萏呀半开,

蜂蝶呀不许轻来，
绿水呀相伴，
清净呀不染尘埃。
溪间，采莲，
水珠滑走过荷钱。
拍紧，拍轻，
桨声应答着歌声。

藕心呀丝长，
羞涩呀水底深藏，
不见呀蚕茧，
丝多呀蛹在中央？
溪头，采藕，
女郎要采又犹疑。
波沉，波生，
波上抑扬着歌声。

莲蓬呀子多，
两岸呀柳树婆娑，
喜鹊呀喧噪，
榴花呀落上新罗。
溪中，采莲，
耳鬓边晕着微红。
风定，风生，
风飓荡漾着歌声。

葬 我

葬我在荷花池内，
耳边有水蚓拖声，
在绿荷叶的灯上
萤火虫时暗时明——

葬我在马缨花下，
永做芬芳的梦——
葬我在泰山之巅，
风声呜咽过孤松——

不然，就烧我成灰，
投入泛滥的春江，
与落花一同漂去
无人知道的地方。

摇 篮 歌

春天的花香真正醉人，
一阵阵温风拂上人身，
你瞧日光它移的多慢，
你听蜜蜂在窗子外哼：
睡呀，宝宝，
蜜蜂飞的真轻。

天上瞧不见一颗星星，

地上瞧不见一盏红灯；
什么声音也都听不到，
只有蚯蚓在天井里吟：
睡呀，宝宝，
蚯蚓都停了声。

一片片白云天空上行，
像是些小船飘过湖心，
一刻儿起，一刻儿又沉，
摇着船舱里安卧的人：
睡呀，宝宝，
你去跟那些云。

不怕它北风树枝上鸣，
放下窗子来关起房门；
不怕它结冰十分寒冷，
炭火生在那白铜的盆：
睡呀，宝宝，
挨着炭火的温。

残　　灰

炭火发出微红的光芒，
一个老人独坐在盆旁，
这堆将要熄灭的灰烬，
在他的胸里引起悲伤——
火灰一刻暗，

火灰一刻亮，
火灰暗亮着红光。
童年之内，是在这盆旁，
靠在妈妈的怀抱中央，
栗子在盆上哔吧的响，
一个，一个，她剥给儿尝——
妈那里去了？
热泪满眼眶，
盆中颤摇着红光。

到青年时，也是这盆旁，
一双人影并映上高墙，
火光的红晕与今一样，
照见他同心爱的女郎——
竟此分手了，
她在天那方，
如今也对着火光？

到中年时，也是这盆旁，
白天里面辛苦了一场，
眼巴巴的望到了晚上，
才能暖着火嗑口黄汤——
妻子不在了，
儿女自家忙，
泪流瞧不见火光。

如今老了，还是这盆旁，

一个人伴影住在空房，

　　他趁着残火没有全暗，

　　挑起炭火来想慰凄凉——

　　火终归熄了，

　　屋外一声梆，

　　这是起更的辰光。

文选

梦苇的死

　　我踏进病室，抬头观看的时候，不觉吃了一惊，在那弥漫着药水气味的空气中间，枕上伏着一个头。头发乱蓬蓬的，唇边已经长了很深的胡须，两腮都瘦下去了，只剩着一个很尖的下巴；黧黑的脸上，一双眼睛特别显得大。怎么半月不见，就变到了这种田地？梦苇是一个翩翩年少的诗人，他的相貌与他的诗歌一样，纯是一片秀气；怎么这病榻上的就是他吗？

　　他用呆滞的目光，注视了一些时，向我点头之后，我的惊疑始定。我在榻旁坐下，问他的病况。他说，已经有三天不曾进食了。这病房又是医院里最便宜的房间，吵闹不过。乱得他夜间都睡不着。我们另外又闲谈了些别的话。

　　说话之间，他指着旁边的一张空床道，就是昨天在那张床上，死去了一个福州人，是在衙门里当一个小差事的。昨天临危，医院里把他家属叫来了，只有一个妻子，一个小女孩子。孩子很可爱的，母亲也不过三十岁。病人断气之后，母亲哭得九死一生，她对墙上撞了过去，想寻短见，幸亏被人救了。就是这样，人家把他从那张床上抬了出去。医院里的人，照旧工作；病房同住的人，照常说笑。他的一生，便这样淡淡的结束了。

　　我听完了他的这一段半对我说、半对自己说的话之后，抬起头来，看见窗外的一棵洋槐树。嫩绿的槐叶,有一半露在阳光之下,照得同透明一般。偶尔有无声的轻风偷进枝间,槐叶便跟着摇曳起来。病房里有些人正在吃饭,房外甬道中有皮鞋声音响过地板上。邻近的街巷中,时有汽车的按号声。是的,淡淡的结束了。谁说这办事员,说不定是书记,他的一生不是淡淡的结束,平凡的终止呢。那年轻的妻子,幼稚的女儿,知道她们未来的命运是个什么样子!我们这最高的文化,自有汽车、大礼帽、枪炮的以及一切别的大事业等着它去制造,哪有闲工夫来过问这种平凡的琐事呢!混人的命运,比起一班平凡的人来,自然强些。肥皂泡般的虚名,说起来总比没有好。但是要问现在有几个人知道刘梦苇,再等个五十年,或者一百年,在每个家庭之中,夏天在星光萤火之下,凉风微拂的夜来香花气中,或者会有一群孩童,脚踏着拍子唱:

  室内盆栽的蔷薇,

  窗外飞舞的蝴蝶,

  我俩的爱隔着玻璃,

  能相望却不能相接。

冬天在熊熊的炉火旁,充满了颤动的阴影的小屋中,北风敲打着门户,破窗纸力竭声嘶的时候,或者会有一个年老的女伶低低读着:

  我的心似一只孤鸿,

  歌唱在沉寂的人间。

  心哟,放情的歌唱罢,

  不妨壮,也不妨缠绵,

  歌唱那死之伤?

  歌唱那生之恋。

咳，薄命的诗人！你对生有何可恋呢？它不曾给你名，它不曾给你爱，它不曾给你任何什么！你或者能相信将来，或者能相信你的诗终究有被社会正式承认的一日，那样你临终时的痛苦与失望，或者可以借此减轻一点！但是，谁敢这样说呢？谁敢说这许多年拂逆的命运，不曾将你的信心一齐压迫净尽了呢？临终时的失望，永恒的失望，可怕的永恒的失望，我不敢再往下想了。

我还记得：当时你那细得如线的声音，只剩皮包着的真正像柴的骨架。临终的前一天，我第三次去看你，那时我已从看护妇处，听到你下了一次血块，是无救的了。我带了我的祭子惠的诗去给你瞧，想让你看过之后，能把久郁的情感，借此发泄一下，并且在精神上能得到一种慰安，在临终之时，能够恍然大悟出我所以给你看这篇诗的意思，是我替子惠做过的事，我也要替你做的。我还记得，你当时自半意识状态转到全意识状态时的兴奋，以及诗稿在你手中微抖的声息，以及你的泪。我怕你太伤心了不好，想温和的从你手中将诗取回，但是你孩子霸食般的说："不，不，我要！"我抬头一望，墙上正悬着一个镜框，框上有一十字架，框中是画着耶稣被钉的故事，我不觉的也热泪夺眶而出，与你一同伤心。

一个人独病在医院之内，只有看护人照例的料理一切，没有一个亲人在旁。在这最需要情感的安慰的时候，给予你以精神的药草，用一重温和柔软的银色之雾，在你眼前遮起，使你朦胧的看不见渐渐走近的死神的可怖手爪，只是呆呆的躺着，让憧憧的魔影自由的继续的来往于你丰富的幻想之中，或是面对面的望着一个无底深坑里面有许多不敢见阳光的丑物蠕动着，恶臭时时向你扑来，你却被缚在那里，一毫也动不得，并且有肉体的苦痛，时时抽过四肢，逼榨出短促的呻吟，抽挛起脸部的筋肉：这便是社会对你这诗人的酬报。

记得头一次与你相会，是在南京的清凉山上杏院之内。半年后，我去上海。又一年，我来北京，不料复见你于此地。我们的神交便开始于这时。就是那冬天，你的吐血，旧病复发，厉害得很。幸亏有丘君元武无日无夜的看护你，病渐渐的退了。你病中曾经有信给我，说你看看就要不济事了，这世界是我们健全者的世界，你不能再在这里多留恋了。夏天我从你那处听到子惠去世的消息，那知不到几天你自己也病了下来。你的害病，我们真是看得惯了。夏天又是最易感冒之时，并且冬天的大病，你都平安的度了过来，所以我当时并不在意。谁知道天下竟有巧到这样的事？子惠去世还不过一月，你也跟着不在了呢！

你死后我才从你的老相好处，听到说你过去的生活，你过去的浪漫的生活。你的安葬，也是他们当中的两个：龚君业光与周君容料理的。一个可以说是无家的孩子，如无根之蓬般的漂流，有时陪着生意人在深山野谷中行旅，可以整天的不见人烟，只有青的山色、绿的树色笼绕在四周，驮货的驴子项间有铜铃节奏的响着。远方时时有山泉或河流的琤琮随风送来，各色的山鸟有些叫得舒缓而悠远，有些叫得高亢而圆润，自烟雾的早晨经过流汗的正午，到柔软的黄昏，一直在你耳边和鸣着。也有时你随船户从急流中淌下船来。两岸是高峻的山岩，倾斜得如同就要倒塌下来一般。山径上偶尔有樵夫背着柴担夷然的唱着山歌，走过河里，是急迫的桨声，应和着波浪舐船舷与石岸的声响。你在船舱里跟着船身左右的颠簸，那时你不过十来岁，已经单身上路，押领着一船的货物在大鱼般的船上，鸟翼般的篷下，过这种漂泊的生活了。临终的时候，在渐退渐远的意识中，你的灵魂总该是脱离了丑恶的城市，险诈的社会，飘飘的化入了山野的芬芳的空气中，或是挟着水雾吹过的河风之内了罢？

在那时候，你的眼前，一定也闪过你长沙城内学校生活的幻影，那时的与黄金的夕云一般灿烂缥缈的青春之梦，那时的与自祖母的磁罐内偷出的糕饼一般鲜美的少年之快乐，那时的与夏天绿树枝头的雨阵一般的来得骤去得快，只是在枝叶上添加了一重鲜色，在空气中勾起了一片清味的少年之悲哀，还有那沸腾的热血、激烈的言辞、危险的受戒、炸弹的摩挲，也都随了回忆在忽明的眼珠中，骤热的面庞上，与渐退的血潮，慢慢的淹没入迷瞀之海了。

我不知道你在临终的时候，可反悔作诗不？你幽灵般自长沙飘来北京，又去上海，又去宁波，又去南京，又来北京；来无声息，去无声息，孤鸿般的在寥廓的天空内，任了北风摆布，只是对着在你身边漂过的白云哀啼数声，或是白荷般的自污浊的人间逃出，躲入诗歌的池沼，一声不响的低头自顾幽影，或是仰望高天，对着月亮，悄然落晶莹的眼泪，看天河边坠下了一颗流星，你的灵魂已经滑入了那乳白色的乐土与李贺济慈同住了。

巢父掉头不肯住，
东将入海随烟雾，
诗卷长留天地间，
钓竿欲拂珊瑚树。

你的诗卷中间有歌与我俩的诗卷，无疑的要长留在天地间，她像一个带病的女郎，无论她会瘦到那一种地步，她那天生的娟秀，总在那里，你在新诗的音节上，有不可埋没的功绩。现在你是已经吹着笙飞上了天，只剩着也许玄思的诗人与我两个在地上了，我们能不更加自奋吗？

老舍（中国·现当代）

老舍照

传略 老舍（1899—1966），原名舒庆春，字舍予。中国现代小说家、文学家、戏剧家。老舍是他最常用的笔名。满族。北京人。出生于城市贫民家庭。1918年毕业于北京师范学校，担任过小学校长、郊外北区劝学员等职。五四新文化运动掀起的民主、科学、个性解放的思潮，把他从"兢兢业业办小学，恭恭顺顺地侍奉老母，规规矩矩地结婚生子"的人生信条中惊醒；文学革命的勃兴，又使他"醉心新文艺"，由此开始生命和事业的新起点。

1924年，老舍赴英国伦敦大学东方学院讲授汉语和中国文学。自1925年起，陆续写了3部长篇小说：《老张的哲学》、《赵子曰》和《二马》。3部作品陆续在《小说月报》上连载后，引起文坛的注目。1926年老舍加入文学研究会。1929年夏，绕道欧、亚回国。在新加坡逗留期间，为当地高涨的民族解放要求所鼓舞，创作反映被压迫民族觉醒的中篇童话《小坡的生日》。1930年7月起，到济南齐鲁大学任教。1934年秋，改任青岛山东大学教授。在这两所大学，相继开设文学概论、外国文学史、欧洲文艺思潮、小说作法等课程。课余继续从事创作。

抗日战争爆发后，1937年11月济南沦陷前夕，只身奔赴武汉。1938年3月，参加中华全国文艺界抗敌协会，出任总务部主任。抗战8年中，对文艺界的团结抗日多有贡献。他写于抗战时期的作品，也多以直接为民族解放服务为题旨。战争初起，他热情提倡通俗文艺，写作宣传抗日的鼓词、相声、坠子等小型作品，供艺人演唱。随后，转向直接向群众宣传的话剧创作，连续写作了《残雾》、《张自忠》、《国家至上》等10余个剧本，颂扬民族正气、表彰爱国志士，批判不利于团结抗日的社会弊端，在当时起了积极的宣传作用。自1944年初开始，进入长篇小说《四世同堂》的创作，回到所熟悉的北京市民社会和所擅长的幽默讽刺艺术。小说刻画深受传统观念束缚的市井平民，在民族生死存亡关头的内心冲突，于苦难中升腾起来的觉醒和抗争，自然也有消极逃匿和无耻堕落。《四世同堂》是他抗战时期的力作，也是抗战文艺的重要收获。1946年3月，老舍应美国国务院邀请赴美讲学。一年期满后，继续旅居美国，从事创作和将自己的作品译成英文。

得知中华人民共和国建立，老舍立即启程回国。新社会的新气象使他极为振奋，不久就发表以艺人生活为题材的剧作《方珍珠》。1951年初创作的话剧《龙须沟》上演，获得巨大成功。《龙须沟》是老舍创作新的里程碑，他因此获得人民艺术家的荣誉称号。50~60年代，他在文艺、政治、社会、对外文化交流等方面担任多种职务，但仍然勤奋创作。自50年代后半期起，老舍在话剧《茶馆》、《义和团》（又名《神拳》）和小说《正红旗下》（未完成）等作品中，转而描绘近代北京的历史风云。《茶馆》以一座茶馆作为舞台，展开了清末戊戌维新失败、民国初年北洋军阀盘踞时期、国民党政权崩溃前夕三个时代的生活场景和历史动向，写出旧中国的日趋衰微，揭示必须寻找别的出路的真理。老舍的话剧艺术在这个剧本中有重大突破。《茶馆》是当代中国话剧舞台最享盛名的保留剧目，继《骆驼祥子》之后，再次为老舍赢得国际声誉。

老舍在40多年的创作生涯中,思想上艺术上不断取得重要进展和突破。他写作勤奋,孜孜不倦地涉猎文学创作的各个领域,是位多产作家,一生写作了1000多篇(部)作品。"文化大革命"初期遭受迫害,于1966年8月24日自溺于北京太平湖。

太平湖上最后的身影——老舍之死

1966年6月1日,"全国第一张大字报"发表,史无前例的"文化大革命"开始了。8月23日,老舍病后第一天去文联上班。一个红卫兵发现了他,大叫:"这是老舍,是他们的主席,大反动权威,揪他上车!"就这样,老舍被拉到了孔庙。老舍被打得头破血流,伤势很重。有人在他头上猛按一下,屁股上踢上一脚,并把一块写有"反革命黑帮分子"的木牌挂到他的脖子上。"快交代!"老舍突然直起身来,挺起脖子,愤怒地吼叫:"你们让我说什么?"后来老舍又被狠打,奄奄一息,危在旦夕。夜里,市文联想法辗转救他出来,他的夫人胡絜青被通知接他回家。8月24日,老舍劝夫人上班,怕她不去"参加运动"要挨整。她只好上班去了。可是她出去不久,他也走了。在出大门之前,他把3岁的孙女唤出来,当时家里只有小孙女和老保姆。他拉着孙女的小手,轻轻地对她说"和爷爷说再——见——!"小孙女真的说了"再见!"还向他摆手。

到了8月25日清晨,死去的老舍在后湖中被一位演员发现的。这位演员住在北京太平湖附近,早晨来湖边锻炼身体时,发现水中有人,便喊人来把他打捞上来放在岸边。人们发现岸边放着他的上衣、眼镜、手杖和钢笔,制服口袋里有工作证。刚强的、宁折不弯的、可杀不可辱的老舍,用自杀表示抗争,走完了人生的道路。

据公园看门人的介绍,24日这位老人就一直在这里坐,从早到晚,都没有动。手里拿了一卷纸。25日清晨,湖面还飘浮着那些纸,打捞上来看时,是毛泽东诗词,很工整,是老舍亲手抄写的。

老舍曾经说过:"我是文艺界中的一名小卒,十几年来日日操练在书桌上与小凳之间,笔是枪,把热血洒在纸上。可以自傲的地方,只是我的勤苦;小卒心中没有大将的韬略,可是小卒该作的一切,我却做到了。以前如是,现在如是,希望将来也如是。在我入墓的那一天,我愿有人赠给我一块短碑,上刻:文艺界尽责的小卒,睡在这里。"

至于老舍为什么选择太平湖作为人生终点,老舍的儿子舒乙在其文章《爸爸最后的两天》中说过:"太平湖悲剧发生 12 年后,有一次,我偶然打开一张解放前的北京老地图,竟一下子找到了父亲去太平湖的答案。太平湖正好位于北京旧城墙外的西北角,和城内的西直门大街西北角的观音庵胡同很近很近,两者几乎是隔着一道城墙、一条护城河而遥遥相对,从地图上看,两者简直就是近在咫尺。观音庵是我祖母晚年的住地,她在这里住了近十年,房子是父亲为她买的。我恍然大悟:'父亲去找自己可爱的老母了'。"

冰心后来跟舒乙说,"你发现没有,你父亲作品里的好人大多姓李,姓李的人大多自杀,自杀的方式大多选择投水。"最经常被提及的《四世同堂》中的祈天佑最后也难逃被羞辱而死。老舍写道:"河水流得很快,好像已等他等得不耐烦,水发出一点点的声音仿佛向他低声地呼唤呢。很快的,他想起了一辈子的事情;很快的,他忘了一切。漂、漂、漂,他将漂到大海里去,自由、清凉、干净、快乐,而且洗净了他胸前的红字。"

笔名 老舍生于阴历年底,父母为此为他取名"庆春",大概含有庆贺春来、前景美好之意。舒庆春上学后,自己更名为舒舍予,"舍予"是"舒"字的分拆:舍,舍弃;予,我。含有"舍弃自我",亦即"忘我"的意思。

"老舍"这一笔名,是他在 1926 年发表长篇小说《老张的哲学》时首次使用的。在"舍予"前面添"老"字，而后面去掉"予"字，便成了现今人们熟知的"老舍"。这个"老"并不表示年龄大，而是含有一贯、永远的意思，合起来就是一贯、永远"忘我"。他用"老舍"这一笔名发表了大量文学作品，以致不少人只知道"老舍"而不知舒庆春或舒舍予是谁。

自述（老舍作于年界四十时）　　舒庆春，字舍予，现年四十岁，面黄无须，生于北平。三岁失怙，可谓无父；志学之年，帝王不存，可谓无君，无父无君，特别孝爱老母，布尔乔亚之仁未能一扫空也。幼读三百篇，不求甚解。继学师范，遂奠教书匠之基。及壮，糊口四方，教书为业，甚难发财；每购奖券，以未得彩为荣，亦甘于寒贱也。二十七岁时发愤著书，科学、哲学无所懂，故写小说，博大家一笑，没什么了不得。三十四岁结婚，今已有一女一男，均狡猾可喜。闲时喜养花，不得其法，每每有叶无花，也不忍弃。书无所不读，全无收获，并不着急。教书做事，均甚认真，往往吃亏，也不后悔。如此而已，再活四十年也许能有点出息！不过，已不可能。

荣誉　　老舍之子舒乙曾披露：1968年老舍曾险获诺贝尔文学奖。中国作为文学大国，始终没有人获得诺贝尔文学奖，其原因除了政治偏见以外，还因为中国作家的作品被翻译成外文的太少，在交流上存在着技术上的难题。而老舍当时在中国作家中恰恰是作品被译介最多的，连瑞典文的也有。另外，诺贝尔文学奖评选程序也很复杂，先是由国际著名学者进行提名，被提名者可能有几百人，然后层层筛选，最后剩下5位候选人，再由评选委员秘密投票，得票最多的就是诺贝尔文学奖得主。老舍在1968年被提名，到了最后5名还有他；秘密投票结果，第一名就是老舍。

但是在1968年，中国已经进入了"文革"高峰。各国谣传老舍已经去世，瑞典就派驻华大使去寻访老舍下落,又发动其他国家进行联合调查,中国官方当时对此没有答复,瑞典方面断定老舍已经去世。由于诺贝尔奖一般不颁给已故之人,所以评选委员会最终决定在剩下的4个人中重新进行评选,条件之一,最好是一个亚洲人东方人。结果这一年的诺贝尔文学奖得主成了日本的川端康成。

故居

北京故居

从1949年到1966年老舍去世,他居住在北京市东城区灯市口西街丰富胡同19号,是一座栽着柿子树的四合院,被称为"丹柿小院"。后被国务院改建为"老舍纪念馆"。

1997年7月老舍家属有偿将老舍故居捐献给国家。捐献交接仪式在北京市政府举行,市领导及北京市文物局局长出席,老舍夫人胡絜青携子女出席。

丹柿小院——老舍北京故居

1998年北京市文物局对老舍故居进行落架修缮。

1998年5月18日"老舍故居筹建处"开始组建。

1998年6月4日召开第一次老舍纪念馆筹建会,随后进入紧张的筹建工作。

1998年10月24日中共中央办公厅、国务院办公厅批示"同意将老舍故居改建成老舍纪念馆"。

1999年2月1日,老舍100周年诞辰前夕,老舍纪念馆正式对社会开放。

目前,老舍故居已被确定为"北京市重点文物保护单位"。

济南故居

老舍济南故居一处在济南南新街 54 号,保存完整,已成为济南市重点文物保护单位。另一处在山东大学西校区(原齐鲁大学)办公楼。

老舍来济南时第一年还是单身,学校安排他住在办公楼二楼西头阳面第一个房间居住,包括《济南的冬天》在内的系列散文《一些印象》诞生于此,以济南为背景的 20 万字长篇小说《大明湖》也诞生于此。1997 年老办公楼意外失火被毁,后按原外观重建。老舍一生 67 年,他先后在北京度过了 42 年,剩下的 25 年是:英国 5 年、新加坡 1 年、山东 7 年(上个世纪 30 年代)——济南 4 年半、青岛 2 年半、汉口半年、重庆 7 年半、美国 4 年。然而,在老舍的散文里没有写过纽约,也几乎没有写过伦敦(写了一点留英回忆)、新加坡,写汉口、重庆、成都的极少,写青岛的有二三篇,就是第一故乡北京也写的不多;唯独济南,他不但写了,而且是长长的系列,而且,写得那么动人,富有诗意!这实在是老舍写作中一个奇特的现象。

如今在济南大明湖南岸,建有"老舍与济南陈列馆"。

伦敦故居

1924 年至 1929 年老舍在伦敦教过 5 年书,其间住在圣詹姆斯花园 31 号,现挂有英国专门用来标记故居的蓝色门牌,受英国政府保护。

老舍伦敦故居

名言　1. 才华是刀刃,辛苦是磨刀石,再锋利的刀刃,若日久不磨,也会生锈。

2. 熟才能生巧。写过一遍,尽管不像样子,也会带来不少好处。不断地写作才会逐渐摸到文艺创作的底。纸篓子是我的密友,常往它里面扔弃废稿,一定会有成功的那一天。

3. 哲人的智慧，加上孩子的天真，或许就能成个好作家了。

4. 骄傲自满是我们的一座可怕的陷阱；而且，这个陷阱是我们自己亲手挖掘的。

5. 没有民族风格的作品，是没有根的花，它不但在本乡本土活不下去，而且无论在哪里也活不下去。

6. 一个作家实在就是个全能的演员，能用一支笔写出王二、张三与李四的语言，而且都写得恰如其人。

7. 最伟大的牺牲是忍辱，最伟大的忍辱是反抗。

8. 北京的春风能把春天吹跑。

作品精选

北京的春节（散文）

照北京的老规矩，春节差不多在腊月的初旬就开头了。"腊七腊八，冻死寒鸦"，这是一年里最冷的时候。在腊八这天，家家都熬腊八粥。粥是用各种米、各种豆与各种干果熬成的。这不是粥，而是小型的农业展览会。

除此之外，这一天还要泡腊八蒜。把蒜瓣放进醋里，封起来，为过年吃饺子用。到年底，蒜泡得色如翡翠，醋也有了辣味，色味双美，使人忍不住要多吃几个饺子。在北京，过年时，家家吃饺子。

孩子们准备过年，第一件大事是买杂拌儿。这是用花生、胶枣、榛子、栗子等与蜜饯掺和成的。孩子们喜欢吃这些零七八碎儿。第二件大事是买爆竹，特别是男孩子们。恐怕第三件事才是买各种玩意儿——风筝、空竹、口琴等。

孩子们欢喜，大人们也忙乱。他们必须预备过年吃的使的喝的一切。他们也必须给儿童赶做新鞋新衣，好在新年时显出万象更新的气象。

二十三日过小年,差不多就是过新年的"彩排"。在旧社会里,这天晚上家家祭灶王,从一擦黑儿鞭炮就响起来,随着炮声把灶王的纸像焚化,美其名叫送灶王上天。在前几天,街上就有多少多少卖麦芽糖与江米糖的,糖形或为长方块或为大小瓜形。按旧日的说法:有糖粘住灶王的嘴,他到了天上就不会向玉皇报告家庭中的坏事了。现在,还有卖糖的,但是只由大家享用,并不再粘灶王的嘴了。

过了二十三,大家就更忙起来,新年眨眼就到了啊。在除夕以前,家家必须把春联贴好,必须大扫除一次,名曰扫房。必须把肉、鸡、鱼、青菜、年糕什么的都预备充足,至少足够吃用一个星期的——按老习惯,铺户多数关五天门,到正月初六才开张。假若不预备下几天的吃食,临时不容易补充。还有,旧社会里的老妈妈论,讲究在除夕把一切该切出来的东西都切出来,省得在正月初一到初五再动刀,动刀剪是不吉利的。这含有迷信的意思,不过它也表现了我们确是爱和平的人,在一岁之首连切菜刀都不愿动一动。

除夕真热闹。家家赶作年菜,到处是酒肉的香味。老少男女都穿起新衣,门外贴好红红的对联,屋里贴好各色的年画,哪一家都灯火通宵,不许间断,炮声日夜不绝。在外边做事的人,除非万不得已,必定赶回家来,吃团圆饭,祭祖。这一夜,除了很小的孩子,没有什么人睡觉,而都要守岁。

元旦的光景与除夕截然不同:除夕,街上挤满了人;元旦,铺户都上着板子,门前堆着昨夜燃放的爆竹纸皮,全城都在休息。

除了悬灯,广场上还放花合。在城隍庙里并且燃起火判,火舌由判官的泥像的口、耳、鼻、眼中伸吐出来。公园里放起天灯,像巨星似的飞到天空。

男男女女都出来踏月、看灯、看焰火;街上的人拥挤不动。在旧社会里,女人们轻易不出门,她们可以在灯节里得到些自由。

小孩子们买各种花炮燃放,即使不跑到街上去淘气,在家中照样能有声有光的玩耍。

家中也有灯:走马灯——原始的电影——宫灯、各形各色的纸灯,还有纱灯，里面有小铃，到时候就叮叮当当的响。大家还必须吃汤圆呀。这的确是美好快乐的日子。

一眨眼，到了残灯末庙，学生该去上学，大人又去照常做事，新年在正月十九结束了。腊月和正月，在农村社会里正是大家最闲在的时候，而猪牛羊等也正长成，所以大家要杀猪宰羊，酬劳一年的辛苦。过了灯节，天气转暖，大家就又去忙着干活了。

北京虽是城市，可是它也跟着农村社会一齐过年，而且过得分外热闹。

《老字号》（小说）

钱掌柜走后，辛德治——三合祥的大徒弟，现在很拿点事——好几天没正经吃饭。钱掌柜是绸缎行公认的老手，正如三合祥是公认的老字号。辛德治是钱掌柜手下教练出来的人。可是他并不专因私人的感情而这样难过，也不是自己有什么野心。他说不上来为什么这样怕，好像钱掌柜带走了一些永难恢复的东西。

周掌柜到任。辛德治明白了，他的恐怖不是虚的；"难过"几乎要改成咒骂了。周掌柜是个"野鸡"，三合祥——多少年的老字号！——要满街拉客了！辛德治的嘴撇得像个煮破了的饺子。老手，老字号，老规矩——都随着钱掌柜的走了，或者永远不再回来。钱掌柜，那样正直，那样规矩，把买卖做赔了。东家不管别的，只求年底下多分红。

多少年了，三合祥是永远那么官样大气：金匾黑字，绿装修，黑柜蓝布围子，大机凳包着蓝呢子套，茶几上永远放着鲜花。多少年了，三合祥除了在灯节才挂上四只宫灯，垂着大红穗子没有任何不合规矩的胡闹八光。多少年了，三合祥没打过价钱，抹过零儿，或是贴张广告，或者减价半月；三合祥卖的是字号。多少年了，柜上没有吸烟卷的，没有大声说话的；有点响声只是老掌柜的咕噜水烟与咳嗽。

这些，还有许许多多可宝贵的老气度，老规矩，由周掌柜一进门，辛德治看出来，全要完！周掌柜的眼睛就不规矩，他不低着眼皮，而是满世界扫，好像找贼呢。人家钱掌柜，老坐在大杌凳上合着眼，可是哪个伙计出错了口气，他也晓得。

果然，周掌柜——来了还没有两天——要把三合祥改成蹦蹦戏的棚子：门前扎起血丝胡拉的一座彩牌，"大减价"每个字有五尺见方，两盏煤气灯，把人们照得脸上发绿。这还不够，门口一档子洋鼓洋号，从天亮吹到三更；四个徒弟，都戴上红帽子，在门口，在马路上，见人就给传单。这还不够，他派定两个徒弟专管给客人送烟递茶，哪怕是买半尺白布，也往后柜让，也递香烟：大兵、清道夫、女招待，都烧着烟卷，把屋里烧得像个佛堂。这还不够，买一尺还饶上一尺，还赠送洋娃娃，伙计们还要和客人随便说笑；客人要买的，假如柜上没有，不告诉人家没有，而拿出别种东西硬叫人家看；买过十元钱的东西，还打发徒弟送了去，柜上买了两辆一走三歪的自行车！

辛德治要找个地方哭一大场去！在柜上十五六年了，没想到过——更不用说见过了——三合祥会落到这步天地！怎么见人呢？合街上有谁不敬重三合祥的？伙计们晚上出来，提着三合祥的大灯笼，连巡警们都另眼看待。那年兵变，三合祥虽然也被抢一空，可是没像左右的铺户那样连门板和"言无二价"的牌子都被摘了走——三合祥的金匾有种尊严！他到城里已经二十来年了，其中的十五六年是在三合祥，三合祥是他第二家庭，他的说话、咳嗽与蓝布大衫的样式，全是三合祥给他的。他因三合祥、也为三合祥而骄傲。他给铺子去索债，都被人请进去喝碗茶；三合祥虽是个买卖，可是和照顾主儿们似乎是朋友。钱掌柜是常给照顾主儿行红白人情的。三合祥是"君子之风"的买卖：门凳上常坐着附近最体面的人；遇到街上有热闹的时候，照顾主儿的女眷们到这里向老掌柜借个座儿。这个光荣的历史，是长在辛德治的心里的。可是现在？

辛德治也并不是不晓得，年头是变了。拿三合祥的左右铺户说，多少家已经把老规矩舍弃，而那些新开的更是提不得的，因为根本就没有过规矩。他知道这个。可是因此他更爱三合祥，更替它骄傲。假如三合祥也下了桥，世界就没了！

哼，现在三合祥和别人家一样了，假如不是更坏！

他最恨的是对门那家正香村：掌柜的趿拉着鞋，叼着烟卷，镶着金门牙。老板娘背着抱着，好像兜儿里还带着，几个男女小孩，成天出来进去，进去出来，唧唧喳喳，不知喊些什么。老板和老板娘吵架也在柜上，打孩子，给孩子吃奶，也在柜上。摸不清他们是做买卖呢，还是干什么玩呢，只有老板娘的胸口老在柜前陈列着是件无可疑的事儿。那群伙计，不知是从哪儿找来的，全穿着破鞋，可是衣服多半是绸缎的。有的贴着太阳膏，有的头发梳得像漆勺，有的戴着金丝眼镜。再说那份儿厌气：一年到头老是大减价，老悬着煤气灯，老转动着留声机。买过两元钱的东西，老板便亲自让客人吃块酥糖；不吃，他能往人家嘴里送！什么东西也没有一定的价钱，洋钱也没有一定的行市。辛德治永远不正眼看"正香村"那三个字，也永不到那边买点东西。他想不到世上会有这样的买卖，而且和三合祥正对门！

更奇怪的，正香村发财，而三合祥一天比一天衰微。他不明白这是什么道理。难道买卖必定得不按着规矩作才行吗？果然如此，何必学徒呢？是个人就可以作生意了！不能是这样，不能；三合祥到底是不会那样的！谁知道竟自来了个周掌柜，三合祥的与正香村的煤气灯把街道照青了一大截，它们是一对儿！三合祥与正香村成了一对？！这莫非是做梦么？不是梦，辛德治也得按着周掌柜的办法走。他得和客人瞎扯，他得让人吸烟，他得把人诓到后柜，他得拿着假货当真货卖，他得等客人竞争才多放二寸，他得用手术量布——手指一捻就抽回来一块！他不能受这个！

可是多数的伙计似乎愿意这么作。有个女客进来，他们恨不能把她围上，恨不能把全铺子的东西都搬来给她瞧，等她买完——哪怕是买了二尺搪布——他们恨不能把她送回家去。周掌柜喜爱这个，他愿意伙计们折跟头、打把式，更好是能在空中飞。

周掌柜和正香村的老板成了好朋友。有时候还凑上天成的人们打打"麻将"。天成也是本街上的绸缎店，开张也有四五年了，可是钱掌柜就始终没招呼过他们。天成故意和三合祥打对仗，并且吹出风来，非把三合祥顶趴下不可。钱掌柜一声也不出，只偶尔说一句：咱们做的是字号。天成一年倒有三百六十五天是纪念日，大减价。现在天成的人们也过来打牌了。辛德治不能答理他们。他有点空闲，便坐在柜里发愣，面对着货架子——原先架上的布匹都用白布包着，现在用整幅的通天扯地地作装饰，看着都眼晕，那么花红柳绿的！三合祥已经完了，他心里说。

但是，过了一节，他不能不佩服周掌柜了。节下报账，虽然没赚什么，可是没赔。周掌柜笑着给大家解释："你们得记住，这是我的头一节呀！我还有好些没施展出来的本事呢。还有一层，扎牌楼，赁煤气灯……哪个不花钱呢？所以呀！"他到说上劲的时节总这么"所以呀"一下，"日后无须扎牌楼了，咱会用更新的、更省钱的办法，那可就有了赚头，所以呀！"辛德治看出来，钱掌柜是回不来了；世界的确是变了。周掌柜和天成、正香村的人们说得来，他们都是发财的。过了节，检查日货嚷嚷动了。周掌柜疯了似的上东洋货。检查队已经出动，周掌柜把东洋货全摆在大面上，而且下了命令："进来买主，先拿日本布；别处不敢卖，咱们正好作一批生意。看见乡下人，明说这是东洋布，他们认这个；对城里的人，说德国货。"

检查队到了。周掌柜脸上要笑出几个蝴蝶儿来，让吸烟，让喝茶。"三合祥，冲这三个字，不是卖东洋货的地方，所以呀！诸位看吧！门口那些有德国布，也有土布；内柜都是国货绸缎，小号在南方有联号，自办自运。"

大家疑心那些花布。周掌柜笑了："张福来，把后边剩下的那匹东洋布拿来。"

布拿来了。他扯住检查队的队长："先生，不屈心，只剩下这么一匹东洋布，跟先生穿的这件大衫一样的材料，所以呀！"他回过头来，"福来，把这匹料子扔到街上去！"

队长看着自己的大衫，头也没抬，便走出去了。

这批随时可以变成德国货、国货、英国货的日本布赚了一大笔钱。有识货的人，当着周掌柜的面，把布扔在地上，周掌柜会笑着命令徒弟："拿真正西洋货去,难道就看不出先生是懂眼的人吗?"然后对买主:"什么人要什么货,白给你这个,你也不要,所以呀!"于是又做了一号买卖。客人临走,好像怪舍不得周掌柜。辛德治看透了,做买卖打算要赚钱的话,得会变戏法、说相声。周掌柜是个人物。可是辛德治不想再在这儿干,他越佩服周掌柜,心里越难过。他的饭由脊梁骨下去。打算睡得安稳一些,他得离开这样的三合祥。

可是,没等到他在别处找好位置,周掌柜上天成领东去了。天成需要这样的人,而周掌柜也愿意去,因为三合祥的老规矩太深了,仿佛是长了根,他不能充分施展他的才能。

辛德治送出周掌柜去,好像是送走了一块心病。

对于东家们,辛德治以十五六年老伙计的资格,是可以说几句话的,虽然不一定发生什么效力。他知道哪些位东家是更老派一些,他知道怎样打动他们。他去给钱掌柜运动,也托出钱掌柜的老朋友们来帮忙。他不说钱掌柜的一切都好,而是说钱与周二位各有所长,应当折中一下,不能死守旧法,也别改变的太过火。老字号是值得保存的,新办法也得学着用。

字号与利益两顾着——他知道这必能打动了东家们。

他心里,可是另有个主意。钱掌柜回来,一切就都回来,三合祥必定是"老"三合祥,要不然便什么也不是。他想好了:减去煤气灯、洋鼓洋号、广告、传单、烟卷;至必不得已的时候,还可以减人,大概可以省去一大笔开销。况且,不出声而贱卖,尺大而货物地道。难道人们就都是傻子吗?

钱掌柜果然回来了。街上只剩了正香村的煤气灯,三合祥恢复了昔日的肃静,虽然因为欢迎钱掌柜而悬挂上那四个宫灯,垂着大红穗子。

三合祥挂上宫灯那天,天成号门口放了两只骆驼,骆驼身上披满了各色的缎条,驼峰上安着一明一灭的五彩电灯。骆驼的左右辟了抓彩部,一人一毛钱,凑足了十个人就开彩,一毛钱有得一匹摩登绸的希望。天成门外成了庙会,挤不动的人。真有笑嘻嘻夹走一匹摩登绸的嘛!

三合祥的门凳上又罩上蓝呢套,钱掌柜眼皮也不抬,在那里坐着。伙计们安静地坐在柜里,有的轻轻拨弄算盘珠儿,有的徐缓地打着哈欠,辛德治口里不说什么,心中可是着急。半天儿能不进来一个买主。偶尔有人在外边打一眼,似乎是要进来,可是看看金匾,往天成那边走去。有时候已经进来,看了货,因不打价钱,又空手走了。只有几位老主顾,时常来买点东西;可也有时候只和钱掌柜说会儿话,慨叹着年月这样穷,喝两碗茶就走,什么也不买。辛德治喜欢听他们说话,这使他想起昔年的光景,可是他也晓得,昔年的光景,大概不会回来了;这条街只有天成"是"个买卖!

　　过了一节,三合祥非减人不可了。辛德治含着泪和钱掌柜说:"我一人干五个人的活,咱们不怕!"老掌柜也说:"咱们不怕!"辛德治那晚睡得非常香甜,准备次日干五个人的活。可是过了一年,三合祥倒给天成了。

徐迟（中国·现当代）

传略　徐迟（1914—1996），现代散文学家、诗人、翻译，浙江南浔人。原名商寿，生于一个教师家庭。曾就读于苏州东吴大学文学院。

1931年开始写诗，1934年开始发表诗作《寄》、《沉重的BUS》、《诗拔萃》等，后结集为《二十岁人》。1936年起陆续发表散文《歌剧院及其它》、《贝多芬之恋》、《理想树》等，后收入《美文集》、《狂欢之夜》。

徐迟

徐迟早期创作受欧美现代派影响。特别是他的诗作，追求意象的蕴蓄，节奏的跳跃，有些作品较为难懂。散文创作则因受美国作家海明威的影响，稍趋明朗，叙写细腻。

中华人民共和国成立后，徐迟创作勤奋。50年代的前七年，他两次到朝鲜战场，4次去鞍钢，6次到长江大桥工地。诗集《美丽·神奇·丰富》、《战争·和平·进步》和《共和国的歌》，特写集《我们这时代的人》、《庆功宴》，论文集《诗与生活》等，是他这一时期的创作收获；1957年至1960年的四年间，他担任《诗刊》副主编。1960年定居武汉后，以主要精力从事报告文学的创作，写成《火中的凤凰》、《祁连山下》、《牡丹》等作品。记述两个爱国知识分子常书鸿、孙健初的《祁连山下》，发表后受到广泛好评。

1976年以后，徐迟以报告文学的形式反映自然科学领域的生活，写出了《哥德巴赫猜想》、《地质之光》、《生命之树常绿》、《在湍流的涡旋中》等一系列反响强烈的作品。《哥德巴赫猜想》、《地质之光》以及反映葛洲坝水利枢纽工程建设的《刑天舞干戚》，曾获全国优秀报告文学奖。

徐迟以诗人气质写报告文学，特别是写知识分子题材的作品，常能熔政论、诗和散文于一炉；结构宏大，气势开阔，语言华美而警策，独具风格。著作有《哥德巴赫猜想》（报告文学选）、《徐迟散文选集》、散文集《法国，一个春天的旅行》，论文集《红楼梦艺术论》、《文艺和现代化》等。1996年底因患抑郁症在武汉同济医院跳楼自杀，震动全国。

八十岁以后的孤独——徐迟之死

1996年12月12日深夜，以"报告文学之父"著称中国文坛的诗人、作家徐迟在医院跳楼自杀身亡。

1976年以后，徐迟以报告文学的形式反映自然科学领域的生活，写出了《哥德巴赫猜想》、《地质之光》、《生命之树常绿》、《在湍流的涡漩中》等一系列反响强烈的作品。特别是1978年1月在《人民文学》发表闻名全国的报告文学《哥德巴赫猜想》，为他赢得极大的声誉。然而在经历爱妻徐松患癌症去世、第二次婚姻破裂等一连串打击后，徐迟开始变得孤僻、沉默、足不出户、闭门独思。后来干脆实行四不政策：不读报、不看电视、不下楼、不会客。他孤独无助，神情抑郁。

1996年12月12日，半夜12点钟——是13日的凌晨，正是一个星期五的13日，一个"黑色的日子"。徐迟从武汉同济医院6楼高干病房的阳台上翻身跃下。事后同济医院的张副院长介绍事情发生的经过：

"我们的值班护士半夜查房，看见10床空着，以为他在洗手间，推开洗手间半掩的门，不见人。病房有一个密封的阳台，是供病人放置食品和晾晒衣服的，病人有时也在这里走动一下。值班护士走到阳台上，仍不见人，发现墙角的一扇窗户开着。冬季放暖气后窗户一般都是关起来的，她到窗口探出头去，用手电筒从6楼往下照，看见地上有一个白东西，她打电话到一楼值班室，叫她们出去看看；徐老躺在地上，呼吸和脉搏都没有了……"

是老境孤独、黄昏恋失败、病痛所苦、老年躁动症、玩电脑走火入魔？还是神情抑郁，"世纪末"式的失落？

关于徐迟的黄昏恋故事，有人说它至少是导致徐迟自杀的重要原因之一。另外，由于年事渐高，加上生活受挫，徐迟异乎寻常地为自己定下"四不"："不读报、不看电视，不会客、不下楼。"这种自我隔绝，加上由于耳聋，连他终生酷爱的古典音乐也无法欣赏，使他完全陷于孤独和寂寞之中。毫无疑问，这种寂寞和与世隔绝，也是徐迟患病和死亡的重要原因之一。

轰动　　徐迟1978年发表在《人民文学》第1期的轰动一时的报告文学《哥德巴赫猜想》，至今仍被文学界和读者常常提及和谈论。30年过去了，这篇报告文学的作者徐迟和主人公陈景润皆已去世，他们曾经感动和激励着一代人为"科学的春天"而奋斗，为改革开放的伟大事业而奋斗。

追怀

寻找徐迟

张抗抗

今年早春时在哈尔滨,去看望一位一直关心着我的文联老领导、诗人方行老师。方老祖籍浙江湖州,虽然已在东北住了几十年,一开口,浓重的浙江口音依然。方老年过八旬,虽然腿脚有些不便,精气神儿却好,头脑也极清爽。聊过一会,忽然问我可曾读过徐迟先生写的长篇小说《江南小镇》。我说知道这本书但一直没有见过,方老有些黯然。告辞时,出于礼貌,我问他可有什么事情需要在北京办,我会尽力。方老迟疑片刻,说你要有空,帮我找一本《江南小镇》寄来,听人说写得好,我想看看,但哈尔滨的书店怎么也买不到。

心想不就是一本书嘛,别的事情办不了,弄一本书还是绰绰有余吧,当即满口应承下来。回到北京,凡去书店书城,便不忘去找《江南小镇》,记得几年前看过介绍,封面是江南小镇的水墨画,很是淡雅宁静。但想不到几次出入书店,这本《江南小镇》竟是遍寻无着。一段时间耽搁下来,方知这种几年前出版的"旧书",在新书如潮的书店,早已"退位",一时十分失望。然而受人之托,总得尽心竭力才是,何况对方是位一生爱书嗜书的老者。

正发愁,那日忽地灵机一动,心想既然书店里买不到,为什么不去找出版社直接购买呢。别的人不认识,出版社的编辑总还认识几个吧。刚刚一阵轻松,却发现了一个更大的难题——无论是我,还是方老本人,都不知道《江南小镇》究竟出于哪一家出版社。

横下心给京城文友们一通乱打电话,热心人说知道知道,是浙江文艺出版社,又有人说是上海文艺出版社,还有人说是长江文艺出版社。所有的出版社都成为与《江南小镇》有涉的嫌疑者,但没有一种说法切实可信。于是只好一个一个长途电话打过去,一个出版社一个出版社地细细询问,大有协助警方跟踪破案的架势。结果是在长途电话中与编辑朋友拐弯抹角海聊神侃一番,到最后说出打电话的缘由,才发现那些外地的出版社,竟没有一家出版过《江南小镇》。心有不甘,再三追问说真的没有?朋友说难道出版过的书都会不知道么?悻悻放下电话,这才算明白,寻找一本"过时"的好书,竟是一件困难的事情。我惹上麻烦了。

情急无奈中,想起京城名编周明先生,此人神通广大,以前与徐迟先生又有过交往,请他帮忙去查找一下《江南小镇》的出版社,应该是举手之劳了。周明兄果然侠义,几日后即回电话,告知此案已有线索——《江南小镇》为作家出版社出版,确凿无疑。但他自己却没有这本书,查找了中国现代文学馆的藏书库,《徐迟文集》中也没有收入这部长篇小说。周明安慰我说,既是京城的出版社,找起来就方便了。我心中大喜,连日来踏破铁鞋,却原来近在眼前,这下子,岂不是手到擒来,看你这神秘小镇还往哪里躲。当即给作家出版社副社长蒋翠琳女士打电话,又重复一遍那位哈尔滨的老诗人是如何如何想看这本书。请求她无论如何帮我"弄"一本,哪怕是高价购买也成。蒋大姐笑说有人喜欢我们出版的书,我们高兴还来不及呢,没问题没问题。但真是应了好事多磨这句老话,问题马上就来了:派人去作家出版社书库里寻找《江南小镇》,那偌大的书库里,竟然已经连一本都没有了。蒋大姐抱歉说出版社的书库里都没有的话,那是真的没有了。也许以后什么时候会再次印刷,但眼下,恐怕暂时是没有办法了。

一位诗人死后,有人想找他的书却如此之难,诗人若地下有知,会作何感想?心里就有些难过,一种说不上的哀伤在心里拂之不去,为那本失踪或是绝迹的书,为身前孤傲身后冷清的徐迟老,也为了写书的人。就在那一刻,我发誓一定要找到这本书,它一旦出世,就有了生命。它是由许多活的文字组成的,那些年代久远的小镇人物和故事、那些诗一般美丽的语言,是那个生命的细胞、肌肤和血液;诗人生前独立于世的品格与思想,是那个生命坚硬的骨骸。那是诗人生前最后的倾诉——魂牵梦萦的故乡南浔小镇，托付着他固执的纯真与残存的理想，我不相信它会这样无声无息地消失。人会死去，但好书，应该比人活得长久。

我开始同这本书较上了劲，执拗的天性在那些日子里死灰复燃。我近于疯狂地寻找那本书，不仅仅是为了方老，也不仅仅是为了徐迟，甚至也不是为了那本书。连我自己都不清楚，我何以花费那么多的精力和时间，苦苦地搜寻着一切有可能同这本书、或是同徐迟老有关的人。问遍北京的朋友，不是由于人家搬家什么书都找不出来，就是根本没见过这本书，一次次扫兴而罢。又想，徐迟老生前在武汉工作，想必应当先从他生前熟识的人着手——我给湖北作家协会副主席，也是我在文学讲习所时的老同学刘富道、给湖北社会科学院文学所的老朋友俞汝捷先生打电话，重复着我已经对许多人说过的那一套老话，拜托他们找一找徐迟先生生前的老朋友，或是同事、邻居，还有他作品的研究者，心里希望着总会有一个人，或许侥幸保存着他生前曾赠送给别人的这本《江南小镇》。

但是没有。答复是找不到一个人拥有这本书。徐迟的女儿在国外，而一位徐迟作品的研究者，前几天刚刚出国探亲去了，而且要去较长的一段时间。

所有返回的信息都令人心寒齿冷，也证明了我心里的推断，徐迟老生前是一个不擅交往的人，他甚至很少赠书予人。他蜗居于陋室，隐没于人群，埋头于纸堆，探究着心底关于人和宇宙的奥秘。他写书只是因为他需要写，书一旦出版就已完成了他的心愿，他并不特别在意那书后来的去向和命运。他把漂泊的灵魂交给了那些无翅无腿的作品，任由它们在世上行走悠荡，从不问它们的行踪和接收者的评价。在这个他既热爱又恐惧的科技时代，他把所有的孤独与疑惑，都交给了医院6层楼高窗外的天空……

我知道自己寻找的已经不是《江南小镇》那本书，而是名叫徐迟的那个诗人。

好像是，《江南小镇》已绝版，但徐迟却活着。

一个令人绝望的早晨，我眼前突然出现了冯亦代和黄宗英两个名字。阳光从窗帘的缝隙里泄下一道亮光，我从床上跳了起来，冲到了电话机旁。

宗英老师轻柔的声音，像翻动的书页，一页页传过来，我听出那声音是微笑着的。

她说你怎么早不想到我，我当然有徐迟的书。每一种都有。不过你晓得我家的书架，堆成那个样子，我知道《江南小镇》放在哪里，不是找，不用找的，它就在那里。但你要给我一点时间，让我想办法把它拿出来。

是的，不用找。我再也不必翻江倒海般地寻找徐迟，他，就在那里。在一个知他识他想他读他的老朋友，那一间拥挤而温暖的书房兼卧室里。

几天以后，宗英老师告诉我，她已经请人将那本书全书复印好，直接挂号寄给哈尔滨市的方行先生了（想想吧，那么厚的一本书，一页页复印再邮寄，真是难为了她这样70多岁的人了）。她再三说，这样做只是为了怕把原书寄丢。你知道冯老，他是爱书如命的人，何况，这是徐迟先生生前留下的书。

那个流浪独行的灵魂，终也是有一处栖身之地的，在老朋友的心里。

后来方行的老伴王士媛老师打来电话，说《江南小镇》已经收到了，真不知道怎样感谢黄宗英和冯亦代先生。方老的眼神不济，却每天都捧着这部复印的书稿，一段段一页页地细读。方老非常喜欢这部书，他说这其实是徐迟先生的心灵自传。

那个时刻我的眼前一片模糊。为所有的写书人。

作品精选

哥德巴赫猜想（节选）

一

这里有一篇数论的论文。它的第一段是"（一）引言"，其中，提出了这道题目。后面是"（二）几个引理"，充满了各种公式和计算。最后是"（三）结果"，证明了一条定理。这篇论文，极不好懂。即使是著名数学家，如果不是专门研究这一个数学的分枝的，也不一定能读懂。但是这篇论文已经得到了国际数学界的公认，誉满天下。它所证明的那条定理，现在世界各国一致地把它命名为"陈氏定理"，因为它的作者姓陈，名景润。他现在是中国科学院数学研究所的研究员。

二

陈景润是福建人，生于一九三三年。当他一降生到这个现实人间时，他的家庭的社会生活并没有对他呈现出玫瑰花一般的艳丽色彩。他父亲是邮政局职员，老是跑来跑去的。当年如果参加了国民党，就可以飞黄腾达，但是他父亲不肯参加。有的同事说他真是不识时务。他母亲是一个善良的，操劳过甚的妇女，一共生了十二个孩子，只活了六个，其中陈景润排行老三。上有哥哥和姐姐；下有弟弟和妹妹。孩子生得多了，就不是双亲所疼爱的儿女了。他们越来越成为父母的累赘——多余的孩子，多余的人。从生下的那一天起，他就像一个被宣布为不受欢迎的人似的，来到了这人世间。

他甚至没有享受过多少童年的快乐。母亲劳苦终日，顾不上他。当他记事的时候，酷烈的战争爆发，日本鬼子打进福建省。他还这么小，就提心吊胆地生活。父亲到三元县农村中的一个邮政局当局长。小小邮局，设在山区一座古寺庙里。这地方曾经是一个革命根据地。但那时候，茂郁山林已成为悲惨世界。所有男子汉都被国民党匪军疯狂屠杀，无一幸存者。

连老年的男人也一个不剩了。剩下的只有妇女。她们的生活特别凄凉。花纱布价钱又太贵了；穿不起衣服，大姑娘都还裸着上体。福州被敌人占领后，逃难进山来的人多起来。这里飞机不来轰炸，山区渐渐有点儿兴旺，却又搬来了一个集中营。深夜里，常有鞭声惨痛地回荡；不时还有杀害烈士的枪声。第二天，那些戴着镣铐出来劳动的人，神色就更阴森了。

陈景润的幼小心灵受到了极大的创伤。他时常被惊慌和迷惘所征服。在家里并没有得到乐趣，在小学里他总是受人欺侮。他觉得自己是一只丑小鸭。不，是人，他还是觉得自己也是一个人。只是他瘦削、弱小。光是这副窝囊样子就不能讨人喜欢。习惯于挨打，从来不讨饶。这更使对方狠狠揍他，而他则更坚韧而有耐力了。他过分敏感，过早地感觉到旧社会那些人吃人的现象。他被造成了一个内向的人，内向的性格。他独独爱上了数学。不是因为被压，他只是因为爱好数学，演算数学习题占去了他大部分的时间。

当他升入中学的时候，江苏学院从远方的沦陷区搬迁到这个山区来了。那学院里的教授和讲师也到本地初中里来兼点课，多少也能给他们流亡在异地的生活改善一些。这些教师很有学问。有个语文教师水平最高，大家都崇拜他。但陈景润不喜欢语文。他喜欢两个外地的数理教师。外地教师倒也喜欢他。这些教师经常吹什么科学救国一类的话。他不相信科学能救国。但是救国却不可以没有科学，尤其不可以没有数学。而且数学是什么事儿也少不了它的。人们对他歧视，拳打脚踢，只能使他更加爱上数学。枯燥无味的代数方程式却使他充满了幸福，成为唯一的乐趣。

十三岁那年，他母亲去世了。是死于肺结核的。从此，儿想亲娘在梦中，而父亲又结了婚，后娘对他就更不如亲娘了。抗战胜利了，他们回到福州。陈景润进了三一中学，毕业后又到英华中学去念高中。那里有个数学教师，曾经是国立清华大学的航空系主任。

三

老师知识渊博，又诲人不倦。他在数学课上，给同学们讲了许多有趣的数学知识。不爱数学的同学都能被他吸引住，爱数学的同学就更不用说了。

数学分两大部分：纯数学和应用数学。纯数学处理数的关系与空间形式。在处理数的关系这部分里，讨论整数性质的一个重要分枝，名叫"数论'。十七世纪法国大数学家费马是西方数论的创始人。但是中国古代老早已对数论作出了特殊贡献。《周髀》是最古老的古典数学著作。较早的还有一部《孙子算经》。其中有一条余产数定理是中国首创。后来被传到了西方，定名为孙子定理，是数论中的一条著名定理。直到明代以前，中国在数论方面是对人类有过较大的贡献的。五世纪的祖冲之算出来的圆周率，比德国人奥托的，早出一千多年。约瑟夫（指斯大林，当时这样称呼他的）领导的科学家把月球的一个山谷名为"祖冲之'。南宋大数家秦九韶著有《数书九章》。他的联立一次方程的解法比瑞士的大数学家欧拉的解法早出了五百多年。元代大数学家朱世杰，著有《四元玉鉴》。他的多元高次方程的解法，比法国大数学家毕朱，也早出了四百多年。明、清以后，中国落后了。然而中国人对于数学好像是特具禀赋的。中国应当出大数学家。中国是数学的好温床。

有一次，教师给这些高中生讲了数论之中二道著名的难题。他说，当初，俄罗斯的彼得大帝建设彼得堡，聘请了一大批欧洲的大科学家。其中，有瑞士大数学家欧拉（他的著作共有八百余种）；还有德国的一位中学教师，名叫哥德巴赫，也是数学家。

一七四二年，哥德巴赫发现，每一个大偶数都可以写成两个素数的和。他对许多偶数进行了检验，都说明这是确实的。但是这需要给予证明。因为尚未经过证明，只能称之为猜想。他自己却不能证明它。从此这成了一道难题，吸引了成千上万数学家的注意。两百多年来，多少数学家企图给这个猜想作出证明，都没有成功。

说到这里，教室里成了开了锅的水。那些像初放的花朵一样的青年学生就叽叽喳喳地议论起来了。

老师又说，自然科学的皇后是数学。数学的皇冠是数论。这哥德巴赫猜想，则是皇冠上的明珠。

同学们都惊讶地瞪大了眼睛。

教师说，他们都知道偶数和奇数，也都知道素数和合数。我们小学三年级就教过这些了。这不是最容易的吗？不，这道难题是最难的呢。这道题很难很难。要有谁能够做了出来，不得了，那可不得了呵！

青年人又吵起来也。这有什么不得了。我们来做。我们做得出来。他们夸下了海口。

老师也笑了。他说："真的，昨天晚上我还做了一个梦呢。我梦见你们中间的一位同学，他不得了，他证明了哥德巴赫猜想。"

高中生们轰的一声大笑了。

但是陈景润没有笑。他也被教师的话震动了，但是他不能笑。如果他笑了，还会有同学用白眼瞪他的。自从升入高中以后，他越发孤独了。同学们嫌他古怪，嫌他脏，嫌他多病的样子，都不理睬他。他们用蔑视的和讥讽的眼神瞅着他。他成了一个踽踽独行、形单影只、自言自语、孤苦伶仃的畸零人。长空里，一只孤雁。

第二天，又上课了。几个相当用功的学生兴冲冲地给老师送上了几个答题的卷子。他们说，他们已经做出来了，能够证明那个德国人的猜想了。可以多方面地证明它呢。没有什么了不起的。哈！哈！

"你们算了！"老师笑着说，

"算了！算了！"

"我们算了，算了。我们算出来了！"

"你们算啦！好啦好啦，我是说，你们算了吧，白费这个力气做什么？你们这些卷子我是看也不会看的，用不着看的。那么容易吗？你们是想骑着自行车到月球上去。"

教室里又爆发出一阵哄堂大笑。那些没有交卷的同学都笑话那几个交了卷的。他们自己也笑了起来，都笑得跺脚，笑破肚子了。唯独陈景润没有笑。他紧结着眉头。他被排除在这一切欢乐之外。第二年，老师又回到清华去了。他现在是北京航空学院副院长、全国航空学会理事长沈元。他早该忘记这两堂数学课了。他怎能知道他被多么深刻地铭刻在学生陈景润的记忆中。老师因为同学多，容易忘记，学生却常常记着自己青年时代的老师。

四

福州解放！那年他高中三年级。因为交不起学费，一九五〇年上半年，他没有上学，在家自学了一个学期。高中没有毕业，但以同等学历报考，他考进了厦门大学。那年，大学里只有数学物理系。读大学二年级时，才有了一个数学系，但只四个学生。到三年级时，有数学系了，系里还是这四个人。因为成绩特别优异，国家又急需培养人才，四个人提前毕了业。而且，立即分配了工作，得到的优待，羡慕煞人。一九五三年秋季，陈景润被分配到了北京！在第X中学当数学老师。这该是多么的幸福了呵！

然而，不然！在厦门大学的时候，他的日子是好过的。同组同系就只四个大学生，倒有四个教授和一个助教指导学习。他是多么饥渴而且贪馋地吸饮于百花丛中，以酿制芬芳馥郁的数学蜜糖呵！学习的成效非常之高。他在抽象的领域里驰骋得多么自由自在！大家有共同的 dx 和 dy 等等之类的数学语文。心心相印，息息相通。三年中间，没有人歧视他，也不受骂挨打了。他很少和人来往，过的是黄金岁月；全身心沉浸在数学的海洋里面。真想不到，那么快，他就毕业了。一想到他将要当教师，在讲台上站立，被几十对锐利而机灵，有时难免要恶作剧的眼睛盯视，人禁不住吓得打颤！

他的猜想立刻就得到了证明。他是完全不适合于当老师的。他那么瘦小和病弱，他的学生却都是高大而且健壮的。他最不善于说话，说多几句就嗓子发痛了。他多么羡慕那些循循善诱的好老师。下了课回到房间里，他叫自己笨蛋，辱骂自己比别人的还厉害得多。他一向不会照顾自己，又不注意营养。积忧成疾，发烧到摄氏三十八度。送进医院一检查，他患有肺结核和腹膜结核症。

这一年内，他住医院六次，做了三次手术。当然他没有能够好好地教书。但他并没有放弃他的专业。中国科学院不久前出版了华罗庚的名著《堆垒素数论》。刚摆上书店的书架，陈景润就买到了。他一头扎进去了。非常深刻的著作，非常之艰难！可是他钻研了它，研究它。他那时也认为，这样下去，学校没有理由欢迎他。

他想他也许会失业。又有什么办法呢？好在他节衣缩食，一只牙刷也不买。他从来不随便花一分钱，他积蓄了几乎他的全部收入。他横下心来，失业就回家，还继续搞他的数学研究。积蓄这几个钱是他搞数学的保证。这保证他失了业也还能研究数学的几个钱，就是他的生命；他的生命就是数学。至于积蓄一旦用光了，以后呢？那时又该怎么办？他不知道。这也是难题；也是尚未得到解答的猜想。而这个猜想后来也证明是猜对了的。他的病好不了，中学里后来无法续聘他了。

厦门大学校长来到了北京，在教育部开会。那中学的一位领导遇见了他，谈起来，很不满意，提出了一大堆的意见：你们怎么培养了这样的高材生？

王亚南，厦门大学校长，就是马克思的《资本论》的翻译者，听到意见之后，非常吃惊。他一直认为陈景润是他们学校里最好的学生。他不同意他所听到的意见。他认为这是分配学生的工作时，分配不得当。他同意让陈景润回到厦门大学。

听说他可以回厦门大学数学系了，说也奇怪，陈景润的病也就好转了。而王亚南却安排他在厦大图书馆当管理员，又不让管理图书，只让他专心致志地研究数学。王亚南不愧为政治经济学的批判家，他懂得价值论，陈景润也没有辜负老校长的培养。他果然精深地钻研了华罗庚的《堆垒素数论》和大厚本儿的《数论导引》。陈景润都把它们吃透了。他的这种经历却也并不是没有先例的。

当初，我国老一辈的大数学家、大教育家熊庆来，我国现代数学的引进者，在北京的清华大学执教。三十年代之初，有一个在初中毕业以后就失了学、失了学就完全自学的青年人，寄出了一篇代数方程解法的文章，给了熊庆来。熊庆来一看，就看出了这篇文章作者的勃发英姿和奇光异彩。他立刻把它的作者，姓华名罗庚的，请进了清华园来。他安排华罗庚在清华数学系当文书，可以一面自学，一面大量地听课。尔后，派遣华罗庚出国，留学英国剑桥。学成回国，已担任在昆明的云南大学校长的熊庆来，又介绍他当联大教授。华罗庚后来再次出国，在美国普林斯顿和依利诺的大学教书。中华人民共和国成立以后，华罗庚马上回国来了，他主持了中国科学院数学研究所的工作。

陈景润在厦门大学图书馆中也很快写出了数论方面的专题文章，文章寄给了中国科学院数学研究所。华罗庚一看文章，就看出了文章中的英姿勃发和奇光异彩，也提出了建议，把陈景润选调到数学研究所来当实习研究员。正是：熊庆来慧眼认罗庚，华罗庚睿目识景润。

一九五六年底，陈景润再次从南方海滨来到了首都北京。

一九五七年夏天，数学大师熊庆来从国外重返祖国首都。

这时少长咸集，群贤毕至。当时著名的数学家，有熊庆来、华罗庚、张宗燧、闵嗣鹤、吴文俊等等，如明星灿灿；还有新起的一代俊彦，如陆启铿、万哲先、王元、越民义、吴方等等，如朝霞烂漫；还有后起之秀，陆汝钤、杨乐、张广厚等等已入北京大学求学。在解析数论、代数数论、函数论、泛函分析和几何拓扑学等等的学科之中，已人才济济，又加上了一个陈景润。人人握灵蛇之珠，家家抱荆山之玉。风靡云蒸，阵容齐整。条件具备了，华罗庚作出了部署：侧重于应用数学，但也要向那皇冠上的明珠——哥德巴赫猜想挺进！

海子（中国·当代）

海子

传略 海子（1964—1989），原名查海生，1964年5月生于安徽省安庆市怀宁县高河镇查湾村，在农村长大。1979年15岁时考入北京大学法律系，海子1982年开始诗歌创作，当时即被称为"北大三诗人"之一。1983年自北大毕业后分配至北京中国政法大学哲学教研室工作。1984年创作成名作《亚洲铜》和《阿尔的太阳》，第一次使用"海子"作为笔名。

从1982年至1989年，海子用超乎寻常的热情和勤奋，凭着辉煌的才华、奇迹般的创造力、敏锐的直觉和广博的知识，在极端贫困、单调的生活环境里创作了将近200万字的诗歌、小说、戏剧、论文。1989年3月26日在山海关与龙家营之间的火车慢行道上卧轨自杀。在海子短暂的生命里，他保持了一颗圣洁的心。他曾长期不被世人理解，但他是中国80年代新文学史中一位全力冲击文学与生命极限的诗人。

海子的主要作品有：长诗《但是水，水》、长诗《土地》、诗剧《太阳》

（未完成）、第一合唱剧《弥赛亚》、第二合唱剧残稿、长诗《大扎撒》（未完成）、话剧《弑》及约200首抒情短诗。曾与西川合印过诗集《麦地之瓮》。曾于1986年获北京大学第一届艺术节"五四"文学大奖赛特别奖，于1988年获第三届《十月》文学奖荣誉奖。其部分作品被收入近20种诗歌选集以及各类大学中文系《中国当代文学作品选》教材。

"这是唯一的，最后的，抒情"——海子之死

1989年3月26日，第三代诗人中的怪杰海子怀揣《圣经》在山海关卧轨自杀，年仅25岁。死时胃中只存几瓣橘子。

海子的死引起了世人的震撼，一个诗人自杀了，他迫使大家重新审视、认识诗歌与生命。对诗人自杀的原因。人们有许多解释。有人认为他是死于精神分裂，有人认为他是江郎才尽，有人说他的死是殉诗，有人说他的死缘于城市和乡村的矛盾，甚至有人说他的死是练气功走火入魔，这些说法反映了人们当时对海子之死的关注。

有关海子之死，海子生前好友西川写过两篇文章。一篇文章是《纪念》，做为海子的朋友，海子死后他又全面编辑过海子的诗歌作品。另外，当由于海子的死引发了众多青年诗人的自杀事件之后，西川又写了《死亡后记》，较为客观地分析了海子自杀的几种原因，并提醒青年诗人不要仿效海子的行动，好好珍惜生命，表现了西川良好的社会责任感。

西川在《死亡后记》一文中对海子自杀原因进行了有说服力的考察。他认为，导致海子自杀的原因有如下几点：

（1）自杀情结。海子是一个有自杀情结的人，他曾于1986年自杀未遂。在海子的大量诗作中（如发表于1989年第一、二期《十月》上的《太阳·诗剧》和他至今未发表过的长诗《太阳·断头篇》等），也可以找到海子自杀的精神线索。他在诗中反复、具体地谈到死亡——死亡与农业、死亡与泥土、死亡与天堂，以及鲜血、头盖骨、尸体等等。甚至，海子还与其友

人谈过自杀的方式。海子在死亡意象、死亡幻象、死亡话题中沉浸太深了，这一切对海子形成了一种巨大的暗示，并使得他最终不可控制地朝自身的黑暗陷落。

（2）性格因素。海子纯洁、简单、偏执、倔强、敏感、爱干净，有时有点伤感，有时沉浸在痛苦之中不能自拔，对理想爱情执著。

（3）生活方式。海子的生活相当封闭。简单枯燥的生活害了海子，使他对人世间的温情和生之乐趣感受少了。

（4）荣誉问题。和所有中国现当代诗人一样，海子面临着两方面的阻力。一方面是社会中某些人对诗人的不信任，以及某些守旧文学对于先锋文学的抵抗。这不是一个文学问题而是一个政治问题。另一方面是受到压制的先锋文学界内部的互不信任、互不理解、互相排斥。海子曾受过不少的诽谤和攻击。

（5）气功问题。练气功练出了海子身体上的一些问题，出现幻听、幻觉等，影响了他的写作，破坏了他的心情，这对于一个视写作为自己生命的人来说，是一个灾难性的打击。

（6）自杀导火索。海子的不如意的爱情生活或许是导致海子自杀的一个重要原因。

（7）写作方式与写作理想。海子那一种燃烧自己青春激情方式的写作，把他自己推进了一个在写作与生活之间没有任何距离的黑洞里去的。

正如西川所说，海子是一个有着自杀情结的人，死亡的意象是他的诗中一个重要的命题，而表现其最后自杀意识尤切的，无疑是他自杀之前的最后几首诗之一，也就是作于1989年3月14日的《春天，十个海子》。

美国学者奚密对海子之死这样评价："是否这个雄心万丈的计划损害了这位青年诗人的身心健康？是否为了创造这篇超级史诗，他加给自己难以承受的压力？是否孤独离群的生活所造成的极度抑郁令他无法继续其创作计划？是否，如西川向笔者透露的，海子对'天才早夭'的浪漫式的执迷使他陷于其中而最终实现了自己的预言？"

成就　　因其诗歌的杰出成绩,海子1986年获北京大学第一届艺术节五四文学大奖赛特别奖;1988年获第三届《十月》文学奖荣誉奖;2001年4月28日荣获中国文学最高奖项之一——第三届"人民文学奖诗歌奖";2001年,其被广为传诵的明快亲切的短诗《面朝大海,春暖花开》入选高中语文课本;2003年,吉林人民出版社出版的《大学语文》教材选入另一篇经典代表作《麦地》;中国书籍出版社出版《人一生要读的60首诗》,海子的《面朝大海,春暖花开》入选而跻身于几十位中外名家的名作之中。

在中国当代诗坛,海子常常被评价为"一个诗歌时代的象征"和"我们祖国给世界文学奉献的一位具有世界眼光的诗人"。海子是20世纪80年代后期新诗潮的代表人物,在中国诗坛占有十分独特的地位,他的诗影响了一代人的写作,成为中国诗歌文化的一个重要组成部分。其创作的优秀抒情短诗是继"朦胧诗"之后独特而又诗艺出众的作品,兼具抒情性、可诵性和先锋性风格,被给予极高评价,有关海子诗歌的深度研究已经成为学术界的关注热点之一。

魂归　　海子的墓坐落在安徽省安庆市,墓的风格朴素,大方,一条黄龙盘在墓碑的顶端,墓身正面有两个小龛,海子从西藏背回来的那两块玛尼石,被他父亲镶嵌在右边的佛龛里,那两块石头重约20公斤。父亲深知那是海子的深爱之物,便把它留在墓上陪伴海子。

海子墓初修时无碑,1994年以海子年幼的侄儿、侄女的名义立了墓碑。按照当地的风俗,自杀是不吉利的。村民们很难理解为什么会有那么多人不远千里,

海子墓

来此祭奠、缅怀一个自杀的人。

2008年，海子故居被当地政府列为县级重点文物保护单位

2009年，安徽省安庆市怀宁县政府组织了一系列纪念活动，包括瞻仰海子故居，凭吊海子墓，召开"中国·海子诗歌研讨会"。

追怀 2009年03月26日，北京大学第十届未名诗歌节开幕式暨海子逝世20周年纪念活动在北大百年讲堂举行。

为了纪念这位早逝的诗人，北京大学未名诗歌节每年都选在海子忌日举行。2009第十届北京大学未名诗歌节的主题是"半完成的海"，主办方取海子最后一首遗作《春天，十个海子复活》之名请来王家新、姜涛、胡续东、臧棣等10位诗人。在名为"春天，十个人读海子"的讲读会上朗诵并讲读诗歌。

诗人王家新第一个上台朗诵了海子的诗歌《黑夜的献诗》。在他看来，诗歌从没死亡，海子也没有死，20年了，人们一直在纪念海子。"20年了，有人还在问，海子为什么而死。有些人就是这样，不问自己为什么活，却问别人为什么死。海子是为诗歌而死，他的死不是出于绝望或者活得悲惨，很可能正相反，在他的最后一刻，幸福的闪电为他闪耀。诗歌永生，海子也永生。"

对于一些过分崇拜海子诗歌的读者，王家新也给予提醒："昨天我听说一些海子的诗迷在为海子扫墓时，在海子墓前磕头磕得头破血流。还有的女生，人还没有走到海子墓前就已经激动得晕过去了。海子需要这样的朝拜吗？喜欢海子的诗歌不是错，但我们应该理智。在纪念海子的日子里，希望年轻的朋友不仅意识到海子的天才，也认识到他的局限性。任何人都有局限，但这种局限性并不影响他的优秀。"接下来，歌手周云蓬演唱了以海子诗歌《九月》为词的歌曲，学者谢冕回忆了自己与海子相识的过程，臧棣、西渡、孙文波、胡续东等分别朗诵了海子的诗歌。

此外，还有一系列关于海子的纪念活动在全国各地举行，北京南锣鼓巷的江湖酒吧上演话剧《太阳·弑》的片段，盲人歌手周云蓬也用自己的音乐纪念海子。

在上海，晚7点30分，诗人郁郁和一群诗歌爱好者聚集909咖啡馆，以"909诗·歌会：海子廿年祭"为题纪念诗人。复旦大学也举办诗歌沙龙和诗歌朗诵会等系列纪念活动。

名句

1. 从此再不提起过去，痛苦或幸福，生不带来，死不带去。

——《秋日黄昏》

2. 今天，我什么也不说，让别人去说。

——《新娘》

3. 今夜我不会遇见你，今夜我遇见了世上的一切，但不会遇见你。

——《情诗一束/山楂树》

4. 当我痛苦地站在你的面前，你不能说我一无所有，你不能说我两手空空。

——《麦地与诗人/答复》

5. 远方除了遥远一无所有。更远的地方，更加孤独。远方的幸福，是多少痛苦。

——《远方》

6. 没有任何夜晚能使我沉睡，没有任何黎明能使我醒来。

——《西藏》

7. 目击众神死亡的草原野花一片，远在远方的风比远方更远。

——《九月》

8. 黑夜一无所有，为何给我安慰。

——《黑夜的献诗》

9. 该得到的尚未得到,该丧失的早已丧失。

——《秋》

10. 谁的声音能抵达秋子之夜,长久喧响,掩盖我们横陈于地的骸骨。

——《秋》

11. 风后面是风,天空上面是天空,道路前面还是道路。

——《四姐妹》

12. 珍惜黄昏的村庄,珍惜雨水的村庄,万里无云如同我永恒的悲伤。

——《村庄》

13. 今夜我不关心人类,我只想你。

——《日记》

14. 公元前我们太小,公元后我们又太老,没有人能够见到那一次真正美丽的微笑。

——《历史》

15. 如今雨水已淡,瓮中未满,千秋,我怎么记得住,已经过去的一千个秋天。

——《岁月》

16. 我要做远方的忠诚的儿子,和物质的短暂情人。

——《以梦为马》

海子展开双臂

作品精选

诗选

面朝大海,春暖花开

从明天起,做一个幸福的人
喂马,劈柴,周游世界
从明天起,关心粮食和蔬菜
我有一所房子,面朝大海,春暖花开
从明天起,和每一个亲人通信
告诉他们我的幸福
那幸福的闪电告诉我的
我将告诉每一个人
给每一条河每一座山取一个温暖的名字
陌生人,我也为你祝福
愿你有一个灿烂的前程
愿你有情人终成眷属
愿你在尘世获得幸福
而我只愿面朝大海,春暖花开

祖国(或以梦为马)

我要做远方的忠诚的儿子
和物质的短暂情人

和所有以梦为马的诗人一样

我不得不和烈士和小丑走在同一道路上
万人都要将火熄灭我一人独将此火高高举起
此火为大开花落英于神圣的祖国

和所有以梦为马的诗人一样
我借此火得度一生的茫茫黑夜
此火为大祖国的语言和乱石投筑的梁山城寨
以梦为上的敦煌——那七月也会寒冷的骨骼
如雪白的柴和坚硬的条条白雪横放在众神之山

和所有以梦为马的诗人一样
我投入此火这三者是囚禁我的灯盏吐出光辉
万人都要从我刀口走过去建筑祖国的语言
我甘愿一切从头开始

和所有以梦为马的诗人一样
我也愿将牢底坐穿
众神创造物中只有我最易朽带着不可抗拒的死亡的速度
只有粮食是我珍爱我将她紧紧抱住抱住她在故乡生儿育女

和所有以梦为马的诗人一样
我也愿将自己埋葬在四周高高的山上守望平静的家园
面对大河我无限惭愧
我年华虚度空有一身疲倦

和所有以梦为马的诗人一样
岁月易逝一滴不剩水滴中有一匹马儿一命归天

千年后如若我再生于祖国的河岸
千年后我再次拥有中国的稻田
和周天子的雪山天马踢踏

和所有以梦为马的诗人一样
我选择永恒的事业
我的事业就是要成为太阳的一生
他从古至今——"日"——他无比辉煌无比光明

和所有以梦为马的诗人一样
最后我被黄昏的众神抬入不朽的太阳
太阳是我的名字
太阳是我的一生
太阳的山顶埋葬诗歌的尸体——千年王国和我
骑着五千年凤凰和名字叫"马"的龙
——我必将失败
但诗歌本身以太阳必将胜利

思 念 前 生

庄子在水中洗手
洗完了手,手掌上一片寂静
庄子在水中洗身
身子是一匹布
那布上粘满了
水面上漂来漂去的声音

庄子想混入
凝望月亮的野兽
骨头一寸一寸
在肚脐上下
像树枝一样长着

也许庄子就是我
摸一摸树皮
开始对自己的身子
亲切
亲切又苦恼
月亮触到我
仿佛我是光着身子
进出

母亲如门，对我轻轻开着

春天，十个海子

（海子生前最后一篇作品）

在春天，十个海子全都复活
光明的景色中
嘲笑这一野蛮而悲伤的海子
你这么长久地沉睡到底是为了什么？
春天，十个海子低低地怒吼
围着你和我跳舞、唱歌
扯乱你的黑头发，骑上你飞奔而去，尘土飞扬

你被劈开的疼痛在大地弥漫

在春天，野蛮而复仇的海子

就剩这一个，最后一个

这是黑夜的儿子，沉浸于冬天，倾心死亡

不能自拔，热爱着空虚而寒冷的乡村

那里的谷物高高堆起，遮住了窗子

它们一半用于一家六口人的嘴，吃和胃

一半用于农业，他们自己繁殖

大风从东吹到西，从北刮到南，无视黑夜和黎明

你所说的曙光究竟是什么意思

小说

木船（神秘小说）

人们都说，他是从一条木船上被抱下来的。那是日落时分，太阳将河水染得血红，上游驶来一只木船。这个村子的人们都吃惊地睁大眼睛，因为这条河上已经很久很久没有船只航行了。在这个村子的上游和下游都各有一道凶险的夹峡，人称"鬼门老大"和"鬼门老二"。在传说的英雄时代过去以后，就再也没有人在这条河上航行过了。这条河不知坏了多少条性命，村子里的人听够了妇人们沿河哭嚎的声音。可今天，这条船是怎么回事呢？大家心里非常纳闷。这条木船带着一股奇香在村子旁靠了岸。它的形状是那么奇怪，上面洞开着许多窗户。几个好事者跳上船去，抱下一位两三岁的男孩来。那船很快又顺河漂走了，消失在水天交接处。几个好事者只说船上没人。对船上别的一切他们都沉默不语。也许他们是见到什么了。一束光？一个影子？或者一堆神坛前的火？他们只是沉默地四散开。更奇的是，这几位好事者不久以后都出远门去了，再也没有回到这方故乡

的土地上来。因此那条木船一直是个谜。（也许，投向他身上的无数束目光已经表明，村里的人们把解开木船之谜的希望寄托在这位与木船有伙伴关系或者血缘关系的男孩身上。）他的养母非常善良、慈爱，他家里非常穷。他从小就酷爱画画。没有笔墨，他就用小土块在地上和墙壁上画。他的画很少有人能看懂。只有一位跛子木匠、一位女占星家和一位异常美丽的、永远长不大的哑女孩能理解他。那会儿他正处于试笔阶段。他的画很类似于一种秘密文字，能够连续地表达不同的人间故事和物体。鱼儿在他这时的画中反复出现，甚至他梦见自己也是一只非常古老的鱼，头枕着陆地。村子里的人们都对这件事感到一种莫名的恐惧，认定这些线条简约形体痛苦的画与自己的贫穷和极力忘却的过去有关系。于是他们就通过他慈爱的养母劝他今后不要再画了，要画也就去画那些大家感到舒服安全的胖娃娃以及莺飞草长小桥流水什么的。但他的手总不能够停止这种活动，那些画像水一样从他的手指流出来，遍地皆是，打湿了别人也打湿他自己。后来人们就随时随地地践踏他的画。不知从什么时候开始，他干脆不用土块了。他坐在那条载他而来的河边，把手指插进水里，画着，这远远看去有些远古仪式的味道，也就没有人再管他了。那些画儿只是在他的心里才存在，永远被层层波浪掩盖着。他的手指唤醒它们，但它们马上又在水中消失。就这样过去了许多岁月，他长成了一条结实的汉子。他的养父死去了，他家更加贫穷。他只得放弃他所酷爱的水与画，去干别的营生。他做过箍桶匠、漆匠、铁匠、锡匠；他学过木工活、裁剪；他表演杂技、驯过兽；他参加过马帮、当过土匪、经历了大大小小的许多场战争，还丢了一条腿；他结过婚、生了孩子；在明丽的山川中他大醉并癫过数次；他爬过无数座高山、砍倒过无数棵大树、渡过无数条波光粼粼鱼脊般起伏的河流；他吃过无数只乌龟、鸟、鱼、香喷喷的鲜花和草根；他操持着把他妹子嫁到远方的平原上，又为弟弟娶了一位贤惠温良的媳妇……直到有一天，他把自己病逝的养母安葬了，才长长地舒了一口气。他也老了。大约从这个时候开始，那条木船的气味渐渐地在夜里漾起来了。那气味很特别，不像别的船只散发出的水腥味。那条木船漾出的是一种特别的香气像西方遮天蔽日的史前森林里一种异兽的香气。村子里的人在夜间也都闻到了这香气，有人认为它更近似于月光在水面上轻轻荡起的香气。他坐在床沿上，清楚地看见了自己的一生，同时也清澈地看见了那条木船。它是深红色的，但不像是一般的人间的油漆漆成的。远远看去，它很像是根根原木随随便便地搭成的。但实际上根本不是那么回事，它的结构精巧严密，对着日光和月光齐崭崭的开了排窗户，也许是为了在航行中同时饱饱的吸收那暮春的麦粒、油菜花和千百种昆虫的香味。在木船的边缘上，清晰地永久镌刻着十三颗星辰和一只猫的图案。那星辰和猫的双眼既含满泪水又森然有光。于是，他在家里翻箱倒柜，找出了积攒多年珍藏的碎银玉器，到镇上去换钱买了笔墨开始作画。于是这深宅大院里始终洋溢着一种水的气息，同时还有一种原始森林的气息。偶或，村子里的人们听到了一种声音，一种伐木的叮当声。森林离这儿很远，人们清醒地意识到这是他的画纸上发出的声音。他要画一条木船。他也许诞生在那条木船上。他在那条木船上顺河漂流了很久。而造这条木船的原木被伐倒的声响正在他的画纸上激起回声。然后是许多天叮叮作响的铁器的声音，那是造船的声音。他狂热地握着笔，站在画纸前，画纸上还是什么也没有。他掷笔上床，呼呼睡了三天三夜。直到邻村的人都能听见半空中响起的一条船下水的"嘭嘭"声，他才跳下床来，将笔甩向画纸。最初的形体显露出来了。那是一个云雾遮蔽、峭壁阻挡、太阳曝晒、浑水浸侵的形体。那是一个孤寂的忧伤的形体，船，结实而空洞，下水了，告别了岸，急速驶向"鬼门"。它像死后的亲人们头枕着的陶罐一样，体现了一种存放的愿望，一种前代人的冥冥之根和身脉远隔千年向后代人存放的愿望。船的桅杆上一轮血红的太阳照着它朴实、厚重而又有自责的表情，然后天空用夜晚的星光和温存加以掩盖。就在那条木船在夜间悄悄航行的时辰，孩子们诞生了。这些沾血的健康的孩子们是大地上最沉重的形体。他们的诞生既无可奈何又饱含深情，既合乎规律又意味深长。他艰难的挥动着画笔，描绘这一切。仿佛在行进的永恒的河水中，是那条木船载着这些沉重的孩子们前进。因此那船又很像是一块陆地，一块早已诞生并埋有祖先头盖骨的陆地。是什么推动它前进的呢？是浑浊的河流和从天空吹来的悲壮的风。因此在他的画纸上，船只实实在在地行进着，断断续续地行进着。面对着画和窗外申请生活的缕缕炊烟，他流下了大颗大颗的泪珠。

终于，这一天到了，他合上了双眼。他留下了遗嘱：要在他的床前对着河流焚烧那幅画。就在灰烬冉冉升上无边的天空的时候，那条木船又出现了。它逆流而上，在村边靠了岸。人们把这位船的儿子的尸首抬上船去，发现船上没有一个人。船舱内盛放着五种不同颜色的泥土。那条木船载着他向上游驶去，向他们共同的诞生地和归宿驶去。有开始就有结束。也许在它消失的地方有一棵树会静静长起。

（1985.5.25）

顾城（中国·当代）

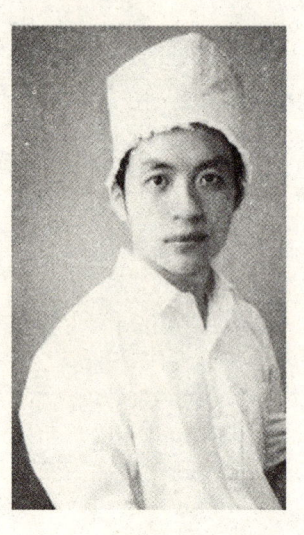

顾城

传略　顾城（1956—1993），北京市人，原籍上海，1956年9月生于北京，1969年随父顾工下放山东广北一部队农场，1974年回北京。做过搬运工、锯木工、借调编辑等。"文革"期间开始诗歌写作，1973年开始学画，并进入社会性作品写作阶段，1974年起于《北京文艺》、《山东文艺》、《少年文艺》等报刊零星发表作品。1977年起重新进入纯净写作，在《蒲公英》小报发表诗作后在诗歌界引起强烈反响和巨大争论，并成朦胧诗派的主要代表。1980年初所在单位解体，失去工作，从此过漂游生活。1982年加入北京市作家协会，1985年加入中国作家协会。1987年应邀出访欧美进行文化交流、讲学活动。1988年赴新西兰，讲授中国古典文学，被聘为奥克兰大学亚语系研究员。后加入新西兰国籍并辞职隐居激流岛。1992年，获德国学术交流中心（DAAD）创作年金，1993年，获德国伯尔创作基金，在德国写作。1993年10月8日于新西兰所居岛因为离婚与其妻谢烨发生冲突，谢烨受伤倒地，过程成谜，顾城随即自杀，谢烨于其死后数小时不治。顾城留下了大量诗、文、书法、绘画等作品。作品译成英、法、德、西班牙、瑞典等十多种文字。

顾城著有诗集《白昼的月亮》、《舒婷、顾城抒情诗选》、《北方的孤独者之歌》、《铁铃》、《黑眼睛》、《北岛、顾城诗选》、《顾城的诗》、《顾城童话寓言诗选》、《顾城新诗自选集》。逝世后由父亲顾工编辑出版《顾城诗全编》。另与谢烨合著长篇小说《英儿》。

顾城是我国新时期朦胧诗派的代表人物，被称为以一颗童心看世界的"童话诗人"。与舒婷的典雅端丽、委婉绰约、美丽忧伤相比，顾城的诗则显得纯真无瑕、扑朔迷离。但是，在顾城充满梦幻和童稚的诗中，却充溢着一股淡淡的忧伤。这不仅是诗人个人的忧伤，而是一代人觉醒后的忧伤。"黑夜给了我黑色的眼睛，我却用它寻找光明。"经历过"文革"的一代青年，对顾城的这两句诗是再熟悉不过的了。

最为人非议的自杀——顾城之死

1993年10月8日，移民新西兰的中国诗人顾城，被发现吊死在激流岛的一棵树下。不远处是他的妻子谢烨的尸体（1959—1993）。据报道，顾城是以利斧砍杀了妻子后，才引颈自戕。顾城是"文革"后年青一代诗人的佼佼者，这一消息对大陆和海外的读者的震撼，可想而知。

顾城于1979年在京沪特快列车上见到谢烨，对她便一往情深，不久，他全不能自制，赶到上海，向谢烨求婚。狂热地追求谢烨四年后终于如愿以偿。1983年8月5日结婚。随后出国漫游瑞典、英国、荷兰、新西兰、澳大利亚诸国后，定居于大洋洲的激流岛上，过起了自耕自足的桃花源生活，这应说是一个童话诗人很好的归宿了。

但是正因为顾城太天真、太童话了，所以他追求的完善在现实面前成为另一种永远不可实现的乌托邦。

顾城对自己早就有清醒的认识："我是个偏执的人，喜欢绝对"。最后，就是这"偏执"和"绝对"使他达到疯狂，丧失理性，"杀"死了自己的妻子，"杀"死了自己孩子的母亲。

穷居小岛，顾城夫妇的生活是很拮据的。再加上有人追求他的妻子，使他更觉得自己的完美梦残破不堪；遂有他所爱的情人"英儿离他而去"，又有因夫妻间一件小小的争吵而造成伤害，然后悬颈自尽的悲剧结局。

心域　　姐姐顾乡比顾城大两岁两个月零三天，顾城在她印象中的最大特点就是"不爱凑热闹"。顾城不到一岁时就会走路，"他那时干得最多的事，是走到离地不高的大穿衣镜前，对着镜子看自己"。上了幼儿园的顾城还是"不爱凑热闹"，每次顾乡去接他时，"也就不在玩闹一起的孩子群中找他，他热衷躲在一边看树或者看蚂蚁。"

从小博览群书的顾城，一次为了安慰受欺负的同学居然给人家讲起了《三国演义》的故事，并得到了"故事"的雅号。但同学们围拢着想听他讲时，"还是不容易听到他讲故事，因为他不习惯被围在中间"。"但是他又是想讲的，也很想有人听。"顾乡回忆说。

在渴望与外界交流和退回内心的"心理拉锯"中，顾城只好寻求姐姐当他"一个人的听众"，姐姐没空听时，"无奈之下他就进了别的屋子，隔着床一个人对着墙讲起来"。

及至"文革"的风浪裹挟一切，顾城还是"独自在烈日下、在落叶中、在寒风里走，在古城墙上拾一枚旧币，在荒草中间找蚂蚱、蟋蟀"，"高音喇叭、滚滚人流、漫天传单，对他如无一般。他嘲笑我（顾乡）、痛恨我，不许我去参加集体、社会活动，认定那些事情都很无聊，而我的同学都很庸俗。"

这就是顾城，仿佛活在自己"一个人的城堡"里的顾城。

厌愤 顾城定居新西兰激流岛后，也许是因为收入微薄，要贴补家用，也许是因为要享受田园生活，顾城在自家房子旁边圈了一块地，养了几百只鸡。顾城养的鸡最终引起社区内其他居民的不满，一是因为生活社区被顾城变成养鸡场，太吵闹；二是因为观瞻、气味、污染等环境问题。社区官员几次上门，代表全体居民，要求顾城将鸡处理掉，顾城当然不愿意，他认为在一个自由的世界，难道我没有养鸡的自由？最后，社区居民不得不动用法律手段，法院下达了判决书，要求顾城在限期内自行处理，否则将强行处理。结果，顾城拿着刀进入鸡舍，几百只鸡尸横遍地。然后，顾城把鸡脑袋装在一个塑料袋里，交给社区官员，证明自己已经把所有的鸡都彻底处理了。社区官员吓得当场逃跑。

对于常人来说，会考虑一个比较妥当理性的方法处理这个问题，但是顾城以一种令全体社区居民瞠目结舌的方式处理掉了他的那些鸡。

这件事情后，顾城对他的妻子说：全世界都在欺负我。为了发泄，顾城到山坡上去挥砍大树。

印象 这个活在自己"一个人的城堡"里的诗人给人印象最深的、标志性的特征就是永远戴一顶高高的、新西兰羊毛编织的翻边厨师帽。这也成为他留给后世最重要的个人形象。1992年6月在荷兰演讲时是这样，1992年12月在德国演讲时也是这样。他为什么戴帽子？按照他的解释是为了避免尘世间污染了他思想。

遗书

一

爸妈一姐：

人间的事总是多变的，关键是心地坦然。这岛极美，粉花碧木，想想你们要身体好，来一次多好呵。我一直在忙各种事，现在真想能在一起，忘了那些事。

人哪，多情多苦，无心无愁。天老不让我过日子，我只好写东西。现在创作达高峰，出口成章，也只是做事罢了。

我现在无奈了，英走了也罢，烨也私下与别人好，在岛上和一个小XX，在德国和一个叫陈XX的人。现在正在分家、离婚。她说要和陈生个娃娃。烨许多事一直瞒我。她好心、合理，亦有计划的（地）毁灭我的生活。我在木耳的事上伤了她心，后来我爱木耳要好好过，她也不许了。她的隐情被发现，我才大悟，为什么他们一直用英文写信通电话，当面骗我。英出事后，他们就一直等我自杀，或去杀英。他们安排得好呢，等我死他们好过日子，直到被发现后亦如此，奈何。

烨也好心救过我几次，但到她隐情处，她和陈就盼我死。

陈在德在饭店从小青那邦（帮）我买过电击器和刀，让我去杀英儿。他们安排的（得）好呢。

如此，我只有走了。

老顾乡知道很多烨的隐情。

我的手稿照片，由老顾乡清理、保存；房子遗产归木耳；稿费、《英》书稿拍卖的钱寄北京给老妈妈养老；书中现金老顾乡用于办后事。不要太伤心，人生如此。

老妈妈万万要保重。老顾乡多尽心了。

顾城 GuCheng

二

妈妈：

今天我过不得了，烨要跟别人走，木耳我也得不到。妈妈，我没法忍了，对不起。我想过回北京，但那都没法过。我死后，会有一些钱寄家里，好好过，老顾乡会回去，别省钱。

妈，我没办法，烨骗了我，她们都骗了我，还说是我不好。妈，好好的，你要能过去，我就高兴了。爹要邦（帮）老妈妈，全当我还在远方。妈，好好的，为了我最后的想念。

胖

三

老顾乡：

你要邦（帮）老妈妈，要把后事作（做）好，要安慰老妈妈，花光了钱也要邦（帮）助老妈妈，小事都别算了。

我从小对你凶，对不起。也就你不恨我，人人报复了我。

我的现金都归你，有四千元马克新币。我的房子归三木，也可卖掉。稿子都归你保管。要撑得住，利兹也会邦（帮）你。我是受不了了，他们得寸进尺。

好好的。有人问我，你就说，我是爱三木的。

弟城

四

木耳：

　　你将来会读这些话，是你爸爸最后写给你的。我本来想写一本书，告诉你我为什么怕你、离开你、爱你。你妈妈要和别人走，她拆了这个家，在你爸爸悔过回头的时候，她跟了别人。

　　木耳，我今天最后去看你，当马给你骑，我们都开心。可是我哭了，因为我知道这是最后一次见你，别怪你爸爸，他爱你、你妈妈，他不能没有这个家再活下去。

　　木耳，好孩，你的日子长呢，留给你的屋子里有你爸爸画的画，124号。你爸爸想和你妈妈和你住在那，但你妈妈拒绝。三木，我只有死了。愿你别太像我。

爸爸顾城

　　附注：此四封遗书是1993年10月8日下午在出事现场被警察拾取，字迹缭乱，说明遗书是当时仓促写的。顾城自尽前向姐姐顾乡说："我把谢烨打了"，是有叫姐姐去救谢烨之意的。顾城离世后，谢烨被顾乡叫来的救护车又转直升飞机，越过海峡送入医院后，抢救数小时失败。顾城四封遗书于当年12月22日由新西兰警方出示并当场复印送交各方，后经中国驻新使馆认证及国内公证。遗书上有陈XX及另一男子原名及身份。第一封遗书原是写给父母的家信，后划一横线，加个"姐"字，写成了遗书。

作品精选

诗选

远 和 近

你
一会看我
一会看云

我觉得
你看我时很远
你看云时很近

一 代 人

黑夜给了我黑色的眼睛，
我却用它寻找光明。

我是一个任性的孩子

我是一个任性的孩子
——我想在大地上画满窗子，
让所有习惯黑暗的眼睛都习惯光明。

也许
我是被妈妈宠坏的孩子

我任性

我希望
每一个时刻
都像彩色蜡笔那样美丽
我希望
能在心爱的白纸上画画
画出笨拙的自由
画下一只永远不会
流泪的眼睛
一片天空
一片属于天空的羽毛和树叶
一个淡绿的夜晚和苹果
我想画下早晨
画下露水
所能看见的微笑
画下所有最年轻的
没有痛苦的爱情
她没有见过阴云
她的眼睛是晴空的颜色
她永远看着我
永远，看着
绝不会忽然掉过头去
我想画下遥远的风景
画下清晰的地平线和水波
画下许许多多快乐的小河
画下丘陵——

长满淡淡的茸毛

我让它们挨得很近

让它们相爱

让每一个默许

每一阵静静的春天激动

都成为一朵小花的生日

我还想画下未来

我没见过她,也不可能

但知道她很美

我画下她秋天的风衣

画下那些燃烧的烛火和枫叶

画下许多因为爱她

而熄灭的心

画下婚礼

画下一个个早早醒来的节日——

上面贴着玻璃糖纸

和北方童话的插图

我是一个任性的孩子

我想涂去一切不幸

我想在大地上

画满窗子

让所有习惯黑暗的眼睛

都习惯光明

我想画下风

画下一架比一架更高大的山岭

画下东方民族的渴望

画下大海——

无边无际愉快的声音

最后，在纸角上

我还想画下自己

画下一只树熊

他坐在维多利亚深色的丛林里

坐在安安静静的树枝上

发愣

他没有家

没有一颗留在远处的心

他只有，许许多多

浆果一样的梦

和很大很大的眼睛

我在希望

在想

但不知为什么

我没有领到蜡笔

没有得到一个彩色的时刻

我只有我

我的手指和创痛

只有撕碎那一张张

心爱的白纸

让它们去寻找蝴蝶

让它们从今天消失

我是一个孩子

一个被幻想妈妈宠坏的孩子

我任性

文选

东冢歌声（写真）

一条大路带着飒飒风声，穿过荒原的腹地，奔向东方。我顶着西风去赶年集。

天空是一个宏伟、完整的蓝穹，紧扣着大地，秃秃的大地也是标准的圆形，没有任何人为的几何体，来破坏这天地原始的结合。

我走了许久许久，才见到一点变化，一道蚯蚓似的土堤，一片火柴盒似的房屋出现了，一缕淡淡的热尘升起来，那就是集的所在地，东冢公社社中心。

走进集，大自然的伟大便顿然消失。尽管这里同样有风，有尘土，有高深莫测的天空，但那交睫闪映的目光和各种呼喊、嬉笑以至咒骂，却织成了一片无形的网，挡住了冬日的苍凉，使人获得温暖和充实。

我感动了，想着一个莫名其妙的问题：春秋战国的人，也是这样生活的吗？

曾有一句现代古诗，叫做"诗情醉心不果腹，轻云怎比半村烟"，看来确也如此，当我接近集市中心的时候，满腹天地悠悠的感慨便消退了，代之而起的是对商品价值和价格的思辨。

就在我对街角一个小摊上的几样物品的价值价格进行的思辨近于成熟的时候，却霎时忘记了自身的存在，我呆住了，我听到了一支歌，一支多么美，多么悲，多么怪异而不可想象的歌呀，像冰川下渗出的透骨的泉水，穿过山峡，穿过喧闹的丛林，涌来……

山茶呵，山茶，
我青春的血液，
为你播洒。
你向我流泪，
却不能回答，
——不能回答，
因为有一个官人
已把你买下。

山茶呵，山茶，
你美丽的生命，
被人践踏。
我为你痛苦，
却毫无办法，
——毫无办法，
因为有一个魔鬼，
已把我扼杀。
……

呵，我的灵魂飞走了，随着歌声；在梦中我也没有这样昏迷，竟忘了是怎样穿过了人流；当我的自我意识恢复的时候，我已经站在了公社小饭铺的院子里。

歌手在人丛中旋转，他似乎捧着一只大海碗，舞动时，就变成了一道道飞逝的白虹。

他终于停下来，行了个西亚人的抚心礼。当他抬起身，我才真正看清了他。他个子颇高，蓬头垢面，头发很长，胡子也很长，眉眼很重，如果不是沾满了草屑和尘土，一定黑得怕人。我心头闪过一个念头——"吉卜赛人？"似乎证明了我的猜想，他竟还穿着一件灰不灰、褐不褐的西装，虽然肩头、袖肘多处开线，但毕竟是一件翻领西装呵！（在一九七零年的中国大地上，有谁穿着西装呢！）接着我又发现他鼻子很直，像岩石凿出来的，眼睛……但中国何曾有过吉卜赛呀？

他是什么人？

他向人们微笑了。

蹲在地上、台阶上、凳子上，甚至桌子上吃饭的老乡，和专门看热闹的人，这时都喊起来：

"再唱！"

"再来一个！"

歌手躬了躬身，用极为清晰、在这里很少听到过的北京话说："唱一个《大海航行靠舵手》吧？"

老乡们不满了：

"不，要唱那个，那个稀罕的！"

歌手犹豫一下，用一种奇怪的姿势捧起那个大海碗，又开始歌唱了。

尽管我离他并不远，但那惊人的歌声却好像来自另一个世界；是呵，它不是这个世界的歌唱，它是幻梦的回音。我听见了，听见了死神割刈的拍节，听见了爱神箭翎的风鸣，听见了地府崩坍的轰响，听见了银河荡桨的波声……它溶化了我，解放了我，使我脱离了物质的重枷，脱离了万恶的引力，飞上高高的天庭……

> 在破晓前，
> 我踏上路程，
> 沿着铺满秋霜的堤埂，
> 向前走呵——
> 穿过草滩、越过坟冢
> 漫漫的黑夜呵，

你怎能湮没
我这渺小的生命。
我像启明星，
等待着红日东升……

在黎明前，
我踏上路程，
沿着布满积水的小径，
向前走呵——
越过洪流、穿过阴云……
凶恶的雷电呵，
你怎能阻挡
我这忠贞的爱情。
我像啄木鸟，
叩响春天的家门……

正当我乘着歌的旋律，在天宇间自由沉浮的时候，却突然遭遇到一阵粗野的、破裂的噪音，漫空闪耀的冰晶霎时被搅得粉碎；我一惊，坠落下来，落回到地球上，我清醒过来。

我看见歌手恭顺地、无言地站着，而那可恶的噪音却仍在不停地发射。我定神看了看，终于找到了那个噪音发射器，那是一个属于干部范畴的人，帽檐有点卷，袖口有点白，口袋上插着一支钢笔。

"你胡嗷嗷什么？放啥毒？呃？呃？你个富农坯子，啥态度？啥立场？啥思想？你说呃！为啥不唱样板戏？呃？呃？！"

歌手终于回答了，回答得很谦虚："我没有资格。"

这时老乡们却不平起来了，怎么能让他一人受过呢：

"唱啥不是唱！"

"听个新嘛,这个歌中听!"

"听戏啥的,匣子里忒有的!"

我也激动起来了,一时竟忘了对象,冲上去,对那干部抗议道:"古希腊的奴隶主,也不会这样对待荷马!"

那干部像看神经病似的上下看了看我,白眼一翻:"什么拉稀的褐马,放屁的灰驴,你懂嘛儿?少管闲事。"

我气得噎住了。

吃饭的老乡这时却哄得更厉害了。

"你让他唱么!要不,你来唱!"

"唱唱咋啦?死不了娘,坍不了炕的!"

一个满脸发红、透着酒气的老农挤过来,竟推了那干部一把:"四侄子,你就消停点吧!"

那个发射噪音的干部四面受敌,终于支持不住了,退到院门边,但却不甘心如此丧气地收场;他振振余威,来了个近乎"亮相"的姿态,指着歌手喝了一声:"告诉你!……"才徐徐退去。

噪声消失了,歌手也不歌唱了,大家也不要求了,却纷纷把已经蒙了一层薄土的馒头、花卷往他的海碗里放,有的甚至把整盘的猪头肉都送给他。他躬着身:"谢谢,谢谢。"——他是个乞丐。

他收获了许许多多,盘子和碗都装满了,但却迟疑着。

他看见旁边有个拖鼻涕的小孩,便躬下身,和气地说:"小弟弟,你能帮我拿一下吗?"

那小孩扁扁嘴,有点不高兴,像是说:一个要饭的,还叫我??不料他妈妈给了他一巴掌:"快拿!"

小孩脸有些红,但终究还是小心地端起了盘子,跟在歌手后面;大家庄重地让开了路,他们向门口走来。

歌手走到我身边时,认出了我,微笑着点点头……

在尘土飞扬,微微发斜的阳光里,我看见了他的手——一双多么奇特的手！长长的，白皙而又肮脏的手，悬垂着、摆动着，没有任何生命的迹象。那破损的海碗，完全是靠手腕巧妙的挟持，才免于落地粉碎。我惊骇地看着他，他的眼睛坦然而又善良，落满尘土的眼睫，在金棕色的虹膜上，投下一片细密的影纹。

我想问，又不知从何问起："你……"

他懂了，凄然地笑了："残疾人，惭愧呀。"说着，便缓缓地走出门去。

门外歪着一个旧土筐，筐里有一些地瓜干和高粱饼，歌手来到筐前，艰难地把食物往筐里装，我顿时知道他将凭借这些作食物维持几个月的生命呵！（当地逢年过节，才有施舍，以为吉利。）我看着看着，战栗起来，忽然抓出所有的钱，塞进他的破口袋，也不管那满地滚动的钢镚儿，便跑开了。我感到深深的羞愧——这是对人、对艺术的侮辱。

我在沙尘飞扬的集市中盲目地穿行着，喧嚷的人流通过我的身边，他们是那么高兴，好像从不曾遇到过痛苦和疑惑。我凝视着一棵巨大的、被电火烧黑的老树，心中发问：这就是我有生以来的骄傲，自豪吗？——我的祖国！！

在有些时候，疑惑反而比痛苦更难忍受，生活既是一杯苦酒，就不必慢慢品尝，而应把它一饮而尽；我狠了狠心，又回到公社饭铺。

我失望而又轻松地发现，人已散了，歌手和土筐也踪影全无，小院变得普普通通。我嘘了一口气，像卸下一副担子。

但谁知就在我正想乘风离去的时候，却听到一段关于歌手的议论，那是蹲在桌旁的一个红脸老农跟对酌者的酒中真言：

"他唱的味儿是真不赖。"

"你说的，人家北京的大学生，学的就是这艺术。他的娘还是个洋人来，他生在外国哩！"

"外国？咋地上咱这来啦？"

"咳，他爷爷可是咱这富农，可他爹那是八路，牺牲了，他的娘就回娘家国了，可怜哩，生下就没爹哩。"

"就为这呀?"

"不全是为出身啥的,他(低声)还反对京城里五个还是几个大人物哩。"

"噢,看着倒是挺和气。"

"和气?好悬啦,厉害哩!把他那么吊了三天三宿,也不觉悟。"

…………

尽管在集上我什么也没买,什么也没卖,但我却感到得到了许多,也失去了许多。当我踏上归途的时候,太阳已经落山,迷蒙的暮气从大地上升起来;冻红了的西天,滑过一只只孤雁……

走着,走着,我又站住了,在苍茫的村影里,传来了歌声;尽管风把它吹得支离破碎,但我还是听出来了,是他唱的——

  我像启明星,
  等待着红日东升;
  我像布谷鸟,
  叩响春天的家门,
  ……

我听了许久,许久,终于转过头,顺着大路向海滨走去。

伟大的天地被夜幕隔绝了,但歌声,东家的歌声,却穿过黑暗在天地间飞扬,荡漾……

1980年

戈麦（中国·当代）

戈麦

传略 戈麦（1967—1991），原名褚福军，生于黑龙江省萝北县宝泉岭农场。1985年考入北京大学中文系，1989年毕业后被分配至北京《中国文学》杂志社工作，1991年1月24日晚上，留下一纸遗书和二百多首诗稿后，自沉于当年国学大师王国维溺死的北京西郊万泉河中，年仅24岁。

从1985年开始尝试写作算起，戈麦的实际写作时间不到6年，就在这6年时间里，他却给我们留下了大量诗作及其他一些文学作品。在一篇《关于诗歌》的短文中，戈麦这样写道："诗歌应当是语言的利斧，它能够剖开心灵的冰河。在词与词的交汇、融合、分解、对抗的创造中，一一会显现出犀利夺目的语言之光照亮人的生存。诗歌直接从属于幻想，它能够拓展心灵与生存的空间，同时让不可能的成为可能。"这可以视为他的诗歌观。

戈麦的代表作有《浮云》、《献给黄昏的星》、《如果种子不死》等诗篇。作品集有《戈麦诗全编》（由其好友西渡在其死后主编而成）。

"我将成为众尸之中最年轻的一个"——戈麦之死

戈麦生长于东北大地,却一直向往着江南。他曾在自述中写道:"戈麦寓于北京,但喜欢南方的都市生活。他觉得在那些曲折回旋的小巷深处,在那些雨水从街面上流到室内,从屋顶上漏至铺上的诡秘生活中,一定会发生许多绝而又绝的故事。"结果是,这些绝而又绝的故事发生在他自己身上。

戈麦短暂的一生中时时在冥想死亡,也在抒写死亡。戈麦曾经对自己进行描述:"他喜欢神秘的事物,如贝壳上的图案、彗星、植物的繁衍以及怀疑论的哲学。""死亡在最终的形象上展现给我们的 / 是一只曲颈瓶上的开口,它的浓度无限"(《关于死亡的札记》)。他认为死亡是另一种形式的复活:"此后的生活就要从一家落雨的客栈开始 / 一片门扉挡不住青苔上低旋的寒风 / 我是误入了不可返归的浮华的想象 / 还是来到了不可饶恕的经验乐园"(《南方》)。"我将成为众尸之中最年轻的一个,但不会是众尸之王。"仅以此看,诗人去意已决。

戈麦是一位天生聪慧、抱负远大而又刻苦用功的诗人。他为实现自己的理想付出了巨大的努力,但当他发现自己付出如此巨大的代价而仍难以获得他所期望的成就感时,他陷于一种强烈的失败感中。同时,伴随着诗歌挫折而来的,可能还有其他方面的挫折与失败,它们令脆弱的戈麦无力抵挡,他最终选择以毁灭自己的方式来报复对他施恶的社会与人生。"人的一生只可能被砍倒三次,第四次被砍倒,就全完了。"

戈麦在自杀前将自己的全部诗稿装进书包扔到了厕所里,他不仅要自己杀掉自己,他还要亲手毁掉自己所有的手稿,让自己彻底从这个令他厌恶的世界上消失,只是由于清洁工人发现了他遗弃的书包,他的部分作品才得以流传下来。戈麦的行为表现出他对他所赖以存在的社会现实的极大失望,也表现出他对诗歌本身的绝望。是什么促使戈麦采取了这样坚决的行动?他为什么要对现实采取这样一种决绝的态度?

尽管戈麦对生活、对诗歌有时也充满了热情与希望,但从本质上来说他是一位敏感的悲观主义者。对自我命运及现实生活的无法把握、无法驾驭使他产生一种强烈的虚无感。他在一封不曾发出的信中说:"很多期待奇迹的人忍受不了现实的漫长而中途自尽,……我从不困惑,只是越来越感受到人的悲哀。"既然如此,活着还有什么意思呢?诗歌还有什么价值呢?对现实的厌恶导致了诗人对诗歌的绝望,也导致了他走向自杀的命运。

诗人作家自杀的现象相对要多。因为他们眼中的社会是更深层,更刻骨的。他们的思维敏感,容易受到外界的影响,同时加上过度的悲观主义等因素也就造成了诗人作家自杀的高发率。

所以,戈麦的自杀有着多样的社会或个人原因,诗人敏感而脆弱的神经无力承受现实与他的理想精神王国的种种差异,以至在孤独、焦虑、幻想、封闭的精神状态下把死亡时时作为一种生命构想,并最终付诸实施。

遗书(戈麦写给哥哥,但未曾寄出的信) 新毛衣、毛裤我还没穿,试了试还行,新毛裤因为较暖,预备严冬再穿。新毛衣形状瘦长,且薄,只偶尔穿一下。现在我上身一件旧毛衣、一件腈纶毛线衣,套着穿,合身,暖和。

小黑那儿有一个半月没去了。他的条件很优越,有老母亲养着,不上班,天天游泳、学外语。如果不出成绩,反倒是奇迹了。

生活像撕不破的网,可能不会有那么一天,能够飞出嘈杂和丑恶,不会有那么一天人能够望到明亮的花园和蔚蓝色的湖。

很多期待奇迹的人忍受不了现实的漫长而中途自尽,而我还苟且地活着,像模像样,朋友们看着,感觉到我很有朝气,很有天赋,其实我心里清楚,我的内心的空虚,什么也填不满。一切不知从何开始,也不知如何到达。我不能忍受今天,今天,这罪恶深重的时刻,我期待它的粉碎。我不能忍受过程,不能忍受努力和奋斗。

节日,总是彩艳地悬挂人类的谎言簿上,记载着可怜的欢笑,人们聚集在生活厚厚的墙下,带着空空的脑壳敲击,敲击着空洞的声音,他们瞪圆呆板的双眼盲目地准确地捕捉到了幸福。

我不是人类的强者，不是，强者是掠夺一切的人，走山跨海的人，是霸占着财富和幸福的人，强者是书本上的字，是人类行为的规则，是其他人生活的不幸。

我从不困惑，越来越是如此，只是越来越感受到人的悲哀。

做人要忍受一切，尤其是做理智、恻隐的圣者，要忍受无知的人在自己面前卖弄学识，忍受无耻的人在身后搬弄机关，忍受无智的人胡言乱语，忍受真理像娼妓的褥子一样乌黑，忍受爱情远远地躲在别人的襟怀。

以上真是胡言乱语，权当做无话找话吧。

向爸、妈问好。

谢谢大姐辛勤的编织，日后报答。

追怀

西渡在戈麦去世十周年纪念会上的讲话

我想对诗歌的理解大家都是平等的，我并没有更多的发言权。有不少读者热爱戈麦的诗歌，希望我讲一讲。我在讲完《拯救诗歌》以后再也不讲他的诗了。作为朋友，能做的我都做了。

很多人问我戈麦为什么要自杀？他那么年轻又有才华，他为什么选择死亡的道路？对于他死亡的原因我没有比别人更多的解释，但是我想说诗人戈麦的死让我活下去。90年代在那种氛围下任何人都有可能自杀的，我自己也思考过这个问题。戈麦死后，我作为他的朋友不能再去选择这条道路了。因为戈麦虽然有才华可是当时在诗歌界他是默默无闻的，他没有发表过什么诗歌。如果我也步他的后尘的话，他的诗歌就从此烟消云散了。所以我要想办法出版他的诗集。他的第一本诗集是1993年由漓江出版社出版的，当时好多同学为此捐款、捐助。这本诗集出版之后，上海三联出版社的一位编辑看中了它，所以1999年就有了三联出版的《戈麦诗全编》。当时我建议把戈麦所有的作品（各种体裁）都收进去，但是出版社考虑到体例问题就没有把另外一些作品收进去比如戈麦的小说。

戈麦的死是对人生的绝望……他曾经对我说："为什么我是人中的一个？"我们俩曾想过一起反人道、反人性。他说北岛是最绝望的作家，他还说我和他都是绝对的诗人。我说我不是，你是。戈麦对人的绝望指向他自己。他跟我说起过戈多小说中的一个人物：在马桶上电死。他觉得这种方法表达绝望，这跟他自己的心理有很大的关系。

戈麦的尸体在万泉河发现，他的诗歌几乎全部被毁弃了，他和朋友的通信以及其他诗稿都丢在北大公厕里。书包找到时，里面的书稿已经被粪水泡脏了。我记得当时我是戴着手套一点一点整理出来的。

人能否活下去是一念之间的事情。我常想如果他活到今天，他会对今天怎么看？从我现在的心理看，我会劝他不要走这条路。1991年中秋前他一个人喝了两瓶葡萄酒。我没有解劝他、安慰他，当时我们大家都很恓郁，我们的情绪是互相感染的。戈麦的自杀与时代氛围有关系，还与诗歌界不太正常的现象有关。戈麦有才华但几乎没有发表过任何文章。我们一起投稿的时候，我的稿子用了，他的没有用。他也不是特别在乎这些，他很清楚自己的才华。就在他死前的一个月，他在写给他哥哥的信里说："我在打文学竞争塔的地基。"但他是不屑于用这种方式求得生存和妥协的。89年海子之后，很多诗人走了这条路，这也是时代氛围，还和他本人刚烈的性格有关。

我比戈麦多活了十年，也比他多写了这十年，但是我写的总量没有他多，我写的算得上好的东西也远不及他。他写的基本上没有废物，而我写的很多都扔进纸篓里去了。一个人能否成才和他出手时写什么东西有很大的关系，我是一个笨人，写得比戈麦早，但写到差不多的时候就满足了。

戈麦死后的几年里我经常会梦到他，有一次他说："你们动作真够快，把我的户口都注销了。"在这里我要念两首诗。（注：西渡念的诗是《我要顶住世人的咒骂》和《浮云》。）

作品精选

浮　　云

　　仰望晴空，五月的晴空，麦垛的晴空
　　天空中光的十字，白虎在天空漫游
　　宗教在天空漫游，虎的额头向大地闪亮
　　额头上的王字向大地闪亮
　　恒河之水在天上飘，沙粒臻露锋芒
　　黑色的披风，黑色的星，圆木沉实而雄壮
　　一只白象迎面而来，像南亚的荷花
　　荷叶围困池水，池水行在天
　　遗忘之声落落寡欢，背着两只大脑
　　一只是爱琴海的阳光，一只是犹太的王
　　良知的手仅仅托住一只废黜的大脑
　　失恋的脑，王位与圣杯在森林中游荡
　　云朵是一群群走过呵，向西，向海洋
　　在公主的坟头，在死者的鼻梁
　　一名法官安坐其上，他的胡须安坐其上
　　一只牧羊犬悔恨地投诉泪水的故乡
　　泪水的故乡，泪水之涨也是心愿之乡
　　心愿在河上摆渡，不能说生活是妄想
　　遗忘的摇篮，遗忘的谷仓

一个秃头的儿子伫立河上，秃头闪闪发亮

界　限

发现我的，是一本书；是不可能的。
飞是不可能的。
居住在一家核桃的内部，是不可能的。
三根弦的吉他是不可能的。
让田野装满痛苦，是不可能的。
双倍的激情是不可能的。
忘却词汇，是不可能的。
留，是不可能的。
和上帝一起宵夜，是不可能的。
死是不可能的。

如果种子不死

如果种子不死，就会在土壤中留下
许多以往的果子未完成的东西
这些地层下活着的物件，像某种
亘古既有的仇恨，缓缓地向一处聚集
这些种子在地下活着，像一根根
炼金术士在房厅里埋下的满藏子弹的柱子
而我们生活在大厅的上面
从来没有留意过脚下即将移动的痕迹
种子在地下，像骨头摆满了坟地的边沿
它们各自系着一条白带，威严地凝视着

像一些巨蚁被外科大夫遗忘在一个巨人的脑子里
它们挥动着细小的爪子用力地挠着
而大地上的果实即使在成熟的时候
也不会感到来自下方轻微的振动
神在它们的体内日复一日培养的心机
终将在一场久久酝酿的危险中化为泡影

1990.4.29

大　风

晴日降下黑雨，大雨降下宿命
军团的云，枫叶的云，一座高楼危然高耸
原野上羊群盘卷成一个漩涡
地上的风，天上的风，一个大氅在山上哀号
在云涡中抖动的是一颗发绿的心
在一朵黑云上张望的是一个灵魂的空壳
大风横过秋日的旷野，只露胸围
一团乌云，在那生长阳光的地方
一个人满身秋天的肃杀，伫立在河上
神经的人，落魄的人，不食烟火的人
他在心中遇见黑夜，遇见时间
遇见蛛网上咯血的鹿，遇见一个宽广的胸怀
一个人伫立在风中，他的心中裂为两瓣
裂为两半，一半在河岸，另一半在河岸
旷世的风像一场黑夜中降临的大雪，他在心中
看见一个人在大雪中，从另一个身上盘过

哦，上帝的中山装，从你那四只口袋里
风像四只黑色的豹子闪电一样飞出
啃食玉米的房屋，啃食庄园丰盛的雪骨
劫掠着树木，劫掠着大地的牙齿，劫掠着采石场
两个黑夜结伴而来，一个骑着一个
一个大雪中昏聩的瘫子在空中撕扯着天空的胃
那里存积着胃，存积着栗子和火，盔甲之下
一颗最大的头颅，它已登上疯狂的顶峰

沧　海

拒绝死亡　就是拒绝岸上的沉沙
事物的内部　铀被方向和地理抽空
那岸上的芦苇在微风中摆动
时光在摆动　摆动岸边的叶子　摆动灯塔
遥远的绿呀　遥远的七弦琴　翡翠色的盔甲
这绝对的沉寂被嵌在一颗不名的星球
像偶然的一块羊皮　羊皮被标记打中
偶然的绿呀　偶然的风　汇往平明之镜
黑夜里一叶孤舟　一片指甲
一叶孤舟悄然浮渡　黑夜谛视源头
一粒银栗漂浮不定　跃上船梢
细密的波纹呀　通向远方的航路为银线环绕
这是远方　什么人在宇宙的窗口瞭望
一只鸟　一直蓝尾鸟　在黑夜登上枝头
鸟呵　疲倦的鸟　大水上被风暴洗刷的眼睛
一声鸣叫像一粒啄尖上的石子　石子上有光亮

一只鸟在一滴水上站着　它站了好久

这是海面上悬起的一滴水　它的质量直指

星球的核心　一只鸟在水上看了好久

一只蓝色的影子在窗口像死一样绝望

风一直在领航　指引的是海上的波浪

波浪一直在荡　海面上延伸的钟磬一直在

谁在千尺之下栽种了槐桑

谁是琥珀的桶　谁是人　谁是物种

大　海

我没有阅读过大海的书稿

在梦里我翻看着毫洋各招待晦暗的笔记

我没有遇见大海的时辰

海水的星星掩着面孔从睡梦中飞过

我没有探听过的那一个国度里的业绩

当心灵的潮水汹涌汇集明月当空

夜晚走回恋人的身边

在你神秘的岸边徐步逡巡

大海我没有缔听过你洪亮的涛声

那飞跃万代的红铜

我没有见过你丝绸般浩森的面孔

山一样、耸立的波浪

可是当我生命的晦冥时刻到来的时候

我来到你的近旁

黄沙掠走阳光乌云滚过大地

那是我不明不暗的前生它早已到达

当我老了

当我老了　在一块高大的岩石下
最后看一眼　房屋后海上的黄昏
请让我望一望日出前的树林
当我老了　再直不起腰身
在我的身旁一只衰老的知更鸟
一株白杨正在成长
我座下的仍是那把年轻时代的椅子
当我老了　再也直不起腰身
许多枫叶在我的脚下安睡
枫叶下面是秋天的泥土
这种气味一直伴随着我
我诞生在秋天从未走进过乐园
一只老马在草地上安睡　一只老马
它走遍了中国西部的草原
我不是那匹好马　一生中我多次回头
想看看自己　看看自己留下的黄沙
我一直未流露内心深处的恐惧
关于生命　关于博爱
我至今仍然披挂着破旧的僧衣
当我老了　窗前的河水平流
这是哪一座人家的少年
一个少年手执书本面色红润
你看你多像我脸上没有皱纹
当我老了　再也直不起腰身
我的一生被诗歌蒙蔽

我制造了这么多的情侣　这么多的鬼魂

你看这天空多像一个盖子

当我老了　再也见不到黄昏

当我老了　就要告别全部的欢乐

还记得我吗　遥远的法兰西

在波涛滚滚的太平洋彼岸

我狱中的友人和禁中的情人

金缕玉衣

今日，看到你我灭的青光，我浊泪涟涟

夏日如烧，秋日如醉

而我将故去

将退踞到世间最黑暗的年代

固步自封，举目无望

我将沉入那最深的海底

波涛阵阵，秋风送爽

我将成为众尸之中最年轻的一个

但不会是众尸之王

不会在地狱的王位上怀抑上千的儿女

我将成为地狱的火山

回忆着短暂的一生和漫长的遗憾

我将成为鹿，或指鹿为马

将谎话重复千遍，变作真理

我将成为树木，直插苍穹

而你将怀抱我光辉的骨骼

像大海怀抱熟睡的婴孩

花朵怀抱村庄
是春天，沧浪之水，是夙愿
是我的风烛残年

关于死亡的札记

1

如果说医生是仆人，生活是情妇
那么死亡就是陪伴我们行走
以及睡在我们床上的那个影子
一只豹子漂过庞贝古城的废墟

黎明时分的夜寒冷得像一块磁铁
它吸引着白天的读者翻得很慢
一本黑夜的小说无法将词句加热
它吸引着瞌睡虫子，白天的读者翻得很慢

2

时光寒冷得像一块磁铁
它吸引着单腿的瞌睡和圆规
清晨日光将树影推向远方
一本黑夜的小说，白天的读者翻得很慢

3

给死亡打气，就像被扒得赤裸的轮胎
由一把钳子的嘴叼着，在沸水里煮
当一个厨师展现给我们最后一道小菜

他会指着上升中的泡沫说:"瞧,他在感恩"

4

我们不能使用名词,形容词也不行
动词的每一个词根上附着着牙齿
这种说法作为一个动作它已完成
如果用来形容死亡,情况刚好相反

因而一个伟大的沉沦往往用不上祭奠
我们在墓地上向死者致敬
这已经被拿在手里的帽子耻笑
死者在叹息说:"瞧,它笑得多欢"

5

上帝用最卑微的造物摧毁了玛利亚的生活
这时候一个小时是短暂的
它得用人类所有的痛苦来衡量
就像一秒钟内我们要跑遍所有的坟场

6

总会有这样的时候,全部的疑问
由几何学来回答
逻辑哲学中关于一个函数存在于几何学
的结论可以为后人提供一个生活的样板

实证哲学和逻辑数学由此产生
关于一个函数和一个子集

存在于几何圆形中的结论
可能为后人提供了这样一个生活的样板

7

向死亡开刀,手术的过程会进行得很慢
仿佛病人在开会,而医生在屋外叩门
这个时候某个穴位会提醒传道者
"喂,朝这里说,你就会说到点子上"

8

正如石头从外部剥落,衰老却从内心开心
这古老的谜语曾经哄骗过众多
今天让我在一间斗室遇见,但却不能开释
阳光是这样突然将光圈印刻在一只山羊的脸上

所以我不能相信零,零太充实
它使人类所有的想法都小于一

9

死亡在最终的形象上展现给我们的
是一只曲颈瓶的开口,它的深度无限
但它却用一根教鞭反复讲述
梦是怎样存在于一个奇妙的三角形的中央

10

我们不能过问一件事情背后的景况
当死亡的答案如果能由一支红笔勾出

是生命在交白卷,树木在谛听
同样的露水不能滋养两个不同的灵魂

11

当我们胸口上的勇气数到这个隐晦的数字
时钟上的指针刚好停在某个半秒
这个时候很适合于我们让恶梦醒来
但不能停得过久,否则就会触犯人性

12

环伏得时间绷得像一根钢索
不断有人从这条小径上跑回
如果支出一枚硬币能够将一口水井的深度测量
那么终点一定出现在某一个不存在的位置

13

勋章上的星像泪水锈出的牛痘
他仅仅给正义带来耻辱
那个在蹄子下面挤奶的女人呀
几亿颗颤动的头颅在农场的背影中浮动

14

把灵魂送给魔鬼,这如同说将一颗钻石
留给上帝,而票据上的价格无人问津
因而不能说一根围成一圈的绳子
能够做前面十几个蚂蚁也能完成

(1991,9)

三毛（中国·当代）

传略　三毛(1943—1991)，原名陈平，浙江定海人，中国台湾著名女作家。英文名叫ECHO，"三毛"本是笔名，从三毛的《闹学记》序中只提及"三毛"二字中暗藏一个易经的卦。但又是什么玄机，就不得而知了。但三毛本人又曾说过：起初起此名，是因为这个名字很不起眼，另有一个原因就是说自己写的东西很一般，只值三毛钱。

三毛

三毛5岁半时就在看《红楼梦》。初中时期几乎看遍了市面上的世界名著。初二那年休学，由父母亲悉心教导，在诗词古文、英文方面，打下坚实的基础。并先后跟随顾福生、邵幼轩两位画家习画。

1964年，得到文化大学创办人张其均先生的特许，到该校哲学系当旁听生，课业成绩优异。

1967年再次休学，只身远赴西班牙。在三年之间，前后就读西班牙马德里大学、德国哥德书院，在美国伊诺大学法学图书馆工作。在欧美期间，为赚取生活费用，当过导游、商店模特儿、图书馆管理员；以劳动所得游历过东德、波兰、南斯拉夫、捷克、丹麦等许多国家,对她的人生经验和语文进修上有很大助益。

回台湾从事教学工作两年后又远涉重洋奔赴撒哈拉沙漠。在那里与西班牙潜水师荷西结婚,婚后定居撒哈拉沙漠迦纳利岛,并以当地的生活为背景,写出一连串脍炙人口的作品。6年后荷西在业余捕鱼中遇难。

1981年回台后,曾在文化大学任教,1984年辞去教职,而以写作、演讲为重心。1989后4月首次回大陆家乡,发现自己的作品在大陆也拥有许多的读者。并专程拜访以漫画《三毛流浪记》驰名的张乐平先生,了却夙愿。

1990年从事剧本写作,完成第一部中文剧本,也是她最后一部作品《滚滚红尘》。

1991年1月4日因厌世自杀,享年48岁。

主要作品有:文集《倾城》、《温柔的夜》、《哭泣的骆驼》、《梦里花落知多少》、《雨季不再来》、《撒哈拉的故事》、《送你一匹马》、《背影》、《我的宝贝》、《闹学记》、《万水千山走遍》、《稻草人手记》、《随想》、《谈心》、《我的快乐天堂》、《高原的百合花》、《亲爱的三毛》、《我的灵魂骑在纸背上——三毛的书信札与私相簿》和剧本《滚滚红尘》

告别滚滚红尘——三毛之死

1991年1月4日早晨7点钟,台北市士林区荣民总医院医护早班查房,发现三毛不在病床上,医护人员查看房内浴厕,看见三毛的身子半悬在马桶上方,已气绝身亡。

经医院方面报警,士林警察分局人员立即到场搜证,并将三毛遗体抬到房间内,报请检察官勘验。10时10分,检察官罗荣干与法医刘象缙到场勘验时,三毛身上穿着病号服,血液已沉于四肢,呈灰黑色,颈部勒痕相当深,显然于医护人员发现之前,已死亡多时。法医推断三毛吊颈时间是凌晨2时。在台湾,对于死者死因的确认,须由司法系统的检察官与专业的法医人员共同在现场查验。检警双方勘验发现：三毛是以一条肉色的丝袜，绑挂在浴厕马桶上方一个医院专门让病人挂点滴注射液的铁钩上，再将丝袜套在颈部的。检警人员认为，三毛自尽的浴厕内，设有马桶扶手，三毛只要有一点点的求生意念，就可立即扶住扶手，保住性命。

检察官为了解其死因，询问荣总的医护人员与三毛的父亲。医护人员说，三毛在前一天晚上特别交代护士，她半夜不容易入睡，希望医护人员没事不要去病房吵她。检警人员是在勘验三毛遗体时，才发现报验单上的"陈平"就是作家三毛。

时年79岁的父亲陈嗣庆律师，在当日接受了《联合报》记者的访问：

"您觉得了解她心中所想的吗？" "在您心中，她到底是怎样的人？"

陈老先生这天在哀痛逾恒当中的谈话，显现了他高尚的文化教养："虽然三毛距川端康成、三岛由纪夫、海明威等世界等级的作家还有一大段距离，但我隐约预感，三毛也会走像他们一样的路，我嘴里虽未说出，但心中阴影一直存在。"

"我揣测，她自己也许觉得她人生这条路已走得差不多了吧。" "我很难形容我的女儿，我想她一直感到很寂寞吧。"

第二天，陈嗣庆到台北南京东路三毛居住的阁楼小木屋里流连了一个下午，没有找到遗书，倒是发现三毛早把家里整理得一尘不染，小到马桶盖旁的垃圾桶、浴缸和地砖的接缝，一丝不苟。

三毛住进荣总医院数天前才精心购置的新沙发，搁在顶楼，屋内设置有如世外桃源，摆设着她到世界各地旅行时所获的宝贝纪念物。顶楼的木桌上搁着一本《泰山石峪金刚经全本》，三毛的姐姐陈田心说，三毛近来常读佛经禅书。

三毛母亲缪进兰在1月5日刊于联合报的《哭爱女三毛》中，承认三毛长年来有厌世的心理困扰："荷西过世后这些年，三毛常与我提到她想死的事，要我答应她，她说只要我答应，她就可以快快乐乐地死去。我们为人父母，怎能答应孩子做如此的傻事，所以每次都让她不要胡思乱想。

最近她又对我提起预备结束生命的事,她说:'我的一生,到处都走遍了,大陆也去过了,该做的事都做过了,我已没有什么路好走了。我觉得好累。'"

三毛因子宫内膜肥厚入院治疗。1月2日,她对母亲说:"医院里有很多小孩在她床边跳来跳去,有的已长出翅膀来。"母亲认为三毛又在说胡话,就半开玩笑地说:"你不要理他们就是了。"据缪进兰描述,这次是一个简单的手术,2日晚上进行了10分钟就完成了。三毛的身体没有大的毛病,不过还是用了全身的麻醉,醒来以后,三毛说有一位心理医师与她有约,因为她觉得很烦躁,想与这位医师谈一谈,不过她刚开过刀,样子十分狼狈,就要母亲替她梳洗。

这位心理医师未依约前来,三毛吃了母亲带来的食物,用餐过后,祥和地告诉父母亲,她已经好了,请他们回家。接近11点,三毛打了通电话给母亲,说的是有关治疗的事,缪进兰安慰、开导三毛,三毛起初与母亲对话还算平和,"只是,忽然间她那头就咕噜咕噜说了些话,比较大声又急,我也听不清。"三毛睡了以后,陈妈妈还是不放心,凌晨1点钟打电话给一位在荣总的好友,托他去看看三毛,这位朋友还安慰她:晚上稍早煎了牛排、做了卤蛋送去给三毛,三毛看来谈笑风生,还好好的。

陈妈妈在三毛过世后,想起最后的电话里,三毛对母亲说:"医院里床边的那些小孩又来了!"母亲只好哄她说:"也许小天使来守护你了。"

三毛当时笑了一声。那一声,做母亲的,事后想起来:"好凄凉!"

关于葬礼,三毛生前曾对母亲说,她觉得火葬比较干净,她最喜欢黄玫瑰,她不喜欢铺张。缪进兰选了她平日在家最喜欢的衣服,缀上黄玫瑰,将她送往另一个远方的"国度"。

建筑设计师登琨艳在三毛走后,恍然大悟般地说,三毛曾要他设计葬礼,想来早有此一心意?

毛编写了《滚滚红尘》剧本,电影取得了空前的成功,独有她没有获得"最佳编剧",电影颁奖之后,三毛孤独地在医院自杀。她的朋友刘侠于哀痛中指出:三毛之死,并非学习的典范。

影星林青霞从认识三毛开始，就有一种直觉：要多跟她在一起，多感受她的快乐。三毛过世前，才从香港回来不久，她送了一套衣服给林青霞，然后又将儿时她母亲送给她伴随她多年的首饰和玩具交给林青霞，要其代为保存，理由是她将去欧洲长期旅行。事后看来，三毛的交代是有所暗示的。

作家琼瑶与三毛成为好友有二十多年。三毛的自杀，使琼瑶非常震惊、悲伤。琼瑶常常在深夜倾听三毛诉说人生的无奈与痛苦，很能理解三毛的孤独感。琼瑶认为，三毛的自杀与其疾病无关，更多的是内心深处的寂寞和绝望，写完《滚滚红尘》之后的三毛顿失寄托，人生已无所追求了。

在三毛过世十周年的纪念会上，琼瑶夫婿、著名的出版家平鑫涛说：1979年荷西过世后，三毛一直有自杀的想法，琼瑶曾花了七小时说服她不要自杀。时至今日，三毛为何走向绝路，还像一个谜题一样。

嗜好　　三毛喜欢收藏，每到一地，都要买一些小东西带回来，后来，她把这些收藏品拍成照片，写成了一本书——《我的宝贝》。

有一次，三毛约同伴到台北、台南乡间觅宝，在美浓买到了20多个精美的碗碟，不禁十分兴奋，深更半夜又独自外出散步。在一条水沟旁看见一条黑狗在碗中舔食，三毛开始只是有趣地看这个情景，忽然眼前一亮，她被那个狗碗吸引了，经验告诉她，这是有一定年代的"老货"。此时，路上空无一人，三毛决定留下几个钱，拿走这个碗。可转念一想不妥，放在路边的钱会被别人拾走。她匆忙赶到镇上，找到一家虽已打烊但尚未关门的杂货店，买了一个价钱最高的大海碗。待她赶回水沟旁，大黑狗早已不知去向，碗里的狗食也被舔得精光，三毛忙用新碗换取了狗食碗，匆匆赶回旅馆将狗食碗洗净，在灯下仔细欣赏，青釉闪光的瓷碗上还有"冰裂纹"纵横交错。她急忙唤醒两位藏友起床共同鉴赏。

三毛与荷西结婚后不久，荷西要回西班牙老家，问三毛想要他带点什么回来。三毛要的不是新潮服饰、化妆品，而是她魂牵梦萦的一个腓尼基人的瓶子——这是荷西在读大学时偶然潜水从海里的沉船中摸上来的，虽略有残损，经马德里考古博物馆的专家鉴定后，却发现是公元前9世纪地中海畔腓尼基古国的遗物。荷西为了满足三毛的收藏愿望，瞒着父母，悄悄把这只3000年前的古瓶带回了撒哈拉大沙漠。

自述　三毛是一个最简单、通俗的名字……我要自己很平凡，同时，我也连带表明我的口袋只有三毛钱。

为了天空飞翔的小鸟，为了山间清流的小溪，为了宽阔的草原，流浪远方，流浪。还有还有，为了梦中的橄榄树……

我做任何事都是用生命去做。

我喜欢的男性素质中，智慧应该占第一位。可是在另外几方面我的要求绝对严格，那就是道德和勇气。

如果选择了自己结束生命这条路，你们也要想得明白，因为在我，那将是一个幸福的归宿。

名言　1. 伤心没有可能一次偿还，它是被迫的分期付款，即使人有本钱，在这件事上，也没有办法快速结账。

2. 一般的快乐往往可以传言，真正深刻的快乐，没有可能使得他人会意。快乐和悲伤都是寂寞。

3. 岁月极美，在于它必然的流逝。春花，秋月，夏日，冬雪。

4. 一霎真情，不能说是假的。爱情永恒，不能说只有一霎。

5. 谁来发明一种机器：站在机器面前，一切灵肉可以分解。另外许多地方再放一架"接收机"，出来一拼，又是个原来人。

6. 那份夏末初秋的绿，仍然如春日一般的寂寞。红和绿，在我，都是寂寞的颜色，只因那份鲜艳往往人们对它总也漠然。

7. 世上的生命，大半朝生暮死，而蝴蝶也是朝生暮死的东西，可依然为着它的色彩目眩神迷，觉着生命所有的神秘与极美已在蜕变中彰显了全部的答案。

8. 快乐是那么的陌生而遥远，快乐是禁地，生死之后，找不到进去的钥匙。

9. 爱情不是我永恒的等待，只等待，等待时间给我一切的答案。

10. 我们一生复杂，一生追求，总觉得幸福遥不可企及。不知那朵花啊，那粒小小的沙子，便在你的窗台上。

11. 我心中有一个不变的信仰，它是什么，我也不很清楚，但我不会放弃这在冥冥之中引导我的力量，直到有一天我离开尘世，回返永恒的地方。

12. 锁上我的记忆，锁上我的忧虑，永远不再想你。我已不再想你，怎么能想你？只剩我搁浅的心，在千年的孤影里。

13. 不要问我从哪里来，我的故乡在远方，为什么流浪，流浪远方。

14. 我的心境，已如渺渺青空，浩浩大海，平静，安详，淡泊。

15. 每个人心里一亩一亩田，每个人心里一个一个梦，一颗啊一颗子，是我心里的一亩田。

16. 远方有多远？请你，请你告诉我，到天涯海角，算不算远？问一问你的心，只要它答应，没有地方，是到不了的那么远。

17. 因为我明白了爱，而我的爱有多深，我的牵挂和不舍便有多长。

18. 虽然我的翅膀断了，我的羽毛脱了，我已没有另一半可以比翼，可是那颗碎成片片的心，仍是父母的珍宝，再痛，再伤，只要他们不肯死去，我便也不再有放弃他们的念头。

19. 爱到底是什么东西，为什么那么辛酸那么苦痛，只要还能握住它，到死还是不肯放弃，到死也是甘心。

20. 不要去看那个伤口，它有一天会结疤的，疤痕不褪，可它不会再痛。

21. 我在想，飞蛾扑火时，一定是极幸福快乐的。

22. 爱情有如佛家的禅，不可说不可说，一说就是错。

23. 得之我幸，不得我命！

24. 人之所以悲伤，是因为我们留不住岁月；而更无法面对的是有一日，青春，就这样消逝过去。

25. 我们空空地来，空空地去，尘世间所拥有的一切，都不过转眼成空。我们所能带走的，留下的，除了爱之外，还有什么呢。

26. 尘归于尘，土归于土，我，归于我们！

作品精选

芳　邻

我的邻居们外表上看去都是极肮脏而邋遢的撒哈拉威人。不清洁的衣着和气味，使人产生一种错觉，以为他们也同时是穷苦而潦倒的一群。事实上，住在附近的每一家人，不但有西国政府的补助金，更有正当的职业，加上他们将屋子租给欧洲人住，再养大批羊群，有些再去镇上开店，收入是十分安稳而可观的。所以本地人常说，没有经济基础的撒哈拉威是不可能住到小镇阿雍来的。

我去年初来沙漠的头几个月，因为还没有结婚，所以经常离镇深入大漠中去旅行。每次旅行回来，全身便像被强盗抢过了似的空空如也。沙漠中穷苦的撒哈拉威人连我帐篷的钉都给我拔走，更不要说随身所带的东西了。在开始住定这条叫做金河大道的长街之后，我听说同住的邻居都是沙漠里的财主，心里不禁十分庆幸，幻想着种种跟有钱人做邻居的好处。说起来以后发生的事情实在是我的错。

第一次被请到邻居家去喝茶回来，荷西和我的鞋子上都粘上了羊粪，我的长裙子上被罕地小儿子的口水滴湿了一大块。第二天，我就开始教罕地的女儿们用水拖地和晒席子。当然水桶、肥皂粉和拖把、水,都是我供给的。

就因为此地的邻居们是如此亲密的缘故,我的水桶和拖把往往传到黄昏,还轮不到我自己用,但是这并不算什么,因为这两样东西他们毕竟用完了是还我的。住久了金河大道,虽然我的家没有门牌,但是邻居们远近住着的都会来找我。我除了给药时将门打开之外,平日还是不太跟他们来往,君子之交淡如水的道理我是十分恪守的。日子久了,我住着的门总得开开关关,我们一开,这些妇女和小孩就拥进来,于是,我们的生活方式和日常用具都被邻居很清楚地看在眼里了。因为荷西和我都不是小气的人,对人也算和气,所以邻居们慢慢地学到了充分利用我们的这个缺点。每天早晨九点左右开始,这个家就不断地有小孩子要东西。"我哥哥说,要借一只灯泡。""我妈妈说,要一只洋葱——""我爸爸要一瓶汽油。""我们要棉花——""给我吹风机。""你的熨斗借我姐姐。""我要一些钉子,还要一点点电线。"其他来要的东西千奇百怪,可恨的是偏偏我们家全都有这些东西,不给他们心里过意不去,给了他们,当然是不会还的。"这些讨厌的人,为什么不去镇上买。"荷西常常讲,可是等小孩子来要了还是又给了。

不知什么时候开始,邻居的小孩子们开始伸手要钱,我们一出家门,就被小孩子们围住,口里叫着:"给我五块钱,给我五块钱!"这些要钱的孩子们,当然也包括了房东的子女。要钱我是绝对不给的,但是小孩子们很有恒心地每天来缠住我。有一天我对房东的孩子说:"你爸爸租这个破房子给我,收我一万块,如果再给你每天五块,我不如搬家。"从这个时候起,小孩子们不要钱了,只要泡泡糖,要糖我是乐意给的。我想,他们不喜欢我搬走,所以不再讨钱了。有一天小女孩拉布来敲门,我开门一看,一只小山也似的骆驼尸体躺在地上,血水流了一地,十分惊人。"我妈妈说,这只骆驼放在你冰箱里。"我回头看看自己如鞋盒一般大的冰箱,叹了一口气,蹲下去对拉布说:"拉布,告诉你妈妈,如果她把你们家的大房子送给我做针线盒，这只骆驼就放进我的冰箱里。"她马上问我："你的针在哪里？"当然，骆驼没有放进来，但是拉布母亲的脸绷了快一个月。她只对我说过一句话："你拒绝我，伤害了我的骄傲。"

每一个撒哈拉威人都是很骄傲的，我不敢常常伤害他们，也不敢不出借东西。有一天，好几个女人来向我要"红色的药水"，我执意不肯给，只说："有什么人弄破了皮肤，叫他来涂药。"但是她们坚持要拿回去涂。等我过了几小时听见鼓声跑出去看时，才发觉在公用天台上，所有的女人都用我的红药水涂满了脸和双手，正在扭来扭去地跳舞唱歌，状极愉快。看见红药水有这样奇特的功效，我也不能生气了。

更令人苦恼的是，邻近一家在医院做男助手的撒哈拉威人，因为受到了文明的洗礼，他拒绝跟家人一同用手吃饭，所以每天到了吃饭的时候，他的儿子就要来敲门。"我爸爸要吃饭了，我来拿刀叉。"这是一定的开场白。这个小孩每天来借刀叉虽然会归还，我仍是给他弄得不胜其烦，干脆买了一套送给他，叫他不许再来了。没想到过了两天，他又出现在门口。

"怎么又来了？上一次送你的那一套呢？"我板着脸问他。

"我妈妈说那套刀叉是新的，要收起来。现在我爸爸要吃饭——"

"你爸爸要吃饭关我什么事——"我对他大吼。这个小孩子像小鸟似的缩成一团，我不忍心了，只有再借他刀叉。毕竟吃饭是一件重要的事。

沙漠里的房子，在屋顶中间总是空一块不做顶。我们的家，无论吃饭、睡觉，邻居的孩子都可以在天台上缺的那方块往下看。有时候刮起狂风沙来，屋内更是落沙如雨。在这种气候下过日子，荷西跟我只有扮流沙河里住着的沙和尚，一无选择其他角色的余地。荷西跟房东要求了好几次，房东总不肯加盖屋顶。于是我们自己买材料，荷西做了三个星期日，铺好了一片黄色毛玻璃的屋顶，光线可以照进来，美丽清洁极了。我将苦心拉拔大的九棵盆景放在新的屋顶下，一片新绿。我的生活因此改进了很多。

有一天下午，我正全神贯注地在厨房内看食谱做蛋糕，同时在听音乐。突然听到玻璃屋顶上好似有人踩上去走路的声音，伸头出去看，我的头顶上很清楚地映出一只大山羊的影子,这只可恶的羊,正将我们斜斜的屋顶当山坡爬。我抓起菜刀就往通天台的楼梯跑去,还没来得及上天台,就听见木条细微的断裂声,接着惊天动地的一阵巨响,木条、碎玻璃如雨似的落下来。当然这只大山羊也从天而降,落在我们窄小的家里。我紧张极了,连忙用扫把将山羊打出门,望着破洞洞外的蓝天生气。破了屋顶我们不知应该叫谁来赔,只有自己买材料修补。"这次做石棉瓦的怎样?"我问荷西。"不行,这房子只有朝街的一扇窗,用石棉瓦光线完全被挡住了。"荷西很苦恼,因为他不喜欢星期天还得做工。

过了不久,新的白色半透明塑胶板的屋顶又架起来了。荷西还做了一道半人高的墙,将邻居们的天台隔开。这个墙不只是为了防羊,也是为了防邻居的女孩子们。因为她们常常在天台上将我晒着的内衣裤拿走,她们不是偷,因为用了几天又会丢回在天台上,算做风吹落的。

虽然新屋顶是塑胶板的,但是半年内山羊还是掉下来过四次。我们忍无可忍,就对邻居们讲,下次再捉到穿屋顶的羊,就杀来吃掉,绝对不还他们了,请他们关好自己的羊栏。

邻居都是很聪明的人,我们大呼小叫,他们根本不置可否,抱着羊对我们眯着眼睛笑。

"飞羊落井"的奇观虽然一再发生,但是荷西总不在家,从来没能体会这个景象是如何的动人。

有一个星期天黄昏,一群疯狂的山羊跳过围墙,一不小心,又上屋顶来了。我大叫:"荷西,荷西,羊来了——"荷西丢下杂志冲出客厅,已经来不及了,一只超级大羊穿破塑胶板,重重地跌在荷西的头上,两个都躺在水泥地上呻吟。荷西爬起来,一声不响,拉了一条绳子就把羊绑在柱子上,然后上天台去看看是谁家的混蛋放羊出来的。天台上一个人也没有。"好,明天杀来吃掉。"荷西咬牙切齿地说。等我们下了天台,再去看羊,这只俘虏不但不叫,反而好像在笑,再低头一看,天啊!我辛苦了一年种出来的九棵盆景,二十五片叶子,全部被它吃得干干净净。我又惊又怒又伤心，举起手来，用尽全身的气力，重重地打了山羊一个大耳光，对荷西尖叫着："你看，你看！"——然后冲进浴室抱住一条大毛巾大滴大滴地流下泪来。

这是我第一次为沙漠里的生活泄气以致流泪。羊，当然没有杀掉。跟邻居的关系，仍然在借东西的开门关门里和睦地过下去。

有一次，我的火柴用完了，跑到隔壁房东家去要。"没有，没有。"房东的太太笑嘻嘻地说。我又去另外一家的厨房。"给你三根，我们自己也不多了。"哈蒂耶陀对我说，表情很生硬。"你这盒火柴还是上星期我给你的，我一共给你五盒，你怎么忘了？"我生起气来。

"对啊，现在只剩一盒了，怎么能多给你。"她更不高兴了。"你伤害了我的骄傲。"我也学她们的口气对哈蒂耶陀说。拿着三根火柴回来，一路上在想，要做史怀哲还可真不容易。

我们住在这儿一年半了，荷西成了邻居的电器修理匠、木匠、泥水工——我呢，成了代书、护士、老师、裁缝——反正都是邻居们训练出来的。撒哈拉威的青年女子皮肤往往都是淡色的，脸孔都长得很好看，她们平日在族人面前一定蒙上脸，但是到我们家里来就将面纱拿掉。

其中有一个蜜娜，长得非常的甜美，她不但喜欢我，更喜欢荷西，只要荷西在家，她就会打扮得很清洁地来我们家坐着。后来她发觉坐在我们家没有什么意思，就找理由叫荷西去她家。

有一天她又来了，站在窗外叫："荷西！荷西！"我们正在吃饭，我问她："你找荷西什么事？"她说："我们家的门坏了，要荷西去修。"荷西一听，放下叉子就想站起来。"不许去，继续吃饭。"我将我盘子里的菜一倒倒在荷西面前，又是一大盘。这儿的人可以娶四个太太，我可不喜欢四个女人一起来分荷西的薪水袋。蜜娜不走，站在窗前，荷西又看了她一眼。

"不要再看了，当她是海市蜃楼。"我厉声说。这个美丽的"海市蜃楼"有一天终于结婚了，我很高兴，送了她一大块衣料。

我们平日洗刷用的水，是市政府管的，每天送水一大桶就不再给了。

所以我们如果洗澡，就不能同时洗衣服，洗了衣服，就不能洗碗洗地，这些事都要小心计算好天台上水桶里的存量才能做。天台水桶的水是很咸的，不能喝，平日喝的水要去商店买淡水。水，在这里是很珍贵的。上星期日我们为了参加镇上举行的"骆驼赛跑大会"，从几百里路外扎营旅行的大漠里赶回家来。那天刮着大风沙，我回家来时全身都是灰沙，难看极了。进了家门，我冲到浴室去冲凉，希望参加骑骆驼时样子清洁一点，因为西班牙电视公司的驻沙漠记者答应替我拍进新闻片里。等我全身都是肥皂时，水不来了，我赶快叫荷西上天台去看水桶。

"是空的，没有水。"荷西说。"不可能嘛！我们这两天不在家，一滴水也没用过。"我不禁紧张起来。包了一块大毛巾，我光脚跑上天台。水桶像一场恶梦似的空着。再一看邻居的天台，晒了数十个面粉口袋，我恍然大悟，水原来是给这样吃掉了。我将身上的肥皂用毛巾擦了一下，就跟荷西去赛骆驼了。那个下午，所有会疯会玩的西班牙朋友都在骆驼背上飞奔赛跑，壮观极了，只有我站在大太阳下看别人。这些骑士跑过我身旁时，还要笑我："胆小鬼啊！胆小鬼啊！"

我怎么能告诉人家，我不能骑骆驼的原因是怕汗出太多了，身上不但会发痒，还会冒肥皂泡泡。

这些邻居里，跟我最要好的是姑卡，她是一个温柔又聪明的女子，很会思想。但是姑卡有一个毛病，她想出来的事情跟我们不大一样，也就是说她对是非的判断往往令我惊奇不已。有个晚上，荷西和我要去此地的国家旅馆里参加一个酒会。我烫好了许久不穿的黑色晚礼服，又把几件平日不用的稍微贵些的项链拿出来放好。"酒会是几点？"荷西问。"八点钟。"我看看钟，已经七点四十五分了。等我衣服、耳环都穿好弄好了，预备去穿鞋时，我发觉平日一向在架子上放着的纹皮高跟鞋不见了，问问荷西，他说没有拿过。"你随便穿一双不就行了。"荷西最不喜欢等人。我看着架子上一大排鞋子——球鞋、木拖鞋、平底凉鞋、布鞋、长筒靴子——没有一双可以配黑色的长礼服，心里真是急起来，再一看，咦！什么鬼东西，它什么时候跑来的？这是什么？架子上静静地放着一双黑黑脏脏的尖头沙漠鞋，我一看就认出来是姑卡的鞋子。她的鞋子在我架子上，那我的鞋会在哪里？我连忙跑到姑卡家去，将她一把抓起来，凶凶地问她："我的鞋呢？我的鞋呢？你为什么偷走？"又大声呵斥她："快找出来还我，你这个混蛋！"这个姑卡慢吞吞地去找，厨房里，席子下面，羊堆里，门背后——都找遍了，找不到。"我妹妹穿出去玩了，现在没有。"她很平静地回答我。"明天再来找你算账。"我咬牙切齿地走回家。那天晚上的酒会，我只有换了件棉布的白衣服，一双凉鞋，混在荷西上司太太们珠光宝气的气氛里，不相称极了。坏心眼的荷西的同事还故意称赞我："你真好看，今天晚上你像个牧羊女一样，只差一根手杖。"第二天早晨，姑卡提了我的高跟鞋来还我，已经被弄得不像样了。我瞪了她一眼，将鞋子一把抢过来。"哼！你生气，生气，我还不是会生气。"姑卡的脸也涨红了，气得不得了。"你的鞋子在我家，我的鞋子还不是在你家，我比你还要气。"她又接着说。我听见她这荒谬透顶的解释，忍不住大笑起来。"姑卡，你应该去住疯人院。"我指指她的太阳穴。"什么院？"她听不懂。"听不懂算了。姑卡，我先请问你，你再去问问所有的邻居女人，我们这个家里，除了我的'牙刷'和'丈夫'之外，还有你们不感兴趣不来借的东西吗？"她听了如梦初醒，连忙问："你的牙刷是什么样子的？"我听了激动得大叫："出去——出去。"姑卡一面退一面说："我只要看看牙刷，我又没有要你的丈夫，真是——"等我关上了门，我还听见姑卡在街上对另外一个女人大声说："你看，你看，她伤害了我的骄傲。"感谢这些邻居，我沙漠的日子被她们弄得五光十色，再也不知寂寞的滋味了。

欧内斯特·米勒尔·海明威（美国）

海明威

传略 欧内斯特·米勒尔·海明威（Ernest Hemingway，1899—1961），美国小说家。出生在美国伊利诺伊州芝加哥郊外橡树园镇一个医生的家庭。他的父亲酷爱打猎、钓鱼等户外活动，他的母亲喜爱文学，这一切都对海明威日后的生活和创作产生了不少的影响。

中学毕业后，海明威在美国西南的堪萨斯《星报》当了9个月的实习记者。第一次世界大战爆发后，海明威怀着要亲临战场领略感受战争的热切愿望，加入美国红十字会战场服务队，投身意大利战场。大战结束后，海明威被意大利政府授予十字军功奖章、银质奖章和勇敢奖章，获得中尉军衔。伴随荣誉的是他身上的237处伤痕和赶不走的恶魔般的战争记忆。

康复后的海明威作为加拿大多伦多《星报》的记者常驻巴黎。他对创作怀着浓厚的兴趣，一面当记者，一面写小说。在近10年的时间里他出版了许多作品，其中最有名的是《太阳照常升起》。《太阳照常升起》是海明威第一部重要的小说。写的是像海明威一样流落在法国的一群美国年轻人。他们在第一次世界大战后，迷失了前进的方向，战争给他们造成了生理上和心理上的巨大伤害，他们非常空虚、苦恼和忧郁。他们想有所作为，但战争使他们精神迷惘，尔虞我诈的社会又使他们非常反感，他们只能在沉沦中度日，美国作家斯坦因由此称他们为"迷惘的一代"。这部小说是海明威自己生活道路和世界观的真实写照。海明威和他所代表的一个文学流派因而也被人称为"迷惘的一代"。

1929年出版的海明威的长篇小说《永别了，武器》是"迷惘的一代"文学的最好作品。小说的主人公亨利是个美国青年，他自愿来到意大利战场参战。在负伤期间，他爱上了英籍女护士凯瑟琳。亨利努力工作，但在一次撤退时竟被误认为是德国间谍而险些被枪毙。他只好跳河逃跑，并决定脱离战争。为摆脱宪兵的追捕，亨利和凯瑟琳逃到了中立国瑞士。在那里，他们度过了一段幸福而宁静的生活。但不久，凯瑟琳死于难产，婴儿也窒息而亡。亨利一个人被孤独地留在世界上，他悲痛欲绝，欲哭无泪。小说在战争的背景下描写了亨利和凯瑟琳的爱情，深刻地指出了他们的幸福和爱情是被战争推向毁灭的深渊的。

1928年，海明威离开了巴黎，居住在美国的佛罗里达州和古巴，过着宁静的田园生活。他经常去狩猎、捕鱼、看斗牛。但不久，战争打破他宁静的生活。1937年至1938年，他以战地记者的身份奔波于西班牙内战前线。在第二次世界大战期间，他作为记者随军行动，并参加了解放巴黎的战斗。

1941年底太平洋战争爆发后，海明威立即将自己的游艇改装成巡逻艇，侦察德国潜艇的行动，为消灭敌人提供情报。1944年，海明威随同美军去欧洲采访，在一次飞机失事中受重伤，但痊愈后仍深入敌后采访。第二次世界大战结束后，他获得一枚铜质奖章。

1940年，海明威发表了以西班牙内战为背景的反法西斯主义的长篇小说《丧钟为谁而鸣》。作品描写了主人公美国青年乔顿志愿参加西班牙人民的反法西斯斗争，奉命在一支山区游击队的配合下，在指定时间炸毁一座具有战略意义的桥梁。乔顿炸毁了桥梁，在身负重伤的情况下独自狙击敌人，等待他的是死亡。乔顿有高度的正义感和责任心，他因自己能为反法西斯斗争捐躯而感到光荣和自豪。

1952年，海明威发表了中篇小说《老人与海》。这部作品讲述的是：老渔夫桑提亚哥在海上连续84天没有捕到鱼。起初，有一个叫曼诺林的男孩跟他一道出海，可是过了40天还没有钓到鱼，孩子就被父母安排到另一条船上去了，因为他们认为孩子跟着老头不会交好运。第85天，老头儿一清早就把船划出很远，他出乎意料地钓到了一条比船还大的马林鱼。老头儿和这条鱼周旋了两天，终于叉中了它。但受伤的鱼在海上留下了一道腥踪，引来无数鲨鱼的争抢，老人奋力与鲨鱼搏斗，但回到海港时，马林鱼只剩下一副巨大的骨架，老人也精疲力尽地一头栽倒在陆地上。孩子来看老头儿，他认为桑提亚哥没有被打败。"一个人并不是生来要被打败的，你尽可以消灭他，可就是打不败他。"这既是桑提亚哥的生活信念，也是海明威所要热情赞颂的人类精神。桑提亚哥不屈服于命运，无论在怎么艰苦卓绝的环境里，他都凭着自己的勇气、毅力和智慧进行了奋勇的抗争。大马林鱼虽然没有保住，但他却捍卫了"人的灵魂的尊严"，是精神上的强者，是"硬汉子"，是一个胜利的失败者，一个失败的英雄。

在20世纪30年代以后发表的一些短篇小说里，海明威描写了一些拳击师、斗牛士、猎人等形象，在这些下层人物身上，他塑造了一种百折不挠、坚强不屈、敢于面对暴力和死亡的"硬汉子"性格。这种"硬汉子"形象，是典型的海明威式的小说人物形象。

海明威于1954年获得诺贝尔文学奖。获奖原因是："因为他精通于叙事艺术，突出地表现在他的近著《老人与海》中，同时也由于他在当代风格中所发挥的影响。"

获奖后的海明威患有多种疾病，给他身心造成极大的痛苦，没能再创作出很有影响的作品，这使他精神抑郁，形成了消极悲观的情绪，终于像他的祖父和父亲一样以自杀这种方式解脱了自己。1961年7月2日，蜚声世界文坛的海明威用自己的猎枪结束了自己的生命。整个世界都为此震惊，美国人民更是悲悼这位美国重要作家的陨落。

"人可以被毁灭，但绝不能被打败"——海明威自杀之谜

欧内斯特·米勒·海明威是蜚声世界文坛的美国现代著名小说家，曾以"迷惘的一代"的代表著称。然而，为什么这样一位令人羡慕的作家却用猎枪结束了自己62岁的生命？

海明威受父亲影响，从小就喜欢打猎。在他的作品《非洲的青山》中，他极力描写猎枪带来的快感。海明威的父亲也死于自杀。他曾诅咒过父亲的懦弱，但后来他又认为父亲的死很壮烈。

1930年底，海明威在一篇文章中提到：自杀是对紧张而艰苦的写作生活的一种逃避。在他的作品《有的和没有的》中，他认为猎枪能够解决所有心理、道德、医学以及经济难题，只需要指尖轻轻移动，就能走出无法忍受的境地。

1952年，海明威的中篇小说《老人与海》引起轰动，创下了48小时卖出500多万本的销售记录。这是他最巅峰的作品，也是他最后一部有影响力的作品。此后，海明威受尽了皮肤病、肝炎、肾炎、高血压、抑郁症等疾病的折磨。身体每况愈下。但海明威并没有因此停止对艺术的追求，在他最后几年里，未能再写出震惊的作品成为他精神上的痛苦折磨，也进一步加剧了他的病情。

当年海明威在获奖演说中曾这样叙述自己的心情："如果是一位出色的作家，他就必须面对永恒，否则每天都会走下坡路。对于一个真正的作家来说，每写完一本书只是标志着他要写出更高水平的书的开始。"

他在写后期的自传性作品《流动的圣餐》时，一度陷入僵局，以致他不得不通过电疗来刺激自己，这种方法使他的记忆出现衰竭。在面对困境的态度上，海明威体现了"桑提亚哥"的精神——"人可以被毁灭，但绝

不能被打败"。但"硬汉"海明威终究有他软弱的一面,对他而言,无法写出好作品,就意味着自己被打败了。所以,在被打败前,他用猎枪毁灭了自己。他曾在日记中写道:"死在幸福之前最光荣。"

海明威去世前一天,在给他的渔民老友富恩特斯的信中说:人生最大的满足不是对自己地位、收入、爱情、婚姻、家庭生活的满足,而是对自己的满足。

轶事

站着写

海明威写作时,有一个常人所没有的习惯,这就是站着。他说:"我站着写,而且用一只脚站着。我采取这种姿势,使我处于一种紧张状态,迫使我尽可能简短地表达我的思想。"有人问他:"您简洁风格的秘诀在哪里?"他就简单地回答说:"站着写!"

七支铅笔

海明威每天早晨6点半,便聚精会神地站着写作,一直写到中午12点半,通常一次写作不超过6小时,偶尔延长两小时。他喜欢用铅笔写作,因为这样便于修改。有人说他写作时一天用了20支铅笔。他说没这么多,写得最顺手时一天只用了7支铅笔。

改到最后一分钟

海明威写作态度极其严肃,十分重视作品的修改。他每天开始写作时,先把前一天写的读一遍,写到哪里就改到哪里。全书写完后又从头到尾改一遍;草稿请人家打字誊清后又改一遍;最后清样出来再改一遍。他认为这样三次大修改是写好一本书的必要条件。他的长篇小说《永别了,武器》初稿写了6个月,修改又花了5个月,清样出来后还在改,最后一页一共改了39次才满意。《丧钟为谁而鸣》的创作花了17个月,脱稿后天天都在修改,清样出来后,他连续修改了96个小时,没有离开房间。

情事　　海明威一生经历了四次婚姻,感情生活动荡而痛苦。这导致了他对女性的两极态度,他作品中的女性人物往往缺乏现实感。他的私生活极为放荡不羁,一生风流韵事不断,有过四次婚姻的他与众多女性传出过绯闻,并被数名女友斥为"始乱终弃的负心人"。然而,在这位情感浪子的一生中,唯独对好莱坞女星玛琳·黛德丽始终保持着纯洁如一的爱,与她有过一段长达三十年的柏拉图之恋。

1934年,黛德丽和海明威在法国的一艘豪华游船上一见钟情。当时,海明威刚结束东非旅行,途经巴黎准备回到美国的暗礁岛,而黛德丽则完成了最后一次德国之旅,准备返回好莱坞。从此,两人开始通信。海明威曾向朋友透露:"当黛德丽浮在水面,游向那些追逐着她的目光时,我却沉没水底。"而黛德丽在给海明威的信中写道,"我想是告诉你我一直在思念你的时候了。我一遍遍读你的信,把你的照片放在我的卧室里,常常无助地看着它。"这段爱情非常纯粹,非常柏拉图,连他们自己都相信会有故事,但始终却什么都没有发生。

评誉　　约翰·肯尼迪总统说:"几乎没有哪个美国人比欧内斯特·海明威对美国人民的感情和态度产生过更大的影响。"他称海明威为"20世纪最伟大的作家之一"。

胡安·贝尔蒙德,这位西班牙最杰出的斗牛士,在听到"欧内斯特刚刚自杀了"这个"晴天霹雳"时,只是慢慢但很清晰地吐出了三个字"干得好!"之后,他也用同样的方式了结了自己的一生。

诗人弗罗斯特在海明威自杀的次日说:他坚韧,不吝惜人生;他坚韧,不吝惜自己。……值得我们庆幸的是,他给了自己足够的时间显示了他的伟大。他的风格主宰了我们讲述长长短短的故事的方法。我依然记得我想对碰上的每一个人大声朗诵《杀人者》的那股痴迷劲。他是我将永远怀念的朋友。

名言 1. 一个人并不是生来要给打败的。你尽可以消灭他,可就是打不败他。

2. 生活与斗牛差不多。不是你战胜牛,就是牛挑死你。

3. 我多希望在我只爱她一个人时就死去。

4. 所有的罪恶都始于清白。

5. 没有失败,只有战死。

6. 胜利者一无所获。

7. 对一个作家最好的训练是——不快乐的童年。

8. 二十世纪的丧钟为人类而鸣!

9. 每个人都不是一座孤岛,一个人必须是这世界上最坚固的岛屿,然后才能成为大陆的一部分。

10. 上帝创造人,不是为了失败。

11. 只要不计较得失,人生便没有什么不能克服的。

12. 偏执是件古怪的东西。偏执的人必然绝对相信自己是正确的,而克制自己,保持正确思想,正是最能助长这种自以为正确和正直的看法。

13. 每一个人都需要有人和他开诚布公地谈心。一个人尽管可以十分英勇,但他也可能十分孤独。

14. 自己就是主宰一切的上帝，倘若想征服全世界，就得先征服自己。

15. 青年人要有老年人的沉着，老年人应有青年人的精神。

16. 比别人强，并不算高贵；比以前的自己强，才是真实的高贵。

17. 除非你拥有爱，否则你不知道快乐是什么。

18. 在这个世界上，欲望并非痛苦，他可以使感觉变得敏锐，是一个人的青春的内在标志。

作品精选

三天大风

尼克拐进穿过果园的那条路时，雨停了。果子都摘了，秋风吹过光秃秃的果树。路边橘黄的野草里只有瓦格纳苹果，让雨水淋得透亮，尼克停下来捡起了苹果。他把苹果放进厚呢短大衣的口袋里。

那条路出了果园，一直到山顶。山顶的小屋，烟囱里冒着烟，空荡荡的门廊。屋后是车库，鸡棚，像堵树篱的二茬树，与后面的林子紧挨着。他放眼望去，树的高处被风刮得远远倒向一边。这是今年秋天刮的头一遭大风呢。

尼克走过果园的上面那块空地时，小屋的门打开了，比尔出来了。他站在门廊上往外看。

"威米奇，是你呀！"他说。

"嗨，比尔。"尼克说着走上台阶。

他们站在一起，眺望着原野对面，俯视着果园、路那边、低处田野和突出湖面那岬角的林子那边。大风正在湖面上扫过。他们看得见十里岬沿岸的浪花。

"正刮风呢。"尼克说。

"这样刮要连刮三天呢。"比尔说。

"你父亲在吗?"尼克说。

"不在,他拿着枪出去了。进来吧。"

尼克进了屋,壁炉里生着堆熊熊烈火,风刮得炉火呼啦啦响。比尔关上门。

"喝一杯?"他说。

他到厨房里,拿来两个玻璃杯和一壶水。尼克伸手到壁炉架上去拿瓶威士忌。

"可以吗?"他说。

"可以。"比尔说。

他们坐在火堆前,喝着兑水的爱尔兰威士忌。

"有股冲鼻的烟味。"尼克说,两眼透过玻璃杯看着火。

"是泥炭。"比尔说。

"泥炭不会放在酒里。"尼克说。

"那没什么要紧。"比尔说。

"泥炭你见过吗?"尼克问。

"没。"比尔说。

"我也没。"尼克说。

他伸出腿,搁在炉边,鞋子在火堆前冒起水汽来了。

"你最好把鞋脱了。"比尔说。

"我没穿袜子。"

"把鞋脱下来,烤干了,我给你找找袜子去。"说完,比尔上阁楼去了,尼克听见头顶上有他的走动声。楼上房间敞开,就在屋顶下,比尔父子和尼克他们三人,有时就在楼上睡觉。后面是一间梳妆室。在雨淋不到的地方他们放置了床铺,上面用橡皮毯盖着。

比尔拿了一双厚羊毛袜子下来。

"在天晚的时候,不穿袜子不能到处走动。"他说。

"我真不想再穿上。"尼克说。他套上袜子后又倒在椅子里，把腿搁在炉火前的屏风上。

"屏风会被你搁坏了。"比尔说。尼克把两腿一翘，搁到炉边。

"有什么好看的吗？"他问。

"只有报纸。"

"卡斯队打得怎么样？"

"一天连续两场比赛都输给巨人队。"

"他们应当稳赢的。"

"这两场球是白送的，"比尔说："只要麦克劳把球队俱乐部联合会中的每一个球员都收买，那就不会有问题。"

"大家不会被他全买通啊，"尼克说。

"凡是他用得着的人，他都买通了。"比尔说，"不行的话，他就弄得大家都不满，最后只好同他做买卖。"

"比如海尼齐姆。"尼克附和道。

"那个笨蛋对他可大有好处呢。"比尔站起身。

"他能得分。"尼克说道。他的腿被炉火的热气烤热了。

"他也是个出色的外野手，"比尔说，"不过他也输过球。"

"说不定是麦克劳要他输的。"尼克提出道。

"说不定。"比尔附和道。

"在事情背后往往大有文章。"尼克说。

"那当然。尽管咱们隔得那么远，可是内幕消息倒不少。"

"就像你虽然没有看见赛马，选马眼力却照样很好。"

"确实如此。"

比尔伸手去拿威士忌酒瓶，他伸出的大手老远就去斟酒，把威士忌倒在尼克端在手里的酒杯里。

"兑多少水？"

"照旧。"他在尼克椅子旁边的地板上坐下。

"秋风一起真不错吧?"尼克说。

"是不错。"

"这是一年中最好的季节。"尼克说。

"城里会不会闹翻了天?"比尔说。

"我就喜欢看世界职业棒球锦标赛。"尼克说。

"得了,如今锦标赛总是在纽约或费城举行。"比尔说。

"对咱们一点好处都没有。"

"不知卡斯队会不会夺标?"

"这辈子休想看到了。"比尔说。

"哎呀!他们要气疯了。"尼克说。

"你还记得他们碰到火车出事之前那回的情况吗?"

"当然!"尼克想起来说。

比尔伸手去拿那本扣在窗下桌上的书,刚才他到门口时顺手就放在那儿了。他一手端着酒杯,一手拿着书,背靠着尼克的椅子。

"你看的是什么书?"

"《理查德菲弗里尔》。"然而,尼克说:"这可不符合实际。"

"这书我不感兴趣。"

"这本书不错。"比尔说,"不是坏书,威米奇。"

"你还有什么我没看过的书?"尼克问。

"你看过《森林情侣》吗?"

"看过。就是那本书里写他们每晚上床,都在两人中间放把出鞘的剑。"

"这是本好书,威米奇。"

"是本不赖的书。我始终不明白这把剑有什么用处。这把剑的剑锋一直要朝上,因为翻倒的话,你就滚得过去,也不会有什么事。"

"这只不过是象征。"比尔说。

"《坚忍不拔》你看过吗?"

"好书,"尼克说,"倒是本真实的书,那书里写他老爹一直在找他。

你还有沃尔波尔的作品吗?"

"《黑森林》,"比尔说,"写俄国的。"

"他对俄国懂得什么啊?"尼克问。

"我不知道。也许他小时候在那儿,这也说不清。他有不少有关俄国的内幕消息呢。"

"我倒想见见他。"尼克说。

"我倒想见见切斯特顿。"比尔说。

"我真希望他现在就在这儿,"尼克说,"咱们明天就可以带他上夏勒伏瓦去钓鱼了。"

"他想不想去钓鱼,也不知道。"比尔说。

"肯定会去,"尼克说,"你还记得《短暂的客栈》吗?他一定是钓鱼老手。"

> 天使下凡尘,
>
> 赐你一杯羹。
>
> 受宠先谢恩,
>
> 倒进污水盆。

"一点不错,"尼克说,"他这人我看比沃尔波尔强。"

"没错,他是强一些。"比尔说。

"不过沃尔波尔写文章比他强。"

"我不清楚,"尼克说,"切斯特顿是个文豪。"

"沃尔波尔也是个文豪。"比尔坚持道。

"他们两个都在这儿就好了,"尼克说,"明天咱们就可以带他们到夏勒伏瓦去钓鱼了。"

"咱们可以尽情饮酒。"比尔说。

"好啊。"尼克附和道,"你父亲不管吗?"

"我父亲才不管呢。"比尔说。

"真的吗?"尼克说。

"真的。"比尔说。

"现在我有点醉了。"尼克说。

"你没醉。"比尔说。

他从地板上站起身,伸手去拿那瓶威士忌。尼克将酒杯伸过来,两眼直盯着比尔斟酒。比尔斟了半杯威士忌。

"自己兑水,"他说,"只剩一小杯。"

"还有吗?"尼克问。

"酒倒多的是,可是父亲只肯让我喝已经启封的。"

"那当然。"尼克说。

"他说喝新启封的酒会成为酒鬼。"比尔解释说。

"确实如此。"尼克说。他听了印象很深。他以前倒从没想到这点,他原来总是认为只有独自喝闷酒才会成为酒鬼呢。

"你父亲怎么样?"他肃然起敬问。

"他挺好,"比尔说,"有时有点儿胡来。"

"他人倒是不坏。"尼克说。他从壶里往自己杯里加水。慢慢地水就同酒混在一起了,酒多水少。

"他人确实不坏。"比尔说。

"我父亲也不错。"尼克说。

"对极了!"比尔说。

"他说自己一生滴酒不沾。"尼克好像在做一项科学报告似的。

"说起来,他是个大夫呢。我父亲是个画家,那可不一样。"

"多少好机会都被他错过了。"尼克忧伤地说。

"这很难说,"比尔说,"凡事有失必所得。"

"他说自己错失不少良机。"尼克直说道。

"说起来,我父亲也有一段很倒霉的日子。"比尔说。

"看来都差不多。"尼克说。

他们坐在那儿,一边望着炉火里边,一边想着这深刻的道理。"我到后门廊去拿块柴火。"尼克说。他望着炉火里边时,注意到火快熄灭了。同时他想表示一下自己酒量大,头脑还清醒。尽管他父亲一生滴酒不沾,但是只要比尔自己还没醉就休想灌醉他。

"拿块大的山毛榉木头来。"比尔说。他也特意摆出一副头脑还管用的样子。

尼克拿着柴火,穿过厨房进屋时,不小心把厨房桌上的一个锅子碰翻了。他放下柴火,捡起锅子。锅里有浸在水中的杏干。他仔细地从地板上把杏干全部捡起来,有几颗已经滚到炉灶下面了,他把杏干放回锅里,并且从桌边桶里取些水来泡在杏干上。他自己感到十分得意,他的头脑完全管用呢。

他搬了柴火进来,比尔起身离座,帮他把柴火放进炉火里。

"那块柴真不赖。"尼克说。

"我一直留着等天气坏才用,"比尔说,"这样一大块好柴能烧整整一夜呢。"

"到了早晨烧剩的木炭又好生火了。"尼克说。

"对啊。"比尔附和道。他们的谈话水平倒挺高。

"咱们再喝一杯。"尼克说。

"柜子里好像还有一瓶已经启封的。"比尔说。

他在墙角柜前跪下,取出一瓶廉价烈酒。

"这是苏格兰威士忌。"他说。

"我会多兑些水。"尼克说,他又出去,走到厨房里。他用勺子从桶里舀出冰凉的泉水,灌满水壶。走过饭厅时,对着一面镜子,照了照,他的脸看上去真怪,他对镜中的脸笑笑,镜中的脸也咧嘴回他一笑。他对着那脸眨眨眼睛就往前走,赶快回到起居室了。这不是他的脸,不过这没多大关系。

比尔斟了酒。

"这一大杯真够呛的。"尼克说。

"咱们才不当一回事呢,威米奇。"比尔说。

"咱们为什么干杯?"尼克举杯问。

"咱们为钓鱼干杯吧。"比尔说。

"对极了,"尼克说,"各位先生,我提议为钓鱼干杯。"

"就为钓鱼,"比尔说,"到处钓鱼。"

"钓鱼,"尼克说,"咱们就为钓鱼干杯。"

"这比棒球强。"比尔说。

"这扯不到一块,"尼克说,"咱们怎么就扯到棒球来了?"

"错了,"比尔说,"棒球是大老粗玩的。"

他们把杯里的酒一饮而尽。

"现在咱们为切斯特顿干杯。"

"还有沃尔波尔呢。"尼克插嘴说。

尼克斟酒。比尔倒水。他们对视了一眼。大家感觉良好。"各位先生,"比尔说,"我提议为切斯特顿和沃尔波尔干杯。"

"说得对,各位先生。"尼克说。

他们干了杯。比尔把杯子斟满。他们在炉火前两张大椅子里坐下。

"你很明智,威米奇。"比尔说。

"你什么意思?"尼克问。

"同玛吉那档子事吹了?"比尔说。

"我想是吧。"尼克说。

"只有这么办了。要是你没吹,这时你就不得不回家干活,为结婚想法攒足钱。"

尼克低头不语。

"男人一旦结婚就彻底完蛋,"比尔继续说,"他什么都没有了,一无所有,他全玩完了。结了婚的男人你是见过的。"

尼克仍低头不语。

"看了他们你就知道，"比尔说，"结过婚的那种傻样儿他们都具有，他们玩儿完了。"

"那是的。"尼克说。

"吹了也许很可惜，"比尔说，"不过你这人一旦爱上别的人就没事了。爱上她们可没什么，就是你别让她们毁了啊。"

"好的。"尼克说。

"要是你娶了她啊，那就得娶她一家子。别忘了还有她母亲和她嫁的那家伙。"

尼克点点头。

"想想看，一天到晚只见他们围着屋子转，星期天还得上他们家去吃饭，还要请他们来吃饭，听她母亲老是叫玛吉去做什么，怎么做。"

尼克默默坐着。

"既然你脱了身，那真太好了。"比尔说。"现在她可以嫁给和她自己一样的人，成个家，开开心心过日子了。那种事就像油和水不能掺和在一起一样，正如我不能娶为斯特拉顿家干活的艾达一样。艾达大概也很想这样。"尼克什么也不说，酒意全消，任他逍遥自在。比尔不在那儿。他没坐在炉火前，明天也不跟比尔和他父亲去钓鱼啊什么的。他并不醉。这都过去了。他只知道自己从前有过玛吉，又失去了她。她走了，他打发她走的，那是关键。或许他再也见不到她了，大概永远不会见到她了。一切都过去了，全完了。

"咱们再喝一杯。"尼克说。

比尔斟酒，尼克把一点水泼了进去。

"如果你想走结婚那条路，那咱们现在就不会在这儿了。"比尔说。

这话倒不错。他原来的计划是回家去找份活儿，为了亲近亲近玛吉。然后整个冬天都打算留在夏勒伏瓦，现在他真不知自己想做点什么了。

"大概咱们明天连鱼也钓不成了，"比尔说，"你那一着走得没错，没错儿。"

"我是没法子。"尼克说。

"我明白，只有这样才可以。"比尔说。

"忽然一下子，一切都结束了，"尼克说，"我也没办法，不知道这是为什么。就像现在连刮三天大风，树叶全都被刮光一样。"

"好了，都结束了，不必多说了。"比尔说。

"这是我的错。"尼克说。

"是谁的错都没关系。"比尔说。

"不，我认为不是这样。"尼克说。

玛吉走了，大概他永远也不会再见到她了，那才是大事。他跟她谈过他们一起到意大利去，两个人该有多开心，然而这一切，如今全过去了。

"只要这事了结了，那就好了，"比尔说，"威米奇，说真的，这事拖下去我还真担心呢。你做得对，我听说她母亲气得要命，她告诉好多人说你们订了婚。"

"我们没订婚。"尼克说。

"都在传说你们订了婚。"

"那我也没办法，"尼克说，"我们没订婚。"

"你们原来不是打算结婚吗？"比尔问。

"是啊。可我们没有订婚。"尼克说。

"这有区别吗？"比尔像法官似的问。

"我不清楚。总有区别吧。"

"我还真不知道。"比尔说。

"算了，"尼克说，"咱们喝个够吧。"

"那好，"比尔说，"咱们就真正喝他个大醉。"

"咱们喝醉了就去游泳。"尼克说。

他一口气喝干。

"对她我深感愧疚，可我有什么法子呢？"他说，"她母亲那德行你也清楚！"

"她很厉害。"比尔说。

"忽然一下子都了结了，"尼克说，"我不该提起这事。"

"不是你提起的，"比尔说，"是我提起的，现在我不说了。咱们再也不要说起这事了，你不该想起这事，一想又会陷进去了。"

尼克原来并没有想到过这事，这事似乎早已成定局。那只是个想法想法而已，想想倒让他感到好受些。

"当然，"他说，"那种危险总是有的。"

现在他感到高兴了，没有什么无可挽回的事。星期六晚上他可以进城了。今天是星期四。

"总会有一个机会的。"他说。

"你自己要留神。"比尔说。

"我自己会留神的。"他说。

他感到高兴了，似乎什么事都没有发生，什么都没有失去过。星期六他要进城去。他的心情轻松些了，就像比尔没提起这事的时候那样，总有一条出路的。

"咱们拿着枪，到岬角那儿找你父亲去吧。"尼克说。

"好吧。"

比尔从墙壁架上取下两支猎枪，他打开子弹匣。尼克穿上厚呢短大衣和鞋子，他的鞋烤得硬邦邦的。虽然他还有点醉意，但头脑清楚。

"你感觉怎么样？"尼克问。

"还好。我只是刚有点儿醉意罢了。"比尔正扣上毛衣的纽扣。

"喝醉了也没好处。"

"是啊，咱们该到户外去。"

他们走出门，正在刮大风。

"刮风小鸟儿会躲到草地里。"尼克说。

他们朝山下果园走去。

"我今天早上看见一只山鹬。"比尔说。

"也许咱们会惊动它。"尼克说。

"风太大了,没法开枪。"比尔说。

到了外边,玛吉那档子事似乎再也没那么不幸了,甚至那事没什么大不了。就这样大风把一切都刮跑了。

"风是一直从大湖那边刮来的。"尼克说。

他们顶着风听到一声枪响。

"是父亲,"比尔说,"他在沼泽地。"

"咱们就顺那条路穿下去吧。"尼克说。

"咱们就穿过下面草地,看看是不是会惊起什么?"比尔说。

"好吧。"尼克说。

现在没什么大不了的事了。他头脑里的一切,都被大风刮走了。每逢星期六的晚上,他照旧可以进城去。

真是大风把一切都刮走了呀!

杰克·伦敦（美国）

传略　杰克·伦敦（Jack London，1876—1916），原名为约翰·格利菲斯·伦敦（John Griffith London），美国小说家。生于旧金山，他来自"占全国人口十分之一的贫困不堪的底层阶级"。大约是个占星术家的私生子，在一个既无固定职业又无固定居所的家庭中长大。

杰克·伦敦自幼当童工，穷苦和缺少欢乐的童年使他早早地成熟了。他从10岁起就不得不半工半读，只要有可能，他就会把时间都用在读书上。不满9岁时，他就已经熟读了华盛顿·欧文写的西班牙旅行记《阿尔汗伯拉》。他还读了一些从雇工那儿借来的一毛钱一本的小说。他11岁离开牧场来到奥克兰，在免费的公共图书馆里如饥似渴地读着能借到的每一本书。到16岁之前，他一直是做工——读书，读书——做工。因为贫困，他小学毕业后便去工作，10岁左右就开始做报童和罐头工人，在街头斗殴中练就了一身本领，成了小流氓头。他最喜欢的活动是驾驶船只，13岁时他曾经只身驾驶小船穿过暴风雨中的旧金山湾。

杰克·伦敦

17岁时他上了一艘捕猎船做水手，经过朝鲜、日本，到白令海一带去猎海豹。途中他经过了严寒、风暴、最沉重的苦役的锻炼，参加了狩猎海豹的种种活动。因为从小在海湾里玩船，他驾船很有一套，在船上年纪虽小却深得船主和同行们的赞许。又因为从小饱经摔打，能够参加水手们最野蛮的活动，所以他交了许多朋友，听了许多有趣的和可怕的故事。这些都成了他的海洋小说的宝贵素材。

远航归来他把自己的经历写成了一篇散文《日本海口的台风》，参加了《呼声》杂志的写作竞赛，荣获了第一名，得到奖金20元，只受过小学教育的杰克·伦敦第一次显露出他的创作才能。他对读书一直就有兴趣，就连在街头厮混时也读过许多书。流浪归来他开始大量阅读，他读过圣西门、傅立叶、蒲鲁东的作品，明白了私有财产的罪恶；他甚至读了马克思的《共产主义宣言》，大体懂得了共产主义是怎么回事。为了读书，他19岁时进了奥克兰中学，准备考大学，同时加入了社会党。他参加工人集会，发表激烈的演说，主张破坏现有的社会秩序，并曾经因此被捕。

在奥克兰中学读书时，他在学校的报纸上发表了小说《小笠原群岛》，连载了两个月，这样，他从事文学的兴趣更浓厚了。

杰克·伦敦的父亲去世后，为了负担家庭生活，他又开始打零工。在找工作的时候，他一直坚持写作并投稿，后来，《大陆月刊》发表了他的第一篇小说——《为赶路的人干杯》，稿费只给了5元钱。不久，《黑猫》杂志就出40元要他写一篇小说。1900年，他的第一本小说集《狼子》出版，立即为他获得了巨大的声誉和相当优厚的收入。

他原可以在成功与安定的环境里继续写作，但他总是渴望着新的生活内容，于是他开始了记者生涯。1904年他接受了赫斯特报系的聘请，去远东采访日俄战争的消息。在这次采访中，他多次在严寒之中驾驶着无篷船航行，对那种严酷的生活有很切身的体会。

这时，杰克·伦敦已经誉满全国，有了丰厚的经济收入，但他仍不满足于平静的生活。1906年，他决定建造一艘船，自己驾着去环游世界。结果花了好几万元钱，船却造得不成功，勉强运行一段后，便无法前进了，他只好把它以三千元的低价卖掉。

1916年11月22日，杰克·伦敦在他的豪华牧场里因服用过量吗啡而死去。杰克·伦敦是很高产的作家，一生出版了51部著作，他的小说中最有名的是：中篇小说《狼子》、《热爱生命》、《丢脸》；长篇小说《燃烧的戴莱特》和《蹩脚·贝路》；此外还有别具一格的狗小说《野性的呼唤》和《白牙》。海洋小说包括小说集《南海的故事》和长篇小说《海狼》，还有一个狗故事《群岛猎犬杰瑞》。描写城市的作品有著名的长篇幻想小说《铁蹄》、报告文学《深渊里的人们》、小说《拳赛》、幻想小说《亚当以前》、《马丁·伊登》及《约翰·巴利科恩》等。论文有论文集《阶级战争》、《人类去向》和《革命》等。

"当生活变得又痛苦又让人厌倦时，死亡就会前来哄你睡去"——杰克·伦敦之死

杰克·伦敦之死至今是个谜。1916年11月21日，星期二，杰克·伦敦计划第二天去纽约，而且打算中途绕道去看看芝加哥赛牲会，买一些良种牛，但是那天晚上他却服用了过量的吗啡死去了。他桌上有个本子，上面写了些计算药量的数字。那时他患着尿毒症，但医生认为把尿毒症看做是他的死因是不能叫人信服的。那么只有两种解释：自杀，或是计算药量错误。从他白天的安排来看，不像是自杀；但那么重要的药量计算竟会出错也叫人难以接受。

不过，如若说他是自杀也并非毫无道理。那几年的生活越来越令他烦恼。他和妻子离了婚，却发现新的妻子跟原来的妻子具有同样的毛病，而他钟爱的女儿却爱着母亲，和他疏远。朋友们因为财富而背叛他。他新修的别墅"狼舍"突然被火烧掉了，给他带来了大笔债务。他种植的四十万株树苗全部死去；他牧场的良种马和猪牛羊也陆续死光了。他心力交瘁，引发了疾病，其中最困扰他的是尿毒症。心理上的极端孤立，生理上的巨

大痛苦使他借酒消愁，越来越沉湎在酒精里，难以自拔。也许他那天晚上感到太疲倦，太需要解脱，于是就用吗啡来结束自己的一生。杰克·伦敦这样写道："当生活变得又痛苦又让人厌倦的时候，死亡就会前来哄你睡去，一睡不醒。"

轶事

形形色色的小纸条

凡是到过美国作家杰克·伦敦家中的人都觉得很奇怪：窗帘上、衣架上、柜橱上、床头上、镜子上、墙上……到处贴满了形形色色的小纸条，初到他的房间里的人还以为那是什么特殊的装饰品呢。实际上，这些小纸条并不是空白的。上边写满了各种各样他搜集来的材料：有美妙的词汇，有生动的比喻，有五花八门的资料。杰克·伦敦没有机会系统地学习，为了掌握文化知识，实践写作，他争分夺秒地勤奋学习。他把生字写在一张一张的纸片上，插在梳妆台的镜缝里，以便在早晨修脸和穿衣时背诵；他把一串串的字用扣针悬在晒衣绳上，以便他向上看或者走过房间时可以看见这些新字；他每个衣袋中都装有写着一行行字的纸片，当他到图书馆或出外访问的途中便加以朗读，甚至在吃饭或睡觉时，也默诵着它们。他随身带着笔记本，记下了劳动时的所见所闻：景物的描绘、人物的速写、精彩的语言、谈话的片断、动人的故事……他还对他所读到的一切都作了卡片索引。日积月累，他不仅学到了文化，而且积累了大量的词汇，建立了储存写作素材的"参考阅览室"，这些材料直到他逝世时都没有用完。

历险

杰克·伦敦曾经希望靠劳动为生，继续读书，却发现那几乎是个幻想。他在一家洗衣作坊工作，累得半死，根本没有时间和精力读书。在他的读书梦濒于破灭时，阿拉斯加发现金矿的消息传来，给他带来了新的希望。1897年3月，杰克·伦敦踏上了淘金之旅。

他求得了一点支持，和三个同伴筹备了八千磅物资准备在克朗代克过冬。他们在寒冬到来之前克服了重重困难，经历了千辛万苦来到了靠近北极的育空河，在那儿度过了冬天。

在到育空河流域去的路上，杰克·伦敦巧妙的驾船技术得到一次精彩的表演机会。他们自己砍伐木料，造了两艘船，沿育空河往下游航行。途中他们遇见了一段湍急凶险的河道，许多人都曾试图通过却失败，认为那段河是无法穿越的天险，但是杰克·伦敦却说他有把握通过。他果然和两个同伴驾了船在围观者的一片欢呼中安然度过了急流，再回来驾驶第二只船。这件事引起了许多进退两难的淘金人的注意，他们陆陆续续来请求杰克·伦敦他们帮助把船只驶过急流。杰克·伦敦向每只船索要二十五元报酬，他掌舵，和伙伴们一起把一艘又一艘的木船驶过了险区。他们为此挣了三千元之多。他们原可以再赚五千的，但是已经没有时间了，他们还得在严冬到来之前赶到下游去。

他在育空河的冬季营地里读了许多书，如达尔文的《物种起源》、斯宾塞的《首要原理》、马克思的《资本论》，还有弥尔顿的《失乐园》和布朗宁的诗。

可惜他们并没有新鲜水果和蔬菜，杰克·伦敦得了坏血病，只好回家。他和伙伴们驾了一只船，用十九天走完了一千九百英里的航程，来到白令海峡，从那里回到了加利福尼亚。在这一段时间里，他已经勾勒出了一些小说的轮廓，后来写了出来，为自己赢得了不朽的名声，也让克朗代克的一些人和狗的故事广泛流传。

壮行　1906年，杰克·伦敦决定建造一艘船，自己驾着去环游世界。

他预计旅行七年，绕地球一周，可他并不是一个好理财家，造船活动几乎成了个笑话。那船原计划花七千元，实际上让他花了好几万元，而且毛病很多。他不能够再等待，仗着自己驾船的本领就出发了，可他勉强把船驾到了夏威夷，便不得不开始修理，修好后又很吃力地开到了澳大利亚。那船已经无法再前进，他便只好把它以三千元的低价卖掉，结束这次虽然浪漫却失败的航行。

但是，他在那次航行里仍然创造了惊人的成绩。他曾经驾驶那艘蹩脚至极的船从夏威夷直航马克萨斯。当时的《太平洋航运指南》指出，由于赤道海流和贸易风的影响，那一带海流异常复杂，从来没有人胜利驾船通过，但是杰克·伦敦却驾驶了一艘勉强修复的船经过九死一生闯了过去。

名言　1.青年总是年轻的，只有老年才会变老。

2.得到智慧的唯一办法，就是用青春去买。

3.丢给狗一块骨头算不上慈善。和狗同样饥饿，又能和狗分享一块骨头，才是慈善。

4.爱情待在高山之巅，在理智的谷地之上。爱情是生活的升华人生的绝顶，它难得出现。

5.世界上是先有爱情，才有表达爱情的语言的，在爱情刚到世界上来的青春时期中，它学会了一套方法，往后可始终没有忘掉过。

6.凡是使生命扩大而又使心灵健全的一切便是善良的；凡是使生命缩减而又加以危害和压榨的一切便是坏的。

7.人如果没有本性自身的退却，就不可能违背本性的鼓励。

8.我愿做一颗华丽的流星，愿我的每一颗粒都呈现那动人的光辉，而不做那沉睡并永远不灭的行星。

9.生活并非抓到好牌就了事，而有时手气差，就要打得好。

10.钱财带着名誉来，走来的是名誉；钱财没带名誉来，走来的是钱财。

11. 极度喜悦是生命巅峰的标志，出现以后，生命就不能向上攀升。然而，人最有活力时，极度喜悦出现，出现的时候，人却完全忽略全无知晓，这也是生活一咄咄怪事。

12. 你不能光等着灵感，得拿着棍棒去追。

13. 在命运的闷棍之下，我流血了，但绝没有低头。

14. 人的恰当功能是活，而不是生。我不会把时光浪费，我要利用时间。

作品精选

生　火

天渐亮了，却仍然阴沉。当他离开育空河的主道，爬上一个高高的土坡的时候，天气仍然极度地阴沉和寒冷。那土坡非常陡峭，其上有一条人迹罕至的、难以辨认的小道向东穿过一片整齐而茂密的树林。他爬上了坡顶，停下来喘了口气，顺便看了看表。九点了，可是没有太阳，连一点太阳花花也没有，尽管天上没有一片云朵。这好歹是个晴天，可是一切都仿佛披上了一袭无形的尸衣，一种莫可名状的黑暗使天色越发地阴晦了。而这全都是因为天上没有太阳。这倒并不让他害怕，他已经习惯了没有太阳的情况，从他上一次看见太阳起已经有好多天了。他知道他离那个令人兴奋的光球还有几天的路程，南方的土地，已经是在天边隐约可见的，或者至多不过是仅仅在视线之外一点点的地方。

他回头看了看他走过的路。足有一英里宽的育空河躺在三尺厚的冰下，冰面上还盖着数尺厚的积雪。封冻的冰川汇集在一起，挤压出温柔的曲线，此起彼伏，一片白茫茫。无论向南或者向北，他所看见的，是一片牢不可破的纯白，只除了一丝深色的线条从南边的一座封冻的岛屿边沿向北方弯曲绵延，消失在了另一座封冻的岛屿后面。这深色的线条就是那条主道——

育空河上的道路——它向南延伸五十哩，通向奇库特隘口、岱亚和盐湖；沿着它向北，走上七十哩就是道森；再走一千哩可到鲁那托；最终通向白令海边的圣迈克尔——那得再走上一千五百多哩。

然而对这所有的一切：那神秘的、遥不可及的细线般的主道、没有太阳的天空、刺骨的严寒以及它们所蕴涵的那种漠然与森严的意味，那人无动于衷。并不是因为他对这些已经习以为常了，相反，他在这地方还是个新来的，一个新手，这是他在这儿遇到的第一个冬天。他的毛病是没有想象力。他对活动着的东西警觉而敏感，但他的警觉和敏感却仅限于那些活物本身而已，察觉不出表象之下的意义。零下五十度就是冰点以下八十度。这情形让他觉得不舒服，像患了感冒，仅此而已，没能让他意识到自己作为恒温动物所具有的弱点、作为人类所具有的弱点：即那种只能在极其有限的温度范围内才能生存的生命力；没能让他明白这些不可克服的缺陷和人类在自然界中的地位。要抵御持续的零下五十度的严寒和针扎般的霜冻必须有手套、耳套、温暖的鹿皮靴和厚厚的长袜。零下五十度对他来说就是零下五十度，至于其他还意味着什么则根本没有进过他的大脑。

他继续前进，随意朝地上吐了口痰，但一种尖利、响亮的爆裂声惊动了他。他又吐了一口，他发现痰还没有落到雪地上，还在半空中就爆开了。他知道零下五十度的气温能使口痰立即冻结，着地即碎，但这痰还没有着地就碎开了。毫无疑问，气温已经低于零下五十度，但低了多少他不知道。不过气温不是问题。为了那一种古老的需求，他一心想去到哈德逊湾分岔口的左岸人们聚集的地方。当他兜了个圈子去看能不能将木料从溪流里运出育空河中的小岛时，那些人越过了以印第安人湾为准的分界线。六点钟，也就是天黑下来以后不久，他应该在帐篷里了，真的，那些人全在那儿，会升好一大堆火，准备好一顿热气腾腾的晚餐。他把手伸进大衣里面的一个鼓鼓的包裹中，那是他的午饭。那包裹在他的衬衣里面，用围巾包好紧贴着他的皮肤，这是防止那些饼干冻结的唯一办法。他想到这些饼干、这些一层层包起来的肥腌肉、这些腌肉的裂纹和里面滋润的油脂，惬意地笑了。

　　他投身钻入那片整齐的丛林。道路难以分辨。雪橇经过后的雪地已凹下去有一英尺深。他为自己没有雪橇而庆幸——这样可以轻装前进。事实上，除了那顿包在围巾里的午餐以外，他什么都没带。他还是多少对这寒冷觉得有些奇怪。他用戴着连指手套的手擦了擦麻木的鼻子和脸：的确是冷啊，他觉得。他一脸大胡子，但这一脸的毛没法保护他高耸的颧骨和那只挑衅一般地伸进寒风的鼻子。

　　有一条狗小跑着紧跟着他。那是一条很大的野狗，一条真正的狼狗。那狗一身灰毛，无论外形或脾气都与它的野狼兄弟没有两样。极度的严寒也将那野兽弄得极度虚弱。它知道自己没时间闲逛，它的本能给了它一条比任何人类的约束都远为真切的教导。事实上，气温并不是只比零下五十度低一点，而是比零下六十度、零下七十度还要低，低到了零下七十五度。零上三十二度就是冰点，也就是说天气冷到了冰点以下一百零七度。狗不懂什么是温度，可能也不像人类那样脑子里有着对严寒的环境的清楚的意识，但野兽有的是它的直觉。这种直觉焕发出一种模糊的威胁，控制了它并迫使它一路上鬼鬼祟祟地跟在那人后面；让它盼着那人钻进一个帐篷或者找到一个容身之所，然后升起一堆火，而且让它对那人的每一个意料之外的行动感到纳闷。那狗已认识了火，它想要一堆火，要不就只好在雪地上刨个洞，然后蜷在里面好保持暖和。

　　它呼出的湿气已在它的毛皮上结了一层霜，特别是它的下颚、鼻子和眼皮，已经被水晶般的冰粒变成了白色。那人的红胡子也同样冻上了，而且冻得更牢固。他不断呼出的温暖而潮湿的空气已慢慢冻结、积聚成了冰块。他正嚼着烟草，脸上的冰块把他的嘴唇都冻结了，以至于他吐掉汁水的时候没法把下巴弄干净。最后，弄得他胡子上冻结的水晶和琥珀般的硬块越积越多，越来越长。如果他跌倒的话，那东西就会像玻璃一样碎成片片。不过他对这个附在他身上的东西并不在意。这是每一个在那个地方嚼烟的家伙都躲不过的惩罚，他早在前两次寒潮袭击时便已经领教过了。从一个

杰克·伦敦

叫"六十哩"的地方的公用温度计上他读到了一次是零下五十度，另一次是零下五十五度。但那两次都没有这一次这么冷，这一点他知道。

他在那片广阔的林地中前进了几哩，穿过了一片平坦的黑土地，然后下到一条已经封冻的河床上。这儿就是哈德逊湾，他知道他离那河流的分岔口还有十哩。他看了看表，现在十点。一小时走了四哩，他算了算，自己在十二点半应该可以赶到那岔口。他打算在那儿吃午饭算是庆祝这一成绩。

在他摇摇晃晃地走在冻结的河床上时，那狗也无精打采地耷拉着尾巴跟着他下到了河床上。这条老路上的辙印仍然清晰可辨，尽管已经有十英寸厚的积雪盖在了最后一对雪橇的压痕上。这寂静的河床已有一个月没人经过了。他坚定不移地继续走着，什么也不多想。除了该在岔口边吃午饭和晚上六点钟钻进帐篷和同伴们在一起以外，他也的确没什么可多想的。旁边也没有人可以说话，就算是有，他嘴上的冰甲也让他没法开口。所以他只好一个劲儿地继续嚼他的烟草和继续加长他的琥珀胡子。

有一段时间他总觉得冷，从来没有这么冷过。他一边走着，一边不停地用手套擦着颧骨和鼻子，不自觉地双手交替地擦着。但尽管他擦个不停，他的脸颊还是很快就麻木了，然后鼻尖也立即失去了感觉。他知道他的脸冻僵了，他明白。他责怪自己没想到在寒冷来临的时候应该有一条鼻带。这种带子可以横着把脸裹起来，这样就能保护好鼻子和脸。不过这也没关系。冻僵了是怎么回事情呢？一点儿疼痛，仅此而已，没什么大不了的。

虽然他的脑袋里一片空白，但他仍然十分清醒。他注意到了这条河的变化，那些弯道、拐角，以及那些灌木丛的变化，他专注于自己的每一个下脚处。有时，遇到一个凹处，他会突然跳开，像一匹受惊的马。然后绕过他刚才走过的地方，沿着河道回走一段。他知道这条河已经冻得透了底了——在这极地的寒冬里，河里是绝不会还有活水的——他也知道会有从山里冒出来的泉水在封冻的冰河和其上的积雪之间流着。他知道就是最冷的寒潮也冻结不了这些泉水，他同样也明白这些水所包含的危险。这些水就是陷阱，会在雪下形成小水洼，大约三英寸深，有的则深达三英尺。在这些水洼表面会结成约半英寸厚的冰壳，冰壳上覆着积雪。有时多个冰壳和夹杂其间的水层相互交叠着，人一踏上去就会陷下去一直没到腰部。

这就是为什么他总是这样小心翼翼地躲闪着。他能感觉到他脚下积雪的松动；听到雪下的薄冰碎裂的声音。在这样的气温下弄湿了脚是麻烦甚至是危险的，至少也要耽误些时间。因为那样的话，他必须停下来生一堆火，在火堆光着脚烤干袜子和鹿皮靴。他站定了，辨认了一下河床和河岸，确认水流来自右边。他思考了片刻，又擦了擦鼻子和脸，然后小心翼翼地挪动脚步，掂量着每一次落脚的分量，朝左边绕过去。一旦躲开了一个危险，他就狠嚼一口烟草，然后继续蹒跚着向一小时四哩的目标迈进。

在接下来的两小时里他总是遇到相同的陷阱。覆盖在水洼上的积雪通常是凹陷而且稀松的，这样就容易识别。不过还是有一次，他差一点就踏了上去；又有一次，他觉得前面的雪地不可靠，就命令那狗走在前面，那狗不干，一个劲儿向后缩着。最后他只好自己硬着头皮向前挪过去。那狗紧跟着他跑过了那白色的、看似牢固的雪地。突然，雪壳穿了，那狗掉了下去。它挣扎到水洼边，爬上了一处结实些的地方。它的前肢全湿了，上面的水很快结了冰。它立即咬掉了它腿上的冰块，接着就躺在雪地上咬爪子上的。是它的直觉让它这样干的。如果听任冰块留在那儿会让腿脚剧痛，它并不知道这一层，它只不过遵循着那种从它自身的最深处升起的无名的冲动。那人却明白这一点，他权衡了一下情况，摘下了右手的连指手套好让右手去擦拭眼角，防止眼泪冻结。让他吃惊的是，他的指头敞在外面还不到一分钟，那迅捷的麻木感就已经侵袭了它们。的确很冷啊！他赶紧拉上手套，然后用右手使劲地捶着胸口。

十二点是一天中最亮的时候，但太阳仍然在地平线以下遥远的南方作她冬日的徜徉。大地上凸起的山峦将她同哈德逊湾隔开，在这儿，那人在正午的晴空下走着，连做伴的影子也没有。十二点半，他按时到达了那岔口。他对自己行进的速度很满意，若能保持的话，就一定能在六点钟赶到同伴们中间。他解开大衣和衬衫，取出他的午餐来。整个动作不过十几秒钟，可就在这样短的一段时间里，麻木又一次抓住了他裸露的指头。他没有马上戴上手套，而是狠狠地用手拍着大腿。片刻之后，他在一根被雪盖住的圆木上坐下打算开始吃东西。可是手指在腿上猛拍所产生的疼痛消失得如此之快却让他大吃一惊。他不停地拍打着手，终于只好又把手套戴上；然后脱出另一只手来好吃饭。可是这样却弄得他连吃到一块饼干的机会也没有。他试着满满地咬上一口，可封冻的嘴唇却张不开。他忘了该生一堆火来熔化嘴上的冰块。为这个失误他吃吃地笑了，可要笑的时候，他感到麻木已经钻到他裸露的指头里去了。而且，他还发现行走时总是最先觉得疼的脚尖在他坐下以后也不疼了。他想弄明白脚趾是否也麻木了，将脚在靴子里擦搓着，然后他明白脚趾也冻僵了。

他开始感到有些害怕，赶紧戴上手套站了起来，一个劲儿地跺脚直到脚又有了刺痛感。的确是冷啊，他想。有一个从硫黄湾回来的人曾提到过在野外有时会冷到什么程度。那个人说得没错！而他那时候却在嘲笑那人，这说明他没能正确对待这个问题。明摆着的，冷极了！他把脚高高地抬起来，踩下去；同时不停地拍打着手，直到确认它们又暖和起来了为止。然后他拿出火柴着手生一堆火。他在灌木丛中找到了木柴，那是在过去的春天发大水时生长起来的。经过一会儿小心细致的努力，他升起了一堆旺火。他在火旁烤化了脸上的冰块，在火焰的庇护下吃掉了饼干。那狗满意地躺在火旁，它在合适的距离上舒展开身体，这样既十分暖和又不会被烧到。一时间，四周的寒冷仿佛退却开了。

吃过午饭，他装上烟斗惬意地抽起来。然后他戴好了手套，拉下两侧的帽檐牢牢地护住耳朵，沿着冰河的支流继续前进。那狗恋恋不舍地朝着火堆号叫着，可那人却不知道冷。可能，他祖上十八代的先人都对寒冷一无所知，都对真正的，冰点以下一百零七度的寒冷一无所知。那狗却知道；它所有的祖先都知道；它从它们那儿知道这一点。它还知道在这样冷得可怕的天气里到处走是很坏的。现在应当蜷缩在雪下的一个洞里等着大片大片的云层覆盖这阴冷的天空。不过，那狗和人之间没有什么亲密的感情，一个是帮另一个干活儿的奴隶，狗所能得到的爱抚是呼啸的皮鞭和粗声粗气的嗓门里发出的关于呼啸的皮鞭的威胁。所以那狗并不会想方设法将自己的忧虑告诉那人。它才不关心那人的死活呢。它是为了它自己的缘故才对着火堆嚎叫的。但那人却冲着它吹口哨，并用呼啸的皮鞭的嗓门儿冲它大喊大叫，它只好转过身来跟着那人走开。

那人嚼了一口烟叶，又开始给自己打造一副新的琥珀胡子。他呼出的湿气很快就在他的胡子、眉毛和睫毛上打了一层霜。在这哈德逊湾的支流上似乎没有那么多暗沟，在半小时里他还没有发现有一处存在的迹象。可倒霉的事却发生了：在一个地方，没有任何特别，柔软而紧密的雪地看上去牢靠而实在。就在这样一个地方他踏穿了，陷了下去。水洼不算深，冰水淹没了他膝盖以下的半条小腿，他赶紧挣扎着上到坚实的地方。

他很恼火，一个劲儿咒骂这倒霉的运气。他原计划六点钟到达营地与同伴们会合，而现在他得因为生火烤干鞋袜而耽误一个钟头。在低温的环境里这是极其紧迫的，他对此很清楚，于是转身爬到土坡上。在坡顶的灌木丛中、低矮树木的枝干上，纠缠接着的枝条就是春天的遗留物——干燥的木柴；而更重要的是有大片的碎木片和干燥的去年的草类。他将许多大片的木片铺在雪地上，这样可以防止烧旺了的火烤化的雪水将火浸灭。然后他从口袋里掏出一小片白桦皮，用火柴在上面一擦，打着了火。这东西比纸还易燃，他立即将这片白桦皮放在铺好的木片上，再抓着小把小把的干草和最小最细的树枝往这一团小火里送。

他强烈地意识到自己处境危险，干这些事时显得十分缓慢而小心。渐渐地火大了起来，他也增大了柴火的块头。他蹲在雪里，从灌木丛纠缠不清的枝权里不断地扯下些枝丫径直送进火里。绝对不能出一个错！他知道，当一个人弄湿了脚待在零下七十五度的天气里时，他要生的第一堆火是绝不能失败的。如果他的脚是干的，火没有生起来的话，他可以沿着雪路跑上半里来恢复血液的循环。但一双冻僵的湿脚上的血液在零下七十五度的气温里是没法通过跑步来恢复流动的；不论他跑得多快，脚都只会冻得越来越死。

这一切他都明白。秋天，那个硫黄湾的归来者曾经警告过他，现在他认真地思考那些警告了，而此时双脚已经毫无知觉了。为了生火，他不得不又脱下连指手套，手指又很快地麻木了。他每小时四哩的进度支持着他搏动的心脏将血液送到他身体的表面和每一只指尖，但自从他停下来的那一刻起，那种搏动便减缓了下来。寒潮侵袭着这个星球的这个荒僻的角落，而他，正在这个荒僻的角落里承受着寒潮全部的冲击。他的血液早已退缩了，血是活的，就像狗，也想藏起来，把自己埋起来好避开这可怕的寒冷。当他以每小时四哩的速度行进时，他强迫着，挤压着他的血液流到身体的边缘去；但现在，血液退却了，收缩到了他身体的深处。他已开始感觉不到自己指头的存在了。他的湿脚越来越僵，手指也越来越麻木，尽管它们还没有完全僵死；鼻子和脸已经僵了，他身上的每一寸皮肤都冷得好像没了血液。

不过他仍是安全的，脚趾、鼻子和颧骨只是让寒潮舔了一下，这时火旺旺的烧起来了。他用有他手指那么粗的枝条去喂它，过不了多久，他就可以将手腕那么粗的树枝塞进去了。到那时，他就可以脱下鞋袜去烘干它们，把裸露的脚也烤暖和——当然，先得用雪搓上一阵。火就是胜利，他得救了！他想起了那个硫黄湾的归来者的警告，他笑了。那个人一口咬定没人能在冬天的克朗代克单独旅行，但现在他做到了！他干了这件事并且活了下来。"嘿，看来那些老手们不过全都是些娘们儿！至少他们中有的人是"，他想着。一个男人该做的就是保持颜面，而他就是赢家！是男人的话就单独前进！不过他没料到的是自己的鼻子和脸会冻僵得如此之快；他没料到的是自己的手指这么一会儿就僵死了。指头是那样地不听使唤，他想合拢它们好抓起一根小枝丫都不行，好像它们已经不在他身上了，已经离开他了一样。当他想抓起一根小枝的时候，不得不看看自己是否抓住了。那根树枝在他面前径直的从他指间落了下去。

不管那么多了！火焰在燃烧着、跳动着、噼啪响着，用它的每一个火苗跳着生命之舞。他开始解开他的鹿皮靴。鹿皮靴已经让冰包住了；厚厚的德国产长筒袜硬得像铁皮打的刀鞘死死地箍着他的小腿肚子；而鹿皮靴的鞋带如同是火灾过后扭曲、交织成一团的钢条。他用麻木的手指使劲地拽着，不久他明白这是白费力气，于是拔出了砍刀。

不过还没等他割断鞋带，坏事却发生了。这是他自己的错，一个大错：他不该在树下生火，应该在开阔地才对，虽然在树下可以方便地从树丛中扯下枝条直接送进火里。在他生火的地方的那颗树上已经积起了厚厚的一层雪。有一个星期没吹风了，树杈上的雪已经积满，摇摇欲坠。每一次他从树上扯下一根树枝时都感到一丝轻微的不安和颤动，一丝他自己难以察觉的不安和一丝足以导致灾难的颤动。在树梢处的一根树枝上的积雪给抖落了，落在下面的树枝上，使那些树枝上的积雪也掉落下去，就像滚雪球似的，这一动作向外扩展着它的影响直到整棵树都卷入了这场纷争。没有警告，像雪崩一样，大片的积雪径直砸在那人和火堆上面。火灭了！给盖住了。原先的火堆变成了一摊碎雪。

他惊呆了，仿佛听见了死神的召唤。有片刻他呆坐在那儿凝视着火堆的残骸。然后他平静了下来。假如他听从了那个硫黄湾的归来者的劝告；假如他有一个同伴，就不会遇到这样的麻烦——弄湿了脚，他的同伴会帮他生火的。没办法，必须再升起一堆火来，而这一次是无论如何也不能有一点差池的。就算成功了，他也多半会失去几个脚趾。他那冻僵的脚现在一定糟透了，而离第二堆火升起来却还有一段时间。

这是他的念头，他根本没细想，在他一个劲儿忙活的时候这些念头一一在他的头脑里闪过。他为火堆铺起了一层新的地毯，这一次是在开阔地，没有捣乱的树会跑来扑灭它。然后，他又从那些春天的残骸中收集起了一堆干草和树枝。他不能用手指捏住它们扯下来，但可以一次一把地握住。这样他只弄到一些腐烂的枝丫和一点儿苔藓，远不够用，但他也只能做到这样了。他有条不紊地干着，甚至还收集起了一抱粗大的树枝以备火焰烧旺之后使用。整个过程中那狗在一旁蹲着注视着他，眼中充满了急切的渴望。在那畜生眼里他是一个可以提供火的人，一堆火正慢慢地被创造出来。

万事俱备，他把手伸进口袋里去摸另一片白桦皮。他知道它在那儿，虽然他没法用手指感觉到它，却能听见手指和它摩擦时发出的那种清脆的沙沙声。可是他尝试过了最大的努力，却抓不住那片白桦皮。他知道在这整段时间里的每时每刻他的脚都在挨冻。这一意识让他觉得恐慌，不过他仍努力克服着并保持冷静。他用牙咬着拉上了连指手套，用力前后甩着手臂，用手狠狠地砸自己的胸口；他原先是坐着的，又赶紧站起来不停地砸着。整个过程中那狗蹲在雪地里，狼一样的大尾巴暖和地盘着，盖住了前爪；狼一样的尖耳朵一动不动地向前探着，仿佛盯着那人一般。而那人，在他敲拳头、甩胳膊时，却对那畜生有着天生的用以抵御寒冷和保全性命的毛皮感到了一种剧烈的羡慕。

这样过了一段时间，他那正敲击着的指头开始有了一种遥远的感觉，那微弱的疼痛逐渐强烈起来，直到演变为一种明显的刺痛。他觉得这样足够了。于是从右手上摘下了连指手套去摸那片白桦皮。裸露的指头很快又麻木了。接着他拿出一把硫黄头的火柴。但那可怕的寒冷已经从他的指头上夺走了生气，他本想从那一把火柴里抽出一支来，火柴却全都掉到了雪地上。他试图把它们从雪地里抠出来，却无法做到，僵死的手指抓不住也摸不到了。由此他想到了自己冻僵的脚、鼻子和脸颊，全都感觉不到了。他小心翼翼，整个心思想要抓起那些火柴。他注视着自己的手指，想用视觉来弥补麻木的触觉。他看着他的指头罩住了它们，然后合拢，或者，想要合拢，但他手上的线路已经断了，手指不听使唤。他给右手又戴上了手套，在膝盖上猛烈地拍着。最后，他不敢再摘掉手套，双手并用将那些火柴连同一把碎雪一起捧了起来放到了衣兜上。他只能做到这样了。

经过一番细致的努力，他将那些火柴挑了出来夹在两个手掌间。用这样的姿势他把火柴捧到了嘴边。他强行把嘴张开，嘴上的冰甲发出断裂的噼啪声。他用下唇包起下牙，上唇翘起，伸出上颌想要用门牙在那一把火柴里挖出一根来。他做到了，他从那把火柴里挖出了一根落在了他的衣兜上。他只能做到这样。他无法将那根火柴拈起来，不过他想了一个办法。他用牙齿咬着，将火柴在大腿上摩擦。然后他就这样衔着那根燃着的火柴去点那块白桦皮。可火焰的边沿却窜上了他的鼻孔并钻进了他的肺里，呛得他立即不住地咳起来。那根火柴栽进雪地里，熄灭了。

那个从硫黄湾回来的家伙是对的！他在接踵而来的绝望中想到：在零下五十度的天气里应该结伴而行。他敲打着双手，但再也没有一点儿感觉了。突然，他用牙扯掉手套，露出双手。然后用双掌夹起所有的火柴——他臂上的肌肉还没有冻僵，这使得他还可以用双掌紧紧地夹着——他就这样将那一把火柴在自己腿上摩擦。火柴头闪出了火花，七十支硫黄头一下子全都点着了！没有风来吹灭它们。他把脑袋偏向一边好避开令人窒息的烟雾，将那一把火柴夹到那片白桦皮上。他这样夹着的时候，感到手上又有了一点知觉。他的手掌烧着了，他闻到了焦味，也能隐约感觉到。那感觉逐渐清晰起来，变成了灼痛。他忍着痛，笨拙地夹着燃烧的火柴将火焰凑到那片白桦皮上去，可白桦皮却难以点燃——他的手在碍事，挡住了大部分的火焰。

剧痛让他受不了了，他的手猛地抽搐了一下，火柴扎进了雪里，嗞嗞响着。但白桦皮总算是点燃了。他开始把干草和细小的枝丫向火里送。他没法挑选，因为他只能用手掌去夹起那些燃料。有小片的朽木或者绿色的苔藓夹杂在那些枝丫里，他尽量用牙齿将它们咬出来。他小心翼翼但笨手笨脚地呵护这一团小火——火就是生命，一定不能熄灭！体表的失血现在让他哆嗦起来，也让他更加笨拙了。有一片苔藓直直地砸在了那一堆小火上。他打算用手指把那片苔藓拨开去，可颤抖的手却拨得太狠了，连同那一堆小火也给拨散了，燃烧着的干草和枝丫分散开来。于是他赶紧试图将它们重新聚拢起来，虽然他付出了极为紧张而顽强的努力，但颤抖不止的身体却出卖了他，那些枝丫仍然令人绝望地四散着，接着纷纷冒出一缕缕青烟，熄了。提供火的人失败了。他默然地四下里看了看，看到了那条狗，坐在那由他造成的火堆的残骸中间，在雪地里焦躁不安地蠕动着，前肢不停地轻轻蹬着，身子急切地前后耸动着。

对狗的注视唤起了他的一个残忍的念头。他想起有一个人，被困在了暴风雪里，结果那人杀死了一头牛然后钻进剖开的尸体里去，这样救了他自己一命。他得杀死那条狗，把手插进它温暖的尸体里去直到不再麻木了为止。这样，他才能再升起一堆火。他叫那狗，唤它到他这儿来。但他的嗓门里所有的一种奇怪的恐怖情绪却吓住了那畜生——它以前从没听见过什么人用这样的嗓音来叫它。有什么不对劲儿？那畜生多疑的天性嗅到了危险，什么样的危险它不清楚，但那危险就在某处，以某种方式窥视着，它对那人产生了警惕。它垂下了耳朵好不去听那人的声音，它的焦躁不安的蠕动、耸动和蹬脚的动作更加剧烈了一些，但它并不打算到那人那儿去。那人跪下，双手双膝并用向那狗爬去。这个不寻常的动作更加可疑，狗侧身跑开了。

他坐在雪地里，努力让自己镇定下来。然后他用牙齿戴上连指手套，试着双脚直立起来。双脚的知觉全无使他失去了同大地的联系，他向下注视着自己的动作，慢慢站了起来。他直立的姿势开始打消了那狗的疑虑。他用惯常的音调，也就是呼啸的皮鞭的嗓门冲那狗喊着。狗表现出了那种惯常的顺从向他走来。当那畜生刚刚进入他够得着的距离，他立刻暴跳起来，张开双臂向那狗扑了出去。那一刹那间他忘了自己的双手已经冻僵了，而且一直在冻着。一切发生得如此迅速，那狗还来不及跳开那人就死死地箍住了它。他着实大吃一惊，他的手全无知觉，手指一点也无法弯曲，根本不能抓住什么东西。那人跌坐在雪地上，以这样的姿势紧紧地搂着那条狗。那狗咆哮着、呜咽着、猛烈地挣扎着。

但他只能做到这样，这样搂着那狗坐在那儿。他明白了自己没法儿弄死它，一点办法也没有。那双毫无知觉的手既不能拔出砍刀也握不住，更不可能掐死那畜生。他松了手，那狗猛然窜了出去。咆哮着，夹着尾巴跑到离他约四英尺的地方停下来。它尖尖的耳朵向前探着，疑惑不解地打量着那人。那人低头看了看自己的双手好确定它们的位置。两手无力地挂在臂膀的末端。一个人得靠眼睛来弄明白自己的手在哪儿，这让他感到了一种莫名的惊奇。他又开始使劲地前后甩着双手，将手在肋骨上敲着、狠狠地敲着。这样干了五分钟，他的心脏的搏动剧烈起来，将血液压到了他身体的表面，这让他暂时停止了颤抖。但双手仍然毫无知觉，仍然像重物一样悬挂在他臂膀的末端。这情形使他产生了一个深刻的印象。他力图驱散这个印象，却做不到。

他感受到了死亡，一种模糊而压抑的威胁。这威胁越发地痛彻起来，他意识到了这不再仅仅是冻掉几个手指或脚趾的事情，也不单是失去手或者脚的事情，而是生死攸关、胜负难料的严重事态。这让他陷入了恐慌，他起身跑起来，跑上河床，沿着那古老而幽暗的主道跑起来。狗也跑着在后面紧跟着他。他盲目地、漫无目的地跑着，怀着因为对自己生命的前景的未知而升起的恐惧跑着。他跑着，在雪地上蹒跚着、踉跄着，渐渐地，他略微冷静了一些。他看了看河岸、灌木丛、枝丫光秃的杨树和天空。奔跑让他感到好些了，颤抖停止了。也许，如果他继续跑下去，他的脚就能复苏；甚至，只要能办到，如果他可以跑得足够远，就能到达营地和同伴们中间。手指、脚趾和鼻子肯定是保不住了，但只要能赶到那儿，他的同伴就能照料他，救他的命。同时，他的头脑里又闪过的另一个念头却对他说：他到不了营地；回不了同伴中间，他们之间隔着太多的英里，寒冷对他的打击太沉重了，他很快就会冻僵、死掉。这个念头时时跳到他面前冲他呢喃着、念叨着，而他却力图驱散它，尽可能去想别的事。

他的脚冻得如此严重，当他奔跑时，把脚踏进了雪地里，把全身的重量都压上去，可依然一点儿感觉也没有。这情形甚至让他有些好奇。他觉得自己仿佛是掠过地面滑翔着的，同大地没有一点儿接触。他曾在什么地方见过长着翅膀的神使墨丘里的雕像，他怀疑当墨丘里在半空中滑翔的时候是不是也有与自己同样的感受。

他想一直跑到营地的计划忽略了一个漏洞，那就是他没有那样的耐久力。他跟跄了好多次，最后他没办法再坚持了、垮了、一下子栽倒了。他想爬起来，可是失败了。必须坐着休息一会儿，他想，而且爬起来之后也只能走着前进了。当他坐在那儿喘气时，他觉得很暖和很舒服，不再颤抖，而且身体和胸膛在慢慢升温。他又摸了摸鼻子和脸，仍然一点感觉也没有。奔跑无法让它们复苏，同样也不能让他的手和脚恢复知觉。这时，他头脑里闪过这样一个想法：他身体被冻僵的部分正在扩张！他不去想它，试着忘掉它，努力去想别的事情，可他还是困在了这个想法引发的恐怖中，他害怕这样的感觉。这想法在向他喊叫着、越发清晰地、一刻不停地反复召唤着，他似乎看见了自己那已经被完全冻僵了的尸体！太可怕了！他赶忙又开始在河道上疯跑起来，每次一慢下来快要变成走动时，这个冻僵的想法就又驱使他跑起来。

那狗一直和他一起跑着，紧跟着他。在他又一次跌倒后，那狗便蹲在他跟前，尾巴盘着前爪，急切而好奇地看着他。那畜生的温暖和安全令他生气，他恶狠狠地咒骂它，直骂到那狗息事宁人地垂下了耳朵。这一次他颤抖得更厉害了。在这场同严寒的斗争中他就要输掉了，寒冷正从四面八方侵入他的身体。这个想法令他又爬了起来，但他还没跑出一百英尺便又摇晃着一头栽了下去。这是他最后一次觉得恐惧。慢慢的，他缓过了气来，平静些了，开始考虑坦然地接受死亡。不过，他并不是在思考，而是给自己开了一个玩笑，头脑中闪过了这样一幅景象：一只被砍了头的鸡在没命地飞奔着，这跟此刻发生在他自己身上的事情是一个样。好了，他已经被严寒俘虏了，而他要平静地接受这个事实。这一刚出现的顺从的想法使他开始感到了一丝困倦。沉睡着去死，他想，这也不坏，就好比服用了麻醉剂一样，冻死并不像人们想的那样糟，比这悲惨的死法还多着哩。

他想象着第二天他的同伴们来寻找他的尸体的情形。突然他发现他自己也在他们中间，沿着河道在搜寻他自己。不久，在河道的某处，他和同伴们发现了他自己躺在雪地里。他再也不属于他自己了，他已经离开了他自己，正站在人们中间看着自己被半掩在雪里。的确是冷啊，他想。在他回到了城里之后就能对人们讲什么才是真正的寒冷。他眼前又浮现出了那个从硫黄湾回来的人的模样，穿得暖暖和和舒舒服服，吸着一根雪茄。

"你是对的，老兄，你是对的。"他喃喃地说，仿佛那个人就在他面前。

最后，他仿佛以从未有过的舒适和惬意沉沉睡去了。那狗望着他，坐着、等着。短暂的白天快要被漫长的黑夜罩上帷幔，可仍旧没有一点儿火被升起来的迹象。在狗看来，据它所知还没有什么人像那样待在雪地里却不生一堆火。天色越来越阴沉，对火的热切的渴望驱使着它，它的前爪急切地扑腾着，小声地呜咽着，耳朵耷拉着以免听到那人的咒骂。可那人依然沉默着。不久它大声地叫唤起来。又过了一会儿，它朝那人挪了过去，然后嗅出了尸体的味道。这令它毫毛倒竖起来，向后跳了一步。星星在凄冷的天空中跳跃着、舞蹈着、明亮地闪烁着，它对着星星发出了一阵长嚎。然后，它转过身，朝着它所知道的营地的方向在河道上跑了起来，那儿还有其他的能够提供食物和提供火的人。

安妮·塞克斯顿（美国）

安妮·塞克斯顿

传略 安妮·塞克斯顿（1928—1974），美国著名女诗人。出生在马萨诸塞州。1945年，她进入罗杰斯·豪的一个寄宿中学读书，做过时装模特。后来，她在波士顿的伽兰女子高级学院就读过一年。20岁时和Alfred Muller Sexton结婚，他们生了两个孩子，于1973年离婚。1954年她第一次精神崩溃，1955年二度发作，遇到了马丁医生，从此他成为她的终生治疗师。1957年，她参加John Holmes的诗歌培训班。1958年，没有受过大学教育的她与另一女诗人西尔维娅·普拉斯一起参加了美国自白派诗人罗伯特·洛威尔在波士顿大学办的讲习班，走上"自白派"的路子。1959年夏天，她以罗伯特·弗罗斯特诗歌联谊会会员的身份参加了布雷德洛弗作家会议。1960年，她出版了第一部诗集《去精神病院的路上中途而返》，其中第一首诗就是《你，马丁医生》。她对马丁医生完全信任，在第一次的心理治疗中，她对他说自己什么也不能做，唯一的才分是做妓女。而马丁医生后来对她说，根据自己的分析，他觉得她具有创造性，于是鼓励她写作。于是她报名参加了一个写作班，写作成为她日常心理治疗的一部分，不仅如此，没有受到过多少学校教育的她，作品还被发表在《纽约客》等著名杂志上。后来所谓的自白派的最经典的意义，也就显示在自白和心理治疗具有一致性。在所谓的"自白派"中，塞克斯顿是唯一承认这个命名的，而且被认为是最能代表这个流派的诗人。1957年她在一个作家研讨会上遇到了斯诺德格拉斯，得到他的鼓励，并成为好友，他的《心头的针》给她很大的影响。同年，她参加了几个写作小组，结识了玛克辛·库明，并在罗伯特·洛厄尔的写作班里遇到西尔维娅·普拉斯，成为终生好友，她们俩经常彼此写诗论诗，塞克斯顿也最信任她的意见。1967年，她的诗集《生，或者死》获普利策奖，并于同年荣获美国诗歌学会颁发的雪莱纪念奖。1968年，她被选为英国皇家文学院研究员。同年她组织了一个叫做"安·塞克斯顿和她那般"的爵士摇滚乐队。1969年，她写的戏剧《慈悲街》在准备和演练了好几年以后终于在纽约上演。1968年至1973年期间，她曾获得过哈佛（1968）和雷德克利夫（1969）大学的菲伯塔联谊会荣誉奖及塔夫茨（1970）、费尔菲尔德（1970）大学和里吉斯学院（1973）颁发的名誉博士学位。1974年10月4日，她和库明一起午餐，回家后，她躲进车库，发动汽车，用一氧化碳自杀。死时，她是波士顿大学的创作教授。

安妮·塞克斯顿的主要诗集有：《去精神病院的路上中途而返》（To Bedlam and Part Way Back，1960年）；《我所有的美人》（All My Pretty Ones，1962年）；《生或死》（Live or Die，1966年）；《情诗集》（Love Poems，1969年）；《变形》（Trams formations，1971年）；《死亡笔记》（The Death Notebooks，1974）等。

"凭借写诗照看了那'活的'部分"——安妮·塞克斯顿之死

1974年10月4日，美国自白派女诗人安妮·塞克斯顿在与好友玛克辛·库明（Maxine Kumin，也是优秀的女诗人）一起用完午餐后，在波士顿她自己的汽车间吸一氧化碳自杀。

对于安妮·塞克斯顿而言，诗歌是她用来抗衡自杀念头的武器，是她在精神崩溃的绝境中求得生存的寄托。她曾对心理医生说，"你瞧，我凭借写诗照看了那'活的'部分。"

她的医生马丁·奥尼一直鼓励她用诗歌来调整崩溃的精神，"他说我的诗棒极了，于是我不停地写啊写啊，然后全部交给他……我坚持写作就是为了让他满意"。1960年塞克斯顿的第一部诗集出版了，标题就是《去精神病院的路上中途而返》。

她曾和普拉斯一起讨论自杀问题，她说："自杀毕竟是诗歌的对立面。西尔维娅和我常谈论对立面，我们热切地讨论死亡，我们俩被死亡吸引如同飞蛾扑火，牢牢地被吸引了！……死亡吸引我们的那一刻，我们感到身临其境……我们谈论死亡，这对我们来说是生命，不管怎么说是永久的生命，或者更好的生命，我们目不转睛，手指紧紧抓着玻璃杯……"在《死亡宝贝》一诗中，诗人笔下的死亡意象娇弱而泛着神秘的光，她写道："死亡，／你躺在我的怀里像一个小天使，／如面团一般沉。／你奶色的翅膀一动不动，像塑料制成。／头发软似音乐，泛着竖琴的色彩。／眼睛是玻璃的，／脆如水晶。／我每次摇你时／都担心你会破碎。"

1974年2月21日出版的《死亡日记》被安妮·塞克斯顿戏称为她的遗作。这本书出版之后，塞克斯顿接到了很多个人出场的邀请，当年她出行的地方有马里兰、宾夕法尼亚、新泽西（三次）、纽约、康涅狄格、德克萨斯和缅因，并且在波士顿周边地区作了大量的朗诵。她最成功的一次朗诵是在哈佛文学俱乐部的那次，她在开场白中说："我愿意把这次朗诵献给一个无名的妇女。世界上存在着很多种类的爱——女人对男人，母亲对孩子，女人对女人，男人对男人，上帝对我们……"而奇怪的是，很多人都认为这些话是针对自己的，在安妮死后，巴巴拉·施瓦茨听到很多朋友对她说，"你记得安妮在桑德斯剧院的朗诵吗？那是献给我的……"

安妮·塞克斯顿自杀的日子和方式是经过慎重选择的。10月3日，星期四，她在 GOUCHER 学院成功地举行了报酬颇丰的一次诗歌朗读，在波士顿大学按时上完了她的诗歌讲习班的课程。意外的是，全班学生都来机场接机。车子驶进波士顿的一路上，塞克斯顿都在讲述她如何应付她朗诵时穿的红色长裙的纽扣，它们仿佛随时会从上到下地裂开。她的话让学生们乐不可支。

第二天早晨，路易斯·科南来与她一起吃早餐，她时时中断话头，注视着在窗边喂食器里吃食的山雀。十点她去坎布里奇，赴她和巴巴拉·施瓦茨例行的约会。她和路易斯温柔地告别。

在她的皮夹里她放了新诗《绿房间》的抄本，是写给施瓦茨的。10月4日是一个重要的周年纪念日：她们九个月前的今天第一次约会。塞克斯顿感激母亲般的施瓦茨在那九个月中所给予她的一切。那个早晨的见面，施瓦茨并没有直觉到什么，但在她走后，施瓦茨发现了她的香烟和打火机留在了她办公室的菊花后面，这其中似乎含着什么意味，因为安妮没有了香烟就不能思考。

塞克斯顿与玛克辛·库明约好中午一起吃饭；她们要修改计划1975年3月出版的《朝向上帝的可怕航行》的校样。她还给库明看了《绿房间》。库明回忆当时的情形："我们在一起吃了一顿傻呵呵、快活的午餐，我记得自己曾经想，她的状态显得多么好啊，"一点三十分，她们修改完了校样。库明那天下午要去取护照，她不久就要和丈夫一起去欧洲、以色列和伊朗做长途旅行。库明陪她走到她的车前，看着她开走。

安妮驱车回家，家里一派宁静，她打电话定晚上的约会，改变会面时间。此外她似乎没有和任何人说话，也没有写下任何的字条。她退下手上的戒指，丢在大钱包里，从衣柜里取出母亲的旧裘皮大衣。之后，塞克斯顿走进车库，把门在身后关上。她爬进驾驶座，将车发动，并打开了无线电。安妮·塞克斯顿就这样告别了这个世界。"当死亡找上一个人，却被击退，这是一个男人。如果选择自行了断，这就是一个女人。"她在诗中写道。

悲情　塞克斯顿比普拉斯稍长，两人都是来自波士顿的大才女，同样的美貌、敏感、文笔精湛，同样的受到精神病的折磨并试图从中挖掘创作灵感。她们曾结伴参加洛厄尔的诗歌研修班，一起在旅馆喝得大醉，她们甚至互相讨论过自杀的方式。她们之间有惺惺相惜的情谊，也有微妙的竞争关系。1963年，普拉斯自杀后，塞克斯顿在悼诗《西尔维娅之死》中写道：

小偷啊！

你凭什么爬进去，

自个儿爬进

我盼得那么苦又盼了那么久的死亡。

作为洛厄尔的学生，导师的经历在塞克斯顿心中也占有很大的比重。1959年春，洛厄尔在课堂上发病被送进麦克林医院，后来塞克斯顿在《教室哀歌》一诗中写道：手脚笨拙的洛厄尔"像一只大青蛙"——

尽管如此，我必须称颂你的技艺。

你的疯癫是如此优雅。

我们在平板座椅上烦躁不安

并假装着整理

我们对你的魁梧妖术的记录，

或者忽略你浮肿无光的眼睛

或者忽略你昨天吃掉的那个王子

不管他多么明智、明知、明指。

谶兆　在美国波士顿郊外有一家精神病院，它既不是美国最老的医院，也不是全国最好的精神病医院，而是美国最具贵族气质的诗人精神病疗养机构。同时，也是美国最具文学特色的机构之一——麦克林诗人精神病院。它属于宾夕法尼亚州立医院的一部分，近150年来，这座精神病院不仅成为专治诗人精神病的地方，也成为培养和造就著名诗人的圣地。

多年来塞克斯顿一直对麦克林医院抱有一种好奇心,她也想进麦克林医院,因为洛厄尔和普拉斯都到过这里,她要加入他们的行列。她曾对好友洛伊丝·阿姆斯说:"我真想获得麦克林医院的奖金",那种口气就像她是在谈论美国文学院的大奖。但奥尼医生不让她去麦克林医院,因为那里的费用太高了。

1968年,塞克斯顿的愿望终于实现了,她接受麦克林医院图书馆的邀请,为该院患者开办一系列的诗歌讲座和学习班。诗歌曾经让塞克斯顿绝境逢生,她也希望其他病友也能得到同样的帮助。尽管塞克斯顿并无教学经验,而且面对满屋子情绪失控的疯男疯女,她一点把握也没有。

学习班每星期二晚在医院图书馆上课,通常,塞克斯顿会先让大家阅读讨论几首当代诗歌,然后布置作业。课程比较随意,课堂上的气氛跟病人的情绪一样,有时热烈有时平淡。馆长玛格丽特·鲍尔负责把每周的习作收上来,交给塞克斯顿。学习班一直持续到1969年6月,当年的具体课程内容已无从查考,只有一些零星的回忆让我们可以想见这个特殊课堂的情景。

病友埃莉诺·莫里斯说:"在我印象中,塞克斯顿靠着一架钢琴,我们则围坐在椅子上。她给我们布置了习题,然后你必须得朗诵自己的诗,这需要很大的勇气。我最记得那双湛蓝湛蓝的眼睛。她的双眼对我来说是每个星期的希望,它们让我有信心去做些事情。"

尽管塞克斯顿深得病友们的喜爱,但她对自己并不满意。1973年12月,她把有关麦克林医院讲座的一些材料装进一个档案袋,封口处写着:"我的第一次写作教学——1969年,非常艰难,因为我对控制人群的经验不足,以及学员变动频繁和护士干扰授课——我需要更多实践才能教得好"。但另一方面,塞克斯顿的精神状况却在急剧恶化,她再也没有回到这个讲台。

埃莉诺·莫里斯还记得,1974年10月5日清晨,她被闹钟收音机上的一条新闻惊醒,播音员宣告了安妮·塞克斯顿的死讯。莫里斯说:"收音机只说她死了,但我知道她是自杀的,我哭了整个早上。"她珍藏着塞克斯顿在一次讲座后送给她的诗集,一本1966年版的获奖诗集《生或死》,塞克斯顿在扉页上写着:"我的决定是'生'——赠埃莉"。

作品精选

向往死亡

既然你问,许多日子我都不记得。
我穿着衣服行走,那次航行没有印记。
然后归来的是几乎莫名的渴望。
即便那时我也无以对抗生活。
我清楚地知道你提到的草叶,
和你放在太阳下的家具。
但自杀者们有种特殊的语言。
就像木匠他们想知道用什么工具。
他们从来不问建造的理由。
我已经两次如此简单地宣告自己,
已经占领了敌人,吃掉了敌人,
已经暴露了他的诡计,他的魔力。
就这样,沉重的,思索的,
比油和水更温暖,
我休息了,嘴角流着口水。
我不去想我针尖上的躯体。
即使角膜和剩下的尿也不见了。
自杀者们已经背叛了躯体。
夭折的,他们并不总是死去,
而是闪耀着,他们无法忘记这么甜的药,
就连孩子们也会望着它笑。
刺穿你舌下的所有生活——
这一切刺穿本身,成了一种激情。

死神有一副悲哀的骨头；受伤的，你会说，
她还等着我，年复一年，
为了小心地消除一个旧伤，
为了从桎梏中释放我的呼吸。
平衡的那边，自杀者们有时遇见，
为果实——一个充气的月亮而愤怒，
抛下拿错的面包而追求一吻。
任书页随意摊开，
有些事没讲，摘下来的听筒
和爱，不管怎样，是一种传染。

你，马丁医生

你，马丁医生。走着
从早餐到疯人院
八月末，我快速穿过
有消毒的隧道
在那儿，行动的死者
仍在谈论着
并迫使他们的骨骼反抗
治愈的感觉
在这夏日公寓里我是一个女皇
还是一只
高高烟囱上可笑的蜜蜂？

面对死亡。我们站成
断断续续的线，等待着

他们打开门
在冰冷的晚餐入口处
他们清点我们
发出口令。我们微笑着
穿着罩衫走向肉汁
我们列队咀嚼
我们的号牌已乱
我们抱怨着

像学校里的白粉笔。
没有什么刀子
可以切断你的咽喉
整个早上我一直系着鹿皮靴
但一开始我的手不停地
落空。我解不开他们常做的活
现在我把它们放回原位
每一根发怒的手指头
要求我尽快使明天恢复常态

当然,我爱你
你靠在柔和的天空下
为我们这些木头人祈祷着
这些狡猾人的后裔啊!
明亮的花冠新的花冠
它正戴在杰克头上
你的第三只眼在我们之间
移动着。像光

分开了我们
睡觉和哭泣的居所

在这儿，我们是一群
尚未长大的孩子
凭借最好的监视我无所顾忌地
长着。马丁医生
你的业务就是人
你在精神病房里叫着
你神启的眼睛在我们之间逡巡
在厅堂外
对讲电话侍候着你
你在狡猾的孩子们的牵引下

穿过他们像解冻的洪水一样
跌倒的身子
我们不可思议地交谈着
嘈杂而有点孤独
忘了一切罪恶吧！
我就是女皇
我难道总要迷失？
从前我是多么美丽啊
现在我也应是我自己的
数着这一排、那一派鹿皮靴
看它们等候在
安静的架上

流　产

该诞生的却消失了。
正当地球努起嘴唇，
每个胚芽从花梗里膨胀。
我换上鞋子，驱车南行。
宾夕法尼亚山脉无边地延展起伏，
一直越过远方蓝色的群山，
像蜡笔画的雄狮披散着绿色的长鬃。
它的道路如同被镂刻的灰色搓衣板；
事实上，土地在这里正爆发出邪恶的撕裂声，
煤从一个黑洞里流出来。
该诞生的却消失了。
丛生的小草像细香葱一样坚韧，
我不知地球何时会爆裂，
我想知道任何脆弱的生命怎样才能幸存；
到达宾夕法尼亚，我遇到一个侏儒，
他竟然不是兰姆伯尔斯蒂茨金……
他感受到了成熟的爱情开端。
返回北方时，天空都在变薄
明亮得如一扇高大的窗户。
道路平坦得如同镀锡的床单。
该诞生的却消失了。
确实，女人，这种逻辑将会导致无牺牲的损失。
或者你的意思是说，
你害怕……我流产了的这个婴儿。

绝　望

他是何人？
一条通向地狱的铁轨？
一件正在破裂的家具？
污水池里突然漫出的希望？
像唾液一般流进阴沟的爱？
口口声声说"永远，永远"
到后来却像卡车从你身上碾过去的爱？
一个漂入广告节目中的祈祷者？
绝望，
我不大喜欢您。
您跟我的衣裳或香烟不相配。
您干吗赖在这儿，
像坦克一样庞大，
对着我这大半辈子瞄准？
您难道不能漂进一棵树里？
为何偏要待在我的根部，
强迫我走出我那长久以来
只是为了肚皮的生活？
好！
我带您一道旅行，
那地方我的双臂
多年来没有只言片语。

安妮·塞克斯顿

我生命的房间

在这里，
在我生命的房间里
东西不断地变化着。
烟灰缸，对之哭泣
木墙，受苦受难的兄弟
打字机上的 48 个键
一只只永不闭上的眼珠，
一本本书，一个个选美竞赛中的参赛者，
黑椅子，人造皮革做的狗棺材，
墙上的洞孔
像一窝蜜蜂等待着，
金色地毯
脚后跟和脚趾头的对话，
壁炉
一把等着什么人来拾起的刀，
沙发，被一妓女压累了，
电话
树杈上生根的两朵花，
一扇扇门
像海蚌般开开合合，
一盏盏灯，
刺痛着我，
照亮了地面、点燃了笑声。
窗子，
饥饿的窗子

将树木如指甲一般戳进我的心。
我每天喂养外面的世界
尽管鸟儿
左右乱啄。
我也喂养这里的世界，
把狗饼干喂给桌子。
然而，一切都不是表面上看去的那样。
我的东西会做梦而且穿新衣，
好像是，因为我手中所有的字
以及灌在我喉咙里的海水，
使它们不得不如此。

音乐游到我的身边

等等，先生
哪一条路可以通往家里？

他们关上了灯
黑暗充满每个角落
这个房间没有任何标志
四个小姐，80多岁
每个人都拿着菱形手巾
啦啦啦，音乐游到我的身边
我能感觉到她们快乐的情绪
她们留给我的这个夜晚
在山上这个秘密的处所

想象吧。收音机响着
每个人都疯了般
我爱它,这个夜晚
我跟着音乐旋转,一圈又一圈
音乐在感觉中流淌
用它滑稽的形式
音乐比我看得更清
我记住它!好好地记住
这一个夜晚

这是11月一个特别寒冷的日子
甚至天上的星星都被捆住
而月亮又太过明亮
它用光线分开我,击打我
在我头上叮叮作响
我已忘了休息

晚上8点,他们用这把椅子挡住了我
没有任何标志告诉我
路要怎么走
正好收音机响着
音乐比我记得更清
哦,啦啦啦
这音乐游到我的身边
这个晚上我又来了
我旋转着,一圈又一圈
我一点也不害怕

先生!

西尔维娅·普拉斯（美国）

西尔维娅·普拉斯

传略　西尔维娅·普拉斯（Sylvia Plath，1932—1963），美国自白派女诗人，是继艾米莉·狄金森和伊丽莎白·毕肖普之后最重要的美国女诗人。1963年她最后一次自杀成功时，年仅31岁。这位颇受争议的女诗人因其富于激情和创造力的重要诗篇留名于世，又因其与另一位英国诗人休斯情感变故自杀的戏剧化人生而成为英美文学界一个长久的话题。

普拉斯出生于美国马萨诸塞州的波士顿地区，她8岁时父亲去世，她和弟弟由母亲抚养大。1955年，普拉斯以优异成绩毕业于著名的史密斯女子学院。在大学期间她学业出众，每门功课都是优等，获得多项奖学金。大学二年级时因出色的写作才能被纽约时装杂志《小姐》选中应邀担任该杂志的客座编辑。在那里有豪华的宴会，漂亮的时装，还能与仰慕的作家共同创作。但是不久她就陷入到精神分裂的磨难中，直至进入麦克林精神病院被进行电疗。她的自传体小说《钟形罩》描写了这一段经历。

1956年2月，西尔维娅·普拉斯获得一笔奖学金，获准去英国剑桥留学。她在那里邂逅了英俊的英国诗人特德·休斯（1930—1998），两人立刻坠入了情网，并闪电似的结婚。当时普拉斯称休斯为"世间唯一能与我匹配的男子"。在与休斯育有一子一女后，两人婚姻出现裂痕。1962年普拉斯与休斯分居，她单独带着儿女在伦敦居住。同年休斯与 Assia Wsvill 同居。数月内突然面临剧烈的生活变动以及生活拮据带来的压力，使普拉斯饱尝巨大的精神痛苦，她不堪忍受，选择了于1963年2月21日在伦敦的寓所自杀。

普拉斯的小说创作有非常突出的自传性特色，几乎每一篇都能从作者本人的生活经历中找到影子。《绿石头》是对童年生活令人怅惘的追忆；《超人与宝拉·布朗的新冬装》叙述的是成长经历；《寡妇曼加达其人》根据作者新婚后去西班牙度假的经历写成；《成功之日》记录了一对献身写作的夫妇的生活及妻子微妙的心理活动，它们都很容易令人联想到普拉斯本人的生活经历。普拉斯生前只出版过两本著作，一是诗集《巨人及其他诗歌》，一是自传体长篇小说《钟形罩》。普拉斯去世后，特德·休斯编选了她的几本诗集，包括《爱丽尔》、《渡湖》、《冬树》及《普拉斯诗全集》，从而奠定了普拉斯作为一名重要诗人的地位。

"死是一种艺术"——西尔维娅·普拉斯之死

普拉斯的诗属自白诗一列，是上世纪五六十年代兴起的一种后现代主义诗歌流派。她的诗歌与她的人生悲剧紧密相连。在她的诗歌中，反复吟咏着对男权社会的反叛和依恋。当普拉斯于1960年出版第一部诗集《巨人及其他诗歌》时，反响并不热烈。开始为她赢得声誉的是1965年也就是她自杀后的第三年出版的诗集《爱丽尔》。之后由其丈夫特德·休斯整理并出版的她的两本诗集《渡湖》和《冬树》，把她作为自白派诗人的声誉推向了最高点。时至今日，她依旧声名不衰。

在普拉斯的一生中，父亲的形象有着复杂的意味。《爸爸》中写道："你是只黑皮鞋／我曾像只脚住在这里三十年／穷困和悲凄／只敢呼吸和抽泣。"这首诗中，父亲的形象仿佛一个巨大而沉重的阴影，充满了压抑感。而在有些诗中，又饱含爱和依恋："那人（指其父），把我可爱的红心一咬两半／／我十岁时他们埋葬了你／／二十岁时我有死的意图／回到，回到，回到你的身边，哪怕你已变成白骨。"

八岁那年她父亲去世。这是她第一次接触到死亡，也是她一生的转折点。当母亲告诉她父亲的死讯时，她决然地说："我不再与上帝通话了"。这种爱恨交加的感情，使她在精神上饱受痛苦和煎熬，她大喊："爸爸，我要杀死你，／我来不及动手你就死去——／一尊可怖的雕像大理石般沉重。"她对死亡的选择似乎也来自对父权的抗争："爸爸，爸爸，你这混蛋，我结束。"普拉斯对父亲充满复杂情感的抒写中似乎也充分表现了她对背叛自己的丈夫的感情历程。

1962年普拉斯与休斯的婚姻出现裂痕，两人分居，普拉斯独自抚养两个孩子。休斯则与Assia Wsvill同居了。剧烈的生活变动，生活拮据所带来的压力，刚刚出版的作品《钟形罩》也反映平平，与休斯分居所带来的巨大的精神痛苦，促使她选择了自杀。1963年2月21日，她在伦敦的寓所自杀。事发第二天早上，她雇来的女护士和正在此地施工的一位建筑工人强行破门而入，在厨房"看见西尔维娅伸开着手足躺在地板上……所有的煤气阀门都开足。"她和休斯的两个孩子正在楼上的卧室里哭闹，"在他们的门下边，像在厨房的门下面一样，西尔维娅已经用许多毛巾和布块塞得严严实实，以防煤气泄漏进她已用胶布粘牢的缝隙中去。卧室的窗户开得很大……孩子们虽然很冷，但是却十分安全。"自杀前的一年，她曾在一首题为《拉札勒斯女士》的著名诗作中写道：

"死亡，
　　是一门艺术，和其他事情一样。

我尤其善于此道。

我做了，于是它犹如地狱。

我做了，于是感觉到它的真实。

我想，你们会这样说：

我被这个目标召唤着。"

遗画

普拉斯所作休斯画像

此画为钢笔速写，画在从记事本上撕下的一页稿纸上，大小为21×12.7厘米。从中可见，休斯打着领结，坐在一把木椅上，似在读书，或在小寐。其下是休斯去世前给朋友的手书：

"我的画像，西尔维娅·普拉斯作，大约1957年。特德·休斯。"

普拉斯死后，休斯在余生中饱受自责之苦。1998年他去世前，烧掉了平生大量的手稿信文，包括普拉斯的部分日记。但普拉斯给他画的肖像得以存留。他将它赠与终生好友、手稿鉴定专家和收藏家罗伊·戴维斯（Roy

Davids）。

婚恋　　1955年6月，西尔维娅·普拉斯以优异的成绩毕业于史密斯大学，并且获得了奖学金，可以去剑桥大学继续学习。正是剑桥之行让西尔维娅遇上了风流倜傥的桂冠诗人特德·休斯。初来剑桥的西尔维娅对周围的一切小心翼翼又充满了好奇。西尔维娅参加了特德·休斯主编的《圣巴托夫评论》的聚会晚宴，这是他们的第一次见面，然而才子佳人一见钟情，他们很快相爱了。

不久之后，普拉斯在写给她母亲的信中这样描述休斯："他是一个睿智的诗人，我已极端地坠入爱情里，这只能导致严重的伤害。我遇到了世界上最强壮的男人，高大健硕的亚当，他有着神一般雷电似的声音。"在休斯的诗集中，他回忆初识的情景："我看见你站在那阴影里，比任何一年都愈加清晰，愈加真实。就如同见到你的那一次，此后不再来。"

从一开始，普拉斯就对这份感情非常投入，虽然她也曾向朋友表示过对休斯可能是个花花公子的担忧，不过最终还是决定用自己的爱拴住他，她甚至还在日记里写下了长长的一串该做和不该做的事："不要骂他，不要唠叨——他喜欢怎样就怎样……"

1956年6月16日，他们在西尔维娅母亲的见证下秘密地结婚了。当时休斯25岁，普拉斯23岁。他们经常互相阅读、欣赏对方的作品。她把他的一些作品送到《诗》《国家》《大西洋月刊》等许多杂志上发表，并取得了越来越大的成功。夫妻俩还经常在寓所里招待学术界和文学界的知名人士。

不过很快，普拉斯就渐渐有了异样的感觉。当他们租下了一座小房子之后，休斯把大部分家务活都留给了普拉斯，普拉斯第一次真正感受到了作为一个名人妻子的艰辛。在日记中，她坦白自己最渴望的其实并不是事业，而只是"有孩子、床、睿智的朋友和一个美满而又能激发灵感的家"，当然，还要有个能让她"甘心用所有自己的信念和爱为他每天沐浴"的男人。然而，她的婚后生活令她感到疲惫艰辛，夫妻俩很少有在一起的时光。

1957年4月，普拉斯收到了一份要求她去史密森学院给新生们讲授英语的邀请。当年夏天，夫妻两人就坐船来到了美国，然而，这个选择没有带给她预想中的快乐。不到一年，她就辞了职。同年，夫妇俩搬到了波士顿。在休斯的一再要求下，他们选择了分居，彼此独自写作。可是普拉斯仍然渴望有份稳定的收入。于是，她来到马萨诸塞州总医院精神病诊所，找了份接待员的兼职。

接下来的一年对于普拉斯来说，是她生活的转折。她又开始秘密地接受原来心理医生的治疗，这段时间的治疗使得她终于从多年来对父母的怨恨中发泄了出来。同时她参加了诗人罗伯特·罗威尔的诗歌研习班，并且结识了诗人安妮·塞克斯顿等人。交际圈子的扩大不仅让她心情开朗起来，还恢复了往日的写作。

1960年1月，他们回到了伦敦，找了个简陋的公寓。不久，普拉斯就收到了第一部作品《巨人及其他诗歌》的出版合同。普拉斯对此兴奋不已。虽然此时休斯也开始承担一些家务，但大部分家务工作仍然压在普拉斯的肩上。正如她在日记中写的那样："喂养孩子，打扫，做饭，整理特德和我自己的那些成山的邮件，逼得我不得不只能关注于怎样才能挤出时间从事创作。"

1961年夏天，两人把公寓转租给了年轻的加拿大诗人戴维·韦维尔，在距伦敦200英里的德文郡买下了他们的第一所房子。这个宁静的环境令他们感到沉醉。然而，这种宁静的生活很快就被打破了。他们的儿子尼古拉斯1962年1月17日出生后，普拉斯患上了产后忧郁症。最糟糕的事也随之发生了。

1962年春天，普拉斯在德文郡的家中招待了来访的戴维和阿西亚夫妇，普拉斯觉得休斯和阿西亚谈话的方式有些暧昧，几个月后，普拉斯的怀疑最终得到了证实。普拉斯把电话线从墙上硬扯了下来，一把抱起尼古拉斯跑到了一个朋友家里,在那里待了整整一夜。第二天,她虽然回到了德文郡,却把休斯写的作品和她自己的第二部小说——一部对她丈夫的赞美诗——的手稿搜集到一块儿,拿到屋外后付之一炬。

接下来的几个月里,事业上的成功和家庭关系的紧张一直交错相织。《巨人及其他诗歌》已经在美国出版,他们的诗也在几本颇有名气的文学杂志上发表。然而休斯对感情的不专注让她愤怒不已。10月11日,两人又一次分开了——休斯搬了出去。

普拉斯一下子陷入了更深的孤独和绝望,她开始愈加努力地写作,用她那锋利而又热烈的笔锋抒发内心的苦痛,其中一些诗发表到了《纽约人》《观察家》等杂志上。在一封写给母亲的信中,她写道:"我是个写作天才,我真的有天赋。现在,我创作的,将是我一生中最美的诗句……"

为了能给自己一个更好的创作环境,普拉斯回到了伦敦并租下了一幢公寓,只是,这幢公寓居然就在离阿西亚的公寓不远的地方,她在那里度过了一个严酷的冬季。公寓里时常断电断水,她和孩子也都经常生病发烧。住在附近的休斯不时地来看看他们,但是,他的探望并不能给予普拉斯更多的慰藉。

1963年2月11日早上,在新的女佣到来几个小时之前,普拉斯走到了楼上孩子的卧室里。放下了两杯牛奶、一碟面包和黄油后,她回到了厨房,用毛巾死死地堵住了门窗的缝隙后,打开了煤气……

六年后,阿西亚用和普拉斯相同的方式杀死了她和休斯四岁的女儿舒拉并自杀。

2009年3月16日,西尔维娅和休斯的儿子、年仅47岁的尼古拉斯·休斯于家中自缢身亡,发布这个消息的是他的姐姐,诗人弗利达·休斯。

作品精选

诗歌

拉札勒斯女士

我又完成一次，/每十年总有一年/我会设法上演——一出奇迹活剧，我的皮肤/明亮，像纳粹的灯罩，/我的右脚一块镇纸，我的面孔平淡无奇，犹太/亚麻细布。

请揭开头巾，/哦，我的敌人。/我是否使你吃惊？——这鼻子，这眼窝，这副牙齿？/酸臭的气味/不出一天就会消失。

不久，墓穴吞食的肉/不久就会熟悉/我的身躯，而我是一个笑容可掬的妇女。/我只有三十岁。/像猫，我也有九次可死。

这是第三次。/每十年要消灭一次的/是怎样一个废物。怎样一个百万纤丝，/嚼着花生米的一群/挤进来看他们把包裹着我的一切撕剥干净——/一场大脱衣舞。/女士们，先生们。

这些是我的双手，/我的双膝。/我也许皮包骨。

没有关系，依旧，是那同一个妇女。第一次发生时我十岁，/那是意外事故。

第二次，我本想/坚持到底，一去不回。/我摇晃着闭紧像一枚海贝。/他们只得叫了又叫，/从我身上取出蠕虫如取粘腻的珍珠。

死/也像其他一切事情，是一门艺术。/我干得出类拔萃。我干得使人觉得难以置信。/我干得使人觉得真实无疑。/我猜你们会说我有一种号召力。

在密室里干是够容易的。/干完了放在原地是够容易的。/富有戏剧效果的是光天化日之下返回/同一个地点，同一副面孔，同一声/残酷而又似觉得有趣的呼喊：

"奇迹！"/这呼喊声吓我一跳。/一阵兴奋由于目睹我的创口，一阵兴奋/由于我的心——/确实跳动。一缕头发，一件我的衣服，/行了，行了，医师先生。/行了，敌人先生。

我是你们的作品，/我是你们的贵重物，/一声啸叫就会熔化的纯金婴儿。/我转动，我燃烧。/别以为我低估了你们的伟大关怀。

灰，灰——/你们翻搅，拨动。/肉，骨头，都已化为乌有——一块肥皂，/一只结婚戒指，/一点黄金填料。

Herr 上帝，Herr 魔鬼，/当心，/当心。

从那灰里/我会披着我的红头发飞升而起/而且吃人，像空气。

小说

绿 石 头

黄色的巴士在铺鹅卵石的街上嘎嘎作响地颠簸着开，手提箱碰着戴维的腿。

"你肯定知道在哪儿下车吗？"他担心地问苏珊。

"当然。"苏珊回答道，接着她忘了该对弟弟保持冷冷的优越态度，脱口说道："我能闻到空气里的盐。你看，房子中间！"她从溅了泥巴的车窗指出去，戴维也望向她注视的方向。

一点儿没错！在拥挤的城市居民楼之间，有一道隐约的蓝色。那些脏乎乎的楼房正面全是一样，像舞台布景，但在其后，大海在六月温暖的太阳光下闪耀着，那匆匆的一瞥是个保证——提前看到了即将看到的。因为戴维和苏珊在回归他们的童年。五年前搬走后，这是他们头一次回到故乡。

戴维带劲儿地皱了皱被晒伤的鼻子。清新的、带有咸味的微风吹拂着，记忆纷至沓来。

他笑了。"记得我们挖到中国的那一次吗？"

苏珊的眼睛模糊了。记得？她当然记得。

曾有一个长满草的后院，里面有个花坛，他们常在那儿玩。几个漫长的上午，他们在院内一角用小锹和小铲挖土。她记得手上有潮湿泥土的感觉，正在变干，还粘到了手上。

几个大人来问过他们："你们要挖到哪儿？中国吗？"然后就笑着走了。

"要是我们挖得功夫到家就能，你知道。"戴维曾经高明地说。

"不，除非你永永远远挖下去，要挖那么久。"苏珊回答道。

"那我们看午饭前能挖多深。"

"他们那里会是颠倒的。"苏珊沉思着大声说。挖到另外一个国家的前景唤起了她的兴趣。

"我们挖下去会挖到东西。"戴维自信地说。他扔上一锹泥土。"看到吗，土在变黄。"

苏珊把很多沙子铲上来后喊道："等等，我碰到什么东西！"她用手指擦掉了泥土，兴高采烈地拿着块白色的六边形瓷砖。

"让我看看。"戴维叫道，"咦，跟我们浴室地板上铺的一样，是座老房子里的。"

"要是我们再往下挖，可能会挖到地下室。"

可是不久，锹开始用得越来越慢，苏珊向后蹲坐在脚后跟上，眼神变得迷离。戴维虔诚地听她说话，似乎她是个先知。

"也许，"她慢腾腾地说，"也许要是我们能找到一个白兔的洞穴，就不用再挖了，我们只会掉啊……掉啊……掉啊。"

戴维明白了，那就像《爱丽丝漫游奇境》，只不过苏珊是爱丽丝，而他……咳，他还会是戴维。

苏珊突然叹了口气。"不管怎么样，我们没办法挖得够深。"她说着站起身把她弄脏了的手在连衣裙上擦。

"我看不行。"戴维无奈地表示同意，他的梦想破碎了。他也站了起来。

"我们去前面吧。"他说。

两个孩子比赛着跑过房侧的草地跑到前院。夏天的下午如同服了药物般宁静，街上懒洋洋的，热量一波波从路面上升起。

"我打赌我能只踩着那些线走。"苏珊向弟弟挑战道。她开始小心地只踩着人行道上的缝隙走。

"我也能。"戴维努力想模仿她，可他的腿不够长，跨不过那些平坦的大块水泥方砖，所以他放弃了，把心思集中在别的事情上。有个小虫子在石头上跑。

"我踩死了一只蚂蚁。"戴维自豪地大声说，一边移开脚，露出被踩碎在人行道上的小昆虫。

苏珊可不会称赞他。"差劲，"她责备道，"你喜欢被踩吗？可怜的小蚂蚁。"她向路上那个点嘟囔道。

戴维一言不发。

"可怜的小蚂蚁。"苏珊悲伤地低声念叨。

戴维的下唇颤抖起来。"对不起。"他后悔地脱口说道，"我再也不那样做了。"

苏珊的心软了。"没关系。"她大度地说，接着脸上露出笑容。"想起来了！我们去海滩！"

那条街的尽头有个小海湾，小得不能用作大众浴场，夏天时，孩子们喜欢在那里玩。苏珊在前面跑，戴维紧随其后，他们的赤脚在人行道上跑得啪哒啪哒地响，又长又瘦的腿有种敏捷之美。那条路延伸到了海滩上，沙子被冲到铺了沥青的路面上。

在温暖的沙里，脚趾搗到下面更凉一些的地方感觉不错，苏珊想。天上万里无云，海浪冲刷着海岸，浪头带着扇形的一圈泡沫，看到这些，苏珊的心里有种感觉在高涨。她后面的陆地是块突出部，一个窄窄的搁架，从那里，她可以让自己纵身投入广袤的蓝色宇宙。

去海滩的路上，这两个小孩儿都没说话。他们听到的全是海水急涌而来，然后叹息着退去的声音。

"噢哟！"戴维突然叫了一声。

"怎么了？"苏珊问他。

"什么东西咬了我。"他抬起一只脚看脚趾。一根干脆的海藻仍然粘在他的皮肤上。

"不就是这根吗！就是根海藻！"她嘲弄地把它拂掉。

"也许是只螃蟹。"戴维反驳道，他心里希望是只螃蟹咬了他。

苏珊捡了块光溜溜的玻璃，透过它，她眯着眼看太阳。"你看，"她举着让戴维看，"全都蓝得好看多了。"

"我想跟故事里那个老太婆一样，住在玻璃瓶里，"他说，"可以在旁边放个梯子。"

苏珊格格地笑了。

太阳照着在水边漫步的两个人。苏珊若有所思地咬着一根发辫梢；她的目光越过多石的海滩，看潮水开始退去的地方，那里露出了泥巴平地上渗水的黏泥。近岸地方，正在退去的海浪围着一块平坦的大石头泛起泡沫。她盯着喧闹着往后退去的海水时，想到了一个开心的主意。

"我们去绿石头那边。"她说。

戴维跟着她在冷冷的海浪里走，水波荡漾，深度及踝。他脚趾间的泥巴又凉又软，他小心翼翼地走，心里想着水下不要有锯齿般的蚌壳。苏珊爬上那块湿滑的石头得意地站着，连衣裙拍打着她没穿袜子的腿，她的头发被吹彻海湾的风吹了起来。

"上来吧！"她的高声喊叫盖过了潮水的轰鸣。戴维抓住她伸出的有力的手。他们站在那里，一动不动，像两尊经得起风吹浪打的船头雕像，一直到退潮不再打湿这块石头。

那是块大石头，深埋在沙中，只能看到上部。它有个光滑的绿色表面，高出那些黏糊糊的黑色石头，就像大海龟的壳。顶上有块平地方可以坐，一侧有几级平面，形成一列浅浅的台阶。确实，那块岩石就像头驯服的动物，酣眠不醒。

孩子们喜欢爬到那块易爬的、不规则的石头上玩各种把戏。有时那块石头是暴风骤雨的大海上的一艘帆船,有时是座高山,不过今天是座城堡。

"你去挖条护城河,让谁也过不来。"苏珊命令道,"我打扫房间。"她开始把沙子全扫下去,而戴维绕着那块石头挖了条小沟。

有几块彩色玻璃可以用来镶窗户,紧紧附在那块石头潮湿一侧的那些海螺,只能把它们从舒服的生长地方全轻轻打掉到尖尖的鹅卵石上。

戴维和苏珊是个充满微型奇观的世界里的巨人。他们摆开破碎的贝壳当盘子,幻想自己是微型宇宙的一部分。斑点蟹或者泥土色的海虫逃脱不了他们的锐眼。但他们看到的甚至不仅局限于此,因为也看到了高高矗立着的城堡上面的那座金色塔楼。

他们不再玩时,太阳正在西沉。苏珊在那块石头上休息了一段时间,戴维则在寻找更多的彩色玻璃。她的脚又冷又酸,不过她用连衣裙的裙摆罩住,裙子搭在脚上,像在抚摸她的皮肤。她望向大海时,怀疑自己能不能向任何人解释她对大海的感觉。那是她的一部分,她想把手伸出,伸出,直到用手臂将地平线拢住。

戴维回来时,苏珊起身迎接他。她感到脚下的泥巴又湿又冷又黏,不情愿地意识到天色已晚。她一边用手把发粘和因为盐分而结住的头发拂到后面,一边说:"走吧,戴维,该吃晚饭了。"

"噢,再玩一小会儿。"她弟弟恳求道。不过他知道没用,所以跟姐姐在海滩上往回走,略微有点儿跛,因为他娇嫩的脚在尖尖的鹅卵石上擦伤了。

想象中,苏珊看到那两个小小的身影走上海滩走得看不见了。戴维用肘部捅了她一下,那幅图像消失了,她慢慢回到现在。

"我们差不多到了。"她说,那种兴奋高涨得像姜汁啤酒里涌上的气泡。戴维笔直而自豪地坐在她旁边,对他刚擦亮的皮鞋洋洋自得,眼睛里闪耀着光芒。

"我们到了后去海滩吧。"他提议道,"也许可以去看看我们的老房子。"

苏珊感到一阵伤感。经过那片熟悉的草地而不像以前那样去玩一玩会让人不好受的，惦记着他们曾经如斯快乐度过的地方却过而不入——那会让人不好受。不过还有海滩，什么也不能将它改变。他们会在那里装做再次变成小孩子，谁也看不到。

她向窗户上自己的映像微笑，并调整了头上戴的宽边草帽。自从头发剪短后，她的样子一直更像长大了。她可能被认为有十四岁……嗯，几乎吧。

戴维指着说："那是我们老学校的房顶！看到了吗，树中间。"苏珊看到了。那些房子变得更眼熟，她心里感到一阵暖意。此时，那些街道越来越近，这两个孩子记得以前的老地方。

"狂欢节在那里举行。"

"我们在那条街上玩过雪橇。"

"我记得我们以前常爬那棵树！"

他们似乎正乘着一波回忆的巨浪，很快涌向过去，向着他们的早期童年。如果他们缩小到以前的戴维和苏珊，他们也不会吃惊。

"快点儿！"苏珊嘘了一声。"按下车铃！"

戴维照做了，巴士晃一晃停下来。苏珊提着手提箱急切地跳下踏板，忘了她保持端庄和淑女形象的决心。戴维跟着她下车站在人行道上。他们立了一会儿，闻着咸咸的空气。街上的熟悉感扯动他们的心弦，令他们痛苦。他们开始走。在他们前方远处，大海泛着蓝光。

"那是约翰逊家，那是安德森家。"在路上，苏珊大声说。

"我看到简姨妈家了。"戴维叫道。

他们走上吱吱作响的木台阶走到背阴的门廊时，苏珊想起有无数个下雨的下午，他们的妈妈来看望年老的姨妈时，她和戴维正是在这同一条门廊上玩。

门突然开了，迎接他们的，是简姨妈那张喜洋洋的脸。初步互致问候和把他们的手提箱拿进老式客房——那里有股熏衣草香——之后，简姨妈提议道："你们干吗不趁吃饭前去散会儿步？也许你们想去看看你们的老房子，全部刚刷了遍油漆，看着很不错。"

这个提议正中苏珊和戴维的下怀，他们急切地跑到街尾，转过街角，他们的老房子就在那里，刚刷了油漆，焕然一新。苏珊突然停住脚步，戴维抓紧她的手，两人的心里都充满一种痛心的憎恶。窗户上挂着新窗帘，刚刷的油漆，车道上停着辆陌生而锃亮的小汽车——所有这些，对他们是种感情上的冒犯。

"不刷油漆我会喜欢得多。"苏珊恨恨地说。

"我也是。"戴维也这样认为。

他们严肃地向海滩走去。至少那里不会改变——大海、沙和绿石头。

"快点儿！"苏珊鼓励道。

她和戴维在海岸上赛跑。她的头发向后飘了起来，嘴唇上的盐尝起来有种好味道。潮退了，太阳照射下的海藻散发出浓烈的气味。这两个孩子迷惑不解地暂时停住脚步。

那处海滩看上去比他们记忆中的要小，在平坦的沙滩和安静稳当的水面下，隐藏着不知什么东西，奇异而且陌生。迎接他们的，有种泛起的空荡感，除了海浪的轻拍声，还有种古怪的沉默，就像离开很久后回到一个熟悉的房间，发现它无人居住，感觉凄凉。

苏珊做了最后一次努力。"我们去绿石头那里吧。"她对戴维说。那肯定行，她想，绿石头那里肯定还有魔力。

那块大石头似乎也变小了。它躺在卵石中间，样子沉重呆滞；一块绿石头……如此而已。曾经有过的那些城堡、帆船、山岭去哪儿了？只有那块石头留在那里，光秃秃地。

两个孩子站了一会儿，默不作声，茫然不解。最后苏珊厌倦地说：

"走吧，戴维，我们回去吧。"他们沮丧地转过身，脚步沉重地走上海滩，走出了视线。

潮水渐渐上来，徐徐淹没了那些黏糊糊的黑石头；风势小了，在悄悄吹拂着沙滩。海浪涌来，涌来，直到最终将绿石头的顶部淹没。那块石头所在之处上面，只有细细一道泡沫尚未散去，在涨起的潮水下面，它默不作声，样子黑黝黝的，正在睡觉。

亚历山大·谢尔盖耶维奇·普希金（俄罗斯）

普希金

传略 亚历山大·谢尔盖耶维奇·普希金（1799—1837），俄国著名的文学家、伟大的诗人、小说家，及现代俄国文学的创始人。19世纪俄国浪漫主义文学主要代表，同时也是现实主义文学的奠基人，现代标准俄语的创始人，被誉为"俄国文学之父"、"俄国诗歌的太阳"（高尔基语）。

普希金1799年6月6日出生于莫斯科一个家道中落的贵族家庭。童年时代，他由法国家庭教师管教，接受了贵族教育，8岁时已可以用法语写诗。家中藏书丰富，他的农奴出身的保姆常常给他讲述俄罗斯的民间故事和传说，使得他从小就领略了丰富的俄罗斯语言，并且对民间创作发生浓厚兴趣。1811年，进入贵族子弟学校皇村学校学习，年仅12岁就开始了其文学创作生涯。1815年，在中学考试中他朗诵了自己创作的"皇村怀古"，表现出了卓越的诗歌写作才能。在早期的诗作中，他效仿浪漫派诗人巴丘什科夫和茹科夫斯基，学习17—18世纪法国诗人安德烈谢尼埃的风格。在皇村中学学习期间，他还接受了法国启蒙思想的熏陶并且结交了一些后来成为十二月党人的禁卫军军官，反对沙皇专治，追求自由的思想初步形成。

毕业后到彼得堡外交部供职，在此期间，他深深地被十二月党人及其民主自由思想所感染，参加了与十二月党人秘密组织有联系的文学团体"绿灯社"，创作了许多反对农奴制、讴歌自由的诗歌，如《自由颂》（1817）、《致恰达耶夫》（1818）、《乡村》（1819）。1820年，创作童话叙事长诗《鲁斯兰与柳德米拉》。故事取材于俄罗斯民间传说，描写骑士鲁斯兰克服艰难险阻战胜敌人，终于找回了新娘柳德米拉。普希金在诗中运用了生动的民间语言，从内容到形式都不同于古典主义诗歌，向贵族传统文学提出挑战。

普希金的这些作品引起了沙皇政府的不安，1820年他被外派到俄国南部任职，这其实是一次变相的流放。在此期间，他与十二月党人的交往更加频繁，参加了一些十二月党的秘密会议。他追求自由的思想更明确，更强烈了。这期间，普希金写下《短剑》（1821）、《囚徒》（1822）、《致大海》（1824）等名篇，还写了一组"南方诗篇"，包括《高加索的俘虏》（1822）、《强盗兄弟》（1822）、《巴赫切萨拉依的泪泉》（1824）、《茨冈》（1824）四篇浪漫主义叙事长诗。还写下了许多优美的抒情诗，如《太阳沉没了》、《囚徒》、《短剑》等，这些诗表达了诗人对自由的强烈憧憬。

1824—1825年，普希金又被沙皇当局送回了普斯科夫省的他父母的领地米哈伊洛夫斯克村，在这里他度过了两年。幽禁期间，他创作了近百首诗歌，他搜集民歌、故事，钻研俄罗斯历史，思想更加成熟，创作上的现实主义倾向也愈发明显。1825年他完成了俄罗斯文学史上第一部现实主义悲剧《鲍里斯·戈都诺夫》的创作。

1826年，沙皇尼古拉一世登基，为了笼络人心，把普希金召回莫斯科，但仍处于沙皇警察的秘密监视之下。普希金没有改变对十二月党人的态度，他曾对新沙皇抱有幻想，希望尼古拉一世能赦免被流放在西伯利亚的十二月党人，但幻想很快破灭，于是创作政治抒情诗《致西伯利亚的囚徒》，表达自己对十二月党理想的忠贞不渝。

1830年秋，普希金在他父亲的领地度过了三个月，这是他一生创作的丰收时期，在文学史上被称为"波尔金诺的秋天"。他完成了自1823年开始动笔的诗体小说《叶甫盖尼·奥涅金》，塑造了俄罗斯文学中第一个"多余人"的形象，这成为他最重要的作品。还写了《别尔金小说集》和四部诗体小说《吝啬的骑士》、《莫扎特与沙莱里》、《瘟疫流行的宴会》、《石客》，以及近30首抒情诗。《别尔金小说集》中的《驿站长》一篇是俄罗斯短篇小说的典范，开启了塑造"小人物"的传统。

1831年普希金迁居彼得堡，仍然在外交部供职。他继续创作了许多作品，主要有叙事长诗《青铜骑士》（1833）、童话诗《渔夫和金鱼的故事》（1833）、短篇小说《黑桃皇后》（1834）等。他还写了两部有关农民问题的小说《杜布洛夫斯基》（1832-1833）、《上尉的女儿》（1836）。

1836年普希金创办了文学杂志《现代人》。该刊物后来由别林斯基、涅克拉索夫、车尔尼雪夫斯基、杜勃罗留波夫等编辑，一直办到19世纪60年代，不仅培养了一大批优秀的作家，而且成为俄罗斯进步人士的喉舌。

普希金的创作和活动令沙皇政府颇感头痛，他们用阴谋手段挑拨法国籍宪兵队长丹特斯亵渎普希金的妻子娜塔丽娅·尼古拉耶芙娜·冈察洛娃，结果导致了1837年普希金和丹特斯的决斗。决斗中普希金身负重伤，于1837年1月29日不治身亡，年仅37岁。他的早逝令俄国进步文人曾经这样感叹："俄国诗歌的太阳沉落了"。

"他给世界留下了自己的桂冠"——普希金之死

1837年1月29日，俄罗斯伟大诗人普希金的心脏停止了跳动。当这一不幸的消息传出来后，人们被震惊了：普希金怎么会死？年仅37岁的天才诗人告别了人世，留给人们无限的悲痛和惋惜。

在悲伤的人群中，有一位特殊的人物，她就是普希金年轻漂亮的妻子，年仅24岁的娜塔丽娅·冈察洛娃·普希金娜。此刻，她不仅要承受失去丈夫的痛苦和打击，同时还要承受人们对她的谴责甚至咒骂，正是由于她才导致了普希金与丹特斯的决斗，招致普希金的杀身之祸。

1830年，声誉如日中天的普希金与美艳动人的娜塔丽娅结合，两人可以说是郎才女貌。普希金的妻子娜塔丽娅到底有多美？普希金的好友索洛古博是这样描述的："一生中我见过许多漂亮女人，遇到过比普希金娜更迷人的女人。但从未见过像她

娜塔丽娅

那样将古典端庄的脸型与匀称的身段如此美妙地结合在一起。高高的身材，神话般纤细的腰……，这是真正的美人。无怪乎，甚至是从最靓丽的女人中挑选出来的女人也要在她的面前黯然失色。我第一次看见她时，就神魂颠倒地爱上了她。必须承认，当时，彼得堡没有一个年轻人不对普希金娜暗暗地恋慕着。她那灿烂的美和魔力般的名字，让人们陶醉。我认识一些年轻人，他们非常自信地确定自己爱上了普希金娜。不仅是那些仅与普希金娜见过一面的人，还有那些根本就没见过普希金娜的年轻人。"从中可以看出，普希金的妻子的确是一个非常漂亮的女子。

普希金为娶得这样一个美人为妻感到骄傲和自豪。他凭借自己天才诗人的名声，把自己的妻子介绍给朋友，引见给皇后和沙皇，带进彼得堡的上流社会，进入交际圈，令人们对这一对"郎才女貌"的绝配赞叹不已。

但是，随着普希金带着妻子参加的舞会越来越多，娜塔丽娅与达官显贵们的结识也越来越多，许多男人在她面前大献殷勤。特别是号称"英俊王子"的法国人丹特斯，他是荷兰公使的干儿子，英俊活泼，在社交场上深得人们喜欢。丹特斯利用自己的外国人身份，及沙皇对他的信任和人们对他的宠爱，大胆地追逐女性，尤其是对娜塔丽娅穷追不舍，这种状况持续了两年之久。

1836年11月4日上午，普希金收到了一个纸袋。拆开一看，里面装着三封"绿帽子协会"寄给他的成员证书。证书上面这样写道：绿帽子最高勋章获得者、骑士团长及骑士们会聚勋章局，在尊敬的纳雷什金主席主持下，大家一致同意任命普希金为主席的助手和奖章史研究家。落款是：常务书记——波尔赫。

　　另外，在同一天上午，维娅泽姆斯基、维耶尔戈尔斯基、瓦西里契科瓦等人也收到了同样的匿名信。顿时，整个彼得堡流言蜚语四起，普希金成了上流社会谈论的笑料，成了人们嘲笑的对象。

　　收到匿名信之后，普希金坐卧不安，他毅然决定向丹特斯发起挑战——决斗。这场决斗对于普希金来说是不能避免的，面对丹特斯对他妻子的一再挑逗侮辱，为了自己和妻子的荣誉，更为了维护自己倡导的俄罗斯精神不被玷污，普希金不得不站在了生与死的决斗场上。

　　在中间人的公证下，丹特斯获得了首先开枪的权利，死一般的静穆下，一声清脆的枪声响起，曾经胜过一次决斗的普希金这次没有那么幸运，他被射来的子弹击中了肺部，瞬时鲜血浸染了他四周的雪，他重重地摔倒在地，尽管在他中枪倒地的同时，也开了枪，丹特斯也受了伤，但丹特斯的伤势却不重，而普希金中的则是致命伤，在家中急切等待他回来的妻子最后迎来的却是血迹斑斑的丈夫。几天以后，这位被高尔基誉为"俄国文学之父"的伟大诗人永远离开了他深爱并倾注了巨大感情的祖国。

　　"俄罗斯的心不会把你遗忘，就像我们不能忘记自己的初恋那样！"（丘特切夫），普希金去世的噩耗一传出，整个俄罗斯都惊呆了，俄罗斯人民陷入了巨大的悲痛中，成千上万的人们涌向诗人的住所，争相目睹诗人最后的遗容，向他作最后的道别。但普希金最后下葬时却是非常的孤独，沙皇害怕人民自发的悼念会导致示威抗议进而威胁到他的统治，于是当局者只派诗人的一个好友护送，秘密地将诗人的遗体运到米哈伊洛夫斯克村安葬。

墓志铭

我的墓志铭

在这儿安葬着普希金；他和年轻的缪斯，
还有爱情和懒惰，共同度过了愉快的一生，
他没有做过什么好事，可是就心灵来说，
却实实在在是个好人。

——一八一五年

注：这首诗是普希金十六岁在彼得堡的皇村中学读书时写成的，当时正盛行写作这种幽默体的墓志铭。

塑像 莫斯科普希金纪念馆原是诗人普希金结婚的新房，新婚夫妇在此住了3个月便迁居彼得堡。普希金为捍卫妻子声誉决斗身亡后，妻子长期遭受谴责与谩骂。直到上世纪六七十年代，经专家不懈努力，挖掘出一批新史料，提出对普希金夫人的新评价：在普希金之死问题上，她非但不是祸首，而且是受害者；她是个心灵与外貌同样美好的女性。80年代末在纪念馆外的大街上建起一座普希金夫妇雕塑纪念碑，这是有史以来首次在街头展示他俩的合像，说明社会已纠正了对普希金夫人的偏见。

普希金与夫人塑像

评誉　屠格涅夫说:"毫无疑问,他创立了我们的诗的语言和我们的文学语言。"

普希金的好友果戈理说:"一提到普希金的名字,马上就会突然想起这是一位俄罗斯民族诗人……。他像一部辞书一样,包含着我们语言的全部宝藏、力量和灵活性。……在他身上,俄罗斯的大自然、俄罗斯的灵魂、俄罗斯的语言、俄罗斯的性格反映得那样纯洁,那样美,就像在凸出的光学玻璃上反映出来的风景一样。"

别林斯基在著名的《亚历山大·普希金作品集》一文中指出:"只有从普希金起,才开始有了俄罗斯文学,因为在他的诗歌里跳动着俄罗斯生活的脉搏。"

赫尔岑则说,在尼古拉一世反动统治的"残酷的时代","只有普希金的响亮辽阔的歌声在奴役和苦难的山谷里鸣响着:这个歌声继承了过去的时代,用勇敢的声音充实了今天的日子,并且把它的声音送向那遥远的未来"。

冈察洛夫说:"普希金是俄罗斯艺术之父和始祖,正像罗蒙诺索夫是俄罗斯科学之父一样。"

高尔基指出:"普希金的创作是一条诗歌与散文的辽阔的光辉夺目的洪流。此外,他又是一个将浪漫主义同现实主义相结合的奠基人;这种结合……赋予俄罗斯文学以特有的色调和特有的面貌。"

绘画　或许很多人不知道,俄国大诗人普希金还是一位美术家。只要翻阅普希金的手稿,就能发现稿纸上面画有许多草图和速写,令人眼花缭乱。这些图画的线条轻盈、急速、飞舞,完全符合诗人的气质和性格。

普希金的绘画有肖像、风景、奔马和花卉等,还有为自己作品所配的插图。普希金尤其擅长的是肖像画。他只需寥寥几笔就能勾画出人物典型的特征,往往比一些专业画家的肖像画还要真实。他的一系列肖像画中,有伟大的法国启蒙哲学家伏尔泰和狄德罗、英国诗人拜伦、俄国作家格里鲍耶陀夫、俄国诗人雷列耶夫等，肖像传神，栩栩如生。从普希金画的另一些素描中，可以看到许多精巧优雅的妇女侧面像。

在普希金的一大批手稿、札记和书籍的空白处，留下了他的许多自画像。尽管许多画家都曾试图准确、生动地描绘出普希金的外部形象和神情，但现在看来，能够引起人们长久品味的还是诗人为自己作的自画像。

名言 1. 没有幸福，只有自由和平静。

2. 法律之剑不能到达的地方，讽刺之鞭必定可以到达。

3. 希望是厄运的忠实的姐妹。

4. 敏感并不是智慧的证明，傻瓜甚至疯子有时也会格外敏感。

5. 不论是多情诗句，漂亮的文章，还是闲暇的欢乐，什么都不能代替无比亲密的友谊。

6. 读书和学习是在别人思想和知识的帮助下，建立起自己的思想和知识。

7. 人的影响短暂而微弱，书的影响则广泛而深远。

8. 倾听着年轻姑娘的歌声，老人的心也变得年轻。

9. 年轻的良知像晴天一样明洁。

10. 等青春轻飘的烟雾把少年的欢乐袅袅曳去，之后，我们就能取得一切值得吸取的东西。

11. 爱惜衣裳要从新的时候起，爱惜名誉要从幼小时候起。

12. 世界的设计创造应以人为中心，而不是以谋取金钱；人并非以金钱为对象而生活，人的对象往往是人。

13. 被你那缠绵悱恻的梦想，随心所欲选中的人多么幸福。

14. 我曾经爱过你：爱情，也许在我的心灵里还没有完全消亡，但愿它不会再打扰你，我也不想再使你难过悲伤。我曾经默默无语、毫无指望地爱过你，我既忍受着羞怯，又忍受着嫉妒的折磨，我曾经那样真诚、那样温柔地爱过你，但愿上帝保佑你，另一个人也会像我爱你一样。

15. 假如生活欺骗了你，不要忧郁，也不要愤慨！不顺心的时候暂且容忍：相信吧，快乐的日子就会到来。

16. 读书是最好的学习，追随伟大人物的思想，是富有趣味的事情啊。

17. 比海洋阔大的是天空，比天空阔大的是人的心灵。

作品精选

致 大 海

再见了，奔放不羁的元素！
你碧蓝的波浪在我面前
最后一次地翻腾起伏，
你的高傲的美闪闪耀眼。
像是友人的哀伤的怨诉，
像是他分手时的声声召唤，
你忧郁的喧响，你的急呼，
最后一次在我耳边回旋。
我的心灵所向往的地方！
多少次在你的岸边漫步，
我独自静静地沉思，彷徨，
为夙愿难偿而满怀愁苦！
我多么爱你的余音缭绕，
那低沉的音调，深渊之声，
还有你黄昏时分的寂寥，

和你那变幻莫测的激情。
打鱼人的温顺的风帆，
全凭着你的意旨保护，
大胆地掠过你波涛的峰峦，
而当你怒气冲冲，难以制服，
就会沉没多少渔船。
呵，我怎能抛开不顾
你孤寂的岿然不动的海岸，
我满怀欣喜向你祝福：
愿我诗情的滚滚巨澜
穿越你的波峰浪谷！
你期待，你召唤——我却被束缚；
我心灵的挣扎也是枉然；
为那强烈的激情所迷惑，
我只得停留在你的岸边……
惋惜什么呢？如今哪儿是我
热烈向往、无牵无挂的道路？
在你的浩瀚中有一个处所
能使我沉睡的心灵复苏。
一面峭壁，一座光荣的坟茔……
在那儿，多少珍贵的思念
沉浸在无限凄凉的梦境；
拿破仑就是在那儿长眠。
他在那儿的苦难中安息。
紧跟他身后，另一个天才，
像滚滚雷霆，离我们飞驰而去，
我们思想的另一位主宰。

他长逝了，自由失声哭泣，
他给世界留下了自己的桂冠。
汹涌奔腾吧，掀起狂风暴雨：
大海呵，他生前曾把你礼赞！
你的形象在他身上体现，
他身上凝结着你的精神，
像你一样，磅礴、忧郁、深远，
像你一样，顽强而又坚韧。
大海呵，世界一片虚空……
现在你要把我引向何处？
人间到处都是相同的命运：
哪儿有幸福，哪儿就有人占有，
不是教育，就是暴君。
再见吧，大海！你的雄伟壮丽，
我将深深地铭记在心；
你那薄暮时分的絮语，
我将久久地，久久地聆听……
你的形象充满了我的心坎，
向着丛林和静谧的蛮荒，
我将带走你的岩石，你的港湾，
你的声浪，你的水影波光。

自 由 颂

去吧，从我的眼前滚开，
柔弱的西色拉岛的皇后！
你在哪里？对帝王的惊雷，

啊，你骄傲的自由的歌手？
来吧，把我的桂冠扯去，
把娇弱无力的竖琴打破……
我要给世人歌唱自由，
我要打击皇位上的罪恶。
请给我指出那个辉煌的
高卢人的高贵的足迹，
你使他唱出勇敢的赞歌，
面对光荣的苦难而不惧。
战栗吧！世间的专制暴君，
无常的命运暂时的宠幸！
而你们，匍匐着的奴隶，
听啊，振奋起来，觉醒！

唉，无论我向哪里望去——
到处是皮鞭，到处是铁掌，
对于法理的致命的侮辱，
奴隶软弱的泪水汪洋；
到处都是不义的权力
在偏见的浓密的幽暗中
登了位——靠奴役的天才，
和对光荣的害人的热情。

要想看到帝王的头上
没有人民的痛苦压积，
那只有当神圣的自由
和强大的法理结合在一起；
只有当法理以坚强的盾
保护一切人，它的利剑

被忠实的公民的手紧握,
挥过平等的头上,毫无情面。
只有当正义的手把罪恶
从它的高位向下挥击,
这只手啊,它不肯为了贪婪
或者畏惧,而稍稍姑息。
当权者啊!是法理,不是上天
给了你们冠冕和皇位,
你们虽然高居于人民之上,
但该受永恒的法理支配。
啊,不幸,那是民族的不幸,
若是让法理不慎地瞌睡;
若是无论人民或帝王
能把法理玩弄于股掌内!
关于这,我要请你作证,
哦,显赫的过错的殉难者,
在不久以前的风暴里,
你帝王的头为祖先而跌落。
在无言的后代的见证下,
路易昂扬地升向死亡,
他把黜免了皇冠的头
垂放在背信的血腥刑台上;
法理沉默了——人们沉默了,
罪恶的斧头降落了……
于是,在带枷锁的高卢人身上
覆下了恶徒的紫袍。
我憎恨你和你的皇座,

专制的暴君和魔王!
我带着残忍的高兴看着
你的覆灭,你子孙的死亡。
人人会在你的额上
读到人民的诅咒的印记,
你是世上对神的责备,
自然的耻辱,人间的瘟疫。

当午夜的天空的星星
在幽暗的涅瓦河上闪烁,
而无忧的头被平和的梦
压得沉重,静静地睡着,
沉思的歌者却在凝视
一个暴君的荒芜的遗迹,
一个久已弃置的宫殿
在雾色里狰狞地安息。
他还听见,在可怕的宫墙后,
克里奥的令人心悸的宣判,
卡里古拉的临终的一刻
在他眼前清晰地呈现。
他还看见:披着肩绶和勋章,
一群诡秘的刽子手走过去,
被酒和恶意灌得醉醺醺,
满脸是骄横,心里是恐惧。
不忠的警卫沉默不语,
高悬的吊桥静静落下来,
在幽暗的夜里,两扇宫门
被收买的内奸悄悄打开……

噢，可耻！我们时代的暴行！
像野兽，欢跃着土耳其士兵！……
不荣耀的一击降落了……
戴王冠的恶徒死于非命。
接受这个教训吧，帝王们：
今天，无论是刑罚，是褒奖，
是血腥的囚牢，还是神坛，
全不能作你们真正的屏障；
请在法理可靠的荫蔽下
首先把你们的头低垂，
如是，人民的自由和安宁
才是皇座的永远的守卫。

马雅可夫斯基（俄罗斯·苏联）

马雅可夫斯基

传　略　马雅可夫斯基（1893—1930），俄罗斯（苏联）诗人。生于格鲁吉亚巴格达吉村一个林务官的家庭。中学时代就是个叛逆者，1908年成为布尔什维克的一员，从事秘密的革命宣传工作。1912年开始诗歌创作，深受未来主义派影响。第一部长诗《穿裤子的云》（1914—1915）虽是爱情诗，但其基调是预言革命，号召反抗。十月革命使马雅可夫斯基的创作进入一个新时期，诗人把十月革命称为"我的革命"，革命胜利初期写出《我们的进行曲》（1917）、《革命颂》（1918）、《给艺术大军的命令》（1918）、《向左进行曲》（1918）等诗以及诗剧《宗教滑稽剧》（1918），被卢那察尔斯基称为"共产主义的戏剧"。1919年10月至1922年2月参加"罗斯塔之窗"的工作，创作许多简明易懂、幽默风趣以及辛辣讽刺的鼓励诗、讽刺诗和宣传画、招贴画，艺术上克服了未来派形式主义的影响，逐渐走上了现实主义的道路。讽刺官僚主义的诗《开会迷》（1922）受到列宁的称赞。1924年列宁逝世，他以深沉的笔调写出了长诗《列宁》，表达了劳动人民的巨大哀痛，在革命历史的广阔背景上再现了列宁的光辉形象。1922—1929 年曾先后访问法国、西班牙、古巴、墨西哥、美国等，写出了一系列国际题材的诗篇，以对比的手法揭露资本主义国家的金钱统治、阶级压迫、种族歧视等社会弊病，表达自己对苏维埃祖国的热爱和自豪感。1927 年创作纪念十月革命十周年的长诗《好！》。之后创作的讽刺喜剧《臭虫》（1928）和《澡堂》（1929）具有果戈理、谢德林的传统风格。长诗《放开喉咙歌唱》（1930）是他最后的作品。

由于长期受到文学界宗派主义的打击，加上爱情上的挫折等种种原因，1930 年 4 月 14 日诗人开枪自杀，身后留下 13 卷诗文。

"我只是一个想去寻死的忧愁的孩子"——马雅可夫斯基之死

马雅可夫斯基为什么要自杀？是什么原因导致他走上自杀的绝路呢？诗人生前最热恋的女友，同时也是他的死亡见证人——女演员娜拉·波隆斯卡娅回忆了自己和诗人的恋爱过程以及她所了解的诗人的情况。他们的最初相识是在 1929 年 5 月，很快就相约共同去散步，两人时常在一起，逐渐加深了了解。于是，马雅可夫斯基开始邀女友波隆斯卡娅去他家作客。在他家，马雅可夫斯基把自己出版的书拿给她看，把自己写的诗朗诵给她听。她被马雅可夫斯基的才华和热情深深地吸引了。

波隆斯卡娅开始天天去诗人在鲁比亚卡的家，他们相爱了。和马雅可夫斯基在一起，波隆斯卡娅觉得既有欢乐也有痛苦和忧伤。他会在欢乐之巅时不知为什么忧郁起来，情绪一落千丈，有时候却又会莫名其妙地兴奋。

30 年代初，马雅可夫斯基向波隆斯卡娅提出要她与雅辛离婚，退出戏剧界，做他的妻子的要求。波隆斯卡娅没有答应。而在这一段时期，他的创作又开始受到评论界的冷遇，这使得他心情苦闷，无所适从。

当年马雅可夫斯基曾写出轰动一时的辉煌长诗《列宁》和《好！》，

他因此被公认为一切重大事件和社会进程的代言人。而现在，他已力不从心，他的作品逐渐不被重视，这使他感到极为压抑。在这种情况下，诗人的身体也愈来愈糟。而波隆斯卡娅的排演越来越忙，两个人的约会明显减少了。马雅可夫斯基在怀疑和痛苦中，经常与波隆斯卡娅发生争吵，两个人的关系已经走到了崩溃的边缘。

一天，波隆斯卡娅幕间休息时，接到了马雅可夫斯基打来的一个电话，他在电话里说自己很孤单，很痛苦，只有心爱的波隆斯卡娅能拯救他。波隆斯卡娅听了很感动，安慰他说：她同样不能没有马雅可夫斯基，她很想见他一面。一等戏演完，她马上就去他那儿。波隆斯卡娅听到报幕的铃声，想挂断电话急着上场，就听到话筒里马雅可夫斯基又说话了："娜拉，我亲爱的，我现在信中向政府提出，把你看做是我家成员之一，你不会反对吧？"波隆斯卡娅听不懂他说这话的意思，也从没想到过他要自杀，她只是在电话里委婉地说："我的上帝，我什么都不明白，你到底想说什么！"说完，挂断电话，就去演出了。演出结束之后，波隆斯卡娅马上去了马雅可夫斯基那儿，她请求他不要因为她而过分担忧，要保重身体，她迟早会做他的妻子的，这她已铁了心。只是，她想慎重、周全地考虑如何做得更策略些。她担心他的神经出了问题，要他去找医生看一看。她说完这些，又同他待了一会儿，便告辞而去。

时隔一天，波隆斯卡娅又见到了马雅可夫斯基，不过，这时她看到的却是马雅可夫斯基开枪自杀后的尸体。

遗书（写于1930年4月12日） 对于我的死，不要责怪任何人，更不要制作流言蜚语。我对此极其反感。

妈妈，两位姐姐，同志们，请原谅我——这不是个办法（我不建议别人这么做），然而我没有别的出路。

莉丽娅——爱我吧！需要对组织说的是，我的家属有莉丽娅·勃里克、妈妈、两位姐姐和维尼罗尔·维托尔多芙娜·波隆斯卡娅。如果你们能为他们安排一种过得去的生活——那就谢谢了。

请把我着手写的一些诗稿交给勃里克他俩,他们会搞清楚的。

正如常言所说,意外的事情已经结束,爱情的小舟已在繁琐生活中撞得粉碎。

我与生活已经结了账,没有必要再重提彼此间的痛苦、不幸和委屈。

祝活着的人们幸福。

雕像 此雕像是前苏联著名的雕塑家亚历山大·巴甫洛维奇·基巴尔尼柯夫所作,青铜制品,像高62厘米(不连座),台座用富拉玄武岩制成,座高22厘米,1956年由苏联美术家联盟转赠莫斯科特列恰柯夫美术馆。

这尊雕像在构图上具有独创性,它突出表现了马雅可夫斯基的头部和两肩,让肖像的脸部神情更集中,非常鲜明地表现了这位革命诗人的气质与性格,极富感染力。

马雅可夫斯基雕像

名言 1. 共产主义不仅表现在田地里和汗水横流的工厂,它也表现在家庭里、饭桌旁,在亲戚之间,在相互的关系上。

2. 我赞美目前的祖国,更要三倍地赞美它的将来。

3. 工作中,你要把每一件小事都和远大的固定的目标结合起来。

4. 世界上没有比结实的肌肉和新鲜的皮肤更加美丽的衣裳。

5. 要像灯塔一样,为一切夜里不能航行的人,用火光把道路照明。

6. 我们干工作要使每件日常事务适应于伟大的坚定目标。

7. 没有韵律……诗就零落分散了。韵律把我们送还到前一行，迫使我们忆起它，使形成一个观念的所有诗行保持在一起。

8. 歌，就是力量，就是战斗的号角，就是人们思想的火花。

9. 节奏是诗的基本力量，基本动力。

作品精选

戏剧

臭　虫

（当中是百货商店的回旋门，两旁是摆满商品的玻璃橱窗。顾客空手进，携货出。一群私人小贩在剧场里东钻西窜）

卖扣子的小贩：为了扣子不值得结婚，为了扣子犯不上离婚！只要公民两个指头一按，您的裤子永远不会离身。荷兰国的，机械化的，自动缝钉的扣子，六个二十戈比……先生，来一副吧！

卖玩具的小贩：芭蕾舞训练班的跳舞的男女。花园和家庭里的最好的玩具，按人民委员的指示跳来跳去！

卖苹果的女小贩：凤梨！卖光了……香蕉！卖完了……安乐诺夫苹果十五戈比四个。可爱的女公民，挑几个吧？

卖磨石的小贩：德国造的不怕摔的磨石，三十戈比随便选一块。菜刀，刮脸刀片，还有讨论用舌头尖，要磨成哪一个倾向，要磨成哪种口味都可以兑现。来一块吧，公民！

卖灯伞的小贩：随意挑选各种颜色的灯伞。淡蓝色的保证安逸，红色的刺激性欲。同志们，选一顶吧！

卖气球的小贩：长气球。保险飞。若是诺毕列将军有这么一个气球该多美——他们可以在北极多停几天再起飞。喂，公民，买一个吧！

卖青鱼的小贩：这是全国最棒的青鱼，吃饼喝酒不可少！

卖杂货的女贩：毛皮乳罩，毛皮乳罩！

卖胶的小贩：国内，国外，天南海北，锅碗一碎就得丢。世界驰名的天下无双的胶粉，能粘维纳斯像也能粘尿壶。太太，您来一包吧？

卖香水的小贩：柯蒂香水！小瓶柯蒂香水！

卖书的人：丈夫不在家的时侯，妻子干什么？已故列夫·尼古莱耶维奇·托尔斯泰伯爵编写的笑话一百零五篇，原价一个卢布二十戈比一本，我卖十五戈比一本。

卖杂货的女贩：毛皮的乳罩！毛皮的乳罩！

（普利绥坡金、罗扎里娅·帕夫洛芙娜、巴洋上）

卖杂货的女贩：乳罩……

普利绥坡金（惊喜地）：多么贵族化的压发小帽！

罗扎里娅·帕夫洛芙娜：哪儿来的压发小帽，这是……

普利绥坡金：怎么，难道我没有眼睛？如果我们养个双胞胎怎么办？这顶给逗罗蒂戴上，这顶给里里昂……我已经决定给他们起个贵族化的、电影明星式的名字……他们就这样在一块散步。哦！我的家应当是富裕之家。买了吧，罗扎里娅·帕夫洛芙娜！

巴洋（嬉皮笑脸地）：买了吧，买了吧，罗扎里娅·帕夫洛芙娜！难道他们的脑袋里还能有庸俗的东西吗？他们是年轻的阶级，他对待一切事物都有自己的见解。他们会把古老的，清白的无产阶级成分和工会会员证给您送上家门来，可是您还舍不得花钱！他们的家应当是富裕的。

（罗扎里娅·帕夫洛芙娜叹了一口气，买了）

巴洋：让我拿着吧……这些东西很轻……犯不上操您的心……不向您多要钱……

卖玩具的小贩：芭蕾舞训练班的跳舞的男女……

普利绥坡金：我的血统儿女必须受到美的教育。哦！买了，罗扎里娅·帕夫洛芙娜！

罗扎里娅·帕夫洛芙娜：普利绥坡金同志……

普利绥坡金：女公民，您现在跟无产者还没有结亲，请不要称我同志。

罗扎里娅·帕夫洛芙娜：来的同志，普利绥坡金公民，用这些钱，十五个人可以刮一次大胡子，不算刮小胡子等等一类的小手工。我看不如再多买一打啤酒准备结婚时喝。好吗？

普利绥坡金（严厉地）：罗扎里娅·帕夫洛芙娜，我的家……

巴洋：他的家应该是富裕的。在他家里跳舞喝啤酒应该绰绰有余，取之不尽，用之不竭。

（罗扎里娅·帕夫洛芙娜买了）

巴洋（立刻把小包抢过去）：犯不上您操这份心，还是那几个钱。

卖扣子的小贩：为了扣子不值得结婚！为了扣子犯不上离婚！

普利绥坡金：在我的红色的家庭里，不应该有一点小市民的生活习气，也不应该因为裤子问题发生任何烦恼。哦！罗扎里娅·帕夫洛芙娜，买！

巴洋：罗扎里娅·帕夫洛芙娜，您目前还没有工会会员证，请不要惹他生气。他是胜利了的阶级，他现在像惊涛骇浪一般摧毁他的道路上的一切，所以普利绥坡金同志的裤裆里也应该是富裕有余的。

（罗扎里娅·帕夫洛芙娜唉声叹气地购买）

巴洋：您只花那几个钱，还是让我来拿吧……

卖青鱼的小贩：全国头等的青鱼！不管喝什么白酒，它都是最好的酒菜！

罗扎里娅·帕夫洛芙娜（把别人推开，手舞足蹈，高声地）：青鱼——这可真叫座！这回你们结婚可有好吃的东西了。连我都要买它！喂，男人先生们，借光借光！小鲑鱼多钱一条？

小贩：这鲑鱼两个卢布六十戈比一公斤。

罗扎里娅·帕夫洛芙娜：比熏制的罐头小鲑鱼大不多少，也要两个卢布六十戈比？

小贩：听您说的，太太，这简直是候补鲟鱼，才要两个卢布六十戈比。

罗扎里娅·帕夫洛芙娜：花两个卢布六十戈比买这些鱼排骨？普利绥坡金同志，您听见了没有？当年，你们杀死沙皇，赶跑梁布申斯基先生，是做对了！哎呀！这群强盗呀！我会在国家的苏维埃公共合作社里找到我的公民权利和我的青鱼！

巴洋：普利绥坡金同志，咱们在这儿等一等。您何必去跟这群小资产阶级的自发势力同流合污，并且在这种争论形式下抢购青鱼呢？我用您那十五个卢布和一瓶白酒，可以替您办一个美上美的婚礼。

普利绥坡金：巴洋同志，我反对这种小市民的生活——金丝鸟和其它等等……我这个人要求很高……我关心的是——带立镜的大衣柜……

（左雅·别辽兹金娜几乎撞在谈话人的身上，她一边倾听，一边吃惊地向后退）

巴洋：当您结婚时的喜车队……

普利绥坡金：您胡说什么？哪来的洗车腿？

巴洋：我说的是"喜车队"。普利绥坡金同志，外国优美的语言把一切隆重的游行行列，特别是把这种结婚的隆重的游行行列都叫作"喜车队"。

普利绥坡金：呵！好的，好的！

巴洋：是的，当喜车队一开到时，我就给您唱一首许门的祝婚歌。

普利绥坡金：你胡说什么？哪儿来的喜马拉亚？

巴洋：不是喜马拉亚山，是许门的祝婚歌。他是希腊人的爱神，可不是维尼吉洛斯那样黄色的、疯狂的妥协派的爱神。他是古代的、共和的希腊人的爱神。

普利绥坡金：巴洋同志，我花钱要求举行一次红色的婚礼，不要任何神鬼！懂了吗？

巴洋：普利绥坡金同志，我何止是懂了，而且我根据普列汉诺夫所倡导的、为马克思主义者所许可的想象力，我仿佛通过分光镜看到了您的阶级性的、崇高的、文雅的和令人销魂的婚礼!……新娘子下了花轿车——红色的新娘子……浑身上下全是红的,——显然是憋了一身透汗;搀她下花轿的是红色主婚人,会计员叶雷卡洛夫,他恰好是肥头大耳的、红色的、患了中风病的人,——领您出来的是红色的傧相,桌子上摆满了红色的火腿和红瓶嘴的酒瓶。

普利绥坡金(表示同感地):哦!哦!

巴洋:红色的客人在喊"苦呀,苦呀",这时红色的新娘子(已经成了夫人)向您伸出红色的嘴唇……

左雅(惊慌地抓住了二人的袖子,二人甩开了她的手,用手指头弹灰尘):万尼亚!他在说什么?这个结领带的鸟东西在胡说些什么?什么婚礼?谁结婚?

巴洋:红色的劳动婚札,女方是艾里节维拉·达维陀芙娜·雷涅商斯,男方是……

普利绥坡金:我呀,左雅,我爱另一个女人。她更窈窕,更漂亮,她用精致的短上衣裹着她一对肥胖的乳房。

左雅:万尼亚!那我呢?你把我玩弄了一阵就甩了,这是什么意思。

普利绥坡金(把拦路的那只手臂伸直):我们像海上的两艘轮船各奔一方……

罗扎里娅·帕夫洛芙娜(从商店里奔出来,青鱼举在头顶上):这是鲸鱼呀!这是海豚!(对卖青鱼的小贩)喂,把你的拿出来,喂,跟你的蜗牛比一比!(比小贩的青鱼,大手一拍)大了一条尾巴?!普利绥坡金公民,你们过去斗争是为了啥啊?我们杀死国王皇帝和赶跑梁布申斯基先生是为了啥啊?你们的苏维埃政权会把我活埋的……大了一条尾巴,整整大了一条尾巴!……

巴洋:敬爱的罗扎里娅·帕夫洛芙娜,您从另一头比一下,它仅仅大了一个小脑袋,您要小脑袋有什么用呢,——小脑袋吃不得,只能把它切下来,扔掉。

罗扎里娅·帕夫洛芙娜：你们听见他说的话吗？把小脑袋切下来。巴洋公民，把您那个小脑袋切下来，您不会有任何损失，也卖不上一个钱，可是要把青鱼的小脑袋切下来，它还能卖十戈比一公斤呢。奴！回家吧！我的家十二万分地需要有一个工会会员证，可是我女儿在一个盈利的企业里工作——这可不是老黄牛站在小木棒上——闹着玩的。

左雅：本来想在一起生活，一起工作……现在，全完了……

普利绥坡金：女公民！我们的爱情已经废除了。请你不要妨碍一个公民的自由情感，否则的话，我去叫民警。

（哭哭啼啼的左雅用双手抓住了普利绥坡金的袖子。普利绥坡金抽回去。罗扎里娅·帕夫洛芙娜站到普利绥坡金和左雅中间，手中的货物全都落掉在地上）

罗扎里娅·帕夫洛芙娜：这个骚娘儿们想干啥？您为啥抓住我的女婿不放手？

左雅：他是我的！

罗扎里娅·帕夫洛芙娜：啊！原来她肚子里怀着孩子呀！我给她赡养金，可是我要撕破她的狗脸！

民警：喂，公民们，结束这出丑戏吧！

诗歌

穿裤子的云

你为什么叫我诗人
我不是诗人
我不过是个哭泣的孩子，你看
我只有撒向沉默的眼泪
你为什么叫我诗人

我的忧愁便是众人不幸的忧愁

我曾有过微不足道的欢乐

如此微不足道

如果把它们告诉你

我会羞愧得脸红

今天我想到了死亡

我想去死，只是因为我疲倦了

只是因为大教堂的玻璃窗上

天使们的画像让我出于爱和悲而颤抖

只是因为，而今我温顺得像一面镜子

像一面不幸而忧伤的镜子

你看，我并不是一个诗人

我只是一个想去寻死的忧愁的孩子

你不要因为我的忧愁而惊奇

你也不要问我

我只会对你说些如此徒劳无益的话

如此徒劳无益

以至于我真的就像

快要死去一样大哭一场

我的眼泪

就像你祈祷时的念珠一样忧伤

可我不是一个诗人

我只是一个温顺，沉思默想的孩子

我爱每一样东西的普普通通的生命

我看见激情渐渐地消逝

为了那些离我们而去的东西

可你耻笑我，你不理解我

我想，我是个病人
我确确实实是个病人
我每天都会死去一点
我可以看到
就像那些东西
我不是一个诗人
我知道，要想被人叫做诗人
应当过完全不同的另外一种生活

天空在烟雾中
被遗忘的蓝色的天空
仿佛衣衫褴褛的逃亡者般的乌云
我都把它们拿来渲染这最后的爱情
这爱情鲜艳夺目
就像痨病患者脸上的红晕

你们的思想
幻灭在揉得软绵绵的脑海中，
如同躺在油污睡椅上的肥胖的仆从。
我将戏弄它，使它撞击我血淋淋的心脏的碎片，
莽撞而又辛辣的我，将要尽情地把它戏弄。

我的灵魂中没有一茎白发，
它里面也没有老人的温情和憔悴！
我以喉咙的力量撼动了世界，
走上前来——我奇伟英俊，
我才二十二岁。

粗鲁的人在定音鼓上敲打爱情
温情的人
演奏爱情用小提琴
你们都不能像我一样把自己翻过来，
使我整个身体变成两片嘴唇！

来见识见识我吧——
来自客厅的穿洋纱衣裳的
天使队伍中端庄有礼的贵妇人

像女厨师翻动着烹调手册的书页，
你安详地翻动着你的嘴唇

假如你们愿意——
我可以变成由于肉欲而发狂的人，
变换着自己的情调，像天空时晴时阴，
假如你们愿意——
我可以变成无可指摘的温情的人，
不是男人，而是穿裤子的云！

我不信，会有一个花草芳菲的尼斯！
我又要来歌颂
像医院似的让人睡坏的男人，
像格言似的被人用滥的女人。

致俄罗斯

我来了——
海外的鸵鸟,
全身长着蓬松的诗句、格律和韵脚。
我是多么愚蠢哪,竭力想把头埋进音韵的羽毛。

不,我不属于你,畸形的冰雪王国。
灵魂哪,
深深地在羽毛中藏躲!
突然闪现出另一个祖国,
我看见——
南方的生命遭到烧灼。

一个炎热之岛。
化为花瓶——椰树悠悠。
"喂,快让道!"
唉,虚构
被踩碎了。
我只得又——
在时间的沙漠中编织串串足迹,
奔向另一块绿洲。

有些人缩作一团,战战兢兢:
"咱们走开点吧,
他会不会咬人?"
有些人弯腰打躬地奉承。

"妈妈,

妈妈呀,

他会生蛋吗?"

"小乖乖,我也弄不清。

想来应该会生。"

大街瞠目结舌。

楼房笑声粗野。

一股寒气浇到周身凉彻。

千万个指头朝我身上戳,

正当我把年代的山巅翻越。

没啥了不起!哪怕你把我冻结,

用风的剌刀刮光我的羽毛,在所不惜。

舶来的、格格不入的我

可以消灭。

任凭一切十二月疯狂肆虐。

茨维塔耶娃（俄罗斯·苏联）

传略 茨维塔耶娃·玛丽娜·伊万诺夫娜（1892—1941），俄罗斯（苏联）诗人，小说家，剧作家。出生于莫斯科。父亲伊·弗·茨维塔耶夫是莫斯科大学的艺术史教授，普希金国家造型艺术馆的创始人之一。母亲玛·亚·梅伊恩有德国和波兰血统，具有很高的音乐天赋，是著名钢琴家鲁宾斯坦的学生。除音乐熏陶以外，母亲还给孩子们讲故事，诵读诗歌，教导她们不要在乎物质的贫困，而要崇拜神圣的美。正是在母亲的影响下，茨维塔耶娃逐渐滋长了对诗歌的信念："有了这样一位母亲，我就只能做一件事了：成为一名诗人。"正是在"音乐和博物馆"中，茨维塔耶娃度过了幸福的童年生活。

茨维塔耶娃

1906年秋天进入女子寄宿学校以后，茨维塔耶娃开始深入地阅读十九世纪俄罗斯经典诗人的作品，如普希金、莱蒙托夫、涅克拉索夫等人的诗歌，接触到歌德、海涅和其他德国浪漫主义诗人的作品，在灵魂深处滋生了终生不衰的浪漫精神。根据茨维塔耶娃的自述，她六岁时便开始诗歌练习，此后一直没有中断。1910年，这位18岁的少女自费出版了诗集《黄昏纪念册》，紧接着又出版了两本诗集《魔灯》和《选自两本书》，引起了不少文学前辈的关注，其中有勃柳索夫、古米廖夫、沃洛申等。

  1912年1月，茨维塔耶娃嫁给了一名民粹派分子的后代——谢尔盖·艾伏隆，并将自己的诗集《神奇的路灯》题献给他。1916年冬天，茨维塔耶娃有过一次彼得堡之行。这次旅行成了她创作中的一个重要转折点。她开始认识到自己作为莫斯科诗人的价值，决心要像勃洛克和阿赫玛托娃热爱彼得堡似地热爱哺育她成长的莫斯科。为此，她写下了组诗《莫斯科》。1917年，丈夫艾伏隆应征入伍，一去便杳无音讯。1919年秋，走投无靠的茨维塔耶娃不得不将两个女儿送进了库恩采夫育婴院。不久，重病的大女儿阿利娅被送回了家，可是，小女儿伊利娜却不幸饿死在育婴院中。即便是在如此艰难的时期，她仍然没有中断自己的诗歌写作。1921年，她出版了诗集《里程标》，收录了1914—1921年间的抒情诗。这些诗歌与其少女时代的作品相比，更多地掺和进了生活的苦涩，流露着对未卜的前途的忧虑、欲望、困惑和矛盾。

  1922年，艾伏隆随着溃败的弗兰克尔军队流亡到了捷克的布拉格，因对白军的行为感到失望，脱下军装进入布拉格大学学习。在得知丈夫犹在人世的消息后，茨维塔耶娃被获准出国团聚。出国之初，她来到了德国的柏林，她在那里见到了叶赛宁、安·别雷和鲍·帕斯捷尔纳克。

  1925年秋天，茨维塔耶娃夫妇带着出生不久的儿子莫尔迁居到巴黎。通过帕斯捷尔纳克的推荐和介绍，茨维塔耶娃于1926年春天与奥地利诗人里尔克取得了通信联系。于是，他们三个人之间开始了频繁的通信，并构成了一段奇异的三角恋爱。

  在国外期间，发表过诗集《俄国以后》等。三十年代是茨维塔耶娃散文创作的高峰期。形成这一高峰最直接的原因是，诗歌不可能像其他体裁那样在侨民文化界"畅销"，它先天的贵族气息使其只能服务于少数的知识精英，而散文的"流通性"则可以顺利地大众化，并带来一定的经济收获。

  像许多俄罗斯侨民一样，侨居巴黎的茨维塔耶娃始终萦绕着一种挥之不去的乡愁。1939年6月，茨维塔耶娃携带儿子返回苏联。可是，等待着茨维塔耶娃的厄运是她始料不及的。同年8月，先期回国的女儿阿利娅被捕，随即被流放；10月，丈夫艾伏隆被控从事反苏活动而被逮捕，后被枪决。这段时期，由于丧失了发表自己作品的可能，她把主要的精力都投到了诗歌翻译中。茨维塔耶娃的翻译十分严谨，她的翻译原则是，一定要使笔下的文学作品获得它的文学性，否则，宁可不拿去发表。显然，她要以这样的态度来换取口粮实在是勉为其难的事情。因此，她不得不经常兼做一些粗活，如帮厨、打扫卫生等补贴家用。

1941年8月，由于德国纳粹的铁蹄迫近莫斯科，茨维塔耶娃和儿子莫尔移居鞑靼自治共和国的小城叶拉堡市。在这里，她经历了不堪承受的精神和物质双重的危机，连谋求一份洗碗工的工作都不能如愿。1941年8月31日，绝境中的她选择了自缢身死。

"陷入绝境"——茨维塔耶娃之死

1906年秋天茨维塔耶娃进入女子寄宿学校，据说，她爱上了一位大学生尼伦德尔，为他写下了大量的抒情诗，而对方表现出的冷漠使其痛不欲生。于是，她买了一把手枪，到一家曾经上演过她心爱的法国作家罗斯坦的戏剧《雏鹰》的剧院自杀，幸亏枪内装上的是一颗哑弹，才没有酿成悲剧，但由此也可见出诗人孤傲、刚烈、极端的性格。

在自传中，茨维塔耶娃陈述道："我对生活中的一切都是在诀别时才喜爱，而不是与之相逢时；都是在分离时才喜爱，而不是与之相融时；都是偏爱死，而不是生"。她的命运似乎在为她的信念推波助澜。1941年8月，由于德国纳粹的铁蹄迫近莫斯科，茨维塔耶娃和唯一的亲人——儿子莫尔移居鞑靼自治共和国的小城叶拉堡市。正是在这座小城，诗人经历了一生最不堪承受的精神和物质双重的危机。诗人茨维塔耶娃期望在即将开设的作协食堂谋求一份洗碗工的工作。但是，这一申请遭到了作协领导的拒绝。

8月31日，绝望中的她自缢身亡。她给儿子留下的遗言是："小莫尔，请原谅我，但往后会更糟。我病得很重，这已经不是我了。我狂热地爱你。你要明白，我再也无法生存下去了。请转告爸爸和阿利娅——如果你能见到的话——我直到最后一刻都爱着他们，请向他们解释，我已陷入了绝境。"

评誉　　诺贝尔文学奖获得者布罗茨基曾在一次国际研讨会上宣称：茨维塔耶娃是20世纪最伟大的诗人。有人问：是俄罗斯最伟大的诗人吗？他答道：是全世界最伟大的诗人。有人又问道：那么，里尔克呢？布罗茨基便有些气恼地说：在我们这个世纪，再没有比茨维塔耶娃更伟大的诗人了。

瑞典皇家科学院诺贝尔评奖委员会主席埃斯普马克认为，茨维塔耶娃没有获得诺贝尔文学奖，既是她的遗憾，更是评奖委员会的遗憾。

与她同时代的诗人爱伦堡曾经这样评价她："作为一个诗人而生，并且作为一个人而死"。

情述　　茨维塔耶娃十分重视心灵之爱。茨维塔耶娃在致里尔克的信中说："我不是活在自己的嘴上，吻过我的人，会错过我的。"她说自己追求的是"无手之抚，无唇之吻"，反对"把对方举起，就近唇边——一口一口地啜饮"的肉体之爱。她在致瓦洛申的信中也说："我有一种无法医治的完全孤独的感觉。旁人的肉体是一堵墙，阻碍我窥视他的心灵。噢，我多么恨这堵墙啊！"不过后来在给瓦洛申的信中她又说："我主要的热情是同人倾心交谈，可性爱必不可少，因为只有这样才能钻进对方的心灵。"

书简

茨维塔耶娃致里尔克

莱纳·马利亚·里尔克!

我有权这样称呼您吗?须知您就是诗的化身,应当明白,您的姓名本身就是一首诗。莱纳·马利亚——这名字听起来有教会味,有孩童味,有骑士味。您的名字不能与当代押韵——它,无论是来自过去还是来自未来,反正都是来自远方。您的名字有意让您选择了它(我们自己选择我们的名字,发生的一切永远只是后果)。

您的受洗是您之一切的序幕,为您施洗的神父确实不知道,他创造了什么。

您不是我最喜爱的诗人("最喜爱"是又一个级),您是大自然的一个现象,这一现象不可能是我的,它也无法去爱,而只能用全部身心去感觉,您或是(还不是全部!)第五元素的化身:即诗本身,您或是(还不是全部)诗从中诞生的物,是大于您自身的物。

这里谈的不是作为人的里尔克(人是我们注定要成为的!),而是作为精神的里尔克,他大于诗人,对于我来说他其实就叫做里尔克——来自后天的里尔克。

您应当以我的目光打量您自己:用我目光的拥抱去拥抱您自己,当我看着您时,拥抱您自己——无限悠远、广阔地拥抱。

在您之后,诗人还有什么事可做呢?可以超越一个大师(比如歌德),但要超越您,则意味着(也许意味着)去超越诗。诗人,就是超越(本应当超越)生命的人。

您是未来诗人们的一道难以攻克的课题。在您之后出现的诗人,应当是您。也就是说,您应当再次诞生。

……

介绍一些简短的（最必需的）个人经历：我由于俄国的革命（而不是革命的俄国，革命是一个有其独特、永恒法则的国度！）而出国，经柏林到布拉格，随身带着您的书。在布拉格，我第一次读了《早年诗选》。我爱上了布拉格，从第一天起——因为您曾在那儿学习。

自一九二二年至一九二五年，我在布拉格住了三年，我于一九二五年十一月去了巴黎。当时您还在那儿吗？就算您当时在那儿，我为何没去见您？因为我爱您——胜过世上的一切。这非常简单。因为您不认识我。出于痛苦的自尊，出于面临偶然事件（也许是面临命运，随您如何想）的惊颤。也许，出于恐惧，怕在您的房门口遇上您冷漠的目光（须知您不可能不这样看我！如果您不这样，那也将是一道投向局外人的目光——因为您不认识我！也就是说：无论如何都将是一道冷漠的目光）。还有：您将一直把我当做一位俄罗斯女性来接纳，我却将您当做一个纯人的（神的）现象来接纳。在这一点上，有着我们这一非常独特的民族的复杂性：我们中的一切——我们的"我"，欧洲人均视为"俄罗斯的"。（同样的情形，也出现在我们与中国人、日本人、黑人交往时——他们非常遥远，或曰非常不开化。）

莱纳·马利亚，什么都没有丧失：明年（一九二七年），鲍里斯将到来，我们将去拜访您，无论您在何处。关于鲍里斯我知之甚少，但我爱他，如同人们只爱那些从未谋面的人（早已逝去者，或尚在前方者：即走在我们之后的后来者），爱从未谋面的或从未有过的人。他已不年轻——我估计是三十三岁，但他却像个孩子。他一点也不像他的父亲（儿子能做得更好）。我只相信母亲的儿子。您也是一个母亲之子。母系上的男人——因而是富裕的（双倍的遗产）。他是俄罗斯的第一诗人，我深知这一点，还有几个人也知道，其余的人不得不等待他的死亡。

我等待您的书，像等待一场雷雨，无论我愿意与否，这场雷雨总要降临。完全像是一次心脏手术（不是比喻！你的每一首诗都刺入心脏，并以自己的方式切割心脏——无论我愿意与否）。不愿意！

你知道吗，我为何对你称"你"，为何爱你，为何——为何——为何——，因为你是一种力。一种最罕见的物。

你可以不回复我，我知道什么是时间，也知道什么是诗。我同样知道什么是信。就这样。

在沃州，在洛桑时，我还是一个十岁的小姑娘（一九〇三年），我仍记得那时的许多事。我记得一个在寄宿中学学法语的成年黑女人，她什么也不学，老是吃堇莱。这是一个最鲜明的记忆。蓝色的嘴唇——黑人的嘴唇不是红色的——和蓝色的堇莱。蓝色的日内瓦湖——那已是以后的事。

莱纳，我想从你那儿得到什么？什么都不要。什么都要。好让你允许我在我生命的每一瞬间都举目向你——像仰望一座护卫着我的大山（如同一尊石质的天使卫士！）。

在我不认识你时，我可以那样做，如今我认识了你——我便需要获准。因为我的灵魂是受过良好教育的。

但我将给你写信——无论你愿意与否。谈你的俄罗斯（组诗《沙皇》等等）。谈其他许多事。

你的那些俄语字母，令人感动。如同一个印第安人（抑或印度人？），我从不哭泣，但我几乎也……

我在海边读你的信，海洋与我相伴，我们一同阅读。说海洋也在读信，不会让你难堪吧？它不会阅读别人的，我的嫉妒心很强（对你，——则充满热忱）。这是我的两本书，你可以不读，但请把它们摆在你的写字台上，请相信我的话，它们已不再为我所有。（是指在这个世界上，而不是指在写字台上！）

瑞士不放俄国人入境。但高山会让路（或被劈开！）——以便我与鲍里斯能走近你！我相信高山。（我的这个移行，实际上仍接前行——为了让高山与夜晚押韵，——你能明白这一句吗？）

玛丽娜·茨维塔耶娃
一九二六年五月十日

您给鲍里斯的信将在今天发出——发挂号信,任诸神摆布吧。俄国对于我来说,仍是某个彼岸世界。

里尔克致茨维塔耶娃

玛丽娜·茨维塔耶娃:

难道您真的刚刚来过这里?或者说:我在哪里?要知道,五月九日尚未结束,这很奇怪,玛丽娜,玛丽娜,在你的来信(当我阅读您的时候,我挣脱了时间,完成了一次向时间难以控制的那个瞬间的跳跃)中的最后几行之前,您写下的正是这个日期!您算了日期,说是在九日收到了我的书(打开门,就像掀开一张书页)……但就在同一天,九日,今天,永恒的今天,我接受了你,玛丽娜,用整个心灵,用我全部的意识,那为你和你的出现所震撼的意识,我自己也像是海洋,与你一同阅读,你的心灵之流在涌向我。该对你说些什么呢?你轮流向我伸出你的两只手,然后重新把它们叠在一起,你把它们压在我的心上,玛丽娜,就像放在一道溪流上:此刻,当你还握着它们的时候,溪流那欢快的流水便向你涌去……请别躲开它!说什么:我所有的话语(它们仿佛全都在你的信中出现了,像是走到了通向舞台的出口),我所有话语骤然向你涌去,每个词都不愿落在后面。在目睹了舞台上的生活之后对帷幕感到难以忍受的观众们,不正是因此而慌忙退场的吗?我也如此,在读了你的来信之后,看到它又被放回信封便感到难以忍受(再读一遍,又一遍)。但是,在帷幕中也能找到安慰。请看,在你漂亮的名字旁,在这出色的St.Gilles-sur-Vie(sur-vie!)旁,有人画了一个大大的、漂亮的、天蓝色的七字(就像这样:七)。七是我的吉祥数字。我打开地图册(地理对于我来说不是科学,而是我急于要利用的关系),于是你便被发现了,玛丽娜,在我内心的地图上:在莫斯科和托莱多之间的一个地方,我创造了一个空间,以标示出你的海洋。但是你真的能看见德约岛和面对你的科尔博角……阿里阿德娜(很想知道,她现在几岁了，个儿多高）也朝那个方向望着……"孩子们"——为什么——你说"孩子们"，用的是复数？而在一九〇三年，当我已与罗丹交往时，你还是一个小姑娘呢，这几天，我就将去洛桑寻找这样的小姑娘。（啊哈，很快就要见到那位黑人姑娘了，既然可以用紫罗兰去诱惑她：我看到的她，就像列奈·奥勃卓鲁阿笔下人物……可是怎样才能见到你呢？）

你能感觉得到吧，女诗人，你已经强烈地控制了我，你和你的海洋，那片出色地与你一起阅读的海洋；我如你一样地书写，如你一样地从句子里向下走了几级，下到了括号的阴暗里，在那里，拱顶在压迫，曾经开放过的玫瑰的芬芳在延续。玛丽娜，我已如此地深入了你的信！奇怪的是，如同扔下的骨头，你的话语——在那个数字被道出之后——又滚下一级阶梯，展示出了另一个更确切的日期，终结的日期（往往更大的数！）。亲爱的，莫非你就是自然的力量，就是唤起并鼓足第五种自然力的力量？……我又感觉到，似乎自然本身在以你的声音说"是"，仿佛有一个充满和谐的花园，花园中央有一个喷泉，还有什么？——有日晷。哦，你以你盛开的那高高的夹竹桃超越了我，笼罩着我！

但是你说，你谈的不是作为人的里尔克：我自己也和他不相协调，和他的躯体不相协调，而以前我与那躯体总能达到深刻的融合，我往往不知道，谁更能写诗：它，我，还是我们两者？（脚底体验到幸福，多少次，在地上行走的幸福，超越一切，首次认知世界的幸福，不是通过认识途径，而是一种前认识，一种同步的认识！）可是现在，却不相协调了，两层的衣裳，心灵穿上一件衣裳，躯体被裹上了另一种衣裳，全不一样！从十二月起，我就住到了这所疗养院里，但是我小心冀望地让医生进入我与自我的关系——这唯一的关系不能忍受会在两者之间造成隔离的中介以及会把它分解为两种语言的译者。（忍耐——长久的、痛苦的、复归的忍耐……）我的住处，慕佐（在那里我可以使自己摆脱近年的忙乱和混乱），离此地仅四小时的路程：这就是我的（请允许我逐字逐句地重复你的话），"我的英雄的法兰西祖国"。请看它一眼。近处就是西班牙，普罗旺斯，罗纳河谷地。严肃的,悦耳的;与一座古堡构成一个神奇整体的山冈,那古堡属于山冈,更属于那赋予这些石块以命运的人……

     莱纳·马利亚
    一九二六年五月十日于瑞士
    瓦尔蒙·泰里泰疗养院(沃州)

作品精选

我把这些诗行呈献给

我把这些诗行呈献给
那些将为我建造坟墓的人。
人们稍稍露出高耸的,
我那可恨的前额。

我无端地背信弃义,
额头上戴着一个小花冠,——
在将来的坟墓中,我
不再认识自己的心灵。

他们在脸上不会看到:
"我听到的一切!我看到的一切!
在坟墓中,我满心委屈地
和大家一样生活"。

穿着雪白的裙子,——这是
我自童年就不喜欢的颜色!
我躺下去——和谁比邻而葬?
在我生命的末日。

你们听着!——我并不接受!
这是——一只捕兽器!
他们安放入土的不是我,
不是我。

我知道!——一切都焚烧殆尽!
坟墓也不为我喜爱的一切,
我赖以生存的一切,
提供什么栖息之地。

1913 春,莫斯科

疯狂——也就是理智

疯狂——也就是理智,
耻辱——也就是荣誉,
那引发思考的一切,
我身上过剩的

一切,——所有苦役式的欲望
蜷曲成一个欲望!
在我的头发中——所有的色彩

都引起战争。

我了解整个爱的絮语,
"唉,简直能倒背如流!"
我那二十二岁的体验——
是绵绵不绝的忧郁。

可我的脸色呈现纯洁的玫瑰红,
"什么也别说!"
在谎言的艺术中,
我是艺人中的艺人。

在小球一般滚动的谎言中,
"再一次被揭穿!"
流淌着曾祖母的血液,
她是一名波兰女人。

我撒谎,是因为青草
沿着墓地在生长,
我撒谎,是因为风暴
沿着墓地在飞扬……

因为小提琴,因为汽车,
因为丝绸,因为火……
因为那种痛苦:并非所有人
都只爱我一个!

因为那种痛苦：我并非
新郎旁边的新娘。
因为姿态和诗行——为了姿态
和为了诗行。

因为颈项上温柔的皮围脖……
可我怎么能够不撒谎呢，
——既然当我撒谎的时候，
我的嗓音会更加温柔……

1915.1.3

没有人能够拿走任何东西

没有人能够拿走任何东西——
我俩各处一方让我感到甜蜜！
穿越了数百里的距离，
我给您我的热吻。

我知道：我们的天赋——并不相等。
第一次，我的声音如此平静。
我那粗糙的诗歌，在您
又算得什么，年轻的杰尔查文！

我划着十字，为您开始恐怖的飞行：
"飞吧，我年轻的雄鹰！"
你抵受着太阳，不眯缝起眼睛——

我年轻的目光是否很沉重?

再没有人会目送您的背影,
有如此温柔,如此痴情……
穿越了数百年的距离,
我给您我的热吻。

1916.2.12

哪里来的这般温柔

哪里来的这般温柔?
并非最初的,——我抚爱
这一头卷发,我曾吻过
比你色泽更红的嘴唇。

星星点燃,旋即熄灭,
哪里来的这般温柔?
我眼睛里的一双双眼睛,
它们点燃,又复熄灭。

黑夜茫茫,我还不曾
听过这样的歌声
哪里来的这般温柔?
依偎着歌手的胸口。

哪里来的这般温柔?

你这调皮的少年,
长睫毛的外地歌手,
如何应付这一腔柔情?

1916.2.18

我的日子

我的日子是懒散的,疯狂的。
我向乞丐乞求面包,
我对富人施舍硬币。

用光线我穿过绣花针眼,
我把大门钥匙留给窃贼,
以白色我搽饰脸色的苍白。

乞丐拒绝了我的请求,
富人鄙弃了我的给予,
光线将不可能穿越针眼。

窃贼进门不需要钥匙,
傻女人泪流三行
度过了荒唐,不体面的一日。

谢尔盖·亚历山德罗维奇·叶赛宁（苏联）

叶赛宁

传略　叶赛宁（1895—1925），苏联诗人。出生于梁赞省一个农民家庭。1904—1912年读小学和教会师范学校，开始写诗。1912年赴莫斯科，当过店员、印刷厂校对员，兼修一所平民大学的课程，积极参与文学活动。1915年去彼得堡，拜见著名诗人勃洛克、克留耶夫等，1916年初第一本诗集《扫墓日》出版。同年应征入伍，一年后退役并结婚。时值二月革命、十月革命，诗人写了《变容节》、《乐土》、《约旦河的鸽子》、《天上的鼓手》等著名诗作，以抒情的方式，抒发个人对革命的感受。1919年参加意象派并成为中心人物，写出《四旬祭》、《一个流氓的自由》。1921年离开意象派。这一年与到莫斯科访问的美国舞蹈家邓肯相识，热恋成婚，并与之出游西欧、美国。两人很快由热恋变为争吵，终于离异。1923年诗人回国。1924年出版了轰动文坛的诗集《莫斯科酒馆之音》，展示了诗人抑郁消沉的心灵。1924至1925年，诗人的创作进入高峰期，写出组诗《波斯抒情》（1924）、长诗《安娜·斯涅金娜》（1925）、诗集《苏维埃俄罗斯》（1925）等。1925年9月三度结婚（与列夫·托尔斯泰的孙女)。但11月便因精神病住院治疗,完成自我审判式的长诗《忧郁的人》,12月26日写下绝笔诗,28日拂晓在彼得格勒的一家旅馆投缳自尽。

"对待自己的生命如同对待一个童话"——叶赛宁之死

1925年12月7日,叶赛宁从莫斯科致电在彼得格勒的诗人弗拉基米尔·艾尔利赫:"速找2—3个房间。20号我去住。回电。叶赛宁。"12月21日,叶赛宁离开位于皮罗格夫卡的莫斯科大学所属的心理神经诊所。12月24日,叶赛宁来到彼得格勒,住进"国际旅馆"。在他生命的最后几天里,叶赛宁和他几位朋友见了面,并且给他们读自己的诗歌,包括那首著名的《黑人》。1925年12月28日,叶赛宁自缢身亡后,赶到现场的警官米·格尔勃夫比较详尽地描述了现场的情形,他的证词写道:发现在中央暖气管上吊着的男人是这样的:他的脖子吊在绳子的死扣里,但只是右侧的脖子,面部朝着暖气管,右手握着管子……在自缢者的身边还发现翻倒的床头柜,原来在上面的烛台已经掉在地板上。尸体解下后,发现从右手臂到掌心处有刺伤,左手有擦伤。左眼下有淤血。此人的证件上写着:"谢尔盖·亚历山德罗维奇·叶赛宁,作家。"

诗人突然的死令人震惊,也立即使人明白,俄罗斯失去了一位多么有价值的天才!当载着叶赛宁遗体的列车从彼得格勒开来时,成千上万的莫斯科市民涌往普希金广场,悼念这位曾给他们带来巨大精神财富的人……

评誉 帕斯捷尔纳克对叶赛宁充满了理解的同情:"叶赛宁的风景诗的地位,在他的作品为现代大都市的迷宫取代了。一个当代人的孤独的灵魂在这个迷宫里迷失了方向,破坏了道德,他描绘的正是这种灵魂的激动的,非人的悲惨状态。"他认为:"叶赛宁对待自己的生命如同对待一个童话,他像王子伊万骑着灰狼漂洋过海,一把抓住了伊莎多拉·邓肯,如同抓住了火鸟的尾巴。他的诗也是用童话的手法写成的,忽而像玩牌似的摆开文字阵,忽而用心中的血把它记录下来。他诗中最珍贵的东西是家乡的风光,那是俄罗斯中部地带,梁赞省,处处是森林,他像儿时那样,用使人眩晕的清新把它描绘了出来。"

叶夫图申科则把叶赛宁称为"一个最纯粹的俄罗斯诗人":"叶赛宁的诗歌是一种土生土长的现象。叶赛宁的音韵放射着俄罗斯土地结构中所特有的那种矿物的神奇光彩。叶赛宁的诗歌是俄罗斯大自然,俄罗斯语言(包括童话、歌谣、乡村民歌、谚语和俗语、远古时代部分流传下来的咒语、哀歌、仪式歌曲)所独有的产儿。"

诗人勃洛克称叶赛宁为"才气横溢的农民诗人"。

据一位熟悉叶赛宁的作家回忆说:他给人的感觉是一生都在恋爱……他崇尚爱情,渴望能在爱情中得以栖息和彻底摆脱什么,但他的爱情是虚幻的,现实的爱情仅仅满足了他暂时的激动,他须不断地逃离又不断地停下来喘息。

接到叶赛宁的死讯,高尔基感叹:"我们失去了一位俄罗斯大诗人。""他的生与死是一部宏伟的艺术作品,是生活本身所创造的一部长篇小说,它最好不过地描绘出城乡关系的悲剧性……这是一部深有教益的悲剧。它的价值不亚于叶赛宁的诗。乡村自从和城市发生了冲突以后,从来没有谁如此痛苦地碰得头破血流,这种悲剧还将继续重演。"

遗书

绝 命 诗

再见吧,我的朋友,再见。

> 我亲爱的,你常在我的心间。
> 命里注定要分手,
> 分手,就是约好将来再见。
> 再见吧,我的朋友,别挥手,别说话,
> 别伤心,别皱眉——
> 在这样的生活里,
> 死亡不算新鲜事,
> 自然,活着也不比死更美。

(死前两天,即 12 月 26 日,叶赛宁咬破手指,用血写了这首绝命诗)

恋情 1921 年秋天,叶赛宁在访问阿列克谢·雅科夫列夫的工作室时,认识了美国舞蹈家伊莎多拉·邓肯——一个比他年长 18 岁的女子。他们在 1922 年的 5 月 2 日结婚,然后结伴去了欧洲和美国,在此期间,叶赛宁对酒精成瘾,逐渐失去控制。他经常喝醉,因而导致暴力肆虐,甚至损毁酒店的客房和引起骚乱,此行为被国际新闻界四处宣传,对夫妻双方都造成不好的影响,甚至使其与邓肯的婚姻近乎告终。1923 年 5 月,他返回莫斯科,几乎是迅速地与演员奥古斯塔开始了交往,有谣言说他与奥古斯塔举行了民间仪式的婚礼,尽管他尚未同邓肯离婚。

同年,他与女诗人娜杰日达·沃尔平生下一个儿子,名亚历山大叶谢宁·沃尔平,但叶赛宁并不知道他有这个儿子。亚历山大叶谢宁·沃尔平逐渐长大,后移居美国,成为一名杰出的数学家。

惊悉叶赛宁的死讯后,邓肯立即给巴黎报界拍去一封电报:"叶赛宁的死给我带来了巨大的悲痛……他的精神将永远活在俄罗斯人民和所有爱好诗歌的人们心中……"。此后,她多次告诉好友,她感到无比悲伤,曾无数次哀叹哭泣,甚至透露过"想步他的后尘……"可不料,1927 年在法国尼斯和朋友聚会后,邓肯由于精神恍惚,绕在脖子上的红色真丝围巾被卷进行驶的车轮中,致使她因颈骨骨折而身亡。就在邓肯遇难前不久,一位西方记者问她,"在您的一生中,您认为哪一个时期最难忘、最幸福?"她不假思索地回答:"俄罗斯!只有俄罗斯!在那里,我获得了存在的最大价值……"

殉情 1926年冬,叶赛宁去世周年之际,一个年轻女子来到他的坟前,长跪不起,久哭不止,最后,从兜里掏出一把手枪,对准自己的太阳穴扣动了扳机……枪声划破幽静的墓地,久久地回响在莫斯科冬日寂静的天空中。她留下一封遗书:"1926年12月3日,我在这里结束自己的生命,尽管我知道在我死后会有人对叶赛宁无尽无休地狂吠,但这对于他,对于我都无所谓了。对我来说,一切最珍贵的东西都在这坟墓里……"

这位殉情的女子叫加丽雅·别尼斯拉夫卡娅,殉情时还不到30岁,是诗人的秘书。对于这位令人尊敬的女子在诗人心目中的位置,世人猜测不一。不过有一件遗物或许能揭示些什么。1924年4月15日,叶赛宁在给她的信中说:"亲爱的加丽雅,我的朋友,我再对您说一遍,对我而言,您是极其宝贵的!再说,您也知道,在我的命运里要是缺少了您的参与,那该是多么凄凉……"

作品精选

失去的东西永不复归

我无法召回那凉爽之夜,
我无法重见女友的倩影,

我无法听到那只夜莺
在花园里唱出快乐的歌声。

那迷人的春夜飞逝而去
你无法叫它再度降临。
萧瑟的秋天已经来到,
愁雨绵绵,无止无境。

坟墓中的女友正在酣睡,
把爱情的火焰埋葬在内心,
秋天的暴雨惊不醒她的梦幻,
也无法使她的血液重新沸腾。

那支夜莺的歌儿已经沉寂,
因为夜莺已经飞向海外,
响彻在清凉夜空的动听的歌声,
也已永远地平静了下来。

昔日在生活中体验的欢欣,
早就已经不翼而飞,
心中只剩下冷却的感情,
失去的东西永不复归。

白　　桦

在我的窗前,
有一棵白桦,

仿佛涂上银霜，
披了一身雪花。

毛茸茸的枝头，
雪绣的花边潇洒，
串串花穗齐绽，
洁白的流苏如画。

在朦胧的寂静中，
玉立着这棵白桦，
在灿灿的金辉里，
闪着晶亮的雪花。

白桦四周徜徉着，
姗姗来迟的朝霞，
它向白雪皑皑的树枝，
又抹上层银色的光华。

狗 之 歌

早晨，在存放黑麦的小屋。
靠着一排金黄的蒲包，
母狗生下了七头小狗——
个个长着棕色的茸毛。

母狗整天抚爱着它们，
用舌头舔遍它们的全身。

一股股乳汁像溶化的雪水，
流在它腹下——带着体温。

到了傍晚，当鸡群进窝，
主人板着脸走出门外，
把这七只小东西抓来，
全都塞进了一条口袋。

母狗从一个个雪堆边跑过，
紧紧地跟着自己的主人……
而在那还没有结冰的水面
久久地、久久地抖着波纹。

当它舔着两肋的热汗，
有气无力地又往回走，
它觉得房顶上面的月牙儿
正像是它的一条小狗。

它抬头望着蓝色的高空，
发出响亮的、怨恨的悲鸣，
细细均月牙儿溜过天顶，
偷偷躲进田野和丘陵。

人们嘲弄地向它扔石头，
它却漠然面对这"恩赏"，
只有一颗颗金色的星星
滚动在眼中，滴落在雪上。

星　星

夜空高悬的星星，扑闪闪的眼睛那么明亮！
你在铭记什么，还是把什么秘密匿藏？
聪明睿智的星星，思想深邃的星星，
你用什么力量俘获我矜持的心房？

繁密稠缀的星星，拥挤在浩瀚的天上。
你有什么非凡，还是有什么伟力像强大的磁场？
奇幻莫测的星星，令人神往的星星，
你用什么魔法让我的寻觅欲望这么灼烫？

你熠熠闪烁的光芒，为何如此张扬，
引诱我飞向高天，投入你宽广的胸膛？
你是如此怜爱我心，温柔地把我遥望！
令人神往的星星，遥不可及的星星，

风没有白白地吹

风没有白白地吹，
雨也没有白白地下，
有个神秘的人用柔和的光线
湿润了我的眼睛。

在蓝色的黑暗中，
我怀着春的某种温情，
不再眷恋那美好的——

不可猜测的彼岸土地。

无声的银河不能压迫我的心，
星空的可怕也不能使我惊怖，
我爱上了和平和永恒，
像喜爱家里的火炉。

这里一切都充满神圣和仁慈，
所有的忧虑都罩上光明。
红得像罂粟花的晚霞，
溅落到明镜般的湖面。

望着如茫茫大海般的粮食，
一个形象从眼前浮出，
如同刚下过崽的天空
在舔火红的牛犊。

法捷耶夫（苏联）

法捷耶夫

传略 法捷耶夫（1901—1956），苏联作家。在远东南乌苏里边区度过童年和少年时代，家境贫苦。1912至1919年在海参崴商业学校学习时，接近布尔什维克并参加革命活动。1918年加入苏联共产党。1919至1921年在远东参加红军游击队，并出席了党的第10次代表大会，见到了列宁。在参加镇压喀朗施培德反革命叛乱时负伤，进入莫斯科矿业学院学习。1924年后受党派遣，先后在库班、罗斯托夫、莫斯科担任党的工作，从1927年起，一直在莫斯科专门从事文学运动，担任"拉普"（俄罗斯无产阶级作家协会）、全苏作协领导工作，1934年担任苏联作协筹委会副主席，作协成立后任主席团委员。1939至1944年担任作协书记，1946至1954年担任作协总书记、理事会主席，1954至1956年担任作协书记，1956年自杀。

苏联国内战争结束后，法捷耶夫和富尔曼诺夫、肖洛霍夫、尼·奥斯特洛夫斯基等年轻的一代进入文学界，成为新生的无产阶级革命文学的主力军。1923年发表了第一篇短篇小说《逆流》，1924年发表中篇小说《泛滥》。以远东一支游击队的战斗为题材的小说《毁灭》于1927年发表后，给作者带来广泛的声誉，并在国内外产生了巨大的影响。

法捷耶夫主要作品有《逆流》、《毁灭》、《最后一个乌兑格人》、《黑色冶金业》、《在封锁日子里的列宁格勒》、《青年近卫军》、《三十年间》、《在自由中国》等。早期作品如中篇小说《泛滥》、《逆流》和长篇小说《毁灭》，是他亲身参加革命斗争实践的产物。它们都以国内战争为题材，以共产党员的战斗生活为主要描写对象。鲁迅于1931年将《毁灭》译成中文出版，对中国广大读者产生了很大的影响。此后他的作品几乎全部都被介绍到中国。

法捷耶夫还是积极的社会活动家，从苏共18大起连续被选为苏共中央委员；苏共20大上被选为候补中央委员。他三次被选为苏联最高苏维埃代表，两次获得列宁勋章。1950年起担任世界保卫和平委员会副主席。1949年中华人民共和国成立时，曾率领苏联文化艺术科学工作者代表团前来我国进行访问。

"生活失去了意义"——法捷耶夫之死

1956年5月13日，莫斯科作家居住的城区别列杰尔基诺，即作家村，响起枪声。枪声发自法捷耶夫别墅。但无人听见。小儿子上楼招呼爸爸吃饭，看见爸爸倒在血泊中，惊吓得哭喊着跑下楼。作家弗·伊万诺夫和费定赶到时，该区民警和克格勃上校已在那里。法捷耶夫侧身倒在床上，血从胸口流出。床边椅子上摆着斯大林画像，桌上放着致党中央的信。民警拿起信，被上校一把抢过，厉声说："这是给党中央的信。"

法捷耶夫在二十大"解冻"时期开枪自杀，弄得苏共领导人非常尴尬。伏罗希洛夫说："萨沙（法捷耶夫名字昵称）把我们害苦了！"赫鲁晓夫更为恼火，视为对他的示威，干脆否定法捷耶夫给党中央写过信。三十四年后，1990年《苏共中央通报》第十期公布了法捷耶夫致苏共中央的信。

法捷耶夫在遗书中写道:"我看不出再活下去的可能,……文学——这最神圣的事业——遭到官僚主义分子和人民当中最落后分子的蹂躏,……作为作家我的生活失去任何意义,我极其愉快地摆脱这种生活,有如离开向我泼卑鄙、谎言和诽谤脏水的世间。……请把我安葬在母亲墓旁。"

魂归 法捷耶夫墓位于莫斯科新处女公墓。墓地前,不仅有法捷耶夫的雕像,还有青年近卫军的群雕像。

法捷耶夫在苏联卫国战争期间担任《真理报》记者,写了一系列讴歌苏联人民英勇战斗的文章及特写集《在封锁日子里的列宁格勒》。根据克拉斯诺顿共青团地下组织"青年近卫军"与德国法西斯占领军进行斗争的事迹写成的长篇小说《青年近卫军》,获1946年度斯大林奖金。

法捷耶夫墓

作品精选

毁灭·2·庄稼人与矿工

莱奋生希望自己的推测得到证实,提前来到会场——他想混在农民里面,听听有没有什么传说。

大会在小学校里召开。到的人还不多,有几个人提前从田里收了工,摸黑坐在台阶上聊天。从大开着的门口,可以看见李亚别茨在屋子里收拾油灯，把熏黑的玻璃灯罩安上去。

"奥西普·亚伯拉梅奇，"农民们恭敬地招呼莱奋生，挨次伸出乌黑的、由于劳动而僵硬的手来跟他握手。他向每个人问了好，谦逊地坐在台阶上。

从河对岸传来姑娘们的不协调的歌声。空气中散发出干草、潮湿的尘土和冒烟的篝火的气味。可以听到渡船上疲倦的马匹在跺脚。庄稼人的劳累的一天，就在这温暖的暮霭中，在满载而归的大车的吱吱声中，在吃饱了还没有挤奶的母牛的拖长的哞叫声中，渐渐消逝。

"来的人不怎么多，"李亚别茨走到外面的台阶上，说。"不过今天来的人多不了，好多人都在割草场上过夜……"

"干活的日子开什么会呀？有什么紧急的事吗？"

"唔，是有件小事……"主席有些踌躇。"他们一伙里有一个人就是住在我家的那个闹了点事。说起来也算不了什么，结果闹得把大家都惊动了……"他不好意思地望了莱奋生一眼，不做声了。

"算不了什么，就不该叫大伙来开会！……"农民们齐声喊起来。"这种时候，庄稼人的时间多宝贵哪。"

莱奋生解释了一下。于是大伙就七嘴八舌，把庄稼人的牢骚都发出来，多半是围绕着割草和商品缺乏。

"奥西普·亚伯拉梅奇，你就该抽空到割草场去，瞧瞧大伙是用什么玩意儿割草？谁也没有一把像样的镰刀，连一把都没有，都是坏了修过的。这不叫干活简直是活受罪。

"谢苗昨天弄坏的一把才棒呢！这家伙干什么都抢先，干活最卖力，割起草来就像机器那样呼隆呼隆地开着，碰到土墩也不管……使劲喀嚓一刀！……现在啊，再怎么修也来不及的了。"

"那把长柄大镰刀可真棒！……"

"我们家的人在那边怎么样？……"李亚别茨沉思地说，"干得了吗？今年的草长得真好，到星期天要是能把去年种的那块地割完就不错了。这个仗可把我们打苦了。"

从黑暗中，有刚来的、穿着弄脏了的白色长衬衫的身影走到那道颤动着的光带里；有几个人拿着小包袱，他们是直接从地里来的。他们一进来就像庄稼人那样闹嚷嚷地谈着，还带来了一股柏油气味、汗酸味以及新割的草的香味。

"大伙好！"

"嗬—嗬—嗬！……是伊凡吗？……来，到有亮的地方来，让我们瞧瞧你那怪相——被土蜂蜇得不轻吧？我看见它们要叮你的时候，你拼命地跑，屁股一颠一颠……"

"你这个瘟鬼，干吗割我地里的草？"

"怎么是你的！别胡说！……我是顺着田垄割的，一丝一毫都不差。别人的我们不要——自家有的是……"

"得了吧……还自家有的是呢！你家的猪尽往我们园里跑，撵都撵不走。……眼看就要在我们瓜田里下小猪啦。……还'有的是'呢！……"

人群中有一个稍微有些弓背、样子粗笨的大个子站了起来，一只眼睛在黑暗中闪烁发亮。他说：

"日本人前天到了松杜加。是楚古耶夫卡那边的人说的。他们到了那边，占了学校，马上就要找女人：'俄罗斯花姑娘，俄罗斯花姑娘……嘻—嘻—嘻。'呸，上帝饶恕！……"他好像要斩断什么似的猛然挥动了胳膊，愤愤地住了嘴。

"他们也会到咱们这儿来，那是一定的……"

"从哪儿来的这种灾殃啊？"

"庄稼人反正是不得安生……"

"弄来弄去都是庄稼人倒霉，都是咱们倒霉！多咱才有个出头的日子啊。……"

"主要是一点办法都没有！不是进棺材，就是进坟墓——反正一个样！……"

莱奋生听着，没有插嘴。大伙都把他忘了。他的个子是那么矮小，外貌是那么不显眼——仿佛整个人是由帽子、红胡须和高过膝盖的毡靴组成的。但是,莱奋生用心细听农民们的乱哄哄的声音,却从里面听出了唯有他才听得出来的惊惶不安的音调。

"事情不妙,"他聚精会神地想道。"简直糟透了。……明天就得写信给斯塔欣斯基,叫他设法疏散伤员。……我们暂时要藏起来,就像根本没有我们这些人一样。……要加强警戒……"

"巴克拉诺夫!"他叫副手道。"过来一下。……是这么回事……坐过来些。我觉得,牧场那边咱们只有一个哨兵太少。应该派人骑着马一直巡逻到克雷洛夫卡……特别是夜里。……我们变得太麻痹大意了。"

"怎么啦?"巴克拉诺夫感到愕然。"有什么叫人不安的迹象吗?……还是出了什么事?"他把剃光的头转向莱奋生,他那鞑靼人似的细长的吊梢眼注意地、探究地望着他。

"打仗的事,亲爱的,总是叫人不安的!"莱奋生亲切而带俗气地说。"打仗,亲爱的,这可不比跟玛露霞在干草房里……"他忽然乐呵呵地笑了起来,在巴克拉诺夫的腰眼里捏了一把。

"嘿,你可真聪明……"巴克拉诺夫重复着说,他一把抓住莱奋生的手,马上变成一个爱打打闹闹的、快活和气的小伙子。"别动,别动,你反正挣不掉!……"他亲切地、声音含糊地说着,把莱奋生的手拧到背后,一点点把他挤得抵着台阶的柱子。

"去吧,去吧,瞧,玛露霞在叫你啦……"莱奋生骗他说。

"你放手呀,鬼东西!……在会场上打打闹闹的不像话……"

"要不是因为怕不像话,我一定要叫你尝尝厉害……"

"去吧,去吧,……瞧,那不是玛露霞……去吧!"

"我想,派一个巡逻行吗?"巴克拉诺夫一边站起身来,一边问。

莱奋生含笑望着他的背影。

"你的副手真行,"一个人对他说。"不喝酒,不抽烟,主要是年轻。前天他到我家来借马具……我说,'要不要来一小杯加胡椒的?''不',

他说，'我不会喝酒。你要是想招待我，就给我点牛奶吧'，他说，'我爱喝牛奶，这倒是真的。'你知道，他喝起牛奶来就跟小娃娃一样捧着小钵子喝——把面包也掰得碎碎的。……一句话，这小伙子挺能干！……"

人群里面隐约出现的游击队员的身形渐渐多起来，枪口不时闪闪发光。大伙都按时一同前来开会。最后到的是身材魁梧的季摩菲·杜鲍夫带领的矿工们。杜鲍夫原来是苏昌的采煤工，现在当了排长。他们走进人群之后仍旧自成一伙，没有分散，只有莫罗兹卡面色阴郁地坐在离他们稍远的土台上。

"啊——啊……你也来啦？"杜鲍夫看到莱奋生，高兴地瓮声瓮气地说，仿佛跟他多年不见，再也没想到会在这里遇到他似的。"我们那位朋友出了什么漏子啦？"他伸出漆黑的大手跟莱奋生握握，用重浊的声音不慌不忙地问。"得教训教训他，教训教训他……免得别人学他的样！……"他没有听完莱奋生的解释，又瓮声瓮气地说起来。

"对莫罗兹卡这小子早就该注意了，给整个部队脸上抹黑。"一个声音甜腻、外号"黄雀"的小伙子插嘴说，他戴着大学生的制帽，穿着擦亮的皮靴。

"没人问你！"杜鲍夫看也不看，打断了他的话。

年轻人带着委屈的神气，自尊地把嘴一抿，打算顶他两句，但是，他察觉莱奋生向他投射过来的嘲笑的眼光，就钻到人堆里去了。

"你可领教过这家伙了吧？"排长不高兴地问。"你干吗要留着他？……据说，他本人就是因为偷东西被大学里开除出来的。"

"各种各样的传说，也不能尽信。"莱奋生说。

"这一阵子大伙都好吧，该进来啦！"李亚别茨走到台阶上招呼大伙进来，他茫然地摊开双手，好像没有料到，为了他那块野草丛生的瓜田，竟会这样兴师动众。"就开起来吧……队长同志？……要不然的话，等到鸡叫我们还要在这儿晃来晃去呐……"

屋子里弥漫着青烟，变得热起来了。凳子不够。农民和游击队员们混在一块，堵塞了过道，挤在门口，冲着莱奋生的后脑呼吸。

"开始吧，奥西普·亚伯拉梅奇，"李亚别茨愁眉苦脸地说。他心里在埋怨自己，也埋怨队长，现在看起来，整个事件是小题大做。

莫罗兹卡挤在门口，站在杜鲍夫旁边，神情阴沉，满脸怨气。

莱奋生在发言中更多地强调，要不是他认为这件事牵涉到两方面，而且，要不是因为部队里有许多当地人的活，他是绝不会耽误乡亲们干活的时间的。

"你们决定咋办就咋办，"他模仿老乡们稳重的态度，很有分量地结束说。他不慌不忙地在凳子上坐下，向后一缩，立刻就变得很小，不引人注意，他像灯芯那样熄灭了，让大会在黑暗中自己去解决问题。

有几个人开始发言，意思含糊，态度不明确，尽在枝节问题上纠缠，后来又有一些人插话，七嘴八舌。再过一会便什么都听不清了。讲话的大多是农民，游击队员们都采取观望的态度，沉默着。

"这太没有王法了，"叶夫斯塔菲老大爷严厉地叨叨说，他满头白发，毛茸茸的长胡子像是去年的苔藓。"从前，在米古拉什卡的时代，干了这种事是要在村子里游街示众的。把偷来的东西挂在脖子上，敲着锅子带他游街！……"他用干枯的指头点点戳戳，好像在教训什么人。

"你把米古拉什卡的那一套收起来吧！……"那个有点驼背的独眼龙大声说，方才讲日本人来了的就是他。他的两只手老要来回摆动，可是人太挤，所以他格外发火。"你恨不得样样都照米古拉什卡的办！……时代不同啦……啧，啧，再也回不来了！……"

"不管米古拉什卡不米古拉什卡，这件事总不对。"老头不服气。"我们养着这一帮子就已经够呛，可我们养出一窝贼来总不像活吧。"

"谁说是养出一窝贼来的？谁也没有打算靠做贼过活呀！要说养贼，说不定倒是你自己在养！……"独眼龙是影射老头十年前跑得不知去向的儿子。"这里倒用得上你那套办法！人家小伙子可能已经打了五六年的仗，难道弄个瓜吃吃都不行吗？……"

"可是他干吗要胡来呢？"有一个人被弄糊涂了。"我的老天，这又不是什么稀罕玩意儿。……只要他来找我，我连看都不看就会给他装上满满一口袋。……给你,拿去吧,我们拿来喂猫呢,给好人吃,我是决不小气的!……"

在农民们的声调里听不出愤恨。多数人一致认为:按旧法律不行,需要另行处理。

"让他们自己去跟村主席解决吧!"有人大声说。"这件事不用我们来管。"

莱奋生又站起来,敲了敲桌子。

"同志们,让我们一个一个地说,"他说得很轻,但是很清晰,让大家都能听见。"要是大伙一齐说就什么也解决不了。莫罗兹卡呢?……来,到这儿来……"他把脸一沉,又加了一句,大家都斜过眼来朝传令兵站的那边望。

"我在这儿就行……"莫罗兹卡声音嘶哑地说。

"去,去……"杜鲍夫推了他一下。

莫罗兹卡犹豫起来。莱奋生把身子朝前一冲,两道目光好像一把钳子;马上夹住了莫罗兹卡,又像拔钉似的把他从人群里拔出来。

传令兵低着头不看别人,悄悄走到桌边。他浑身出汗,手也发抖。他觉得有几百只好奇的眼睛盯着自己,他试图抬起头来,但是一抬头就碰上冈恰连柯的围着一圈硬胡子、面色严峻的脸。爆破手同情而又严厉地望着他。莫罗兹卡受不住了,只好扭过脸去,望着窗外没有人的地方发愣。

"现在我们来讨论吧,"莱奋生说,他的声音仍旧轻得出奇,但是所有的人,连在门外的都听得见。"谁要发言?老六爷,好像是你有话要说吧?"

"其实也没有啥可说的,"叶夫斯塔菲老大爷有些窘,"我们不过是私下随便说说……"

"这没有啥好议论的,你们自己去决定吧!"庄稼人又乱哄哄地嚷起来。

"老头,让我来说两句……"杜鲍夫突然说,他的声音里带有含蓄的、克制的力量。他眼睛望着叶夫斯塔菲老大爷,因此把莱奋生也错叫成老头。杜鲍夫的声音里有一种力量,使大家听了都感到震动,扭过头去望着他。

他挤到桌子眼前,和莫罗兹卡并排站着,他那魁梧笨重的身子挡住了莱奋生的视线。

"要我们自己决定?……你们是害怕吗?!"他气愤而激动地说,胸部不住地起伏着,"好吧,我们就自己来决定!……"

他迅速地向莫罗兹卡低下头来,炯炯发光的眼睛牢牢地盯着他。"莫罗兹卡,你说,你是咱们矿工一伙的吗?……"他紧张而挖苦地问。"哼——哼……你这个杂种苏昌矿井里的废料!……不愿意跟咱们一伙?不走正路?想丢咱们矿工的脸?好吧!……"杜鲍夫的话音好像是沉甸甸的无烟煤块,在一片寂静中带着沉重的铿铿声落下来。

莫罗兹卡脸色白得像白布,两眼牢牢地盯着杜鲍夫的眼睛,心好像被击落似地直往下沉。

"好!……"杜鲍夫又说了一遍。"你去干坏事吧!我们倒要看看,离开我们你怎么过活!……可是我们……要把他赶出去!……"他猛地转过脸去对着莱奋生,话音突然中断。

"小心你算错账啦!"游击队员里有人大声说道。

"什么?!"杜鲍夫样子可怕地反问道,又朝前迈了一步。

"得了吧,我的老天爷……"角落里,有一个鼻音很重的老年人的声音,害怕而又可怜地说。

莱奋生从后面抓住排长的衣袖。

"杜鲍夫……杜鲍夫……"他平静地说。"你往旁边挪一挪——你挡得我什么都看不见了。"

杜鲍夫的怒火顿时烟消云散,他怅然若失地眨着眼,不做声了。

"我们干吗要把这个傻瓜赶走呢?"冈恰连柯开腔了,他的头发卷曲,被烈日晒红的脑袋在人群中高耸着,"我并不是向着他,因为这件事是不能两面讨好的。这小子是干了坏事,我自己也是天天跟他嚷……可是这小子,应该说,打起仗挺勇敢——这可不能抹杀。我跟他在乌苏里战线上是一块来的,在先头部队里。这小子是咱们自己人——他不会走漏消息,也不会出卖……"

"自己人……"杜鲍夫痛心地插嘴说。"你以为，我们不把他当自己人吗？……我们在一个洞里挖煤……差不多有三个月一直合盖一件军大衣睡觉！……可是这会儿居然连什么乱七八糟的坏蛋，"他忽然想起声音甜腻的"黄雀"，说，"都要训起我们来了！……"

"我说的也就是这个意思呀，"冈恰连柯接下去说，一面纳闷地斜过眼来瞅着杜鲍夫（他以为杜鲍夫是在骂他）。"这事放着不管固然不行，可是马上就把他赶走也不是办法——这样太欠考虑。我的意见是：问他自己！……"说着，他的手像一把刀那样用力切下去，好像要把别人的不正确的看法同自己的正确的看法截然分开。

"对啊！……问他自己！叫他说吧，如果他是自觉的！……"

杜鲍夫本来想挤回老地方，结果却在过道里站住，眼睛看着莫罗兹卡，好像在研究他。莫罗兹卡瞅着他，不知是怎么事，汗涔涔的指头紧张地把衬衫揪来揪去。

"你是怎么想的，说一说！……"

莫罗兹卡偷眼望了望莱奋生。

"我哪里会……"他低声地开始说，可是找不到适当的词儿，又沉默了。

"说呀，说呀！……"大家给他打气似地喊起来。

"我哪里会……存心要干这种事……"他又找不到适当的词儿，便向李亚别茨那边把嘴一噘……"就说这些瓜吧……要是我动动脑子，也不会干……难道我是存心的吗？大伙都知道，这种事我们是从小干惯了的，所以我也就这么干了！……杜鲍夫说得对，我给我们全体弟兄们丢了脸……其实我哪能这么做，弟兄们！……"这几句话是从他心底冲出来的，他抓住胸口，全身向前冲，眼睛里迸射出温暖湿润的光芒……"我愿意为每个兄弟献出自己的血，我决不想给大家丢脸，决不想干什么坏事！……"

各种不相干的声音从街上冲进室内：斯尼特金的地里的犬吠声，姑娘们的歌声，隔壁牧师家里春臼似的、节奏均匀而低沉的响声。"拉——

呀！……"渡船上的人们拖长声音喊着。

"那我自己怎么来处罚自己呢？……"莫罗兹卡痛苦地接着说，比方才已经坚定得多，但是态度却不那么诚恳了……

"不过我可以保证……矿工的保证……决不会说了不算——我再不会去惹是生非了。……"

"要是说了不算呢？"莱奋生审慎地问。

"我一定会遵守……"莫罗兹卡愁眉苦脸他说，他在农民面前感到羞愧。

"要是不呢？"

"那时候就随你们的便……就是毙了我也行……"

"我们会毙了你的！"杜鲍夫严厉他说，但是他的眼睛里已经没有一丝怒意，只是闪着亲切和嘲弄的光芒。

"那就可以结束了！完了！……"坐在凳子上的人都嚷起来。

"这就行啦，全都完了……"农民们高兴这个没完没了的会议快要结束，说。"鸡毛蒜皮的事，议论倒议论了一年……"

"我们就这样决定了，是吗？……没有别的建议了？"

"快结束吧，你这个鬼家伙！……"经过刚才的紧张气氛，游击队员都憋不住了，乱哄哄地喊道。"已经够烦人的了。……都快饿死啦，肠子跟肠子在打架啦！……"

"别忙，等一下，"莱奋生举起手来，沉着地眯缝着眼睛，"这个问题是谈完了，现在还有一个……"

"还有什么呀？！"

"是啊，我想我们应该通过这样一个决议。……"他环顾一下……"可是我们连个秘书都没有！……"他忽然温和地嘿嘿地笑起来。"过来，'黄雀'，给写下来……现通过决议如下：在没有军事行动的空闲时间，不得满街乱晃，应当帮房东干活，哪怕是帮一点忙……"他说得那么恳切，好像他真的相信，总会有人去给房东帮忙的。

"我们并不要求这样！……"农民里面有人喊道。

莱奋生心里想:"他们上当了……"

"嘘,嘘……"其余的人打断了那个农民。"你还是听吧。就让他们当真干点活也不会把手累掉!……"

"至于李亚别茨,我们要特别给他干活来补偿……"

"为什么要特别?"农民们激动起来。"他算是老几?……当主席费什么劲儿谁都会当!……"

"散会,散会!……我们同意!……写下来!"游击队员们连忙站起来,不再听队长的话,纷纷从屋子里挤出去。

"暖——呀……"一个蓬头发、尖鼻子的小伙子急忙跑到莫罗兹卡面前,咚咚地跺着皮靴,拖着他朝门口走。"我的小乖乖,我的小宝贝儿,流鼻涕……暖——呀!……"他麻利地把制帽戴起来,另一只手搂住莫罗兹卡,把皮靴在台阶上跺得咯咯响。

"去你的,"传令兵不含恶意地把他推开。

莱奋生和巴克拉诺夫从旁边很快地走了过去。

"呸,这个杜鲍夫的身子挺结实,"副手兴奋得挥动着双手,唾沫四溅地说。"就该让他跟冈恰连柯干一架!你想,谁赢?"

莱奋生在想别的事,没有听他。潮湿的尘土,踩上去又软又松。

莫罗兹卡渐渐落在后面。最后一批农民也越过了他。他们现在悠闲地聊着天,不慌不忙,像是下工回家,而不是散会回家。

农舍里的亲切的灯光爬上了山冈,招呼人们回去吃晚饭。河水在迷雾中间流着。

"米什卡还没有饮水呢……"莫罗兹卡渐渐走近熟悉的小天地,猛然想了起来。

马厩里的米什卡闻到主人来了,不满地轻声嘶叫起来,好像在问:"你到哪里瞎逛去啦。"莫罗兹卡摸黑摸到它的硬鬃毛,把它牵出马栅。

"瞧你,还高兴呢,"米什卡拼命把潮润的鼻孔往他脖子里乱拱,他推开它的头说。"你只知道闯祸,受起罪来,只有我一个人担当……"

芥川龙之介（日本）

传略　芥川龙之介（1892—1927），日本著名作家。生于东京，本姓新原，是一个送奶工人的儿子，生母于三十二岁时生下他，八个月后猝然发狂，其后终生为狂人。龙之介被生母胞兄芥川家收为养子，芥川家为旧式封建家族。龙之介在中小学时代喜读江户文学、《西游记》、《水浒传》等，也喜欢日本近代作家泉镜花、幸田露伴、夏目漱石、森鸥外的作品。对欧美文学也兴趣浓厚，喜读易卜生、法朗士、波德莱尔、斯特林堡等人的作品，深受世纪末文学的影响。这使他日后不但成为杰出的作家，更是个博学之士。

芥川龙之介

1913年他进入东京帝国大学，学习英国文学，期间开始写作。并与久米正雄、菊池宽等先后两次复刊《新思潮》，成为第3次和第4次复刊的《新思潮》杂志同人。

1914年发表处女作《老年》、戏曲《青年之死》。1915年发表《罗生门》，但并没有受到重视。同年12月经由级友介绍，出席漱石山房的"木曜会"，以后师事夏目漱石,深受夏目漱石的影响。

1916年在《新思潮》杂志发表短篇小说《鼻子》,夏目漱石读到后,非常赞赏,对他多方关怀。这段时间他也开始创作俳句。之后在1916年又连续创作了《芋粥》、《手巾》,在文坛确立了新锐作家的地位。

1916年大学毕业后,曾在横须贺海军机关学校任教3年。旋辞职。

1918年发表《地狱变》,讲述了一个战国时期的残酷故事,通过画师、画师女儿等人的遭遇。反映了纯粹的艺术和无辜的底层人民受到邪恶的统治者的摧残。

1919年在大阪每日新闻社任职,但并不上班。1921年以大阪每日新闻视察员身份来中国旅行四个月,先后游览上海、杭州、苏州、南京、芜湖、汉口、洞庭湖、长沙、开封、洛阳、龙门、北京等地,回国后发表《上海游记》(1921)和《江南游记》(1922)等。在繁重任务的压力和自身压抑作用下,他染上了多种疾病,一生为胃肠病、痔疮、神经衰弱、失眠症所苦。

1922年他回到日本后,发表了《竹林中》。作品与柯林斯的《月亮宝石》结构类似,都是在一件案子的调查过程中采集的各方的证词与说法。不同的是《月亮宝石》最后澄清了事实,而《竹林中》中各方的证词某些地方重合却又有很大矛盾,但是又都能自圆其说。整个作品弥漫着压抑,彷徨,不定向的气氛。这反映了作者本人迷茫的思想。

自此以后,由于病情恶化,常出现幻觉,当时的社会形势也右转,没有言论自由。这使得他的作品更加压抑,如《河童》。

自1917年至1923年,芥川龙之介所写短篇小说先后六次结集出版,分别以《罗生门》、《烟草与魔鬼》、《傀儡师》、《影灯笼》、《夜来花》和《春服》6个短篇为书名。芥川龙之介的短篇小说篇幅很短,取材新颖,情节新奇甚至诡异。作品关注社会丑恶现象,但很少直接评论,而是运用冷峻的文笔和简洁有力的语言来陈述,让读者深深感觉到其丑恶性,从而具有高度的艺术感染力。

1927年芥川龙之介继续写作随想集《侏儒的话》(又译《傻瓜的一生》),

作品短小精悍，每段只有一两句话，但意味深长。7月24日，由于健康和思想情绪上的原因，35岁的龙之介在自家寓所服用致死量的安眠药自杀，枕边搁置有圣经、遗书与遗稿。

　　他的死，带给日本社会极大冲击，文坛人士更是惋惜一个天才的早逝，1935年芥川龙之介自杀去世8年后，他的毕生好友菊池宽设立了以他的名字命名的文学新人奖"芥川赏"，现已成为日本最重要文学奖之一，与"直木赏"齐名。

　　1950年，日本著名导演黑泽明将芥川的作品《竹林中》与《罗生门》合而为一，改编为电影《罗生门》，在国际上获得多个大奖，使日本电影走向世界。此后，"罗生门"成为华语地区对于扑朔迷离的、各方说法不一的事件的代名词。

在"漠然的不安"中结束自己——芥川龙之介之死

　　1927年7月24日，日本文坛的"鬼才"作家芥川龙之介，以35岁的大好年华，在东京的自己家中吞服大量安眠药自杀身亡。他的遗书中说自己感到一种"漠然的不安"。

　　芥川龙之介生为新原敏三的长子，因系辰年辰月辰日辰时生，故取名"龙之介"。然而，生后八个月，他的亲生母亲就发疯了，家里将他送到母亲的娘家芥川家当养子。幼年的芥川龙之介酷爱读书，从小就经常跑租书店。中学毕业后被保送入"一高"（东京帝大预科）。他在"一高"时更广泛地读了法朗士、波德莱尔、莫泊桑、易卜生、托尔斯泰等外国作家的名作。芥川龙之介在《傻瓜的一生》中，借主人公之口说道："人生还不如波德莱尔的一行诗。"1916年到1920年期间他大写历史小说，如《鼻子》《芋粥》等，之后，目光转向现实世界，在《斗车》、《桔子》等作品中，表现出了对劳苦民众的感情。但此后他又返回到个人苦恼的世界，越来越不能自拔。1925年，芥川龙之介发表了《大导寺信辅的前半生》，这是一篇自我告白的作品，带有相当大的自虐倾向。其后又写了《点鬼簿》《河童》

《傻瓜的一生》和《西方人》。在写完《续西方人》后，他即自杀了。

一般认为，芥川龙之介的自杀与当时的社会文化样态或状况密切相关，在当时无产阶级文学迅速兴起的文坛状况下，追求"艺术至上"的芥川龙之介感到了强烈的时代骚动与不安，开始怀疑自己小说的艺术价值，却又无法放弃。他曾表述了自己心中的苦闷状况——"我所期望的是，不论无产阶级还是资产阶级都不应失去精神的自由"。同时，他的悲剧也离不开他个人的因素。精神病理上的遗传、暗淡的童年、过于聪颖的早熟，导致他在自我世界中不能自拔，并逐渐产生悲观厌世心理，对未来产生恐惧和绝望，以至于他最终在"漠然的不安"中结束了自己。"芥川之死"对于当时的日本社会和文坛都是一个巨大的冲击，日本文坛将"芥川之死"看作是一个重大的历史性事件——现代日本文学史的起始象征。

遗书（寄给某个旧友的手记） 无论哪个自杀的人都没有将自杀者自己的心路历程原原本本地写出来过。这大概是自杀者的自尊心所致，亦或者他们对自己的心理没什么太大的兴趣吧。而我在这封最后寄给你的信里，我想要将这样的心理清楚地传达给你，虽然我其实并不是非得要将我自杀的动机告诉你不可。雷尼尔［（1864—1936），法国诗人、小说家］在他的短篇中曾描写过某个自杀者，但是在这短篇中主角自杀的理由其实连他自己都不了解。你或许会说只靠写报纸的杂记生活很困苦啦、病痛啦、抑或者是精神上的苦痛啦，我猜想到时候你会为我找出许多自杀的动机吧。但是，以我的经验来看，那将不会是我动机的全部，最多只能说这些动机大致上是条通往我真正的动机的道路。自杀的人大多都像雷尼尔所描写的一样，理不清自己究竟是为何而自杀吧。跟我们的行为一样，在行为背后的动机也总是复杂的，虽如此，至少现在的我确实是茫然不安，我对我的未来是茫然不安的。你大概没办法相信我说的话吧，但以我最近这十年的经验，只要我的周遭的人没有跟我有类似经验的话，我的话语应该会像风中的歌一样消失，所以要是真变成那样，我也怪不得你吧……

我在这两年间一直只想着死，最近这段时间，我开始仔细阅读麦兰德［Pilipp Mainlander（1841—1876），业余哲学家］的书，他确实是抽象而巧妙地描写出向死前进的路径，但，我想描写的东西是更为具体的。对家人的同情在这种欲望之前什么都不是。对此，你大概不得不以 Inhuman 来评判我吧。只不过，这种作法要是真的没人性的话，那我大概就是具有没人性的一面吧。

老实说，我觉得我有不得不真实记录的义务在。（我也曾把我自己对将来的不安加以解剖，而我在《傻瓜的一生》中也已大致说明过了，虽然加诸在我身上的社会性条件——但是封建时代在我身上的投影，我故意没写出来。至于为何故意不写出来，这是因为到现在我们每个人仍或多或少活在封建时代的阴影中，而我再在那舞台之外加上背景、照明和登场人物等社会性条件——大多都已表现在我的作品当中，但是，只因为我自己也活在社会性条件中就认定自己一定了解社会性条件是不行的吧。）——我最先考虑到的就是要怎么死才能不痛苦，吊死应该是最符合这目的的手段吧。或许是我要求太多，但我只要一想到自己吊死的样子，我就感到一股出自美感的厌恶。（我记得曾在爱上某个女人时，只因为她的文章写的太差，就突然醒觉而不再爱她。）投水自杀对会游泳的我来说也是行不通的，就算可行那也还是比吊死痛苦多了吧。卧轨自杀的话也同样违背我的美学。用枪或刀自杀的话，很可能会因我手抖得太厉害而失败。从大楼跳下来毫无疑问会死得很难看。考虑到这些理由，我决定服毒自杀。服毒自杀应该会比吊死痛苦吧，但是跟上吊相比，服毒自杀不但符合我的美学，而且还有难以救活的优点。但想要弄到毒药对我来说当然不容易，因此我在决意自杀后，一方面想尽办法、希望能得到毒药，另一方面也积极学习毒药学的知识。

再下来我考虑的是自杀的地点。我的家人在我死后仍要靠我遗产过活，不过我的遗产只有百坪土地、房子、我的著作权和存款二千元而已。想到我自杀之后房子会卖不出去我就很苦恼，这时我不禁羡慕起那些有别墅的布尔乔亚起来。你大概会觉得我说的话很可笑吧,我也觉得我现在说的话很可笑,但是,认真考虑起来这些现实问题现在都会对我造成困扰,可是困扰归困扰,这问题也不容回避。现在只能期望在我自杀之后,尽量别让我家人以外的人看到我的尸体而已。

但是,即便我已决定好自杀的方法,我心中仍旧有半分是想着活下去的,因此面对死,我需要一个跳板。(我不像西方人一样觉得死是种罪恶,连佛陀也在阿含经中肯定他徒弟的自杀。对佛陀的这种肯定态度,如果是强词夺理、哗众取宠之徒,应该不会甘于只说声"无可奈何"吧。但以第三者的角度来看,应该也有比"无可奈何"更非常而不寻常的、更悲惨而不得不的死。任谁都会想,自杀的人都是遇上"无可奈何的情况"才会去死,所以要是有人在遇到不得不的情况之前就毅然而然自杀,我们反倒该说他是有勇气的。)担任这个跳板的怎么说都该是位女性。克莱斯勒[Heinrich von Kleist(1777—1811),德国剧作家、小说家。写实主义的先驱]在他自杀前也一直劝诱他朋友(男的)跟他一起死,另外拉西奴[Jean Racine(1639—1699),法国剧作家]跟摩利耶尔[Molire(1622—1673),法国剧作家、演员。法国古典喜剧的确立者]也企图一同和包尔[Nicolas Boileau(1636—1711),法国诗人、评论家。法国古典主义文学理论的确立者]一样跳塞纳河自杀。很不幸地我并没有这种朋友,不过我认识的女人应该愿意跟我一起死吧,但是为了我们两人还是别这么做比较好。在接下来的日子,我会培养不需跳板就能从容自杀的勇气,这并不是因为我找不到人陪的绝望才这么做的,应该说在思考的过程中我渐渐变得感伤,即便是要死也不想对我的妻子造成困扰,再者,一个人死也要比两个人一起死容易。一个人独自自杀的话,只要我下定决心随时都能死。

最后,我还必须想出方法,如何才能巧妙自杀而不被家人发现。关于这个问题,在经过数月的准备后,我已有克服困难的自信。[细节方面,为了避免给帮我的人添麻烦,我不能写得太详细。当然,即便写出来也不至于构成法律上的自杀帮助罪。(这般可笑的罪名。如果这样就有罪,那罪犯的人数殊不知会增加多少。帮助我的药局、枪炮店或理发店，即便到时说'不知情'，但是只要是人内心所想的定会不经意就表现在语气或表情之中，多少会被人怀疑一下吧。虽然我说应该不至于有罪，但社会或法律上仍有自杀帮助罪成立的例子，这些被定罪的人该是拥有多温柔的心呀。）］我已冷静做好准备，现在不过是和死在玩游戏而已，接下来我的心境大概就会和麦兰德的讲法渐渐接近吧。

我们人说到底还是人形兽，和动物一样本能地怕死，所谓的生活能力说穿了不过是动物性的能力，而我也只是其中一匹的人形兽而已。看看我对食色都已厌倦，我身属于动物的部分该是渐渐消失了吧。我身处在如冰一般透明清澄、病态般敏感的世界。我昨天跟一名娼妇一块聊他的债务问题（！）时，渐渐地越来越觉得"为了活下去而活"实在是人的悲哀，若能满足于永远的沉睡，对我们自身来说未尝不是种和平与幸福。我对我自己要到何时才能果决地自杀抱持着疑问，只得说自然对我来说比以前更美了。爱着自然的美并企图自杀，你应当觉得我的矛盾很可笑吧。但我还是要说，自然的美是映照在我末期的视线中的。我比别人都更深地见过、爱过、理解过，过程中相对的我累积了同样多的苦痛，也多少得到了满足。希望你在我死后几年内不要公开这封信。也说不定我最后不是自杀而是病死，这谁也说不准。

附记：我读恩培多克勒［Empedokles（西元前493—前433），古代希腊哲学家、诗人、政治家、医师］的传记时，发觉人想要变成神的欲望是从远古前就开始有的。我的手记在我所知范围内，是不存有想变成神的意念的，不，应该这么说，我认为我自己是一个凡人。我还记得二十年前我和你在那株菩提树下，一起谈论'埃特纳火山的恩培多克勒'的情景。在那个时候，我仍是想变成神的其中一人。

［昭和二年（1927）七月遗稿］

妙语　　人生：人生像一盒火柴，特别重视它感觉很荒唐，如果不重视它那就很危险。人生像一本缺页的书，说它是书很难，但是它毕竟是一本书。

地狱：人生比地狱还地狱。

良心：良心并不像我们嘴上的胡子一样，随着年龄的增长而增长。一国的国民百分之九十以上是没良心的。

正义：按照日本的报纸："日本两千年来总是正义的朋友"，似乎正义从来没有和日本的利益发生过一次矛盾。

中国：萤火虫的幼虫吃蜗牛的时候，它不是把蜗牛一下子都杀死，而是为了总吃新鲜肉而使蜗牛麻痹。从我们日本帝国直到列强，对中国的态度和萤火虫对蜗牛的态度毫无二致。

倭寇：倭寇表明了我们日本人有能力和列强为伍。我们在盗窃、杀戮、奸淫这些方面，绝不落后于那些来寻找黄金岛的西班牙人、葡萄牙人、荷兰人、英吉利人。

士兵：理想的士兵必须绝对服从长官的命令。所以理想的士兵必须失去理想。绝对服从就是绝对不负责任，必须喜欢不负责任。

奴隶：称暴君为暴君，那是危险的；但是称奴隶为奴隶，也是同样危险的。

男人：男人从来都是工作重于恋爱；巴尔扎克给汉卡斯伯爵夫人的信上说："这封信如果按稿酬算，不知道要超过多少法郎。"

天才：天才和我们只有一步之遥，但是为了理解这一步，必须了解"行百里者半九十"这个超数学。天才的另一面是他拥有引起丑闻的才能。

老好人：老好人和天神一样，可以和他说有趣的话题，也可以对他发牢骚，当然他存不存在都无所谓。

神：神最赞同人们对他的评价之一，就是神不能自杀。我们发现了无数骂倒神的理由，但不幸的是日本人不信这样会被骂倒的神。

作家：不论他是什么城市的人，他必须在灵魂深处坚持他是一个野蛮人。

鹳鸟：你不想把你脖子上的领带解下来吗？

狐狸：你发什么脾气？你这个专当围脖的家伙。

河马：梁武帝问达摩法师，什么是佛法？达摩云，水中之河马。

企鹅：你这落魄的侍者，你的眼前是不是经常浮现你去年工作过的大餐厅？

枭：这是我老太太养的猫么？可是不知道什么时候长了翅膀。

羊：有一天，我把各种各样的书给圈里的羊吃了，圣经、唐诗选等等，但是只有其中一种，他们怎么都不吃，那就是我的小说集。

作品精选

杜 子 春

（注：本篇小说取材于中国唐代小说《杜子春传》，原作为中国唐代小说家李复言所著）

1

某年春天黄昏。唐朝京城洛阳西门下，有个年轻人心不在焉地仰望着天空。

年轻人名叫杜子春，本来是富家弟子，现在因荡尽家财，沦落成过一天算一天的落魄汉。

当时的洛阳，极为昌盛，是个天下无可匹比的京畿，大道上车水马龙，人潮熙来攘往。在如亮油般照映在西门上的夕阳光辉中，可见老人的罗沙帽、土耳其女人的金耳环、装饰在白马上的彩丝羁绳，都在不断流动，那景象美得像一幅画。

但是，杜子春依然将身子靠在西门墙壁上，心不在焉地眺望着天空。天空上，细长的月亮，宛如指甲痕迹，幽白地浮睡在缭绕的雾霭中。

"天暗了，肚子也饿了，而且不管到哪里，大概都找不到今晚能容身的地方了……与其这样活着，不如干脆跳河自杀要快活点吧。"

杜子春从天亮起就一直如此漫无边际地思索着。

有个不知从何处冒出来的独眼老人，停顿在他面前。他沐浴着夕阳余辉，将长长的影子刻印在门上，一直凝视着杜子春的脸。

"你在想什么？"老人趾高气扬地问。

"我吗？我在想，今晚没地方睡，不知该怎么办。"

由于老人问得很唐突，杜子春不禁俯下眼皮，率直地回答。

"原来如此。那太可怜了。"

老人思考了一阵子，然后伸手指着映射在大道上的夕阳余晖道：

"那么我告诉你一件好事。如果你现在站在夕阳中发现地上能照映出你的影子，今晚半夜时就挖挖你影子的头部地方。一定会有满车的黄金埋在那里的。"

"真的？"

杜子春听后大吃一惊，扬起一直俯下着的眼皮。不可思议的是，那老人已不知去向，周遭也不见他的影子。只是，挂在上空的月亮比先前更皓洁，往来不息的行人道上，已有两三只性急的蝙蝠在翩翩飞舞着。

2

杜子春在一夜之间，化身为洛阳独一无二的大富翁。因为他真的听从那老人的话，于夜半悄悄挖掘夕阳映照出的影子头部，挖出了一堆比一辆大车更多的黄金。

变成暴发户的杜子春，马上买了一栋豪华的房屋，开始过着不比玄宗皇帝逊色的奢侈生活。买兰陵的美酒啦、桂州的龙眼啦、在庭院内栽植日易四色的牡丹啦、饲养几只白孔雀啦、收集宝玉啦、剪裁锦绣啦、制造香木的车子啦、订制象牙椅子啦，若要详细述说他的奢侈，那这个故事是永远都无法结束的。

一些平日在路上遇见也形同陌路人的朋友们，在听闻杜子春致富的消息后，不管朝晚都来找杜子春玩了。而且人数日渐增多，半年过后，所有洛阳闻名的才子与美女，几乎没有一个不是杜子春的座上客。杜子春每天陪着这些客人举行盛宴，而且酒宴盛大得无可比拟。随便举个例子来说，当杜子春在金杯斟满来自西洋的葡萄酒，出神观看着印度魔术师表演吞刀特技时，他身边就环绕着二十个女人，其中十个在发上插饰着翡翠莲花，十个在发上插饰着玛瑙牡丹花，吹弹着曲调轻快的笛歌与古筝。

只是，再如何富有的大富翁，金钱总是有止境的，奢华如杜子春者，一年两年过去后，也逐渐开始捉襟见肘起来。等他把钱用尽后，才了解人心的薄情寡义，直至昨天还天天来报到的人，今天路过门前竟也懒得进来打声招呼了。到了第三年春天，当杜子春又恢复成一文不名的穷小子时，广阔的洛阳，竟找不到一家肯让他借宿过夜的人家。别说是借宿，甚至连施舍一杯水的人家都找不到。

于是，某日黄昏，杜子春再度逛到洛阳西门下，呆然地眺望着天空，不知何去何从。

然后那个独眼老人也跟往昔一般，不知从何处又现身出来。

"你在想什么？"

杜子春一看到老人，即惭愧地低下头，说不出话来。只是，老人这天也亲切地反复问了同样的话，他只好又一次诚惶诚恐地答道：

"因为我今天没地方可睡，不知该怎么办？"

"原来如此，那太可怜了。那么我告诉你一个好办法。现在你站到夕阳下，若你的影子映照在地上，你便趁着夜间挖掘影子胸部的地方，那里一定埋藏有满车子的黄金。"

老人说完，又瞬间消失在人潮中。

翌日，杜子春又于一夜之间变成洛阳独一无二的大富翁。同时也开始过他为所欲为的奢华日子。种植在庭院的牡丹花、沉睡在牡丹花中的白孔雀、来自印度会表演吞刀的魔术师……一切如从往昔。

因此,他挖掘出的那些满车数不尽的黄金,经过三年后,便荡然无存了。

3

"你在想什么?"

独眼老人第三次来到杜子春面前,又向他发出同样的问话。此时的杜子春,当然又是呆呆伫立在西门下,眺望着幽幽穿射晚霞的月牙。

"我吗?我今晚没地方可睡,正在想着该怎么办?"

"原来如此,那真是可怜。那么我告诉你一个好办法。现在你站到夕阳下,若你的影子映照在地上,你便趁着夜间挖掘影子肚子的地方,那一定埋藏有满车子的……"

"不,我不要钱了。"

"不要钱了?哈哈,那么你已经厌倦奢华日子了?"

老人以诧异的眼神,凝视着杜子春。

"不,我不是厌倦了奢华日子,而是厌烦了人这个东西。"

杜子春现出愤怒的神色,冷淡地回答。

"有趣!有趣!你为什么厌烦起人了?"

"人都是薄情寡义的。当我是个富豪时,他们拼命奉承、阿谀,一旦变得贫穷,连个笑脸都不肯赏。想到这点,即使再度变成富豪,又有什么用呢?"

老人听杜子春如此说,忽然嘻嘻笑了起来。

"原来如此。没想到你这么年轻,竟然懂得这些道理。那么,你今后是想安然过着贫穷的生活了?"

杜子春踌躇了一会儿。不过,马上断然抬起眼睛,申诉似地望着老人。

"我现在已无法再过贫穷生活了,所以我想做您的徒弟,修行仙术。您不用隐瞒了,您是个道高德隆的神仙吧!如果不是神仙,您绝对不可能让我在一夜之间变成天下第一的富豪的。请您当我的师傅,传授那不可思议的仙术给我吧!"

老人颦着眉,像在考虑什么似的,然后莞尔笑着。

"不错,我叫铁冠子,是住在峨眉山的仙人。最初看到你时,觉得你是个懂道理的人,所以才两次让你成为大富翁。如果你真渴望做仙人,我就收你为徒弟好了。"

杜子春当然喜出望外。老人话未说完,即匍匐在地上,向铁冠子叩了几个响头。

"你不用那么道谢。虽然我收你为徒弟,但你能否成为出色的仙人,还在于你自己……总之,你先跟我到峨眉山深处来再说吧。哦,恰好地上有一根竹杖,咱们现在就骑着这根竹杖飞越天空吧。"

铁冠子拾起地上那根青竹,口里念着咒文,和杜子春一起如骑马般跨上那根青竹。

结果真是不可思议,竹杖立即像一条飞龙般,猛烈地冲上天空,翱翔在晴朗的春日夕阳中,一路往峨眉山方向飞去。

杜子春心惊胆战,畏缩地俯瞰着脚下。只见青色的山峦隐藏在夕阳余辉中,那个洛阳西门(大概早已埋没在晚霞了),已无影无踪了。一会儿,铁冠子让风吹拂着苍白的鬓发,引吭高歌起来。

朝游北海暮苍梧,袖里青蛇胆气粗。三入岳阳人不识,朗吟飞过洞庭湖。

4

载着两人的青竹,不久飘落在峨眉山。

青竹落在一块俯临深谷的广阔岩石上,可能高度甚高,悬挂在半空中的北斗星,看起来竟有饭碗般大小,正闪烁着光芒。本来就是人迹罕见的深山,周遭当然静寂无声。唯一幽幽飘入耳里的,是弯弯曲曲生长在岩后悬崖上的一株松树,随着夜风晃动枝叶的沙沙响声。

两人来到岩石上后,铁冠子让杜子春坐在悬崖下,对他说:

"我要上天去拜谒王母,你就坐在这儿等我回来。我不在时,可能会有各种妖怪出现要诱骗你,不过,不管发生什么事,你绝对不能开口说话,只要你开口说一句话,你便不能变成仙人。懂吗?总之不管再如何天崩地裂,你都得保持沉默。"

"您放心,我绝对不会出声。即使要我的命,我也会保持沉默的。"

"是吗?听你这样说,我就放心了。好,我走了。"

老人跟杜子春告别后,又跨上竹杖,飞向在夜里也能看得出陡峭山峦的上空,笔直消失了。

杜子春独自坐在岩石上,静静地眺望着星空。约莫过了半小时,深山的夜气凉飕飕穿透单薄衣服时,突然上空传来叱骂的声音。

"谁在哪里?"

不过,杜子春遵从仙人的关照,不开口回答。岂知,不一会儿,又响起同样的声音。

"不回答的话,立即要你的命!"那个声音严厉地恐吓着。

杜子春当然还是沉默着。

霎时,一只不知从何处攀上的老虎,眼光炯炯地跳跃到岩石上,对着杜子春怒目而视,仰头咆哮了一声。不但如此,头上的松枝也同时激烈地左右摇晃,后面悬崖顶上,又出现一条四斗大的白蛇,伸吐着火焰般的红舌,一步步逼近来了。

但,杜子春依然稳如泰山地端坐着。

老虎和蛇,如抢食一个食饵般,彼此窥视、对峙了一会儿。然后,几乎是同时扑上杜子春。就在杜子春不知会被老虎牙撕裂,或被白蛇吞咽,小命即将呜呼哀哉时,老虎和白蛇竟如烟雾一般,随着夜风消失了。之后,只见悬崖上的松树仍和先前一样,摇晃着树枝沙沙作响。杜子春舒了一口气,暗中期盼着再度将会发生的事。

这时,一阵风吹起,如黑墨般的乌云笼罩上空,淡紫色的闪电冷不防撕裂黯夜,雷声隆隆作响。不,不只是雷声,瀑布般的豪雨也同时猛然哗哗倾泻下来。杜子春在这种天崩地裂的处境中，依然面无惧色地端然坐着。风声、飞溅的雨滴、无休无止的闪电光……峨眉山一时似乎将倾覆了。然后突然响起一阵震耳欲聋的霹雳声，只见一道深红的火柱，从上空的乌云漩涡中笔直落在杜子春的头上。

杜子春不觉堵住耳朵，匍匐在岩石上。但他随即睁开眼睛，发现天空依然晴朗，饭碗大的北斗星，也依然耸峙在前方的山峦上，闪闪发光。看来，方才的暴风雨，老虎和白蛇，都是些趁铁冠子不在时出来作祟的妖怪罢了。想通后，杜子春这才放心地揩去额上的冷汗，再坐正在岩石上。

只是，就在他嘘声尚未吐完，一个身穿金铠甲、身高足有三丈、神态肃穆的神将又出现在他面前。神将手持三叉利戟，不容分说就将戟尖指向杜子春的胸膛，怒目瞪眼地叱骂着：

"喂！你到底是谁？这个峨眉山从天地开辟以来，即是我居住的地方。你竟胆敢独自跑到这里，看来你一定不是个普通人物，若不想死，赶快说明缘由。"

不过，杜子春仍是遵照老人的话，缄口不语。

"不答话……是吧。好，不想答就不答，随你便。可是你要知道我那些小喽啰是会把你剁成肉酱的。"

神将高举三叉戟，向对面的山峦上空呼唤。霎时，黑暗的夜空裂成两半，无数的神兵如乌云般布满天空，而且手上都闪耀着枪刀，好像即将要厮杀过来般。

杜子春眼见这个景象，情不自禁想叫出声，但又想起铁冠子的话，只好拼命紧抿着嘴。神将看他纹丝不动，大发雷霆。

"你这个顽固的家伙！再不答话，真要你的命了！"

神将说时迟那时快，三叉戟一闪，即一刺戳死了杜子春。然后发出连峨眉山都会摇摇欲坠的朗笑，消失无踪。当然，那些无数的神兵，也随着响彻四周的夜风声，如梦一般消失无踪了。

北斗星又冷森森地映照在岩石上。悬崖上的松树依然摇晃着树枝沙沙作响。但，杜子春早已气绝地仰躺在地上。

5

杜子春的身躯虽仰躺在岩石上，可是，他的灵魂却静静地脱离了躯体，降落到地狱底层了。

这个世界与地狱之间，有一条叫做暗穴道的路，那里终年都处于黑暗中，四周刮啸着冰雪一般冷冽的烈风。杜子春如同一片树叶，在烈风中飘飘荡荡，最后飘到一座挂着"森罗殿"横匾的巍峨殿宇。

殿堂前一群鬼喽啰，一见到杜子春，赶忙围住他，把他押到台阶之前。台阶上有个身穿深黑色衣袍、头戴着金王冠的阎罗王，威武地睥睨着四周。杜子春心想，这大概就是那个众所皆知的阎罗王，再想到不知将会遭遇些什么事，只好战战兢兢地跪下来。

"小子，你为什么坐在峨眉山上？"

阎罗王的声音如雷声般，自台阶上传下来。杜子春本想马上开口回答，但又想起"绝对不能开口"这句铁冠子的戒语，只好又低垂着头，哑巴一般缄默着。

阎罗王扬起手中的铁笏，倒竖着脸上的胡须，盛气凌人地怒吼：

"你以为此处是什么地方？快快回答，否则，我就让你立即尝尝地狱的苦刑。"

可是，杜子春依然紧抿着嘴。阎罗王见状，转头向众喽啰们粗声厉气吩咐了什么。

众喽啰们站直身子，再一把抓起杜子春，飞往森罗殿的上空。

正如众所皆知一样，地狱里除了刀山与血池外，还有火焰之谷的焦热地狱和冰海的极寒地狱，并排在黝黑的天空下。众喽啰们将杜子春一次又一次地抛往种种地狱里。可怜的杜子春，不但被剑刺穿胸膛、被火焰烧焦脸颊、被拔掉舌头、被剥掉皮、被铁杵捣锤、被放在油锅里炸、被毒蛇吞噬脑浆、被雄鹰啄食双眼……

若要一一数说他所遭受的痛苦,那真是不胜枚举,总之,他遭受了所有的痛苦。尽管如此,杜子春依然倔强地咬紧牙根,紧抿着嘴不说一句话。

这使众喽啰们目瞪口呆,哑口无言。于是又一次挟持着杜子春飞过暗夜般的天空,来到森罗殿之前,再把杜子春拖拉到台阶下,向殿堂上的阎罗王齐声奏道:

"这个罪人,无论如何都不肯说话。"

阎罗王皱着眉思索片刻,然后灵机一动,吩咐道:

"这个男子的父母一定被判下了畜生道,你们马上把他们押到这里来。"

众喽啰们顿时乘风飞往地狱的上空,然后再如流星般驱赶着两匹兽,降落到森罗殿前。杜子春看到这两匹兽,大吃一惊。因为那虽说是两匹形影寒碜的瘦马,脸孔却是连做梦也忘不了的双亲容貌。

"小子,你为何坐在峨眉山上?快从实招来!不然,这次就要让你的父母尝尝痛苦的滋味了。"

杜子春虽如此被恐吓着,但仍不出声。

"你这个不孝子!你为了自己的立场,就忍心让父母承受痛苦吗?"

阎罗王怒声大骂,声音洪亮得森罗殿要崩坍似的。

"打!喽啰们!把这两匹畜生打得肉烂骨碎!"

众喽啰们齐声道"是",手执铁鞭站起来,毫不容情地从四面八方鞭打起两匹马。铁鞭"嘶"、"嘶"地鸣响着,如雨一般纷纷落在两匹马身上,把马打得皮开肉绽。马……沦落成畜牲的父母,痛苦地扭曲着身子,血泪盈眶,惨不忍睹地嘶叫着。

"怎样?你还不肯招认吗?"

阎罗王暂时让众喽啰们停止鞭打,再一次催促杜子春回答。这时,两匹马已经肉烂骨碎,奄奄一息地倒卧在台阶之前。

杜子春紧闭着双眼,拼命想着铁冠子的话。这时他耳边传来微弱的、勉强可听出是声音的唏嘘:

"你不用担心,不管我们会变得怎样,只要你能幸福,那是最好不过的。大王再怎么逼,只要你不愿开口,你就沉默着吧。"

这声音,确实是那久违的母亲的声音啊!杜子春情不自禁睁开眼。他看见一匹马无力地倒在地上,悲切地深深凝望着他的脸。母亲在这种水深火热的痛苦中,仍眷顾着儿子的心,对于被鞭打的事,完全没有一丝怨怼之情。这和那些当你是大富翁时,便来阿谀你,当你是一文不名的穷光蛋时,便不理睬你的世人比起来,是多么难得的温情,又是多么坚韧的决心呵!杜子春忘了老人的警戒,蹒跚奔至老马身边,双手环抱着濒死的老马脖子,泪珠涔涔地喊了一声:

"娘!"……

6

杜子春被自己的声音惊醒,回过神来,才发现自己仍然沐浴着一身夕晖,呆然地伫立在洛阳西门下。烟霞渺渺的天空,白色的月牙,川流不息的车水马龙……

一切都和未到峨眉山时一样。

"怎么样?你即使成为我的徒弟,也很难成为仙人吧?"独眼老人微笑着。

"不能。不过虽不能成为仙人,我反而庆幸自己没有成为仙人。"

杜子春眼里依然噙着泪水,冲动地握住老人的手:

"即使能成为仙人,我在那地狱的森罗殿之前,看着父母苦挨着鞭打,我也是无法保持沉默的。"

"如果你还保持沉默的话……"铁冠子突然很严肃地凝望着杜子春:

"如果你还保持沉默的话,我打算当下就断绝你的命根子……你大概已经不想再当神仙了吧。至于大富翁,你也早就厌腻了。那么,你以后想当什么呢?"

"不管当什么,我都打算做个真实的人,过着真正的生活。"

杜子春的声音，充满一种至今为止从未出现过的爽朗口吻。

"好，不要忘记你现在说的这句话。那，从今天起，我不会再跟你见面了。"

铁冠子一边说着，一边跨开脚步，然后突然又停住脚步，回头望着杜子春，仿佛不胜愉快地抛下一句：

"喔，对了，我刚想起，我在泰山南麓有一间房屋。那房屋和田地都一起送给你，你马上去住吧。现在这个时节，那屋子四周，大概已开满了桃花吧！"

——大正九年（1920）六月

川端康成(日本)

川端康成

传略 川端康成（1899—1972），日本著名作家，生于京都附近的大阪府，祖辈为地方有名的富贵，家道中落后迁于东京，其父亲习医。2岁丧父，3岁丧母，由祖父母扶养；祖父将他带回大阪府抚养，他唯一的姐姐则寄养在另一亲戚处。

川端康成从小身体孱弱，幼年生活是封闭式的，几乎没有与外界的接触，但这种过分的保护不但没能改善他的健康，反而形成了他极为忧郁、扭曲的性格。上学后川端康成的生活方式有所变化，但不幸又接踵而来，8岁时祖母去世，12岁时姐姐也去世了，16岁时祖父亦亡，最后被接到外公家抚养，一连串的遭遇使他的童年悲凉忧郁，也对他成年以后的心态和文学创作产生了很大影响。

16岁时，川端预感到祖父将不久于人世时，就决心把祖父在病榻的情景记录下来。于是他写起了《十六岁的日记》。他还在中学读书时即倾慕《源氏物语》等日本古典小说和散文等，这对他后来的创作影响极大。上中学三年级的时候，就把过去所写的诗文稿子，装订成册，最初的写作欲望已经萌发。

中学时代，他的投稿经常是石沉大海，令他开始怀疑起自己的创作天分。在1916年作为中学四年级生，在大阪《团栾》杂志上发表了习作小说《肩扛教师的灵柩》，还经常给《文章世界》写小品、掌小说。《文章世界》投票选举"十二秀才"，川端康成名列第十一位，这给了他很大的鼓舞。

1920年9月，他进入东京大学英文系，第二年转入国文系。在大学期间，热心文学事业，改革和更新文艺，复刊了第六次《新思潮》，在该杂志创刊号上发表了处女作《招魂节一景》，比较成功地描写了马戏团女演员的悲苦生活，受到文坛老前辈的称赞。川端康成的名字第一次出现在《文艺年鉴》上，标志着这位文学青年正式登上了文坛。

以后，由于恋爱的失意，他感到幸福的幻灭，经常怀着忧郁的心情到伊豆汤岛，写了未定稿的《汤岛回忆》。此后他为了诉说和发泄自己心头的积郁，写出了短篇小说《林金花的忧郁》和《参加葬礼的名人》。这一时期，他以自己的恋爱生活的体验为素材，写了《非常》、《南方的火》、《处女作作祟》等一系列描写孤儿生活和爱情波折的小说。这种哀伤的调子，以及难以排解的寂寞、忧郁的心绪，贯穿着他的整个创作生涯，成为他的作品的主要基调。川端本人也说："这种孤儿的悲哀成为我的处女作的潜流"，"说不定还是我全部作品、全部生涯的潜流吧。"

1924年大学毕业后，川端康成踏上社会，正式开始了文学创作生活。他积极与横光利一等人发起新感觉派文学运动，并发表了著名论文《新进作家的新倾向解说》，和创作了《感情的装饰》、《春天的景色》、《浅草红团》等少数几篇具有某些新感觉派特色的作品，并无多大的建树，他甚至被称为"新感觉派集团中的异端分子"。后来他公开表明他不愿意成为他们的同路人，决心走自己独特的文学道路，他的名作《伊豆的舞女》就是在这样的情况下诞生的。孤儿的经历使川端康成养成孤僻的性格，但是在一次去伊豆旅行中，偶遇一年少的舞女，两人平等对待，产生了纯洁的友情，也激起了川端感情的波澜。这段经历促使川端写成成名之作《伊豆的舞女》。

1926年，除了发表了《伊豆舞娘》，他一生创作的唯一一部剧本《疯狂的一页》被拍成电影。

1934年，开始写《雪国》连载，3年后出了单行本，并获得第三届文艺恳话会奖。

1936年，因为对于战争的反抗而宣布停笔不写文艺时评类文章。

1941年受关东军邀请访问中国满洲等地，访问结束后他自费留在中国，并将妻子一同接到中国，两人前往北京，在太平洋战争爆发前回到日本。第二年，川端康成编辑了《满洲各民族创作选集》。

1944年以《故园》等文章获战前日本最后一届菊池宽奖。

1949年，另一部重要的小说《千只鹤》开始连载，1952年，这部小说被改编成歌舞伎。

1961年，川端康成前往京都写作《古都》，同年获得文学勋章。

1968年10月17日，凭借《雪国》、《千只鹤》及《古都》等获得诺贝尔文学奖，他是历史上第一个获得此奖项的日本人，也是继泰戈尔、萨缪尔·约瑟夫·阿格农二位后第三个获此奖项的东方人。他在瑞典科学院领奖时朗诵了散文《我在美丽的日本》，抒发了自己对于日本这个民族的审美体验。

1970年三岛由纪夫切腹自杀，不少作家赶到现场，只有川端康成获准进入。川端很受刺激，对学生表示："被砍下脑袋的应该是我"。1972年4月16日，三岛自杀之后17个月，川端康成也选择含煤气管自杀，未留下只字遗书。

"无言的死，就是无限的活"——川端康成之死

川端康成的少儿时期，2岁丧父，3岁失母，8岁祖母身亡，12岁姐姐离世，16岁祖父逝世，他不仅接二连三地为亲人披孝送葬，而且辗转

寄食在亲戚家中，也不断地碰上亲戚的丧葬。

川端康成回忆给祖父送殡的感受时说："在给祖父送殡时，夸张点儿说，全村五十家都因可怜我而掉泪。送葬的队列从村中通过，我走在祖父棺木的正前方，每当我走过一个十字路口时，站在十字路口的那些妇女便哭出声来，总听见她们说：真可怜哪，可怜呵！"人们大概没想到，他们的怜悯，也给少年川端造成了一种伤害。"幼年的我，一被人说成可怜，一般是很扫兴的，同时便有某种不理解，某种羞耻，某种恼怒。但因为既不能辩解又不能抗议，所以，被看做可怜的我，便暂时留在了别人那怜悯的眼睛里，而真正的我却悄悄躲在一边，等待这种什么也说不出口的短暂时间过去。大人们怜悯之心的温情，小孩子自然是明白的，但在心中却反而留下了冷冷的阴影。"

川端康成喜欢清静，对佛教情有独钟，晚年的业余爱好是书法，汉字写得活灵活现，而内心却异常地矛盾。对于获得诺贝尔文学奖后所带来的荣誉和不断涌来的慕名者，心里十分厌恶，这与他幼年的心理封闭有关。他抱怨说："家里并不是旅馆，我也不是为客人活着的。"他对因自杀身亡的古贺春江的口头禅极为赞赏，"再没有比死更高的艺术了。死就是生。"

1972年4月16日下午二点四十五分，川端对家人说："我散步去。"这是他留在人间的最后一句话。（这年1月中旬，川端康成在玛丽娜公寓的四楼购置了一套房间，做工作室，每周三次带助手去写作。）他离家后，直到晚上未归，家人吩咐川端的助手岛守敏惠去公寓寻找，岛守在九点四十五分到达工作室时，发现川端已身亡。

他死亡时间是下午六点，公寓管理人员说，川端下午三点到了公寓。助手去公寓时，只见他躺在盥洗室的棉被上，口含煤气管，已没了气息。枕边，放着打开瓶盖的威士忌酒和酒杯。没有留下遗书。但他早在1962年就说过："自杀而无遗书，是最好不过的了。无言的死，就是无限的活。"

荣誉　　1968年，川端康成以《雪国》、《古都》、《千只鹤》三部代表作，获得诺贝尔文学奖。瑞典皇家文学院常务理事、诺贝尔文学奖评选委员会主席安德斯·奥斯特林致授奖辞，突出地强调：

"川端先生明显地受到欧洲近代现实主义的影响，但是，川端先生也明确地显示出这种倾向：他忠实地立足于日本的古典文学，维护并继承了纯粹的日本传统的文学模式。在川端先生的叙事技巧里，可以发现一种具有纤细韵味的诗意。"

"川端康成先生的获奖，有两点重要意义。其一，川端先生以卓越的艺术手法，表现了道德性与伦理性的文化意识；其二，在架设东方与西方的精神桥梁上做出了贡献。"

安德斯·奥斯特林最后宣读了奖状题词："这份奖状，旨在表彰您以卓越的感受性，并用您的小说技巧，表现了日本人心灵的精髓。"

心怀　　接受诺贝尔文学奖时，川端康成在瑞典文学院礼堂作了题为《我在美丽的日本》的获奖纪念讲演，他通过禅宗诗僧希玄道元、明惠上人、西行、良宽、一休宗纯的诗，芥川龙之介、太宰治的小说，《古今和歌集》、《伊氏物语》、《源氏物语》、《枕草子》的古典传统，以及东洋画、花道、茶道的精神，深入细致地介绍和剖析了"日本美的传统"。其后川端两度赴美在夏威夷大学和它的分校分别作了题为《美的存在与发现》的讲演和在出席旧金山举办的日本周活动期间作了题为《日本文学之美》的讲演。这三篇讲演稿也是三篇美文，全面系统地论述了日本文学的传统美，成为川端康成的日本美论、日本艺术论，构成了他的独特的美学理论体系，在川端文学中独放异彩。

川端康成在《夕照的原野》一文中这样叙述自己面对荣誉、地位的心情："荣誉和地位是个障碍。过分的怀才不遇，会使艺术家意志薄弱，脆弱得吃不了苦，甚至连才能也发挥不了。反过来，声誉又能成为影响发挥才能的根源……如果一辈子保持'名誉市民'资格的话，那么心情就更沉重了。我希望从所有名誉中摆脱出来，让我自由。"

名言　1. 我仿佛只有脚离开现实，遨游于天空中了！

2. 我在根底上是东方人。

3. 死亡等于拒绝一切理解。

4. 女人在未坠入情网前，是不知道男人下流的。

5. 人是不断消失在过去的日子里的。

6. 美，一旦在这个世界上表现出来就不会泯灭。

7. 风雅，就是发现存在的美，感觉已经发现的美。

8. 一切艺术都无非是人们走向成熟的道路。

9. 美在于发现，在于邂逅，是机缘。

10. 一朵花比一百朵花更美丽。

11. 人们在庭院的草坪上放焰火。少女们在沿海岸的松林里寻觅秋虫。焰火的响声夹杂着虫鸣，连焰火的音响也让人产生一种留恋夏天般的寂寞情绪。我觉得秋天就像虫鸣，是从地底迸发出来的。

12. 生并非死的对立面，死潜伏于生之中。

作品精选

蔷薇之幽灵

一

在这个山峡里，河鹿蛙一叫，石桶花一开，那就是春意阑珊的时候了。河鹿蛙，正好从小学毕业的日子前后，以及新芽绣遍了白白的河滩的时候开始鸣叫了。嘻，嘻，嘻，就像吹那古老的日本笛子一般的声音；与其说那是春天的声音，还不如说它是秋天的更合适。

因为放春假，从城市到温泉来的少女说：

"啊，秋天的虫子在叫哪！"那叫声吸引她们的眼光离开温泉旅馆的栏杆，朝着月明中略显朦胧的白色河滩望去。

所以，离开学校去远处旅行的少女们，把这河鹿蛙的鸣声，一定当做故乡的声音深藏于胸中的。

片冈千代子先生迁居于这个山麓的村庄的时候，也正是这些少女们离开此地的时候。

从东京要坐六七个钟点的火车到达镇上，再从这里走十六七公里的路，名副其实的钻山，最终到达一个荒凉寂寞的山村，但它从源赖朝①时代开始就喷涌温泉，所以从镇上来的长途客运汽车和运货卡车全来了。运货卡车所运的货物主要是：大米、鲜鱼、大豆、酱油等等，基本上全是山里人吃的东西。这些货车虽然不是载着满车花束进来的，虽然没有小苍花、香豌豆花，但是却像春天的报春花那样美好，原来除了那些吃的东西之外还有年轻女人喜爱的色彩鲜艳的货物。也就是平时那些喜爱活跃的丽人们身上所用的东西。

本村的少年们正在用青竹子做的水枪打水仗。少年们高兴得不得了，因为从今天起水不凉了。临街的那家大屋子墙里面的和大路上的一共两拨人，他们都把水枪插进道旁小溪的水里，用水枪对攻，个个都像落汤鸡一般，简直就像消防队的消防演习。但运货卡车一到，他们暂时停住手，都说：

"哎呀，可真漂亮啊！"

"谁来啦？"

---

① 镰仓幕府第一代将军（1147—1199），武人政治的创始者。源赖朝的第三子。因为平治之乱，被流放于伊豆。但1180年奉以仁王的令旨，举兵追讨平氏，兵败石桥山之后，于富士川大获全胜，最后，坛之浦一战胜平氏。入京为右大将，不久于镰仓开幕府，1192年任征夷大将军。后因大杀功臣与至亲骨肉，死后势力顿衰。

"新媳妇到啦！"

他们边说边看着卡车。

那卡车停在村头上的山茶林前边了。

"山茶林"，这个词儿懂吧？这山茶林的山茶有三四十棵，请你想象一下，这三四十棵山茶长在一片地上造成树林的风景吧。可得知道，这里不是南国吧？可是那叶子上油光闪闪的浓绿，那花耀眼般厚重的深红，不表明这地方确属南国又是何方？

"去蔷薇之家的！"

"到蔷薇之家去的呀！"

"来蔷薇之家的！"

山茶林前边的少男少女们这么喊着跑过来了。运货卡车停下来，那就证明蔷薇之家来了新住进来的人。蔷薇之家就在山茶林的上方。

但是，嘴口喊着：

"蔷薇之家呀！"

"蔷薇之家的！"

那些少男、少女们的脸上显现出来的轻微不安，是不能视而不见的。

为迎接那鲜艳的包裹而从蔷薇之家下到山茶林前的，是一位年轻貌美的女人。

"啊，是她呀！"

"可能是到温泉休养来啦。"

"不是，她是这次调到这个学校来的。名叫片冈的女老师。"

颇以作此说明为自豪的，是个名叫光子的少女。

"啊！"少女们怀着激动的心情互相搂着肩头点头行礼，而且脸有些红了。

"不知道教几年级呢。"

"说是替下村老师的，一定是我们班。"

说这话的也是光子。她是小学五年级学生。

"可是又得住在蔷薇之家吧。"

少女们的脸变得阴暗了。

二

这个山峡，正因为它北连深山，那里出产的物资，使全村各户比较平均地受了益，所以没有日子过得困难的户，也没有外地来此落脚的户，因此，全村像杉树林那样安安静静。不论任何人家，就是早晨的麻雀也毫不担心有什么会惊扰它，悠闲地站在屋檐放声歌唱。哪家的院子都有蝴蝶来拜访，尽情嬉戏。这不是语言的夸张与修饰。没有花圃的人家是根本不存在，因为这儿的花都是这一家的分给那一家，尽管没什么名贵品种，无非都是些大雨花、波斯菊、菊花等等，但是，说它是花的村庄却一点也不算夸张。

这个花的村庄里的"花的人家"就是蔷薇之家。这个村庄的出租房屋，唯有这蔷薇之家一处。这家房屋四周全是蔷薇。与其说蔷薇树篱包围着这座房子，倒不如说蔷薇埋藏着这座房子。东边的门口是蔷薇，南边的院子栽着蔷薇，北窗有蔷薇窥窗，西墙有蔷薇托身。是谁建的这所房屋呢？

片冈老师搬到这里的时候，蔷薇还没有开花，青青的花蕾，半天才能找到一个。

"啊，到了开花的时候，那可就成了蔷薇的海洋了！"

片冈老师不能不为她的新居之美而高兴得又蹦又跳。

"哎，这蔷薇开什么色的花？你去年看到了吧？"

片冈这样问光子。片冈老师果然如光子所料，担任她们五年级女生的课。

"南边院子的开深红色的花。北窗下的开雪白的花呀。"

"南边的深红，北边的雪白——这样栽蔷薇的准是艺术家！你知不知道最早谁住在这里？"

"不知道。已经有两三年没住人了。"

"你说有两三年没有住过？不会有这种事，不可能的嘛。"

片冈老师吃了一惊,她看了房间的状况。草席、墙壁,无不干净、漂亮,还留有人的体温。不仅如此,这个房间如果没有居住于此的人弥漫不散的爱,屋子里的空气也不会像现在这样清新。亲切的声音仿佛发自卧具橱里。但是光子却说:

"老师,的确空了两三年哪!"

"不能相信呢!"

片冈老师说着话眺望着南边的院子。那院子没有一片落叶,每一棵蔷薇,不论昨天或者今天,似乎没有一棵不是经过爱抚它的那双美丽的手抚摸过。

"那么,有人天天来打扫?"

"没有!"

片冈老师只能把光子的话看作她记错了。

三

在新学期开始的同时,片冈老师就成了少女们憧憬的目标。年轻的老师依旧保留着小鸟依人般的少女风采;其次,单凭她那行李装束,就美得不能再美了。这本来是毫不奇怪的,奇怪的是老师到山里来了之后,相处得最亲切的,除学生们之外还有一个,那就是鹿。

"片冈老师,给鹿一件行装吧。"

"好!"

老师微笑,把个包袱皮交给了那个男生。那少年把它挂在鹿角上。那鹿颠儿颠儿地走了起来。这样,以鹿和片冈老师为中心的行列走出了学校,整个一条街都在注视他们的队伍热热闹闹走过去。

这头鹿,是这年冬天在学校后边的竹林里抓住的。此地虽然暖和,但也有大雪把山盖得严严实实的时候。鹿要找吃的,就跑下山到距村庄较近的地方来。因为被狗追得跑累了,有一只竟然从学校的后山跌进竹林里,村里的人把它活捉立刻送给学校。开头很不容易驯服,为了让它活动,想在它的角上挂一条绳子牵着它走，但是它使劲摇头，很不听话。以后渐渐老实了，直到走上山茶林，接受蔷薇之家的片冈老师的打扮。

但是，它看见蔷薇丛可能想起了它随处奔跑的山吧。突然之间像个山间野兽一般，乱蹦乱跳，一下子跳入蔷薇圃里，把蔷薇狠狠地踩踏了一通。

"啊！"

片冈老师不由得喊了一声，因为她忽然觉得好像听到蔷薇花圃里有女人的啜泣声，自己的心也好像忽然之间被蔷薇的刺狠狠地刺了一下，疼痛得受不住。

"快，快！快把那鹿从蔷薇田里牵出来！"

那鹿从山茶林下来，老师就放下心来了。她说：

"也许我成了蔷薇精了吧？"

她说完又眺望那花圃了。

花已经开了。

"我让花给埋上了。所以这么爱蔷薇花。"

蔷薇和石楠花，差不多同一时期开花。从山上像蜻蜓向下飞翔似地顺大街下来的自行车后架上，带着硕大的花枝，老师吃惊地说：

"啊，大杜鹃！"

"老师，那是石楠花呀！"光子连忙告诉她。

"哎呀，那是石楠花？这样的话，老师的生物是零分。"

但是，不论怎么说，石楠花还是明朗的花吧？南边院子开的红蔷薇，颜色又暖又明朗吧。

"我成了蔷薇精也好！"片冈老师这么想。她是个和蔷薇相似的人。

即使片冈老师成不了蔷薇精，那么，确有蔷薇精么？不，一朵两朵花，一棵两棵树，当然成不了什么精，但是，几百朵花，说开一齐开，是不是说明了花是有灵魂的。不仅仅是鹿来的时候那件事，这个蔷薇之家里还有许多不可思议的事。

老师的家只有她一个人，但是，凡属于家里的事不论什么她都得干，学校那边也忙，所以，打扫、收拾等等照顾不到的时候自然免不了。

有一天早晨，她吃完早饭还没有脱罩衫就给母亲写那长而长的信，信没写完上课铃就响了，她什么也没收拾就走出家门上课去了。回来一看，桌子上收拾得干干净净。椅子也规规矩矩地放回桌子下面。

"啊，是谁来过啦？"

她记得罩衫是脱下一扔就走的，可现在却是叠得好好地放在厨房。

"光子来过吧？"

所以，第二天片冈老师问了光子。

"光子，昨天辛苦了，谢谢。"

"老师，怎么回事儿？"

"昨天放学回家的时候，你顺便到我家给我收拾了一次吧？对我亲切虽然很好，可是我不喜欢你这么做。"

"没有！老师，我昨天没有去你家。即使去了，你如果不在家我也不会进去呀！"

"是么？奇怪呀！那么，是谁去了？"

她在教室里问了学生，也没有一个人说去过。

还有一天，不论怎么找也没有找到的自来水笔，不知道什么时候，居然摆在桌子上了。

还有一天，书房墙上塞尚的油画《修道院》掉下来了，她想把它挂回原处，但因为个子矮够不着而颇感为难，就在自己不在家的时候，它居然回到原来的地方。

只是这样的事倒也罢了。有一次从学校回来，发现纸窗的纸给换上新的了。廊下地板也擦得干干净净，井边冲洗得清清爽爽。

是谁干的呢？

"总而言之，是我不在家的时候有人进来过，尽管如此亲切待人，但是心里别扭。"

从此以后，片冈老师总是认真地关好窗户，锁好门再离开家，然而尽管如此,大盆旁边的纸盒子里的废纸还是给打扫干净了。

片冈老师终于无奈地把这件事告诉了校长。

"啊,是这事啊!"

校长听了一点儿也不吃惊,不仅没有感到惊奇,而且露出平和的微笑。他说:

"你好不容易来到这里工作,那所房子之外,这一带也没有出租的房子,请你住到那里当然让你知道了会不高兴,所以就没对你说。实话实说吧,那所房子一向被称为幽灵之宅。"

"啊!"

片冈老师的脸都吓白了。

"不过,虽然都叫它幽灵之宅,但是那里的幽灵决不恶作剧,也不加害于人,对于住在那里的人非常亲切,百般关怀,所以,你丝毫也不用担心。"

片冈老师睡不着觉的时候,不知来自何处的蔷薇香气飘进屋子。所以片冈老师不免常常想起,正是由于花香馥郁才引得她安然入梦的。

"是那蔷薇。一定是那蔷薇的精!"

她这么说。

四

一位大户人家的老太太谈了这件事,那老太太的脸就像风干了的水果一样,全是皱纹。她说:

"老师,那是那家小姐呀,不是蔷薇花。那里的蔷薇花是那位小姐栽的。那房子也是那小姐经手造起来的。实在是一位着人怜爱的小姐呢。"

"小姐的父母都是在法国去世的。她们在法国什么地方的那个家,栽着许多蔷薇。说是那时候那小姐虚岁才刚刚19岁。她孤身一人回了日本。老太太说,小姐坐船回来,流的泪像海一样多呢。好不容易回到日本,那小姐又得了病。"

"因此,她为了养病就到这座山的温泉之乡来了。她建造了那座房子和蔷薇园。这已经是十六七年的事了。我一直经管着那里的一切。"

"蔷薇从栽好之后,好不容易开了花,第一次开花的时候,小姐就死在花里了。她爱跟我捉迷藏,藏在花丛里对我说:老太太,蔷薇就是我呀,蔷薇就是我呀。后来就把那所房子给我了。"

"直到现在,小姐还在蔷蔷薇园里哪!像老师这么漂亮的人,这么亲切善良的人住在那里,小姐一定高兴得没办法哪,所以她一定用尽了方法表示她的谢意,替你做许许多多的事。"

"请你把小姐当做一个可怜的小姐看待吧。她一个人多寂寞呀,正好来了你这么一位漂亮的人,一位生性善良的人。"

"老太太,谢谢你。我一定和小姐在一起住下去。"

片冈老师完全明白了,她怀着纯洁的心回到蔷薇之家。后来向别人一打听,关于这些蔷薇花和这逝世少女的美好传说还有好多好多呢。

所以,安安静静的夜里,总觉得自己脸旁有别人亲切的呼吸。

但是,蔷薇凋谢,夏去秋来,就像香鱼必定由河入海一样,片冈老师必须离开这个山村学校,离开这个蔷薇之家的日子到了。原因是在故乡的母亲病故。年幼的弟弟和妹妹得由她照管,因而必须赶回故乡。

"再见!"

"再见!"

"再见!"

片冈站在蔷薇园里,折了一朵迟开的花作为纪念。

这时,她感觉到已故丽人热烈的吻,好像觉得发烫似地吻在她的手上……

太宰治（日本）

太宰治

传略 太宰治（1909—1948），日本著名作家，出生于青森县北津郡的金木村，本名津岛修治。津岛家是津轻地区首屈一指的地主富豪之家。太宰治的父亲津岛原右卫门，曾任众议院议员，后当选贵族院议员，同时经营银行、铁路；而他的母亲则是体弱多病，无力照顾儿子，因此太宰治从小是受姑母和保姆的抚养而长大。

太宰治7岁时，至市立金木普通小学就读，成绩杰出。12岁时以第一名的成绩从普通小学毕业，后至离家两公里远的明治高等小学就读。1923年4月，太宰治至青森县立青森中学就读，寄宿该市寺町的远亲丰田家檐下。中学期间，开始创作小说、杂文、戏剧，对泉镜花、芥川龙之介的文学相当倾倒。16岁发表《最后的太阁》。和阿部合成、中村贞次郎等友人合编同人杂志《星座》。18岁时至远亲藤田丰三郎的家里寄宿，就读弘前高等学校。年间，传来芥川龙之介自杀的消息，使太宰治受到很大冲击。这一年他和青森市滨町"玉屋"的艺妓红子（小山初代）相识。1928年5月，19岁的太宰治独自编辑的同人杂志《文艺细胞》创刊，以"焉岛众二"之名发表《无间奈落》，思想上渐受马克思主义的影响。因对出身苦恼而有服安眠药自杀的意图。1929年10月，太宰治企图以安眠药自杀而未遂。

1930年，太宰治进入东京帝国大学法文科就读，住宿在户冢取访町常盘馆。与井伏鳟二会面，并奉之为终身之师。在这期间，太宰治参与了共产党运动，几乎没有上课。6月，三兄圭治去世。此时，太宰治结识了一位酒吧女郎，同居三天后，两人相约在镰仓腰越町海岸殉情。结果太宰治获救，一起赴死的女子却真的死了。太宰治因为教唆自杀罪被法院起诉，良心上也受到深深的谴责。后来小山初代来东京，互定终身后暂时回乡，后遭分家除籍，靠小山家资助。

1933年，24岁时第一次用太宰治这个笔名发表了《列车》《圣代东奥》。参加了古谷纲武、今官一、木山捷平等人创立的同人杂志《海豹》，并在创刊号发表了《鱼服记》。此后，频繁出入井伏鳟二家，结识伊马鹈平（春部）、中村地平、小山右士、檀一雄等人。1934年，太宰治借井伏鳟二之名于《文艺春秋》推出《洋之介的气焰》。12月，与津村信夫、中原中也、山岸外史、今官一、伊马鹈平、木山捷平等人共同成立同人杂志《青花》，发表《浪漫主义》。

1935年2月，发表《逆行》。3月，参加东京都新闻社的求职测验落选后，企图于镰仓山上吊自杀，并自帝大辍学，发表《道化之华》。8月，《逆行》入围第一回芥川奖，开始和田中英光通信。1936年，在期待已久的第三回芥川奖评选中落选，使太宰治备受打击。第二年3月与初代至水上温泉，企图吃安眠药自杀，但未成功。回东京后与初代离别。发表《虚构的彷徨》、《灯笼》。

1939年1月，30岁的太宰治在井伏鳟二夫妻撮合下，与石原美知子举行结婚典礼，于甲府市御崎町筑新居。3月，于《文学界》发表《女生徒》并获北村透谷奖。接下来的一年，太宰治发表的作品增加。开始连载《女的决斗》、《俗天使》、《鸥》、《哥哥们》、《老海德堡》等作品。《超级控诉》、《快跑！梅乐斯》发表后被誉为名作，受邀演讲的机会增多。1941年6月，长女园子诞生，经北芳四郎的鼓励，探访十年不见的乡里金木町的老家。其后，完成长篇《右大臣实朝》。1944年，发表《裸川》（新解诸国故事）、《佳日》。并于此时开始研究鲁迅。8月，长男正树诞生。12月，为调查鲁迅于仙台的事迹，赴仙台。1945年2月，完成鲁迅传记《惜别》。3月，在空袭警报下执笔写《伽草纸》。3月底，妻子至甲府娘家避难，轰炸之后家被毁损。7月，甲府遭炸弹，家毁，后与妻子经东京返回老家津轻。

战后，太宰治的创作状态再次活跃，连续发表多部作品。1947年完成了《斜阳》的创作，在这年春天，他结识28岁的山崎富荣。1948年，太宰治再次以《如是我闻》震惊文坛，完成了《第二手札》的一部分。此时，随着肺结核的恶化，身体极度虚弱，时常吐血。6月13日深夜，与山崎富荣一齐在玉川上水投水自尽。39岁生日当天，遗体被发现。21日，丰岛与志雄、井伏鳟二主持至其家中举行告别仪式，葬于三鹰町禅林寺。太宰治的重要作品还有：短篇小说《东京八景》、《小丑之花》，长篇小说《晚年》、《人间失格》等。

"不要绝望、在此告辞"——太宰治自杀之谜

有人称太宰治为"一个死得最多的日本作家"。他自杀五次，是日本死得最多的作家。他几乎把自杀作为一种行为艺术，来加以重复实践，直到最后达到圆满为止。似乎对于他来说，死亡才是一生追求的最终目标。

太宰治生于日本青森县北轻津郡金木村一个大地主家庭，父亲是地方名绅，母亲体弱多病，不能亲自抚养孩子，太宰治在11个兄弟姐妹中排行第10，从小由姑母和保姆照顾。日本战前的家长制和长子继承制给太宰治造成了一种多余者的感觉，凡事都要看父兄的脸色。在这样一个豪华而倍感压抑的家庭中，形成他强烈敏感、自卑、而又骄傲的矛盾性格。他似乎是个长不大的少年，一生需要女性的呵护、抚慰，直至走完人生的最后

一程。

太宰治第一次自杀是在1929年10月他20岁的时候,当时他还是高中生,受到当时流行的无产阶级文学的影响,或许是烦恼本身的阶级问题,也或许是崇拜芥川龙之介的自杀,太宰治企图以安眠药自杀。幸亏当时他吞下的安眠药的剂量还不到致死量的十分之一,但这一次未遂自杀,却在他的生命中沉淀了一种死亡的情结。

第二次自杀是在1930年11月。太宰治不懂法文,仅因为憧憬法国文学,他进入东京帝国大学法文系。他经常旷课,荒废了学业,不断地被留级,被人耻笑。太宰治在这一阶段产生了厌世情绪,再次自杀。这次是和一名酒吧女郎,同居三天后,他俩吞下安眠药,在镰仓的七里滨海岸投水自杀。这一次太宰治吞下安眠药的剂量依然未达致死量,结果太宰治获救,年仅18岁的酒吧女郎死亡。太宰治因为教唆自杀罪被法院起诉,良心上也受到深深的谴责。不过,最后证明他也是真的想死,但没有死成,于是,没有受到法律的追究。

第三次自杀是在1935年,是因为不能获得他梦寐以求的芥川奖。太宰治的短篇《逆行》入围了第一届芥川文学奖。但评选委员之一的川端康成对《逆行》提出批评,导致《逆行》落选;下一届,他原以为这次对于他,可说是唾手可得,不料还是落选;再一届,他一反常态,向评委们乞求:请你们给我希望,虽然我死皮赖脸活下来,也请夸奖一下;请不要见死不救。即便如此,他仍然落选。于是,太宰治在镰仓的山上意图自杀。结果绳子脆弱,绳结断了摔落到地面,上吊自杀未遂,脖子有明显的绳索勒痕。

第四次自杀是在1937年,是因为同居女友不是处女,而携女友自杀。本来,他以为已经找到了幸福的爱情,他们相爱并同居。但当他得知自己的情人,已经与他人发生过性关系,他的表现近乎歇斯底里,以至差一点精神崩溃。于是,太宰治要挟女友到了一处温泉旅馆,实施殉情计划,仍是服安眠药。而这次服下的安眠药药量仍然不够,就连医院都不必送,他们就被救活过来了。返回东京后,两人因感情破裂分手。

直到第五次，1948 年 6 月，他才顺利结束了自己的生命。和他的另一个情人一起，跳入东京西郊的河里溺亡。两人的腰部，用红色的绳结绑在一起；彼此的手，穿过对方的腋下，紧紧抱住对方的头。据说，两个人在雨中沿河走了好长一段路程，然后才跳入河中。"不要绝望、在此告辞"，这是太宰治留给这个世界的最后一句话。

遗书　姐姐：我不行了！我要先走了。我完全不懂自己为什么非活下去不可。让希望活下去的人活下去吧！人有生存的权利，同样的，应该也有死亡的权利。我的这种想法一点也不新颖。这么理所当然，而且是原始的想法，别人都莫名其妙地畏惧，不敢直截了当地说出。希望活下去的人，即使不择手段，也应该会坚强地活下去，那是很精彩的事。所谓人世之荣誉，一定会出现在他们的人生旅途中。可是，我以为死也不算罪过。我不过是一株草，实难以在此世间的空气和阳光中求生存。我似乎缺乏继续求生的某种东西，这是不够的。从过去到现在，我已经竭尽心力了。我进入高中后，开始和那些出身与我不同的人交往，他们坚韧又茁壮，似劲草一般。为了避免被他们凶猛的气势压倒，我开始吸食麻药，在半疯狂的状态抵抗他们。之后我入伍了，在那里我依然意吸食鸦片作为生存的最后手段。姐姐！恐怕你也不了解我的这种心情吧！我希望变得下流！变得坚强，不，是变得凶暴！我以为那就是变成民众之友的唯一途径。光靠喝酒还是不够，我必须经常处于晕眩状态，因此，除了麻药别无他法。我必须忘掉家，必须反抗父亲的血统，必须拒绝母亲的优雅，而且还必须对姐姐冷淡。我认为如果不这样，就得不到进入民众人家的入场券。我变得下流了，学会了下流的词汇，可是其中的一半，不，百分之六十都是可怜兮兮地拾人牙慧，只不过是不入流的手工艺品。对民众而言，我依然是个装模作样、古怪可笑的男人，他们无法敞开心扉和我相处。事到如今，也无法再回去找曾经被我舍弃的沙龙。虽然现在我的下流有百分之六十是拾人牙慧，但剩下的百分之四十便是道道地地的下流了。所谓上流沙龙令人生厌的高尚气质，只会令我作呕，一刻也无法忍受。而且那些自诩豪门权贵、高官达人者，会惊讶于我这种恶劣的行径，必然逐之而后快。不能重回被自己舍弃的世界，而从民众那里获得的却只是一席过分恭敬，其实是充满恶意的旁听席而已。在任何社会里，像我这样生活能力薄弱、残缺不全的草芥之人，根本谈不上思想，或许自生自灭就是宿命吧！但是，我也有话要辩白，我正面临令我难以生存的境地。人都是一样的。这种论调也是思想吗？我认为创造这句不可思议的话的人，既非宗教家，亦非哲学家，更不是艺术家。这句话出自民间的酒馆，有如生蛆似的，不知不觉中也没有谁说出就不声不响涌出来，没了全世界，把世界弄得乌烟瘴气。这句不可思议的话与民主主义或马克思主义完全无关。这一定是酒馆里的丑男对美男子无的放矢的话。只是一种焦躁、嫉妒的心态，根本谈不上是什么思想不思想的。然而酒馆内争风吃醋的怒声，却莫名其妙戴上思想的面具，在民众之间漫步。虽然它应该和民主主义及马克思主义无关，曾几何时却与政治思想、经济思想扯上关系，而以卑劣的面目登场。这种硬把胡说八道扯上思想的把戏，连《浮士德》剧中的恶魔靡菲斯特也会觉得愧对良心而犹豫不决吧！人都是一样的。这是多么卑屈的一句话！轻视别人的同时，也轻视自己。这种论调毫无自尊可言，是要人放弃所有的努力。马克思主义主张劳动者至上，并没说人人都一样，而民主主义重视个人的尊严，也并没说人人都是一样的。只有妓院的龟公才会如此说："无论你怎么装腔作势，还不都是同样的人？"为什么说是一样呢？为什么不说优秀呢？那是奴隶劣根性的复仇。事实上这句话很猥亵，令人毛骨悚然。人们彼此畏惧，所有的思想被强奸，努力被嘲笑，幸福被否定，美貌被玷辱，光荣被蹂躏。所谓"世纪的不安"都是从不可思议的这句话衍生出来的。虽然明知这句话可厌，我还是受它威胁，恐惧到全身发抖、提心吊胆，仿佛无地安身。最后干脆借着喝酒和吸食麻药，祈求短暂的宁静，结果一切都走样了。我的确很懦弱，是一株有重大缺陷的草芥。或许那些闲人会嘲笑我，说什么我的理由太多啦，其实天生是贪玩、懒惰、好色、自私任性的纨绔子弟！以前我听到这种话，总是害羞地、暧昧地默认。如今临死之前，我想说句话以示抗议。姐姐！请相信我！我虽然纵情玩乐，却一点也不快乐，也许我对快乐无能。我狂欢、放荡、颓废，只不过是为了摆脱如影随形的贵族气息。姐姐！我们到底有什么罪过呢？生为贵族难道就是我们的罪过吗？只因为生长在这种家庭，我们便要像是犹大那样，永远怀着恐惧、赎罪的心情，羞愧地苟活吗？我应该更早点死的，但唯一令我牵肠挂肚的是妈妈的爱，思及此，我怎么也无法结束生命。人有自由生存的权利，同样也有随时结束生命的权利，然而妈妈在世的一天，我就得保留赴死的权利，否则我同时也谋杀了妈妈。现在即使我死了，也没有人会悲伤到伤害身体。不！姐姐！我知道我的死将带给你怎样的悲伤。不过，省下那虚饰的感伤吧！当你们获知我的死讯时，一定会痛哭的，可是你们试想我活着时的痛苦，以及我从可憎的生命中完全解脱时的喜悦，你们的悲伤将会逐渐消失的。指责我自杀的人，大概会说好死不如歹活。这句话光是挂在口头上说说，对我着实没有一点帮助。而得意洋洋批评我的人，恐怕就是那一类平心静气劝天皇陛下去开水果店的大人物。姐姐！我还是死了好。我没有所谓的生活能力，也没有力量和他人争夺金钱，甚至无法向他人敲竹杠。和上原先生一起去玩，我也是自己的账自己付。上原先生认为这是贵族的廉价自尊，非常厌恶，但是，我并非是为了自尊才付账的，只是无法心安理得看他把辛苦工作赚来的钱，花在无谓的吃喝和抱女人上。我总是随口说是敬重上原先生的工作，当然那是谎言，其实我自己也不太清楚为何这么做。不知为什么，接受别人的招待，总会使我局促不安。尤其是对方拿出血汗钱来请客时，更叫我痛苦万分。我只好向家里要钱或搬出东西，惹得妈妈和你伤心，我自己也并不快乐。出版社之类的计划，只不过是掩人耳目的名堂，事实上，我根本就没有认真过。我再怎么蠢也会发觉，连别人请客也没有勇气接受的男人，赚钱这码事简直比登天还难。姐姐！我们已经贫穷了。以前我总想招待别人，如今不仰赖别人便活不下去了。姐姐！在这种情况下，为什么我还要活下去呢？我已经没有希望了，我决定结束生命。我身边有可以安乐死的药，那是我在军中获得的。姐姐很美（我总是以母亲和姐姐的美丽为傲），人又很聪明，我一点也不担心姐姐的未来，其实我根本没有资格担心。犹如猫哭耗子，这么说只会使我脸红。我认为姐姐一定会结婚，生儿育女，然后依靠丈夫活下去。姐姐！……姐姐！我已经没有希望了。再见！归根究底，我的死是自然死，因为人类只要有思想就不算死亡。我还有一个难为情的请求。妈妈的遗物中有一件麻质的和服吧！姐姐曾经修改要让我明年穿，请把那件和服放入我的棺内，我想穿那件衣服。夜尽天明，长久以来让你受累了。再见！昨夜的酒醉已完全醒了，我要在清醒的状态下离开人世。再说一次再见！姐姐！我是贵族！

攻伐　井伏鳟二是太宰的老师，也是太宰和石原美知子结婚的介绍人。他以太宰药物中毒时的疯狂态度为滑稽有趣的题材，写成了《药房的年轻妇人》。对于这点，太宰耿耿于怀，在他受人委托撰写井伏选集的解说时，故意取材井伏的失败作《青之岛大概记》（以前太宰在学生时代曾帮助井伏誊写），刻意放大井伏照抄史料的部分，并写出"令人体会到天才原来是如此"等讽语，还在遗书中直接指出"井伏先生是个坏人"。

川端康成在太宰入围芥川赏而落选时为当时评审委员之一。川端对太宰有"作者（太宰）对现下生活诸多不满，我对他无法一展才华感到遗憾"的批评，太宰则以《给川端康成》为题书写短文抗议。川端则发表《给太宰治：关于芥川赏一事》的解释短文，为自己的失礼道歉。

相轻　三岛由纪夫在大学时代，因为周围的太宰热潮而读了《斜阳》，认为此虚构作品中贵族的言谈和日本现实贵族相差甚远，旧制学习院出身的三岛为此感到不大协调。他也读了《虚构的彷徨》等书，但对太宰印象不佳。之后，三岛被矢代静一带着出席以太宰为首的会议，三岛放话道"我讨厌太宰文学"。对此，太宰用一副怪异的表情，回答道："就算这样说，还是来了啊！应该还是喜欢吧，喜欢吧！"但也对在同一场合的野原一夫吐出这么一句话："讨厌的话就不要来啊！"随即撇过脸去。

三岛在其后二十年不断地表明自己对太宰是生理上的厌恶："太宰的性格缺点，大概有一半应该是由于冷水擦澡和体操还有规律生活所导致的。我第一讨厌这个人的脸，第二讨厌这个人的乡土性的嗜好，第三讨厌这个人扮演不适合自己的角色。"

但是在晚年，三岛向友人村松刚倾诉："最近听到有人想去买家具，我都会想吐。"松村回答："家庭的幸福就是文学的敌人。那这样，不是和太宰一样了吗？"三岛承认说："对啊，我和太宰治一样。是一样的人喔。"村松再问："太宰的苦恼，就算做体操也不会好转吗？"三岛据说没有回答。（村松刚《三岛由纪夫的世界》）奥野健男也指出，三岛对太宰的憎恶就是近亲憎恶。

语录 我们的微笑，源自那颗滚落在潘多拉盒子一角的小小石子。和死亡毗邻而居的人，相对于生死的问题，一朵花的微笑反而更能铭记于心。眼下的我们仿佛是被某种幽幽的花香吸引，乘上了一艘全然未知的大船，沿着命运的航线随波逐流。这艘所谓"天意"的大船，将到达哪座岛屿，我同样茫然不知。但是，我们必须信赖这次航行。我们甚至萌生了一种感觉：生和死，不再是决定人类幸或不幸的关键。死者归于圆满，生者则立于出航船只的甲板上合掌祈祷。船，顺利地离岸而去。

"我好爱这世界！"我热泪盈眶的想。注视着天空，天空慢慢改变，渐渐变成了青色。我不停地叹息，好想褪去自己的衣裳。就在这时候，树叶、草变得透明，已看不见它们的美丽，我轻轻触摸草地，好想美丽的活下去。

眺望杂草丛生的一座荒废的大院子，我坐在偏僻的一室，完全失去了笑容，我又打算再度自杀。说不愉快，是真的不愉快，且任性的。我仍然是将人生当做一场戏，不，是将戏当做人生。现在我已经对谁都没有帮助了。

　　站在门边，月影、枯野一片，老松耸立。我经常在出租的房屋里独自一人饮酒，酒醉后走出房间，靠在门柱上，胡乱低声吟唱着歌。除了两三位难以分离的好友，没有人理我。我也逐渐明白这世间的人都在怎样地看着我。我是无知骄傲的无赖汉，也是白痴、下等的好色男、伪装天才的骗子，过着奢华的生活，一缺钱就扬言自杀，惊吓在乡下的亲人。像猫狗一样虐待贤淑的妻子，最后将她赶出去。

　　我装出一副早熟的样子，人们就谣传我早熟。我假装懒汉的模样，人们就谣传我是懒汉。我装做不会写小说，人们就谣传我不会写小说。我假装爱撒谎，人们就谣传我是说谎的人。我假装有钱的样子，人们就谣传我是富翁。我假装冷漠，人们就谣传我是个冷漠的家伙。可是当我真的痛苦呻吟时，人们却指责我无病呻吟。

作品精选

蟋　　蟀

　　我要和你分手。

　　你净说些谎话。也许我也有不对的地方，但是，我就是不知道自己哪里不对。我已经二十四岁，到了这个年纪，就算哪里不对，我也已经无力改变了。若不能像耶稣那样死了一回又再复活的话，我根本无法改变。我知道自杀是最深的罪恶，所以我愿把与你分手，视为我正确的抉择，暂时试着努力生存下去。我觉得你很可怕。在这世上，说不定你的生存方式是正确的，但是，我就是无法那样地活下去。

自我嫁给你至今已五年了，在十九岁春天的相亲之后，我马上就独自跑到你身边。弟弟那时才刚进大学，他还曾一副不以为然的样子，老成地说：姐姐，你没问题吗？大概是因为不喜欢你，所以到今天他还是保持沉默。当时，我还有其他两门亲事。我的记忆逐渐模糊了，只记得其中一个好像是刚从帝大法科毕业的少爷，听他说好像希望当个外交官什么的。我看过照片，一副乐天爽朗的脸，他是由我池袋的大姐所介绍的；另一人是在父亲的公司里工作，年近三十岁的技师。那毕竟是五年前的事了，有些记不清楚，听说好像是一个大家族的长男，为人很可靠的样子。他很得父亲的赏赐，父亲、母亲都很热烈地支持他，印象中我没有看过他的照片。这些事没什么大不了的，但如果因此被你嘲笑，我还是会觉得很不是滋味。我只是想清楚告诉你我所记得的事情而已。告诉你这些事绝不是因为讨厌你，请你相信，我觉得很困扰。

我从未想过早知道这样，当初就嫁到其他的好人家了。你以外的人我都不予考虑。如果你还是以一贯的态度来取笑我的话，我会感到很难过的。我是很认真地在对你说，请你听到最后。那个时候，就连现在、现在我也完全不想跟你以外的人结婚，那是很清楚的一件事。我从小就很讨厌磨磨蹭蹭，那时，父亲、母亲，还有池袋的大姐跟我说了很多话，总之就是要我去相亲。对我而言，相亲跟贺词是一样的东西，无法轻而易举地回答。我完全不想和那样的人结婚。如果真如大家所言，对方是一个无可挑剔的人的话，就算没有我，也应该会有很多其他的好女孩注意吧？可是为何没什么竞争者呢？我要找一个在世界中（一提到这个，你马上就要笑我了）除了我，就没有人愿意嫁给他的人，我是这么幻想着。

刚好那个时候，你那边就发生了那件事。由于表现得相当不礼貌，父亲、母亲一开始就很不高兴。那个古董商但马先生跑到父亲的公司来卖画，在客套的寒暄后，他对我说了一些不够庄重的玩笑话：这幅画的作者日后一定会成名。觉得怎样？小姐。父亲没怎么放在心上，只暂时买了一幅画挂在公司会客室的墙壁上。两三天之后，但马先生又再次来访，这次他很认真地提出了相亲的请求。实在太无理了。担任使者的但马先生是但马先生，那个拜托但马先生的男子是那个男子。父亲、母亲都感到很讶异。之后我曾向你询问这件事，见你全然不知情的样子，我才知道这一切都是但马先生豪气干云的个人想法。

你实在是受到但马先生很多的照顾。现在你的成名，也是但马先生的功劳，他对你真是义无反顾。也许这是因为他看出你的能力之故，今后你绝不能忘记但马先生。

那个时候，我听到但马先生鲁莽的请求，虽然感到有点吃惊，但却莫名地好想见你，不知道为什么，我那时非常高兴。有一天我偷偷地到父亲的公司看你的画，我大概提过当时的事了，我装作有事要找父亲的样子，走进会客室，一个人仔细地观看你的画。那一天，非常寒冷。在没有暖气、宽广的会客室一角，我边打战边站着看你的画。

画里有个小庭院和迎着阳光的美丽走廊，走廊上没有人，只放了一条白色的被褥，是一幅只有青色、黄色和白色的画。观看时，我几乎无法站立地全身发抖，我想，这幅画大概除了我以外应该没有人看得懂吧！我是很认真地说的，不要取笑我。我看了那幅画两三天之后，不论晚上或白天，我的身体都在不停地颤抖。我想不管怎样都一定要嫁给你，这样轻佻，让我羞耻地觉得全身仿佛就要燃烧起来，于是我向母亲表达我的希望。可是，母亲却一脸不以为然。我当下便有所觉悟，不死心地直接响应但马先生。伟大！但马先生大声地说着，他站起身，弄翻了椅子。不过，那个时候，我和但马先生却一点都笑不出来。后来的事情，你应该也很清楚。我的家族对你的评价每况愈下。

你抛下双亲从濑户内海奔到东京来，除了你的双亲，连你的亲戚也都对你感到厌恶。还有喝酒的事、一次也没提出作品展览、倾向左翼、是否真的毕业于美术学校等很多奇怪的事，我的父母一一告诉我这些不知道从哪里调查来的事实，并且斥责我。可是，在但马先生的热心推动之下，我们还是终于见了面。

我和母亲一起走进千疋屋，你正是我所想象的样子，那时我还很感动你白衬衫的袖口是洁白的。当我端起红茶的盘子时，因为紧张而颤抖不停，使得汤匙在盘子上叮叮作响，为此我还感到非常难为情。回家之后母亲更加的数落你的不是，说你只顾吸烟、完全不与母亲交谈的态度非常不对，甚至还不断地提到你的相貌差劲。这都是没有看清你本人的缘故。不过，那时我已经决定要跟随你了。

与父母恳谈、使性子，终于我获得了胜利。和但马先生商量过后，我几乎是一个人嫁到你家里去。住在淀桥公寓的那两年，是我最快乐的日子。

每一天，胸口都满满地塞着明天的计划。你完全不在意展览会、名家的姓名，始终一直随意地作画。随着生活日趋贫困，我反而有一种奇怪的喜悦，对于当铺、旧书店，都有一种像是故乡般的怀旧情怀。

即使是在一毛钱也没有的时候，我也会试着用自己所有的力量，全力去想办法。没有钱煮一顿饭，是很快乐、美味的。那时我一次又一次地发明好的料理，不是吗？但现在，我却办不到了，想到需要什么东西都可以买得到，我就不再有任何幻想。即使去逛市场，我也觉得很空虚，只买一些跟其他太太一样的东西回来。

你突然变得伟大了，从淀桥的公寓迁升到三鹰町的家之后，我就不再有快乐的事。再也没有我可以大展身手的空间。你突然变得善于辞令，虽然对我是照顾有加，但我却总觉得自己好像是一只被饲养的猫，一直深感困扰。我没有想到你会在这世上成名，一直以为你会是个到死都还很贫穷，只会随意作画，受尽世人嘲笑，却平静地不向任何人低头、偶尔啜饮着酒、不沾世俗、就此度过一生的人。我是一个笨蛋吗？但是，世上应该会有这样的美人吧！我到现在一直都这么相信着。

因为没有人看得见那人额头上的月桂树冠，所以他一定会受尽委屈，而且也没人肯嫁给他、照顾他，因此我愿走向他，一生随侍在他身旁，我觉得你就是那个天使，除了我，没有人能了解你。唉，你觉得这想法怎样？但没想到你竟然一夕成名，叫我该怎么说呢？我好生苦恼。

我不是憎恨你的成名。知道你那具有神秘力量的悲伤画作日益受到众人喜爱时，我每晚都向神明致谢，那是一种想哭的喜悦。住在淀桥公寓的那两年，当你心情高兴时，你会画自己喜欢的公寓内院、画深夜新宿的街头。当我们没有任何钱时，但马先生会来到家里，用足够的钱来交换两三幅图画。那个时候，你对于但马先生把画带走的事情，总是显得非常落寞，一副完全不关心钱的样子。但马先生每次来都会悄悄地把我叫到走廊，像是已经决定好似的，认真地说着请笑纳，然后向我鞠躬，把白色的四角信封塞进我的腰带里。

你总是一副不知情的样子，而我也不会做出那种立刻察看信封内容的卑贱动作。我真的从来都不希望你看重钱，变得有名。我以为像你这样不善言词、粗暴的人（对不起），不但不会有钱，更不会成名。然而，这些都只是外表而已。为什么？为什么？

从但马先生前来商量开个人画展的事情开始，你就突然变得很爱漂亮。

首先是去看牙医。你有很多的蛀牙，一笑起来，就像个老头，你过去丝毫不以为意，就算我劝你去看牙医，你还是会半开玩笑地说：不用了，牙齿全部拔掉，换上假牙，一口亮晶晶的金牙，让女人给爱上就麻烦了。本来你一直都不愿去处理牙齿，不知道吹了什么风，近来在工作的空当之余你竟拨空出去，然后带着两颗闪闪的金牙回来。

喂！笑给我看。我一说，你长满胡髭的脸马上变得通红，很难得地用一种羞怯的语调直嚷着说：都是但马那家伙一直啰唆煽动的关系。你的个人画展在我到淀桥后的第二年秋天召开。我很高兴。但想到你的画将被很多人喜爱，不知道为什么，我又无法高兴起来。我应该是有先见之明吧！没想到，你的画在报纸上受到热烈的好评，出品的画，听说全部卖完，甚至连有名的画家也写信过来。这一切实在太好了，好到让我觉得可怕。

到会场来看！尽管你和但马先生都那么热烈地对我说，但我还是浑身颤抖，一直留在房间做些编织的工作。我一想到你那些画，二十幅、三十幅整齐地并列，然后被很多人观看，我就会想哭。这样的幸运，来得这么快，之后一定会有不好的事情发生。我每天晚上都向神明道歉，并向神明祈祷：幸福已经这么多了，之后请保佑他不要生病、不要有什么坏事发生。

你每晚都被但马先生约到各名家那边拜访，有时到隔天早上才回来。尽管我没多想，但你还是会详细地告诉我前一晚上的事情，哪个老师为人怎样、是个蠢蛋之类的事，完全不像沉默的你，净说些很无聊的东西。我跟你生活了两年，以前从没听你谈论别人的是非。什么老师，怎么样，过去你不都是一副唯我独尊，对什么都漠不关心的样子吗？

还有，就算你希望借着这样的谈论能让我知道你没有不可告人的事情，但也请你不要心虚地兜着圈子辩解。我又不是一切无知地活到现在，明明白白地告诉我所有事情，就算一整天都会因此而感到痛苦，但之后我反而会觉得轻松。反正我一辈子皆为人妻，我不会因那些事就不信任男人或者胡乱猜忌。就算有了那些事，我也一点都不担心，说不定还会笑着忍耐着，毕竟往后还会有其他更辛苦的事情。

我们突然变成有钱人了。你变得非常忙碌，还被邀请至二科会，成为会员。你开始对公寓的小房间感到可耻，但马先生也不断地劝你搬家：住在这样的公寓里，如何博得世人的信用？之前画作的价值也一直不会上涨的。不如再加把劲租个大屋子吧！他向你提供一些讨厌的计策，你居然也颇感认同地说着的确如此，住在这样的公寓，人都会变傻这些低俗的话。我感到相当震惊，也觉得非常寂寞。但马先生各方奔走，最后找到三鹰町这个房子。

年底我们带着些许的家具搬到这个讨厌的大房子里。你在我不知情之下到百货公司买了很多漂亮的用具，每当那些东西一次次地从百货公司送来时，我都会胸口哽咽，感到分外悲伤。我要对你说声很抱歉，因为我一直在努力地故作高兴，表现出兴奋不已的样子。不知何时，我已经变成那种讨人厌的太太。你甚至还说要请个女管家来。但这件事我很不满，彻底反对，因为我实在没有办法使唤人。

搬过来之后，你马上就印制了三百张贺年卡以及搬家通知。三百张！什么时候有了这么多朋友？我觉得你正行走在非常危险的钢索上，让我感到非常地害怕。我想，想着之后一定会有不好的事情发生。你那样庸俗地交际，是不会成功的。一这么想，我就心惊胆战地度过每一天。可是你非但没有跌倒，还不断地遇到好事。难道我弄错了吗？

我母亲也抽空来拜访这个家。每次她都心情很好地带着我的衣服、储金簿来，一副心情很好的样子。那时父亲很讨厌会客室的画，把它放置在公司的仓库里，现在，父亲已经把画带回家，还换了高级画框，挂在自己书房里。池袋的大姐后来也写信来说请多照顾。

客人一下子变得很多，客厅常常是高朋满座。那个时候，你爽朗的笑声，我在厨房都可以听见。你真的变得爱说话了，以前，那样沉默，我一直以为你什么都明白，只因为觉得全都很无聊，所以才保持沉默的。可是，事情好像不是这样。你在客人面前净说些无聊的事。你把前几天才刚从别的客人那边听到的画论全部照抄，当做自己的意见装腔作势地发表。我只对你说关于我看完小说之后的感想，翌日，你对客人说：那个莫泊桑，我可是对他又敬又畏呢！你居然把我的愚论一字不改地告诉大家，每当我端着茶准备到客厅时，常会因太过羞耻而无法站立。

啊！原来你以前什么都不知道。对不起！虽然我什么都不知道，但我还会谨守自己的言论，可是你却完全没有保持缄默，净是模仿别人所说的话。尽管这样，你还是不可思议地获得成功。

今年二科画获得报社的奖赏，该报更是用一连串可耻到了极点的赞词来形容。孤傲、清贫、思索、祈祷、萧伯纳法国的画家；创作了很多以沉静色调的宗教诗情为主的壁画，存于法国各地；油画中以《贫穷的渔夫》最为有名等各式各样的赞语。后来与客人谈论到报纸的报道，只见你平静地说：有些部分，确是如此。唉！你在说什么啊？我们并不清贫，看看储金簿！自从你搬到这个屋子后，像变了个人似的，一直把钱的事挂在嘴边，如果有客人来求画，则脸不红气不喘地提到价格。你对客人说，先把价格谈好，之后不会有争执，这样对彼此的心情都好。我偶然间听到这话，又觉得不舒服。为什么要常常在意钱的事呢？我觉得只要能画出好的作品，生活自然过得去。我已经失去那种做一份好工作，然后贫困谨慎过着生活的那种快乐。我一点都不想要钱。

我怀抱着一份广阔的自尊心，好希望自己能够平淡过活。你甚至还察看我的钱包，一有钱入账时，你会把一部分的钱放进你的大钱包和我的小钱包里。你的钱包里有五张大纸币，而我的钱包里则放了一张折了四折的大纸币。你把剩下的钱都存放在邮局与银行里。我总是站在旁边观看着。有时我忘记将放有储金簿的书架抽屉上锁，被你发现了，会很不高兴地说教、向我抱怨，这使我相当泄气。

你去画廊收钱时，通常第三天左右才会回来。即使如此，你还会在深夜喝醉酒，唧唧地开着玄关的门，一进门就说喂！还剩下三百日币喔！数数看！等等伤感的话。那是你的钱，你用了多少我不是都该觉得没关系吗？我知道你偶尔心情好时，会想花大钱。你大概是以为如果全部用完，我可能会感到失望吧！我明白钱的好处，但我没办法老是考虑着钱的事情过活。你那种只剩下三百日币、洋洋得意地回来的心情，让我感到非常地寂寞。我一点都不想要钱，什么都不想买、不想吃、不想看。家中的用具，我都会以废物再运用，和服也重新染过、修补，一件都没有买。不管什么事我都身体力行，一个手巾架，也不想买新的，那样很浪费。你常常带我到市区吃昂贵的中国料理，可是我一点都不觉得好吃。不知道为什么，我的心情就是无法安定，总提心吊胆地，觉得好奢侈、好浪费。比起三百日币、中国料理，你不知道在这屋里的院子做一个丝瓜架会让我多么的高兴啊！八榻榻米的走廊上，有着那么强烈的夕阳照射，如果能做一个丝瓜棚，一定很合适。你对我说：既然我那么的渴望，不如请个园丁来架吧！你不愿自己做。我不喜欢请园丁，装作有钱人的样子，我要你来做，你直说：好，好，明年做。可是一直到今天，你都没有付诸实行。

你在自己的事情上浪费很多无聊的时间，却对别人的事，顶着一副什么都不知道的表情。有一天，你的朋友雨宫为太太的生病感到烦恼，前来找你商量。你特地把我叫到客厅一脸认真地问我：家中现在有钱吗？我觉得滑稽、愚蠢，一时之间不知该如何是好。当我红着脸，支支吾吾时，你像嘲弄般对我说道：不要把钱藏起来，到处找找，应该可以有个二十日币左右吧？我感到非常震惊，我试着重新再看一次你的脸。你用手移开我的视线，直嚷着：好啦！借给我啦！别再小里小气了。

接着你又对雨宫笑着说：彼此、彼此，这种时候，贫穷是很辛苦的。我整个人呆住，什么话都不想多说。你一点都不穷。

至于什么忧愁，现在的你哪里有那种美丽的影子？你根本是忧愁的相反，一个任性的乐天派。你不是每天早晨，都会在洗脸台高声唱着嘿咻嘿咻吗？我在附近觉得羞耻得不得了。什么孤傲！难道没注意到自己只能活在随从的包围中吗？被来到家中的客人们尊称老师，单方面批评某人的画，然后表示大概没有人的画能出其右。但我觉得就算真的如此，也不需要那样批评一个人，征询客人的同意。你只想要在那边获得客人的同意而已，那有什么孤傲？其实，就算无法让每个客人心悦诚服，也没什么大不了的，不是吗？你真是一个大骗子。想到去年你退出二科会，组成一个新浪漫派团体，你可知道我一个人感到多么的悲伤？你是在暗处那样地嘲笑着，召集的全是笨蛋伙伴，而成立那个团体。你似乎没有定见，在这个世上，也许你的生活方式才是正确的。

葛西在的时候，你们两人说着雨宫的坏话，一副愤慨、嘲笑的样子。雨宫来的时候，又对雨宫非常地客气，然后几乎用令人无法想象的态度，感激地说着只有你才是我的朋友之类的谎话，接着这次又开始数落葛西的态度。

所谓的成功者，难道都做着像你这样的事而生存吗？单凭这样，就可以平顺地活下去吗？我非常害怕与不可思议。一定会有什么不好的事发生！发生也好，为了你，为了神的存在，我在心中某处一直祈祷着会有什么不好的事情发生。然而坏事一件也没有发生，一个也没有发生。好事依然继续。你的团体所举办的第一回展览获得非常好的评价。你那幅菊花的画，被客人们指为心境澄静、馥郁地飘着高洁爱情的芬芳。为什么会变成这样呢？我感到非常不可思议。

今年新年时，你带我到一向最热心支持你画作的冈井老师家拜年。尽管老师是那么知名的大家，住的却是比我们家还小的地方。单凭这点，我就觉得他是一个行家。

胖嘟嘟的，有种稳重如山的感觉，他盘腿而坐，透过眼镜，仔细打量我。他那个大眼睛，真的很像一双孤傲的眼睛，我就像第一次在父亲公司的会客室里看到你的画那样，身体不停地微微打战。老师不拘小节地净谈些简单的事情，他看着我，开玩笑地说：真是个好太太，感觉像是武家的出身。哈！她的母亲是个士族。你认真地夸耀着。我直冒冷汗，我的母亲哪是什么士族！我的父亲、母亲都是一个普通的平民。以后你大概还会骗人说我的母亲是华族吧！真是可怕的事。没想到连老师那样的人都没有识破你所有的谎言。难道世界上净是像你这样的人？

老师说你这阵子的工作很辛苦，要多休息。我想到你每天早上唱着嘿咻嘿咻的样子，不知道为什么，我觉得好可笑，差点忍不住就笑出声来。离开老师家，没走多久，你就踢着沙子骂道：啐！净对女人甜言蜜语的家伙。我吓了一跳，你好卑劣。刚才还在老师面前打躬作揖，现在马上说出这样的坏话，真是一个疯子。

从那个时候开始，我就想要和你分手。而且，我再也无法忍耐下去了。你绝对是错误的。我想，如果或许发生个灾难会比较好。然而，一件坏事都没有发生。你似乎已忘记但马先生过去的恩情，还对朋友说：但马那个笨蛋，现在还来这边。但马先生似乎也知道，于是常笑着说：但马这笨蛋又来了！然后又若无其事地从厨房口上来。对于你们的事情，我已经不太了解。人的尊严，到底去哪里？我要和你分手，我觉得你们勾结在一起嘲弄我。

前几天你在广播中表示新浪漫派的时代意义，我在茶室看晚报时，突然听到你的名字被播报，接着就听到你的声音。对我来说，那仿佛是别人的声音。多肮脏污浊的声音啊！让我觉得像是个讨厌的人，我可以清楚地从过去开始彻底地批判你这个男人，你只是普通人，然后一步步地顺利功成名就。真无聊！一听到我今日所拥有的，我就把收音机给关掉。你究竟累积了什么？请好好地反省吧！不要再说一些我今日所拥有的这种可怕而愚昧的话。啊！如果你赶快跌倒就好了。

那天晚上我很早就休息。关上电灯，一个人平躺睡觉，在我的背后，有只蟋蟀在拼命地叫着。它在走廊下叫着，但刚好位于我背部正下方，感觉好像在我的脊椎里窸窸窣窣地叫着。我愿把这个小小的、幽幽的声音存放在我脊椎里，一生都不会忘记地继续活下去。我想，在这世界里，你应该没错，错的反倒是我。可是我到底是哪里、怎样不对呢？我真的不知道。

三岛由纪夫（日本）

传略　三岛由纪夫（1925—1970），日本著名作家，本名平冈公威，出生于东京市，父亲名为平冈梓，母亲名为倭文重，是家中长男，三岛的祖母夏子具有日本贵族血统，是水户藩藩主的外孙女，曾在日本皇室有栖川宫家中学习过礼仪，是个充满威仪但却很固执、神经质的传统女性，祖父平冈定太郎则是兵库县农家出身的文官，曾任桦太厅长官（桦太是日本对库页岛南部地区的称呼，其官职相当于今日北海道的行政首长）。

三岛由纪夫

三岛在上中学之前一直是与执掌家族大权的祖母同住，因为过分的保护与管教，构成他贫弱的体质与孤独、甚至有点女性化的人格特质。健康上他患有自我中毒症，体质纤弱敏感。祖母的熏陶使他有非常多的机会接触歌舞伎与能剧等艺文活动，再加上喜好西方文学的母亲之鼓励，而打下日后他在小说、舞台剧剧作方面能高度展现的基础。

三岛从6岁开始，就在祖母的坚持下进入皇族学校学习院初等科（相当于小学程度）就读，并且在学院的内部刊物上发表诗歌与俳句作品。12

岁时初等科毕业后进入中等科，加入文艺部，在1937年7月于校内文学杂志《辅仁会杂志》的159期上发表散文作品《春草抄——初等科时代的回忆》，并且在之后就读学习院中等与高等部的6年间，持续发表更多诗歌、小说、戏曲方面的创作。

1938年，三岛在《辅仁会杂志》上发表了他个人的第一部短篇小说《酸模》。1939年，对他影响深远的祖母逝世，而同年第二次世界大战正式全面开战，但对于三岛的创作生涯最有影响的一件事，是他遇到了担任其国文老师的清水文雄。

1940年，三岛开始以"平冈青城"的俳号与笔名，发表了包括《山栀》在内的俳句与诗歌作品。

1941年，16岁的三岛获选担任《辅仁会杂志》的主编，开始撰写中篇小说《百花怒放的森林》，当时他的国文老师清水在看了他的作品后大表激赏，推荐他投稿《文艺文化》，并且使用"三岛由纪夫"的笔名。之后他陆续在该杂志上发表多篇各类作品，1942年他选择了学习院高等科文科乙类的大学预科继续升学，主修德语，并且持续与《文艺文化》的友人交流，而因此受到日本浪漫派文学的熏陶。

1944年第二次世界大战进入最后阶段，日本的处境开始急转直下，三岛由纪夫也收到征兵检查通知，需要随时等待征召。同年他以第一名的成绩从学习院高等科毕业，受到天皇颁奖。1944年10月，三岛由纪夫的短篇小说《百花怒放的森林》出版，成为他的出道作品，从此以后他从一个业余的文学创作者正式进入了专业作家的领域。隔月他获得推荐进入东京帝国大学法学部法律学科就读，主修德国法律，也由于这一身份暂时免除受征召入伍的必要。

1945年日本在战局中已陷入必败境地，三岛由纪夫终于还是被征召，但由于在准备出发参战之前军医把他的严重感冒误诊为是肺病，结果被遣送回乡。

1946年，三岛由纪夫带着自己的中篇小说《中世》与短篇小说《烟草》

到镰仓拜访日本当时的文学巨擘川端康成，在川端的推荐下，《烟草》一作在川端所属的镰仓文库杂志《人间》上发表，而且三岛也获得能自由参与镰仓文库的资格，经常性地在《人间》上发表作品，并且受到当时该杂志的主编木村德三之指导帮助。在川端康成的帮助下，三岛由纪夫终于晋身文坛，因此对他而言，川端是个亦师亦友的重要人物，两人之间的师徒之谊甚至到他死时都未中断。

1947年，三岛自东京大学法学部毕业，通过高等文官考试，随后进入大藏省任职，在银行局国民储蓄课服务。在这期间，他持续地在各种文学刊物上发表作品，1948年9月，为了专心创作，从大藏省辞职，开始成为专职作家。辞职后他先是完成并发表了生平第一个长篇小说作品《盗贼》，并且开始着手新书《假面的告白》的撰写，这本书在1949年7月出版。

1950年三岛出版长篇小说《爱的渴望》，这段期间他开始尝试以真实发生的社会事件来作为创作对象。这一年7月发生见习僧人自焚并放火烧毁京都鹿苑寺（金阁寺）的重大社会事件，这件事也由三岛取材、日后成就了他毕生最具代表性的成名之作。

1951年年底，三岛发表了长篇小说《禁色》的第一部《夏子的冒险》。并获得朝日新闻特别通讯员的记者身份，于12月25日自横滨搭船出海，开始他环游世界一周的旅途，并在1952年5月10日回到日本。这次的旅行是三岛毕生第一次出国，对他的美学思想产生了一定的影响。他在1952年10月发表游记《阿波罗之杯》，记述了他的见闻与对于美的观点。

1952年他开始为了长篇小说《潮骚》的取材，拜访位于三重县的神岛。1954年底，三岛凭借《潮骚》一书拿下第一届新潮社文学赏的大奖。

1956年是三岛最丰收的一年，经过了一年的潜沉而完成的《金阁寺》出版后，获得惊人的回响，同时他的戏曲作品《鹿鸣馆》在文学座创立20周年纪念会上公演。

1957年1月，三岛以《金阁寺》获得第8届读卖文学赏的大奖，同年，应邀到美国参访并且在密西根大学以《日本文坛的现状与西洋文学间的关系》发表演说，之后前往拉丁美洲游历后再长住纽约，直到隔年1月才返回日本。

1970年11月25日，三岛由纪夫制造了一起震惊全国乃至全世界的事件：率领四名追随者劫持自卫队高级将领，召集自卫队员鼓动兵变，计划失败后，剖腹自杀。

三岛由纪夫的代表作品有《假面的告白》、《禁色》、《潮骚》、《丰饶之海》、《金阁寺》等。诸多作品中，以《金阁寺》最为人所熟知，这是部充满悲剧性幻灭美学的作品，奥野健男当时曾赞赏该小说："这是三岛文学的最高水平，三岛美学的集大成，本年度文坛的最大丰收。"三岛的作品不仅在日本文坛拥有高度声誉，在西方世界也有崇高的评价，甚至有人誉称他为"日本的海明威"，曾二度入围诺贝尔文学奖，也是著作被翻译成英文等外国语版最多的当代作家。

惨烈的辞世方式——三岛由纪夫之死

三岛对日本传统的武士道精神和严厉的爱国主义深为赞赏，对日本战后社会的西化和日本主权受制于外国非常不满。1968年，三岛组织了自己的私人武装——"盾会"，声称要保存日本传统的武士道精神并且保卫天皇。经过长时间的准备，三岛于1970年11月25日将他政变的计划付诸实施。当天三岛交付了《丰饶之海》的最后一部《天人五衰》，并指示将过去发表的"异类主题短篇小说"集结成书《殉教》，随后带领4名盾会成员在日本陆上自卫队东部总监部，以"献宝刀给司令鉴赏"为名来到总监办公室内，将师团长绑架为人质。三岛在总监部阳台向800多名自卫队士官发表演说，"日本人发财了，得意忘形，精神却是空洞的，你们知道吗？"呼吁"放弃物质文明的堕落，找回古人纯朴坚忍的美德与精神，成为真的武士。"他提议发动兵变，推翻否定日本拥有军队的宪法，使自卫队成为真的军队以保卫天皇和日本的传统，但是没有人响应，甚至有人大声嘲笑三岛是疯子。

三岛随后从阳台退入室内，按照日本传统仪式切腹自杀。他在额际系上了写着"七生报国"字样的头巾，用白色的布将预备切腹的部位一圈圈紧紧地裹住，拿起短刀往自己的腹部刺下，割出了一个很大的伤口，肠子从伤口流出来。随他同来的两位盾会成员之一的森田必胜用名刀"关孙六"为三岛进行介错，但连砍数次都未能砍下他的头颅，三岛由纪夫难忍痛楚，试图咬舌自尽，还沉吼低呼着："再砍！再砍！使力！"，第四次介错改由学习过居合道的盾会成员古贺浩靖执行，终于成功。之后森田必胜也切腹自杀。其他三名成员依"委托杀人罪"各判处四年的有期徒刑。三岛由纪夫切腹自杀后，不少作家赶到现场，只有川端康成获准进入，但没见到尸体。

早在一个月前的10月，三岛在美国纽约举办个人照摄影展，标题"蔷薇刑"。三岛自尽后，他的一位美籍好友分析了三岛发动政变和自杀的动机：三岛心中过于右翼的军国主义意识形成的"救国妄念"遗害了他自己，摄影展里三岛在照片中大量模仿中世纪欧洲基督教徒被迫害求刑的模样，就已经透露了三岛想为武士道殉道的企图。

写真 三岛由纪夫的《血与蔷薇》是一本他当年和朋友自创的唯美主义杂志。《蔷薇刑》是其中的一期，由三岛自己担任模特。其中表现出他强烈的暴力美学和对死亡、爱、性、人体、色彩和花朵等等事物的看法。自杀前，他的写真集《蔷薇刑》再版，他亲自为每一章命名，最后一章被命名为《死》。不久之后的1970年11月25日，他在东京自卫队东部方面军总监部剖腹自杀。

《蔷薇刑》是日本摄影大师细江英公的作品，细江英公的作品有种邪恶的、诡异的、阴郁的、着魔般的气氛，他和三岛由纪夫遇到一起，两人迅速达成共识，事实上三岛本人看到这些照片，都觉得震惊："我被他镜头魔咒所诱骗进的世界是如此的超乎寻常，是扭曲的、讥讽的、怪诞的、残暴的，以及杂乱的。然而，却有一股明晰的抒情主义伏流，透过不可见的线管轻声地喃喃低语。"

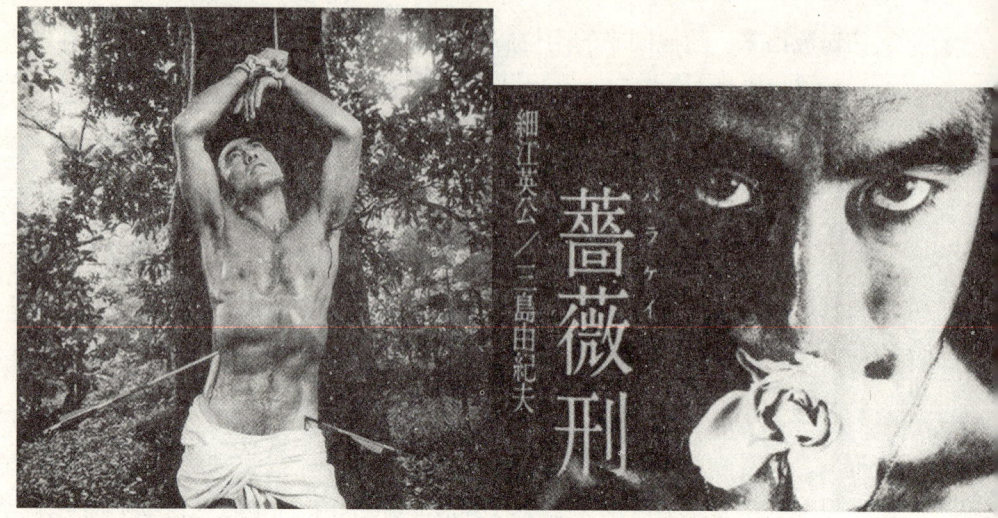

《蔷薇刑》封面和其中由三岛由纪夫出拍的画面

名言

关于思想的名言

人的思想，必定重于前世、现世或来世的某一方，无法从站在历史时点的"自己的思想"的领域超脱出来。

以理智的目光看是丑恶的东西，以感情的目光看却是绝顶美丽。

关于美的名言

美，美的东西，对我来说，是怨敌。

美好的东西里都是危险的性质。如果满足于温和的、优美的、典雅的美的话，那就无法超越它。

所谓美，本来就是外在的东西，被人挥霍的东西，理应是不可以储蓄的东西。我还未曾遇到过读破世界思想大系的书，就可以承其恩惠而变成美人的。

要想生得美，死得也美，为自己的事业诚实地生是基本条件，然后还要为国家为民族勇敢地抛头颅洒热血。

血＋死＝美　生＋青春＝美学

艺术必须有针刺，有毒素。不吸这种毒素，而只想从中吸到蜜是不可能的。

关于爱的名言

对于爱，女人往往是专家，而男人永远是外行。

作品精选

潮骚（第九节）

阿宏从旅途中寄回一封快信。要是寄平信，也许本人比信件还先到达岛上，所以他在京都清水寺的明信片上盖上一个紫色的参观纪念的大印章，用快件寄回家里来。母亲在读信之前，气鼓鼓地抱怨说：还寄什么快信，多浪费啊，现在的孩子不知道攒钱的艰难啊。

阿宏的明信片，只字未提名胜古迹，只是写了第一次去电影院的事：

"在京都的头一个晚上，允许大家自由活动，我便同阿宗、阿胜三人到附近一家大电影院去看电影。这是一家非常豪华的电影院，很像是一座华丽的宅邸。可是椅子特别窄，且特别硬，坐在上面就如坐长凳，坐得屁股疼痛，且坐不稳当。不一会儿，后边的人就喊：坐下！坐下！我。心想：我们明明是坐下了嘛，真是莫名其妙啊！后边的人便特别告诉我们，这是叠椅，要把它放下再坐。我们三人出了洋相，都挠了挠头。我们把它放下来，坐上去就觉得松软了。很像是天皇殿下的宝座呢。我多想也让妈妈坐一次啊！"

母亲让新治念这封信，她听到最后一句，哭了。然后，她面对佛坛把明信片举起，祈愿神灵保佑阿宏在前天的暴风雨中旅行平安，保佑阿宏明后天身体健康、平安无事地归来。她还强求新治也一起祷告。过了片刻，她像是想起来似地骂道：哥哥读书写字都不行，还是弟弟脑袋瓜灵。所谓脑袋瓜灵，就是能让母亲舒畅地痛哭一场。她马上拿着明信片到阿宗、阿胜家里去，让他们家人也看看，然后同新治到澡堂洗澡去了。在澡堂里，母亲碰见邮局局长夫人，裸露着双膝，跪坐在局长夫人跟前施个礼，感谢邮局准确无误地把快信送到她的手里。

新治很快洗罢，在澡堂门口等候母亲从女澡堂入口处出来。澡堂的屋檐下部分彩色木雕已经剥落，水蒸气弥漫在屋檐下。夜是暖和的，海是幽静的。

新治看见一个男子的背影正仰望着相距二三间的前方的屋槽顶端。这男子双手插在裤兜里，脚蹬木屐，有节奏地行走在石板路上。新治在夜里看见了他身穿茶色工作服的脊背。岛上是没有几个人穿这样昂贵的皮工作服的。他的确是安夫。

新治刚想招呼的时候，安夫正好回过头来。新治绽开了笑脸。安夫却毫无表情，只顾直勾勾地望了望，又转身扬长而去。

新治很是纳闷，但他并没有把友人这种令人不愉快的举动特别放在心上。这时，母亲从澡堂里走出来，他像平时一样，默默地和母亲一起走回家去了。

昨日狂风暴雨过后，万里无云。安夫出海捕鱼归来时，迎接了千代子的造访。千代子说，她和母亲一起到村上购物，顺便登门拜访。母亲到了附近的合作社主任家里,她便独自来访安夫家。

安夫从千代子嘴里听到她把新治这个轻浮的年轻人的骄矜贬得一钱不值。他思考了一夜。第二天晚上,新治认出安夫的时候,安夫正站在沿横穿村子中央的坡道边一户人家的门前,观看挂在那里的值班表。

歌岛水源贫乏,旧历正月里尤为干涸,不时因水而吵架。以村子中央为一段的沿小石路而流的小河,其源头就是村子的唯一水源。梅雨时节或暴雨过后,河流成为湍急的浊流,妇女们就在河边一边说长道短,一边洗涤衣裳,孩子们也可以举行手制木军舰的下水仪式。可是干旱季节,小河就变成断续干枯的洼地,连推动一丁点垃圾流下去的力量也失去了。水源是泉水。也许是注入海岛顶端的雨水,经过过滤后汇成这泉水的吧。除此以外,岛上别无其他水源。

因此,不知从什么时候起,村公所决定轮流值班汲水,每周轮流一次。汲水是妇女的事。她们把泉水过滤后贮存在水槽里。村上分派只靠泉水生活的各户人家值班,有的人家轮到值深夜班就只好忍受不方便了。不过,值深夜班的,数周后便可以轮到值早班的方便时间。

安夫仰望的,就是那张挂在村子行人来往最多的地方的值班表。深夜两点的这一栏上写着宫田二字。这是初江的班。

安夫咋了咋舌头。要是还在捕章鱼的季节就好了。因为早上出工稍晚些。可是,在最近这样的马鲛鱼汛期里,黎明前就必须到达伊良湖海峡的渔场。这时节,家家户户都是三点起床,开始准备做饭,性急的人家三点以前就炊烟袅袅了。

尽管如此,初江值班不是下半夜三点,还算好些。安夫发誓明天出海之前要把初江弄到手。

安夫一边仰望值班表,一边下了这样的决心。这时他发现新治站在男澡堂门口,愤恨至极,把平时的尊严也忘得一干二净了。他匆匆回到家里,斜视了一眼餐厅,只见父亲和哥哥一边收听收音机播放的响彻全家的浪花小调,一边在交盏对饮。他回到三楼自己的房间里,不管不顾地抽起香烟来。

安夫根据常识判断：冒犯初江的新治肯定不是个童男子。在青年会上，新治常常是规规矩矩地抱膝而坐，笑眯眯地倾听别人的意见，尽管他长着一张娃娃脸，却是个玩弄过女性的人，是个小狐狸！而且，在安夫看来，新治的面孔，无论如何也不能认为是个表里不一的面孔。这种想象尽管难以相信，但其结果却令人感到：新治是靠无与伦比的坦率堂堂正正地征服女性的。

当晚，安夫为了使自己不致睡着，在被窝里拧自己的大腿。其实这样做没有太大的必要。因为他对新治的憎恨，以及对新治抢先下手的竞争心就足以使他无法安眠了。

安夫有一个可以在人前炫耀的夜光表。这天晚上，他把手表戴在手腕上，穿着工作服和裤子就悄悄地钻进了被窝。他不时地将手表贴在耳边，不时又望着手表发出荧光的字盘，觉得光凭这只手表，对女人就会有很大的吸引力。

深夜一点二十分，他从家里悄悄地溜了出来。因为是夜间，涛声犹如霹雳。月光明晃，村庄一片寂静。户外电灯计有：码头一盏、中央坡道两盏、山腰的泉潭边一盏。海港除了联运船以外，净是渔船，挂在船桅上的白灯、家家户户的灯火都已熄灭，海港之夜并不热闹。农村之夜显得庄重的，是鳞次栉比的黑暗而厚实的屋顶。然而这渔村的屋顶都是茸瓦或镀锌薄铁板，在夜间没有芭茅屋顶那种威胁人的沉重感。

安夫脚蹬运动鞋，走路没有发出声响。他从坡道的石阶快速地登了上去，穿过了由花朵半绽的樱树环绕的小学校的宽阔庭院。这庭院就是最近被扩大了的运动场，四周的樱树也是从山上移植过来的。有一株小樱树被暴风雨刮倒，黑黝黝的树干在月光下横躺在沙地的一旁。

安夫沿着河流登上台阶，来到了泉水汩汩有声的地方。室外的灯光把泉潭的轮廓描画了出来。那里设置的石槽承受着从长苔的岩石缝隙流出来的清泉，清泉从石槽边缘的光滑的苔藓溢了出来。流泉的这种情景，不像是在流动，而像是在苔藓上浓重地涂上了一层透明而美丽的釉。

环绕泉潭的小树林的深处，猫头鹰在啼鸣。

安夫躲藏在户外电灯的后面。一只鸟儿微微振翅飞走了。他倚在一株粗大的榆树干上，一边看手腕上的夜光表，一边等候着。

两点刚过，肩上挑着水桶的初江在小学的庭院里出现了。月光把她的影子清晰地描画了出来。对女子的身体来说，深夜的劳动并不轻松，可在歌岛不问贫富，所有男男女女都必须完成自己的任务。健康的初江经过海上劳动的锻炼，全然没有显出痛苦的神色，她挑着空水桶前后晃动地登上台阶，好像是为意外的事情而高兴的孩子似的，露出兴高采烈的神情来。

安夫本想等初江来到泉潭边一放下水桶就跳将出来，转念又犹豫不决，最后打定主意，还是耐心等待初江汲满水以后再说。他左手搭在高处的枝丫上，一动不动，做好准备，关键时刻就跳将出来。这样，他将自己想象成一尊石像。他从用水桶汲水时充盈于耳的水声，从那双带点冻伤的又红又大的手，想象着那女子健康而娇艳的身体。他觉得这是最快乐的事。

安夫将手搭在枝丫上，手腕上戴着的值得炫耀的夜光表，荧光闪烁，发出的秒针走动声尽管微弱，却是清澈的。大概是这声音把在枝丫上刚营造好一半的蜂窝里的沉睡的蜜蜂惊醒了，大大地引起了它们的好奇心。然而，这只放出微光、很有规则地鸣啭的奇异的甲壳虫，身上披着平滑而冰凉的玻璃板铠甲，所以蜜蜂的期待落空了。于是它把刺移到安夫的手腕上狠狠地蜇了一下。

安夫惊叫起来。初江猛然回头，向惊叫声的方向望了望。她绝不呼喊，连忙把扁担从水桶绳上卸了下来，斜握在手里，摆好了准备迎击的架势。

安夫以连自己都觉得笨拙的姿态出现在初江的面前。少女仍以同样的架势后退了一两步。在这种情况下，安夫觉得还是逗笑掩饰过去好，于是他傻笑着说：

"嘿，吓一跳了吧？以为遇上妖怪了吧？"

"什么呀，原来是安哥。"

"方才一直躲在这里，本来是想吓唬你的啊。"

"干吗夜半还躲在这种地方?"

少女还没有意识到自己的魅力。本来只要仔细想想就会明白,可是她当时真以为安夫躲在那里只是为了吓唬自己。安夫掌握初江这种心情,钻了空子,一眨眼工夫,就将初江的扁担抢了过来,然后用手抓住初江的右手腕。他的工作服的皮革发出了咯吱声。

安夫终于恢复了威严,仔细观察着初江的眼睛。他本来打算沉着而堂堂地说服这少女,却无意识地模仿起自己想象中的新治在这种场合所表现的光明磊落来。

"嗯,要是不听我说后悔也莫及啊!你和新治的事,大家都在议论哩……我的话,你听见了吗?"

初江脸颊绯红,喘着粗气。

"放手!我和新治的事?什么意思!"

"别装糊涂啦。分明是同新治暗中调情,还……想抢在我前头先下手。"

"别胡说,什么事也没有干吗。"

"我都知道了。暴风雨那天你和新治上山都干了些什么啦?……瞧,脸都红啦……我说,跟我也来一次嘛。没关系。没关系嘛。"

"不要!不要!"

初江拼死挣扎,欲脱身而逃。安夫绝不让她逃脱。倘使完事之前逃掉,初江一定会向她父亲告状;倘使完事之后,她大概对谁也不会说出去的吧。安夫最爱读都市无聊的杂志常出现的"被征服"的女子自白之类的东西。给她增添欲说又不能说的苦恼。这是很了不起的啊。

安夫好容易把初江按倒在泉潭边上。一只水桶被撞翻,水流出来,把布满苔藓的地面濡湿了。户外电灯照映下的初江的脸,小巧玲珑的鼻翼在翕动,睁开的眼睛在闪闪发光。头发一半泡在水里。嘴唇突然撅起,下巴颏上被安夫的唾液沾湿了。初江的这种举止,愈发煽起安夫的情欲,他感到初江的胸脯在自己的胸口下激烈地跳动着,但他还是把自己的脸压在初江的脸上。

这时他尖叫一声，跳了起来。原来是蜜蜂又蜇了他的脖颈。

愤怒之余，他试图用手胡乱地把蜜蜂抓住。他被蜇得手舞足蹈的时候，初江向石阶方向逃走了。

安夫狼狈不堪，为追赶蜜蜂而忙了一阵子。他又如愿地把初江抓住了。可是，瞬息之间，究竟自己都干了些什么，乃至连顺序也都不知道了。安夫好歹把初江抓住，再次将她丰盈的躯体按倒在苔藓地上。这回精明的蜜蜂落在安夫的屁股上，蜂刺穿过他的裤子深深地蜇在他的臀部肌肉上。

安夫跳了起来。这回初江有了逃跑的经验，她向泉潭的后面逃遁了。她钻进林间，隐没在羊齿草叶丛中，一边跑一边找了一块大石头。她一只手举起石头遮光，好不容易才止住喘气，从泉潭的一侧俯视着下面。

坦率地说，迄今初江真不知道拯救自己的神灵究竟是什么东西。她纳闷地眺望着安夫在泉潭边上疯狂地手舞足蹈的时候，这才明白所有一切都是机灵的蜜蜂的作为。户外电灯的灯光正好照着安夫追赶上空的蜜蜂的手，一只蜜蜂拍打着小小的金翅膀横飞过去了。

看来安夫终于把蜜蜂赶跑了。他果然地站着用手巾揩拭汗水，然后在附近到处寻找初江的踪影，但没有找着。他战战兢兢地用双手围成喇叭形，低声呼唤着初江的名字。

初江故意用足尖将羊齿叶拨弄得沙沙作响。

"喂，你在那儿，下来吧。我什么也不干啦！"

"不要！"

"还是下来吧。"

他正想爬上去，初江抢起了石头。他畏怯了。

"你干什么，多危险啊！……我怎么做你才下来呢？"

安夫害怕初江就这样逃逸，一定会向她的父亲告状，所以执拗地询问说：

"……我说，我怎么做你才下来呢？你是不是要向你爸爸告状呢？"

没有回答。

"喂,你说声你绝不向你父亲告状好不好,我怎么做你才答应不说呢?"

"你替我汲水,挑回家里,我就不说。"

"真的?"

"真的。"

"照大爷太可怕了。"

然后安夫默默地开始汲水,他仿佛被某种义务观念所握住,实在滑稽可笑。他把那只撞倒了的水桶,重新汲满了水,再将扁担穿过两只水桶的系绳,挑在肩上迈步走了。

不大一会儿,安夫回过头来,只见初江不觉间在自己的背后两米远的地方跟了上来。少女连一丝笑容也没有。安夫一停住脚步,少女也跟着停住脚步。安夫走下石阶,少女也跟着走下石阶。

村庄依然一片宁静,家家户户的屋顶沐浴着月光。但是,黎明前的象征,是这两人向着村子沿级而下的脚下,处处不断传来了鸡鸣。

弗吉尼亚·伍尔芙（英国）

伍尔芙

传略 弗吉尼亚·伍尔芙（Virginia Woolf 1882—1941）。英国女作家，批判家，意识流小说的代表人物之一。原名弗吉尼亚·斯蒂芬（Adeline Virginia Stephen）。父亲莱斯利·斯蒂芬爵士（Leslie Stephen）是维多利亚时代出身于剑桥的一位著名的文学评论家、学者和传记家。母亲是 Julia Prinsep Jackson Stephen。父母亲在结婚前都曾有过一次婚姻，父亲与前妻有一个女儿，母亲与前夫有三个孩子。父母结合后又生下四个孩子。复杂的家庭背景，使这个9口之家、两群年龄与性格不合的子女经常发生矛盾与冲突。而伍尔芙同母异父的两位兄长对她的伤害给她留下了永久的精神创伤。

1895 年母亲去世之后，她第一次精神崩溃。后来她在自传《存在的瞬间》中道出她和姐姐瓦内萨·贝尔曾遭受同母异父的哥哥乔治和杰瑞德·杜克沃斯的性侵犯。有人认为，弗吉尼亚的神经错乱和自杀前的幻听，和弗吉尼亚少女时期遭受的精神创伤导致无法愈合的伤口有关。因为有这样不堪回首的痛苦经历，所以她在成年后，对异性之间的爱，非常厌恶，更不愿生儿育女，对于同性的依恋甚至一度成为她感情世界里的重心。她不可救药地依恋着姐姐瓦内萨，甚至采用一种最为出人意料的极端方式——和姐夫克莱夫调情，并以其作为自己的感情替身或者说傀儡。1904年她父亲去世之后，她和瓦内萨迁居到了布卢姆斯伯里。后来以她们和几位朋友为中心创立了布卢姆斯伯里派文人团体。她在1905年开始职业写作生涯，刚开始是为《泰晤士报·文学增刊》撰稿。母亲、父亲相继病逝，是她难以承受的打击。她的小说《达洛威夫人》中即充满了对病态幻觉的真实生动的描绘，可以说是她的精神写照。弗吉尼亚不幸的生活经历，使她敏感、脆弱，既优雅，又是神经质的。有人这样描述弗吉尼亚："她的记忆有着隐秘的两面——一面澄明，一面黑暗；一面寒冷，一面温热；一面是创造，一面是毁灭；一面铺洒着天堂之光，一面燃烧着地狱之火。"

伍尔芙患有严重的抑郁症，她每完成一部作品常会出现病兆，经常在脸上折射出内心的痛苦。1941年3月28日，伍尔夫在自己的口袋里装满了石头，投入了位于罗德麦尔她家附近的欧塞河自尽。

弗吉尼亚·伍尔芙是二十世纪世界公认的意识流创作大师，她和当时的詹姆斯·乔伊斯，还有法国的普鲁斯特等创作意识流文学作品的作家一起，把意识流小说推向世界，极大地影响了世界范围内传统的写作手法，他们的出现，成为了传统文学和现代文学的一个分水岭。她被誉为二十世纪现代主义与女性主义的先锋和"二十世纪最佳女作家"。她最知名的小说有《戴洛维夫人》、《灯塔行》、《雅各的房间》。

"遨游在以自我为中心的世界里"——伍尔芙的自杀

1941年3月28日，预感另一次精神崩溃即将开始，伍尔芙担心自己永远不会再好转，在留下两封分别给丈夫和姐姐瓦内萨的短信后，用石头填满口袋，自沉于家附近的欧塞河，终年59岁。

伍尔芙患有严重的抑郁症，写作于1942年的《幕间》，是弗吉尼亚·伍尔芙辞世之前的最后一部作品。当这部小说进展到约前五分之一的部分时，作家在让波因茨宅一个干粗活的女仆到清凉的睡莲池旁喘息片刻时顺便交代，十年前曾经有一位贵妇人在该处投水溺亡。那是一片浓绿的水，其间有无数鱼儿"遨游在以自我为中心的世界里，闪着亮光。"仅在小说完成后一个月，也就是1941年3月28日，伍尔芙便以悲剧形式结束了自己的生命。她在给丈夫的遗书中写道：

最亲爱的：

  我感到我一定又要发狂了。那种可怕的时刻，我想我无法再承受了。而且这一次我将无法再痊愈。我开始听见种种幻声，它们令我的心神慌乱，无法集中。因此我就要采取那种看来应该是最恰当的行动。你已给予我最大可能的幸福。在每一个方面，你都做到了任何人所能做到的最好。我相信，在这种可怕的疾病来临之前，没有哪两个人能像我们这样幸福。我无力再奋斗下去了。我知道我是在糟蹋你的生命；没有我，你才能工作。我知道，事实就是这样。你看，我甚至连一张字条也写不好。我也不能看书。我要说的是：我生活中的全部幸福都是你的功劳。你对我一直那么耐心，你所表现出的善良几乎是令人难以置信的。这一点，我一定要说——虽然人人也都知道。假如还有什么人能挽救我，那也只有你了。现在，一切都离我而去，剩下的只有确信你的善良。我不能再继续糟蹋你的生命。

  我相信，再没有哪两个人像我们在一起时这样幸福。

维

从她的遗书来看，很大程度上还是疾病影响了她。当她发现她的病让她已经无法写作甚至无法阅读的时候，她失去了把握生活平衡的能力，生活也就无法继续下去了，于是她选择了自杀。

趣事　布卢姆斯伯里团体是一个知识精英的沙龙，他的成员多半是剑桥大学的优秀学子。这样一批知识精英经常在一起切磋文学和艺术。他们曾经以大胆的举动，挑战现存的社会秩序和国家机器。1910年2月10日，弗吉尼亚·伍尔芙假扮阿比西尼亚的门达克斯王子，她弟弟亚德里安假扮她的翻译，贺拉斯·科尔假扮英国外交部官员，邓肯·格兰特等人假扮成弗吉尼亚的随从，前往韦默斯访问英国海军的"无畏号战舰"，得到了热情盛礼的接待。整个骗局设计得天衣无缝，完全将舰队司令威廉·梅伊蒙在鼓里。这个天大的玩笑后来经报纸披露出来，国防力量的虚有其表和官僚体制的空具其壳遂引起朝野震惊，英国军界和外交界顿时陷入了极度的尴尬。伍尔芙确实是个好演员，许多传记作家对她的这场"王子秀"津津乐道，因为那简直就像一个神话。布卢姆斯伯里团体在第一次世界大战期间自然解散，到1920年，大部分成员才又聚集起来，另组为"记忆俱乐部"，以绝对的坦诚为原则回忆各自的人生经历，伍尔芙对两位同母异父哥哥禽兽之行的揭露和控诉即始于此时。

爱情　伍尔芙的爱情生活十分坎坷，少女时代兄长的骚扰让她的心灵留下难以愈合的伤口，而她的第一个丈夫斯特雷奇是一个同性恋，两个人结婚不久就宣布离婚，相互承诺作一生的朋友，事实上他们也是这样做的，斯特雷奇在离开伍尔芙以后，的确如朋友一样惦记着她的状况，希望她身边能有一个照顾她的人。他为此做出了努力，于是经过他的大力活动，介绍伍尔芙认识了另外一个男人，这个男人就是作家、政治评论家伦纳德。

伦纳德和伍尔芙于 1912 年 8 月 10 日结婚。可是嫁作人妇后，她对两性的关系依然反感、厌恶，不愿意过夫妻生活，更不愿意生小孩。这令她的丈夫伦纳德很是苦恼，但伦纳德经过长期痛苦的思考后，终于决定继续他们的婚姻生活，于是他们就成了柏拉图式精神之爱的夫妻。

从下面这封伦纳德写给伍尔芙的经典情书中可以看出他对伍尔芙的爱：

"我自私，嫉妒，残酷，好色，爱说谎而且或许更为糟糕。因此，我曾告诫自己永远不要结婚。这主要是因为，我想，我觉得和一个不如我的女人在一起，我无法控制我的这些恶习，而且他的自卑和驯服会逐渐地使我更加变本加厉……正因为你不是那种女性，就把这种危险无限的减少了。也许你就像你自己说的那样，有虚荣心，以自我为中心，不忠实，然而，它们和你的其他品格相比，是微不足道的。你是多么聪明，极致，美丽，坦率。此外，我们毕竟都喜欢对方，我们喜欢同样的东西和同样的人物，我们都很有才气，最重要的还有我们所共同理解的那种真实，而这对于我们来说，是很重要的。"

婚后，伍尔芙的精神病频繁发作。1913 年夏天，伍尔芙精神崩溃，吞服安眠药自杀，是伦纳德的镇静和机智救了她一命。伦纳德不嫌弃自己患病的妻子，而是一如既往地照顾她，爱护她。

这一对夫妻共同生活了 29 年，可以说是相敬如宾。在此期间伍尔芙写出了自己的代表作，但是这并没有减轻伍尔芙的病情，她的精神分裂症状越来越严重，尤其是第二次世界大战中，德国空军轰炸英国的那一段时间。伍尔芙一手创建的印刷厂被炸毁，紧接着自己在伦敦所住的别墅也被炸毁。这两次事件在伍尔芙的心上留下了不可排解的阴影，缩短了她拥抱死亡的路程。

作品精选

墙上的斑点

大约是在今年一月中旬，我抬起头来，第一次看见了墙上的那个斑点。为了要确定是在哪一天，就得回忆当时我看见了些什么。现在我记起了炉子里的火，一片黄色的火光一动不动地照射在我的书页上；壁炉上圆形玻璃缸里插着三朵菊花。对啦，一定是冬天，我们刚喝完茶，因为我记得当时我正在吸烟，我抬起头来，第一次看见了墙上那个斑点。我透过香烟的烟雾望过去，眼光在火红的炭块上停留了一下，过去关于在城堡塔楼上飘扬着一面鲜红的旗帜的幻觉又浮现在我脑际，我想到无数红色骑士潮水般地骑马跃上黑色岩壁的侧坡。这个斑点打断了我这个幻觉，使我觉得松了一口气，因为这是过去的幻觉，是一种无意识的幻觉，可能是在孩童时期产生的。墙上的斑点是一块圆形的小迹印，在雪白的墙壁上呈暗黑色，在壁炉上方大约六七英寸的地方。

我们的思绪是多么容易一哄而上，簇拥着一件新鲜事物，像一群蚂蚁狂热地抬一根稻草一样，抬了一会，又把它扔在那里……如果这个斑点是一只钉子留下的痕迹，那一定不是为了挂一幅油画，而是为了挂一幅小肖像画——一幅卷发上扑着白粉、脸上抹着脂粉、嘴唇像红石竹花的贵妇人肖像。它当然是一件赝品，这所房子以前的房客只会选那一类的画——老房子得有老式画像来配它。他们就是这种人家——很有意思的人家，我常常想到他们，都是在一些奇怪的地方，因为谁都不会再见到他们，也不会知道他们后来的遭遇了。据他说，那家人搬出这所房子是因为他们想换一套别种式样的家具，他正在说，按他的想法，艺术品背后应该包含着思想的时候，我们两人就一下子分了手，这种情形就像坐火车一样，我们在火车里看见路旁郊外别墅里有个老太太正准备倒茶，有个年轻人正举起球拍打网球，火车一晃而过，我们就和老太太以及年轻人分了手，把他们抛在火车后面。

　　但是，我还是弄不清那个斑点到底是什么；我又想，它不像是钉子留下的痕迹。它太大、太圆了。我本来可以站起来，但是，即使我站起身来瞧瞧它，十之八九我也说不出它到底是什么；因为一旦一件事发生以后，就没有人能知道它是怎么发生的了。唉！天哪，生命是多么神秘；思想是多么不准确！人类是多么无知！为了证明我们对自己的私有物品是多么无法加以控制——和我们的文明相比，人的生活带有多少偶然性啊——我只要列举少数几件我们一生中遗失的物件就够了。就从三只装着订书工具的浅蓝色罐子说起吧，这永远是遗失的东西当中丢失得最神秘的几件——哪只猫会去咬它们，哪只老鼠会去啃它们呢？再数下去，还有那几个鸟笼子、铁裙箍、钢滑冰鞋、安女王时代的煤斗子、弹子戏球台、手摇风琴——全都丢失了，还有一些珠宝，也遗失了。有乳白宝石、绿宝石，它们都散失在芜菁的根部旁边。它们是花了多少心血节衣缩食积蓄起来的啊！此刻我四周全是挺有分量的家具，身上还穿着几件衣服，简直是奇迹。要是拿什么来和生活相比的话，就只能比做一个人以一小时五十英里的速度被射出地下铁道，从地道口出来的时候头发上一根发针也不剩。光着身子被射到上帝脚下！头朝下脚朝天地摔倒在开满水仙花的草原上，就像一捆捆棕色纸袋被扔进邮局的输物管道一样！头发飞扬，就像一匹赛马会上跑马的尾巴。对了，这些比拟可以表达生活的飞快速度，表达那永不休止的消耗和修理；一切都那么偶然，那么碰巧。

　　那么来世呢？粗大的绿色茎条慢慢地被拉得弯曲下来，杯盖形的花倾覆了，它那紫色和红色的光芒笼罩着人们。到底为什么人要投生在这里，而不投生到那里，不会行动、不会说话、无法集中目光，在青草脚下，在巨人的脚趾间摸索呢？至于什么是树，什么是男人和女人，或者是不是存在这样的东西，人们再过五十年也是无法说清楚的。别的什么都不会有，只有充塞着光亮和黑暗的空间，中间隔着一条条粗大的茎干，也许在更高处还有一些色彩不很清晰的——淡淡的粉红色或蓝色的——玫瑰花形状的斑块，随着时光的流逝，它会越来越清楚、越——我也不知道怎样……

可是墙上的斑点不是一个小孔。它很可能是什么暗黑色的圆形物体，比如说，一片夏天残留下来的玫瑰花瓣造成的，因为我不是一个警惕心很高的管家——只要瞧瞧壁炉上的尘土就知道了，据说就是这样的尘土把特洛伊城严严地埋了三层，只有一些罐子的碎片是它们没法毁灭的，这一点完全能叫人相信。

窗外树枝轻柔地敲打着玻璃……我希望能静静地、安稳地、从容不迫地思考，没有谁来打扰，一点也用不着从椅子里站起来，可以轻松地从这件事想到那件事，不感觉敌意，也不觉得有阻碍。我希望深深地、更深地沉下去，离开表面，离开表面上的生硬的个别事实。让我稳住自己，抓住第一个一瞬即逝的念头……莎士比亚……对啦，不管是他还是别人，都行。这个人稳稳地坐在扶手椅里，凝视着炉火，就这样——一阵骤雨似的念头源源不断地从某个非常高的天国倾泻而下，进入他的头脑。他把前额倚在自己的手上，于是人们站在敞开的大门外面向里张望——我们假设这个景象发生在夏天的傍晚——可是，所有这一切历史的虚构是多么沉闷啊！它丝毫引不起我的兴趣。我希望能碰上一条使人愉快的思路，同时这条思路也能间接地给我增添几分光彩，这样的想法是最令人愉快的了。连那些真诚地相信自己不爱听别人赞扬的谦虚而灰色的人们头脑里，也经常会产生这种想法。它们不是直接恭维自己，妙就妙在这里。这些想法是这样的：

"于是我走进屋子。他们在谈植物学。我说我曾经看见金斯威一座老房子地基上的尘土堆里开了一朵花。我说那粒花籽多半是查理一世在位的时候种下的。查理一世在位的时候人们种些什么花呢？"我问道——（但是我不记得回答是什么）也许是高大的、带着紫色花穗的花吧。于是就这样想下去。同时，我一直在头脑里把自己的形象打扮起来，是爱抚地，偷偷地，而不是公开地崇拜自己的形象。因为，我如果当真公开地这么干了，就会马上被自己抓住，我就会马上伸出手去拿过一本书来掩盖自己。说来也真奇怪，人们总是本能地保护自己的形象，不让偶像崇拜或是什么别的处理方式使它显得可笑，或者使它变得和原型太不相像以至于人们不相信它。但是，这个事实也可能并不那么奇怪？这个问题极其重要。假定镜子打碎了，形象消失了，那个浪漫的形象和周围一片绿色的茂密森林也不复存在，只有其他的人看见的那个人的外壳——世界会变得多么闷人、多么浮浅、多么光秃、多么凸出啊！在这样的世界里是不能生活的。当我们面对面坐在公共汽车和地下铁道里的时候，我们就是在照镜子；这就说明为什么我们的眼神都那么呆滞而朦胧。未来的小说家们会越来越认识到这些想法的重要性，因为这不只是一个想法，而是无限多的想法；它们探索深处，追逐幻影，越来越把现实的描绘排除在他们的故事之外，认为这类知识是天生具有的，希腊人就是这样想的，或许莎士比亚也是这样想的——但是这种概括毫无价值。只要听听概括这个词的音调就够了。它使人想起社论，想起内阁大臣——想起一整套事物，人们在儿童时期就认为这些事物是正统，是标准的、真正的事物，人人都必须遵循，否则就得冒打入十八层地狱的危险。提起概括，不知怎么使人想起伦敦的星期日，星期日午后的散步，星期日的午餐，也使人想起已经去世的人的说话方式、衣着打扮、习惯——例如大家一起坐在一间屋子里直到某一个钟点的习惯，尽管谁都不喜欢这么做。每件事都有一定的规矩。在那个特定时期，桌布的规矩就是一定要用花毯做成，上面印着黄色的小方格子，就像你在照片里看见的皇宫走廊里铺的地毯那样。另外一种花样的桌布就不能算真正的桌布。当我们发现这些真实的事物、星期天的午餐、星期天的散步、庄园宅第和桌布等并不全是真实的，确实带着些幻影的味道，而不相信它们的人所得到的处罚只不过是一种非法的自由感时，事情是多么使人惊奇，又是多么奇妙啊！我奇怪现在到底是什么代替了它们，代替了那些真正的、标准的东西？也许是男人，如果你是个女人的话；男性的观点支配着我们的生活，是它制定了标准，订出惠特克①的尊卑序列表；据我猜想，大战后它对于许多

---

① 惠特克（1820—1895），英国出版商，创办过《书商》杂志，于1868年开始编纂惠特克年鉴。

男人和女人已经带上幻影的味道，并且我们希望很快它就会像幻影、红木碗橱、兰西尔版画、上帝、魔鬼和地狱之类东西一样遭到讥笑，被送进垃圾箱，给我们大家留下一种令人陶醉的非法的自由感——如果真存在自由的话……

在某种光线下面看墙上那个斑点，它竟像是凸出在墙上的。它也不完全是圆形的。我不敢肯定，不过它似乎投下一点淡淡的影子，使我觉得如果我用手指顺着墙壁摸过去，在某一点上会摸着一个起伏的小小的古冢，一个平滑的古冢，就像南部丘陵草原地带的那些古冢，据说，它们要不是坟墓，就是宿营地。在两者之中，我倒宁愿它们是坟墓，我像多数英国人一样偏爱忧伤，并且认为在散步结束时想到草地下埋着白骨是很自然的事情……一定有一部书写到过它。一定有哪位古物收藏家把这些白骨发掘出来，给它们起了名字……我想知道古物收藏家会是什么样的人？多半会是些退役的上校，领着一伙上了年纪的工人爬到这儿的顶上，检查泥块和石头，和附近的牧师互相通信。牧师在早餐的时候拆开信件来看，觉得自己颇为重要。为了比较不同的箭镞，还需要作多次乡间旅行，到本州的首府去，这种旅行对于牧师和他们的夫人都是一种愉快的职责，他们的夫人正想做樱桃酱，或者正想收拾一下书房。他们完全有理由希望那个关于营地或者坟墓的重大问题长期悬而不决。而上校本人对于就这个问题的两方面能否搜集到证据则感到愉快而达观。的确，他最后终于倾向于营地说。由于受到反对，他便写了一篇文章，准备拿到当地会社的季度例会上宣读，恰好在这时他中风病倒，他的最后一个清醒的念头不是想到妻子和儿女，而是想到营地和箭镞，这个箭镞已经被收藏进当地博物馆的展柜，和一只中国女杀人犯的脚、一把伊丽莎白时代的铁钉、一大堆都铎王朝时代的土制烟斗、一件罗马时代的陶器，以及纳尔逊用来喝酒的酒杯放在一起——我真的不知道它到底证明了什么。

不，不，什么也没有证明，什么也没有发现。假如我在此时此刻站起身来，弄明白墙上的斑点果真是——我们怎么说不好呢？——一枚巨大的旧钉子的钉头，钉进墙里已经有两百年，直到现在，由于一代又一代女仆耐心的擦拭，钉子的顶端得以露出到油漆外面，正在一间墙壁雪白、炉火熊熊的房间里第一次看见现代的生活，我这样做又能得到些什么呢？知识吗？还是可供进一步思考的题材？不论是静坐着还是站起来我都一样能思考。什么是知识？我们的学者不过是那些蹲在洞穴和森林里熬药草、盘问地老鼠或记载星辰的语言的巫婆和隐士们的后代，要不，他们还能是什么呢？我们的迷信逐渐消失，我们对美和健康的思想越来越尊重，我们也就不那么崇敬他们了……是的，人们能够想象出一个十分可爱的世界。这个世界安宁而广阔，旷野里盛开着鲜红的和湛蓝的花朵。这个世界里没有教授，没有专家，没有警察面孔的管家，在这里人们可以像鱼儿用鳍翅划开水面一般，用自己的思想划开世界，轻轻地掠过荷花的梗条，在装满白色海鸟卵的鸟窠上空盘旋……在世界的中心扎下根，透过灰暗的海水和水里瞬间的闪光以及倒影向上看去，这里是多么宁静啊——假如没有惠特克年鉴——假如没有尊卑序列表！

我一定要跳起来亲眼看看墙上的斑点到底是什么——是一枚钉子？一片玫瑰花瓣？还是木块上的裂纹？

大自然又在这里玩弄她保存自己的老把戏了。她认为这条思路至多不过白白浪费一些精力，或许会和现实发生一点冲突，因为谁又能对惠特克的尊卑序列表妄加非议呢？排在坎特伯里大主教后面的是大法官，而大法官后面又是约克大主教。每一个人都必须排在某人的后面，这是惠特克的哲学。最要紧的是知道谁该排在谁的后面。惠特克是知道的。大自然忠告你说，不要为此感到恼怒，而要从中得到安慰；假如你无法得到安慰，假如你一定要破坏这一小时的平静，那就去想想墙上的斑点吧。

我懂得大自然要的是什么把戏——她在暗中怂恿我们采取行动以便结束那些容易令人兴奋或痛苦的思想。我想，正因如此，我们对实干家总不免稍有一点轻视——我们认为这类人不爱思索。不过，我们也不妨注视墙上的斑点，来打断那些不愉快的思想。

真的，现在我越加仔细地看着它，就越发觉得好似在大海中抓住了一块木板。我体会到一种令人心满意足的现实感，把那两位大主教和那位大法官统统逐入了虚无的幻境。这里，是一件具体的东西，是一件真实的东西。我们半夜从一场噩梦中惊醒，也往往这样，急忙扭亮电灯，静静地躺一会儿，赞赏着衣柜，赞赏着实在的物体，赞赏着现实，赞赏着身外的世界，它证明除了我们自身以外还存在着其他的事物。我们想弄清楚的也就是这个问题。木头是一件值得加以思索的愉快的事物。它产生于一棵树，树木会生长，我们并不知道它们是怎样生长起来的。它们长在草地上、森林里、小河边——这些全是我们喜欢去想的事物——它们长着、长着，长了许多年，一点也没有注意到我们。炎热的午后，母牛在树下挥动着尾巴；树木把小河点染得这样翠绿一片，让你觉得那只一头扎进水里去的雌红松鸡，应该带着绿色的羽毛冒出水面来。我喜欢去想那些像被风吹得鼓起来的旗帜一样逆流而上的鱼群；我还喜欢去想那些在河床上一点点地垒起一座座圆顶土堆的水甲虫。我喜欢想象那棵树本身的情景：首先是它自身木质的细密干燥的感觉，然后想像它感受到雷雨的摧残；接下去就感到树液缓慢地、舒畅地一滴滴流出来。我还喜欢去想这棵树怎样在冬天的夜晚独自屹立在空旷的田野上，树叶紧紧地合拢起来，对着月亮射出的铁弹，什么弱点也不暴露，像一根空荡荡的桅杆竖立在整夜不停地滚动着的大地上。六月里鸟儿的鸣啭听起来一定很震耳，很不习惯；小昆虫在树皮的褶皱上吃力地爬过去，或者在树叶搭成的薄薄的绿色天篷上面晒太阳，它们红宝石般的眼睛直盯着前方，这时候它们的脚会感觉到多么寒冷啊……大地的寒气凛冽逼人，压得树木的纤维一根根地断裂开来。最后的一场暴风雨袭来，树倒了下去，树梢的枝条重新深深地陷进泥土。即使到了这种地步，生命也并没有结束。这棵树还有一百万条坚毅而清醒的生命分散在世界上。有的在卧室里，有的在船上，有的在人行道上，还有的变成了房间的护壁板，男人和女人们在喝过茶以后就坐在这间屋里抽烟。这棵树勾起了许许多多平静的、幸福的联想。我很愿意挨个儿去思索它们——可是遇到了阻碍……

我想到什么地方啦？是怎么样想到这里的呢？一棵树？一条河？丘陵草原地带？惠特克年鉴？盛开水仙花的原野？我什么也记不起来啦。一切在转动、在下沉、在滑开去、在消失……事物陷进了大动荡之中。有人正在俯身对我说：

"我要出去买份报纸。"

"是吗？"

"不过买报纸也没有什么意思……什么新闻都没有。该死的战争，让这次战争见鬼去吧！……然而不论怎么说，我认为我们也不应该让一只蜗牛趴在墙壁上。"

哦，墙上的斑点！那是一只蜗牛。

斯蒂芬·茨威格（奥地利）

传 略　斯蒂芬·茨威格（1881—1942），奥地利著名作家。出生于维也纳一个富裕的犹太工厂主家庭。父亲经营纺织业发家致富，与大多数的同行相比，父亲要体面得多、很有教养，钢琴弹得非常出色，书法清丽，会说法语和英语。母亲出身于意大利的一个金融世家，从小就说意大利语，他们都属于奥地利上层社会，茨威格自幼便受到良好的教育和资产阶级上流社会的文艺熏陶。在这样一个上流的幸福家庭中，优裕的环境为茨威格童年的成长、受教育、文化艺术上的熏陶，都起到了十分重要的作用。

斯蒂芬·茨威格

茨威格16岁便在维也纳《社会》杂志上发表诗作。中学毕业后在维也纳和柏林攻读哲学和文学。在维也纳大学攻读德国和法国文学期间，茨威格接触了托尔斯泰和陀思妥耶夫斯基的作品，研究和翻译过法国波德莱尔和魏尔伦、比利时凡尔哈伦的诗歌。1900年，茨威格已有200首诗歌问世。1901年第一部诗集《银弦》出版，收录了50首诗歌。1902年，转入柏林大学攻读哲学；在维也纳《新自由报》刊出了取材于《圣经》的第一篇小说《出游》。1904年，大学毕业，任《新自由报》编辑。后去西欧、北非、印度、美洲等地游历。在法国结识了维尔哈伦、罗曼·罗兰、罗丹等人，受到他们的影响。1911年，结识弗洛伊德，并一直保持友谊。同年，悲剧《滨海之宅》问世，次年上演。第二本小说集《初次经历——儿童国度里的四篇故事》也于此时出版，收录《夜色朦胧》、《家庭教师》、《灼人的秘密》和《夏天的故事》，以青春萌发期的儿童视角去观察为情欲所主宰的成人世界，去探索去描绘为情欲所驱使的人的精神世界，这成为他此后作品的一个基调，他把这部小说集称为他"链条小说"最初的一部。

第一次世界大战前从事外国文学（主要是诗歌）的翻译工作。战争爆发后流亡瑞士，与罗曼·罗兰等人一起从事反战活动，成为著名的和平主义者。他的第一部反战剧《耶利米》也在瑞士首演。1919年后长期隐居在萨尔茨堡，埋头写作。1928年应邀赴前苏联，与高尔基结识。战后他目睹人民的灾难和社会道德沦丧，用弗洛伊德的心理分析法深入探索人的灵魂。他的作品匠心独具，充满人道主义精神，尤其是"以罕见的温存和同情"（高尔基语）塑造了不少令人难忘的女性形象。

1933年希特勒上台，茨威格于次年移居英国。1938年入英国籍。不久离英赴美。1940年到巴西，时值法西斯势力猖獗，作家目睹他的"精神故乡"欧洲的沉沦而感到绝望，遂于1942年2月22日同他的第二位夫人伊丽莎白·奥特曼（33岁）在里约热内卢近郊的佩特罗波利斯小镇的寓所内双双服毒自杀。病理学家认定他们是在中午到下午的4点钟之间死去的，服用了巴比妥。

斯蒂芬·茨威格代表作有小说《最初的经历》、《马来狂人》、《恐惧》、《混乱的感觉》、《人的命运转折点》、《一个陌生女人的来信》、《象棋的故事》、《一个女人一生中的24小时》、《滑铁卢之战》、《危险的怜悯》等；回忆录《昨日的世界》；传记《异端的权利》、《麦哲伦航海记》、《人类的群星闪耀时》、《同精灵的斗争》、《三大师》、《三个描摹自己生活的诗人》、《三作家》、《罗曼·罗兰》、《断头皇后》、

《列夫·托尔斯泰》等。

精神故乡的毁灭——茨威格的离世

1942年2月23日突然传出茨威格和他的妻子在南美巴西服毒自杀的消息,令世人震惊。为什么茨威格会走上绝路?是不堪于流亡国外、穷愁潦倒的生活,还是对前途悲观绝望、精神苦闷而致?

法西斯上台前,茨威格的创作如日中天,在德国作家中拥有读者之众,很少有人能超过他。1933年法西斯分子上台不久,便制造了国会纵火案,企图向全世界证明,国际共产主义,也就是世界犹太主义,阴谋颠覆德国政府,是德国人民的死敌。可是法西斯弄巧成拙,明眼人全都看清了这次大火的秘密。柏林当时正在上演由茨威格的小说改编成的电影《火烧火燎的秘密》。人们站在广告牌前,相视而笑,心照不宣。这微笑激怒了做贼心虚的法西斯匪徒。这些真正的纵火犯终于撕掉了广告,电影被禁止上映。接着,柏林狂热的纳粹大学生在广场上焚烧进步作家和犹太作家的书籍,以表示对法西斯主义的信仰,对元首的忠诚。包括海涅、托马斯·曼和茨威格的作品在内的大批书籍被焚,这些作家的作品统统被禁。大批进步人士,犹太血统的知识分子和科学家、作家受到迫害,关进集中营,或被迫流亡国外,德国国内一片白色恐怖。

对许多历史事件和历史人物进行过深刻分析的茨威格,看清了法西斯的罪恶本质。

1934年他被抄家,于是茨威格离开萨尔茨堡前往英国,1938年,奥地利被法西斯并吞。从1934年到1940年,除了两度访问美洲之外,茨威格一直侨居英国。1940年取得英国国籍,前往美洲,最后住在巴西。在此期间,他的创作和演讲都一直深受欢迎。直到他生命的最后一刻,茨威格在物质方面没有任何匮乏,也从不缺乏荣誉。他有英国国籍,不像一些流亡的犹太人处处受到歧视,他拥有巴西的长年签证,是受到特殊礼遇的贵宾。那么，他为什么会自杀？

他在自杀当天写的绝命书中写道："在我自觉自愿、完全清醒地与人生诀别之前，还有最后一项义务亟须我去履行，那就是衷心感谢这个奇妙的国度巴西，它如此友善、好客地给我和我的工作以憩息的场所。我对这个国家的热爱与日俱增。与我操同一种语言的世界对我来说也已沉沦，我的精神故乡欧罗巴亦已自我毁灭，从此以后，我更愿在此地开始重建我的生活。但是一个年逾六旬的人再度从头开始是需要特殊的力量的，而我的力量却因长年无家可归、浪迹天涯而消耗殆尽。所以我认为还不如及时不失尊严地结束我的生命为好。对我来说，脑力劳动是最纯粹的快乐，个人自由是这个世界上最崇高的财富。我向我所有的朋友致意！愿他们经过这漫漫长夜还能看到旭日东升！而我这个过于性急的人要先他们而去了！"

茨威格虽然从没有物质上的匮乏，也不缺少荣誉，但如他自己所言，他的精神故乡的毁灭，他那种"无家可归"的精神痛苦，已经耗尽了他的生命能量。在他自杀前几天，传来新加坡沦陷的消息，他进一步感到心力交瘁。他对前途感到绝望和无能为力，不知漫漫长夜何时能尽，他"这个性急的人"再也没有耐心等待了，于是，他选择了死亡。

茨威格去世后，巴西总统下令为这位大师举行国葬。成千上万的民众，不久前曾踊跃参加这位作家的朗诵会，这时怀着悲痛的心情跟在灵车后面为他送葬。巴西政府决定把茨威格生前最后几天住过的那幢坐落在彼特罗波利斯的别墅买下来，作为博物馆供人参观。

他的回忆录《昨日的世界》（1942）、小说《象棋的故事》（1941）以及未完成的长篇传记作品《巴尔扎克》都在作者死后先后出版。1982年在作者的遗稿中又发现了一部长篇小说的手稿《富贵梦》。

名言　　1. 书籍是任何一种知识的基础，是任何一门学科的基础的基础。

2. 一个人能力所不及的地方也就是他的责任的界限。

3. 国王，可以说是一架报时巨钟的主发条，它无情地规定了作息时间。从生到死的一举一动，从清晨起身到暮夜上床，甚至爱情嬉戏的瞬间片刻，不属于他自己。

4. 整个十八世纪，犹如先前的一切时代，一个国王有没有性功能，一个王后多子还是不育，这是被看做公开而并非隐秘的事，被看作国家大事，合欢床实与"王统"攸关，国祚所系。显而易见，它同洗礼盘和棺材一样，是人生的一个部分。

5. 爱情的陶醉和战栗，占有的痉挛，探听不到秘密激起的怒火，全都消逝得无影无踪：只有爱情带着忧伤甘美的滋味把他紧紧地搂住，一种已经几乎没有任何渴望、可是无比强烈的爱情。

6. 一个人的力量是很难应付生活中无边的苦难的。所以，自己需要别人帮助，自己也要帮助别人。

7. 一个人的同情要善加控制，否则比冷淡无情更有害得多。

8. 同情有点像吗啡，它起初对于痛苦确是最有效的解救和治疗的灵药，但如果不知道使用的分量和停止的界限，它就会变成最可怕的毒物。

9. 同情是把两面有刃的利刀，不会使用的人最好别动手。

10. 通过同情去理解并且经受别人的痛苦，自己也会内心丰富。

11. 永恒的进步从每一种制度那里所接受的仅仅是合乎需要的部分，而将限制自己的都抛弃掉，就像我们扔掉水果皮一样。

12. 尽管……说得天花乱坠，娓娓动听，但协定的双方都很清楚。他们的誓约并不高尚，这种誓约就像猫头鹰或蝙蝠一样见不得阳光。

13. 一滴油不可能平息波涛汹涌的大海；一个针尖般大小的国家不可能让那些比她大千倍的国家永远俯首称臣。

14. 一个人如果老是居高临下地俯视世界，只是从皇帝的宝座人象牙塔的高处或从权力的顶峰俯视世界，那他只能看到阿谀奉承之徒的笑容和他们的危险的驯服。

15. 一种教条一旦控制了国家机关,国家就会成为镇压的工具,并迅即建立恐怖统治。任何言论,只要是向无限权力挑战的,都必须予以镇压,还要扼住那持异议的言者和作者的脖子。

16. 正是这种民族主义强迫民族和民族之间相互疏远。它们很像森林中的树木,都想傲然独立,但在地下深处,它们的根却盘结交错,在地面上空,它们的枝叶却相互依偎。

17. 钱腐蚀灵魂就像锈腐蚀铁一样。问题还不只在薪金。经手现金的官员总要趁机中饱私囊。

18. 贫穷,不论是罪有应得还是命运不公,不论受穷的人是廉洁奉公还是人穷志短,别人见到他总要掩鼻而过。是的,贫穷的气味是不好闻的,就像一间位于楼房底层门窗通向狭窄不通风的天井的房间,就像不经常换洗的衣服那样一定会散发出污浊难闻的气味。你自己就老是嗅到它,好像你我自身就是一摊臭水。

19. 肉太贵,黄油太贵,一双鞋太贵。她克丽丝蒂娜呢,差不多连大气也不敢出,害怕空气是否也会太贵了。那些最起码的生活必需品似乎也被吓跑了,躲进囤积者的私窝,藏到哄抬物价者的巢穴里去了。

20. 诽谤在大家眼皮底下突然成形,逐渐扩大,不断发展。它扩展着自己的飞翔范围,一双巨大的翅膀扇起怒号的旋风,这旋风在隆隆的雷声中席卷一切,并把一切抛进它那不可抗拒的旋涡。直到最后,仿佛是出自天意,它变成了普遍的叫嚷,公开的喧嚣,憎恨与污辱的天下大合唱。谁又能抵挡这样可怕的台风。

21. 战争倒真的过去了,但贫困并没有结束。它不过是龟缩起来,被淹没在一大堆战后法令的密锣紧鼓声中,狡黠地悄悄躲进了那个由大把大把印油未干的钞票和公债券堆砌成的掩蔽所里罢了。所以很快它就又钻了出来,瞪着黑洞洞的眼睛,张开血盆大口,饿虎扑羊一般吞掉战争沟中劫余的一点点渣滓。

22. 世上的暴君,若准备打一场战争,不到万事俱备,总是要佯谈和平的。

23. 她忘记了，或者不懂得，这种诽谤的毒液只要有一滴进入舆论的血液循环，就能像传染病毒似地繁殖起来，即使最高明的医生也对之无可奈何。

24. 有许多时候，最简单的和最无分歧的真理，在它能传播以前须伪装一下；最人道和最神圣的思想，得像小偷一样戴上假面具和面纱偷偷摸摸地从后门运出，因为前门有巡捕和当局的雇佣军们看守着。

25. 每一个思想家，一待时机成熟，他的主要思想便不可避免地要寻找出口，其势就像扎刺寻找从化脓的手指上流出去；婴儿从母亲的子宫里寻求分娩；膨胀的果子寻求脱壳而出一样不可阻挡。

26. 只想到开始，也要想到发展，而尤其是不能不想到结局。

27. 宁可受苦而保持清醒，宁可忍受痛苦而思维，也胜似不进行思维。

28. 幻想的天性富有永远年轻的秘密。

29. 在严格求实的探索已山穷水尽之处，却可以让想象展开翱翔的翅膀，发挥有益的，在某种意义上说来也是可靠的作用。

30. 思想虽然没有实体的，也要有个支点，一失去支点它就开始乱滚，一团糟地围着自己转；思想也忍受不了这种空虚。

31. 为了培养坚不可摧的理想，人民需要特殊的艺术，特殊的场所，而主要是能在人民思想感情中引起反响的特殊作品。人民不应当觉得自己只是闯入一个思想陌生的世界的客人，而应当在这种艺术中认识自己，认识自己的力量。

作品精选

日内瓦湖畔的插曲

在日内瓦湖畔，靠近小小瑞士的维诺弗地方，一九一八年夏天的一个傍晚，一个渔夫把船向岸边划来。他在湖面上发现了一件奇怪的东西，划近一看，原来是一只用几根木棍松垮地捆在一起的简单木筏，上面有一个赤身裸体的男人用一块木板当桨在笨拙地划着。渔夫惊骇地划到跟前，把这个精疲力竭的人拖到自己的船上，用渔网遮盖住他的下身，随后他试着同这个蜷缩在船上一角、冷得浑身发颤的畏怯的男人攀谈。可是这个人用一种陌生的语言答话，这种语言和渔夫说的没有一个字相同。不久，这个热心肠的渔夫只好作罢，他收起渔网，快速地向岸边摇去。

岸边华灯初上，这个赤身裸体的人的面孔慢慢清晰可见。他那宽大的嘴边满是胡髭，脸上泛起孩子似的笑容，举起一只手向对面指着，结结巴巴地说着一个词，听起来像是"露西亚"，小舟离岸越来越近，这个词说得越来越热烈。渔船终于靠岸；渔夫们的家室都在岸边守望自己的男人。她们观望渔夫渔网中的捕获物，可她们一看出在渔网里的竟是一个一丝不挂的男人时，便慌乱地四下逃散，就像摇西卡的侍女发现裸体的俄底修斯的情景一样。慢慢地，村里的一些男人向这稀有的"人鱼"聚拢来，他们随即负责尽职地把他送到村长那里。

出于战争期间的直觉和丰富的经验，他立刻就觉察出这个人一定是个逃兵。从湖对岸法国那边游到这里来的。于是他公事公办地进行审问，可是这种一本正经的做法很快就失去了严肃的意义和应有的价值，这个一丝不挂的男人（在此期间有几个居民掷给他一件上衣和一条粗布裤子）对任何问题只是疑问似的重复地说："露西亚？露西亚？"声音越来越畏惧，越来越含混不清。村长对此感到有些恼火，于是以不容误解的手势让这个陌生人跟他走。身边围着一群吵吵嚷嚷的年轻人，这个湿滴滴的、光着大腿的男人，穿着一件上衣和一条短裤，被带到村公所去，好在那里把事情弄清楚。这个人顺从地一声不响，只是他那对明亮的眼睛由于失望而变得黯淡无光，他那高耸的肩膀像是在重压之下垂了下来。

这条被捕捞上来的"人鱼"被安置在就近的一座旅馆里。在单调的日子里，这个令人开心的插曲给人们带来了乐趣，一些女人和男人都来这里参观这个野人。一个女人带给他糖果，可是他像个猴子似的多疑，动也不动；一个男人给他照相，所有的人都谈论他，高兴地在他周围七嘴八舌说个不停。终于，有一个曾在外国待过并能说多种语言的饭店老板来到这个惶恐不安的人身边，轮换用德语、意大利语、英语，而最终用俄语问话。刚一听到家乡话，这个惶恐不安的人就抽搐了一下，他那善良的面孔堆起一片宽厚的笑容，突然间他镇静而直率地谈起他的全部经历。这个故事很长，也很杂乱，一些个别地方连这个临时翻译也搞不懂，但是这个人的遭遇总的说来还是清楚的：

他在俄国打仗，可有一天，他同成千上万的士兵被装进军车，走了好远好远，随后又被装上船，船走了更长时间，经过一个非常炎热的地区，用他的话来说，热得肉里的骨头都软了。最后他们在一个地方登陆，又被塞进军车，然后向一个山丘冲了上去，随后他什么都不知道了，因为冲锋一开始他的腿上就中了一弹。通过翻译，听众马上就知道了，这个逃兵是属于那个穿过西伯利亚和经过海参崴，越过大半个地球来到法国前线的俄国军团的士兵。这马上激起了人们怀有怜悯心的一种好奇，是什么促使他能够进行这次稀奇的逃亡。这个性情随和的俄国人，面带半是宽厚半是狡黠的微笑叙述说，他的伤还没有好，就问护士，俄国在什么地方，护士把方向指点给他，他通过太阳和星星的位置大体确定了方向，于是就偷偷地溜了出来，夜间走路，白天躲在干草堆里逃避巡逻兵。吃的是采到的浆果和讨来的面包，走了十天，最终他到了湖边。现在他叙述就有些不清不楚了，好像是这个来自贝加尔湖畔的人以为，在晚霞中他眺望到日内瓦湖另一岸的摇曳不定的轮廓，认定那就是俄国。他想方设法从一家农舍里偷了两根木梁，他躺卧在上面，用一条木板做桨，划到湖中间，在那里那个渔夫发现了他。在他结束他的这段糊里糊涂的故事时，胆怯地提出一个问题，是不是他明天就可以到家，还没等翻译出来，这个愚昧无知的问题先是唤起了一阵哄堂大笑，可随即这笑声变成了一种深切的同情。每个人都塞给这个东张西望、显得手足无措、可怜巴巴的人一两个铜板或几张纸币。

在此期间，一个较高级的警官从电话中得悉此事由蒙特沃来到这里，他费了不少气力才就此事写出了一份记录。这不仅是由于这临时的译员无能为力，也是由于这个人的无知无识，西方人对此是难以想象的，可现在总算是清楚了。他对自己的身世，除了知道他名字叫鲍里斯之外，几乎毫无所知；而对自己的家乡，他只能极为混乱地描画个大概，他是麦舍尔斯基公爵的农奴（虽然农奴制早已废除了好几十年了，可他还是说农奴这个词），他同他的妻子和三个孩子住在离大湖有五十俄里的地方等等。现在谈到下一步该如何办的问题了，一些人开始争论起来，而他目光呆滞地蹲在这群人中间。有些人认为应当把他交给伯尔尼的俄国领事馆，可另一些人怕这样做他会被重新送回法国。警官在权衡这个问题的严重性，是该把他当做逃兵还是当做一个无证件的外国人来对待；村秘书立刻排除上面提到的后一种可能性，这要地方上养活一个外来人，还要为他准备住处。一个法国人叫了起来，人们对这个可怜的俄国兵不该这样顾虑重重，他可以劳动或者遣送他回去；两个妇女激烈地反对说，他的不幸不是由于自己的过错，让人背井离乡到外国打仗，这才是一种犯罪。这个偶然的事件几乎要引起一场政治上的争吵。这时突然一位老先生，丹麦人——在此期间他来到此地——断然表示，他愿为这个人付八天的生活费用，这期间行政当局应同领事馆进行交涉达成协议。

这个意想不到的解决办法，即使官方认可，也使持不同意见的个人之间都避免了争吵。

在越来越激烈的争辩中间，这个逃兵慢慢地抬起畏怯的目光，老是望着饭店老板的嘴唇，他知道，在这场争论中，这是唯一能告诉他该怎么办的人。他对由于他的出现而引起的这场争吵显得无所谓，现在当争吵声平静下来时，他不由自主地在寂静中间向老板抬起乞求的双手，就像女人在圣像面前祈祷那样。这令人感动的姿势深深地打动了在场的每一个人。老板亲切地走上前去安慰他，告诉他不要怕，他可以住在这里，在旅馆会有人照料他的。这个俄国人要吻他的手，可老板迅速把手抽了回去。随后老板把邻近的一座小旅馆指点给他，他可以住在那里，有吃的东西，又再次说了几句亲切的话，安慰他；之后他顺着马路走回自己的饭店，临行时还再次和蔼地同他示意作别。

这个逃亡者动也不动地凝视着老板的背影，在人群中间，只有这个人懂得他的语言。他畏惧地躲在一边，一度明亮的脸色又阴沉下来。他眷恋的目光直到老板的背影消逝在位于高处的饭店才垂了下来，对其他人则望也不望。那些人对他的这番举止感到惊奇，笑了起来。

其中一个人同情地动了动他，让他进旅馆去，他垂下沉重的双肩，耷拉着脑袋走进门去。有人给他打开睡房的房门。他蜷缩在桌旁，女仆把一杯烧酒放在桌子上表示欢迎。他整个上午动也不动地茫然地坐在那里。村里的孩子们不时地从窗外窥视，大声笑着，朝他喊叫，他连头都不抬，一些人走进房来，好奇地观察着他，他目光不动地盯着桌子，弯着腰坐在那里。中午吃饭的时候，饭堂里集聚着一大群人，笑语喧哗，他周围的人都在高谈阔论，可他一个字也不懂。当他意识到他在这里是如此可怕的陌生，在喧嚣嘈杂的人群中间他又聋又哑地坐在这里时，他的双手哆嗦起来，几乎连用勺子舀汤都舀不出来。突然，两行粗大的泪水顺颊滚下，沉重地落在桌上。他羞怯地环望一下四周。其他人看到他流泪，一下子就静了下来。他感到羞愧，把沉重、蓬乱的脑袋越来越低地垂向黑色的桌面。

直到傍晚，他一直这样坐着。人们来来往往，他对此毫无感觉，而那些人也不再理会他了。他坐在火炉的阴影里，本身就像一截阴影，双手沉重地摊放在桌子上。所有的人都把他忘了，没有一个人注意到他在阴影中突然立起身来，像只野兽似的闷闷地顺着路向那座饭店走去。走到门前，他手中托着帽子，站在那里，一个钟点，两个钟点动也不动，对谁都不看一眼。在饭店的入口处，光线黯淡，他犹如半截枯树，僵直、黑黝黝地竖在那里，像生了根似的，终于这个奇怪的景象引起了饭店的一个小伙计的注意，他把老板叫了来。当老板用俄语向他打招呼时，他那阴沉沉的脸上又泛起少许的光泽。

"你要做什么，鲍里斯？"老板亲切地问道。

"请您原谅。"这个逃亡者讪讪地说，"我想知道⋯我是不是可以回家。"

"当然咯，鲍里斯，你可以回家。"被问者微笑着回答说。

"明天行吗？"

这下子老板也变得认真起来。当他听到这乞求的话时，笑容从他脸上消逝了。"不行，鲍里斯，现在还不行。得战争结束才可以呐。"

"那什么时候？什么时候战争结束？"

"上帝才知道。我们这些人是不知道的。"

"不能早一些？我不能早一些走？"

"不能，鲍里斯。"

"很远吗？"

"很远。"

"得走许多天？"

"许多天。"

"先生，我还是要走！我身强力壮。我不会累的。"

"你没法走的，鲍里斯。这中间还有国境。"

"国境？"他呆钝地望着。这个词他太陌生了。随后他固执地一再说："我会游过去的。"

老板几乎要笑起来，但这却使他感到难过啊，于是他和蔼地解释说："不行，鲍里斯，这不行啊。国境，就是另一个国家。他们不会让你过去的。"

"可我并没有得罪他们啊！我早就把我的枪扔了。我哀求他们，看在基督的分上，为什么不能让我去我老婆那里？"

老板的心情变得越来越沉重。他感到一阵揪心的痛苦。"不行啊,"他说,"他们不会放你过去的,鲍里斯。现在人都不再听基督的话了。"

"那我该怎么办,先生?我总不能待在这里啊!这里的人不懂得我,我也不懂得他们。"

"这你可以学会的,鲍里斯。"

"不,先生,"俄国人垂下了头,"我学不会。我只能在地里干活,除了这我什么也不会。我在这儿能做什么?我要回家!您指给我路好了!"

"现在没有路,鲍里斯。"

"可是,先生,他们总不能禁止我回家,回到我老婆、回到孩子跟前去呀!我现在不再是个大兵了!"

"他们还会要你当兵的,鲍里斯。"

"是沙皇?"他惊喜地问道,由于期待和敬畏而浑身颤抖。

"没有沙皇了,鲍里斯。人们把他推翻了。"

"没有沙皇了?"他愁眉不展地望着老板,目光中的最后一丝光泽消逝了。随后他疲惫不堪地说:"那么我是不能回家了?"

"现在还不能。你必须等着,鲍里斯。"

"等多久?"

"我不知道。"

在昏暗中,他的面色越来越阴沉灰暗。"我已经等了好长时间了!我不能再等下去。告诉我路!我要自己试着回去!"

"没有路,鲍里斯。在国境上他们会抓住你的。留在这儿,我们会给你找到活干!"

"这儿的人不懂得我,我也不懂得他们,"他固执地重复说。"我在这儿不能过活!帮帮我,先生!"

"我无法帮你,鲍里斯。"

"看在基督的面上,帮帮我,先生!我实在受不了啦!"

"我无法帮你,鲍里斯。现在没有人能帮助别人。"

他俩站在那里，面面相觑。鲍里斯转动手上的帽子。"那他们为什么把我从家里弄出来？他们说，我得保卫俄国，保卫沙皇。可是俄国离这儿那么远，你刚才说，他们把沙皇……您怎么说的？"

"推翻了。"

"推翻了。"他懂也不懂地重复了这个词。"我现在怎么办，先生？我得回家！我的孩子在喊我。在这儿我没法活下去！帮帮我，先生！帮帮我！"

"我无法帮助你，鲍里斯。"

"没有人能帮助我吗？"

"现在没有人。"

俄国人把头垂得越来越低，突然间他闷声闷气地说："谢谢你，先生。"随后转身走开了。

他慢步顺路而下。老板长时间地望着他的背影，看到他没有回到旅馆，而是向湖边走去，感到十分奇怪。他深深地叹了口气，回到自己饭店里去。

事也凑巧，翌日清晨还是那个渔夫找到了一具溺死者的赤裸裸的尸体。死者生前一丝不苟地把送给他的裤子、帽子和外套摆在岸边，然后走进水里。关于这件事做了一份记录；由于不清楚这个陌生人的姓名，只在他的坟墓上竖了一个简陋的十字架，这是那许许多多小型十字架中的一个，它象征着无名者的命运。现在整个欧洲，从东到西，从南到北到处都插满了这样的十字架。